CAN 프로세서를 이용한

# 마이크로프로세서의 응용

남상엽 · 하이버스(주) 기술연구소 공저

도서출판 상학당

# Preface

마이크로컨트롤러는 최근 유비쿼터스 센서 네트워크(USN : Ubiquitous Sensor Network), 차량 및 선박의 전자장치의 임베디드 시스템으로 널리 사용되고 있다.

기본적으로 마이크로컨트롤러의 I/O 포트를 이용하여 입출력 제어를 하게 되는데 이를 이용하여 키보드 입력과 LED 및 LCD를 구동한다. 이 단계가 처음 마이크로컨트롤러를 접하는 사람들이 쉽게 이해하는 단계이며 주로 많이 사용된다.

마이크로컨트롤러를 활용하는데 있어 필수적인 것이 인터럽트와 타이머/카운터이다. 마이크로컨트롤러를 활용한 응용에서 대부분은 타이머/카운터에 의한 인터럽트를 사용한다. 응용으로는 키보드 스캔, 시계, LED 전광판의 다이나믹 디스플레이 등이다.

그리고 최근에 출시되고 있는 고성능의 마이크로컨트롤러(ATMEGA128)들은 대부분 내부에 AD변환기를 내장하고 있다. 일반적으로 마이크로컨트롤러로 주변 센서들의 데이터를 받아서 디지털화하여 전송하는 기능이 많기 때문에 AD변환기와 시리얼 통신기능이 내장되어 있다. 내부 레지스터 설정을 통하여 AD변환기와 시리얼 통신기능을 사용할 수 있게 된다. 그리고 타이머/카운터를 활용한 펄스 제어를 통하여 모터를 제어하기도 한다.

이 교재에서 실습 프로세서로 사용하는 AT90CAN128 프로세서는 향상된 RISC 구조(enhanced RISC architecture)의 AVR에 기반한 AT90CAN128은 저전력 CMOS 8비트 마이크로컨트롤러이다. AT90CAN128의 원칩 ISP Flash는 SPI 직렬 인터페이스를 통하여 프로그램 메모리 프로그램이 가능하다. 이 교재에서 사용하는 프로세서의 개발환경으로 WinAVR와 AVR Studio를 사용한다. WinAVR은 윈도우 플랫폼상에서 RISC 프로세서인 ATMEL AVR 시리즈에 대하여 오픈소스 소프트웨어 개발도구이다.

WinAVR은 C와 C++를 위한 GNU GCC 컴파일로써 하나의 도구가 아니라 AVR 프로세서를 활용하여 개발하는데 있어 모든 개발도구를 포함하고 있다. AVR Studio는 ATMEL에서 AVR 시리즈의 개발을 위하여 제공한 통합개발환경(IDE : Integrated Development Environment)으로 Windows9x/NT/2000/XP 환경에서 WinAVR 컴파일러를 활용하여 컴파일하고 디버깅을 용이하게 한다. 이러한 임베디드 시스템 환경에서 기초적인 마이크로프로세서 시스템 기술력이 필요해짐에 따라 《CAN 프로세서를 이용한 마이크로프로세서의 응용》을 이론과 응용실습 중심으로 구성하여 발간하게 되었다.

특히 이 교재는 기초적인 임베디드 시스템을 통하여 이론을 검증 실습하는 데 주안점을 두었다.

# Preface

또한 컴퓨터, 전자, 제어, 통신 분야 관련 학생 및 초보 개발자를 대상으로 한 임베디드 시스템에 대한 기본학습을 위한 교재로서, 처음 임베디드 시스템을 접하는 학생에게 쉽고 빠르게 접근할 수 있도록 하는 데 초점을 맞추어 편찬되었다.

따라서 임베디드 시스템 개발 및 환경구축에 대한 이론을 통해 AT90CAN128 마이크로프로세서 시스템의 작동원리에 대한 이해와 감각을 키우는 데 부족함이 없을 것이라 생각된다. 여기에서 실습하는 시스템인 AT90CAN128 CAN 프로세서를 이용한 마이크로프로세서 시스템은 응용과 실습을 접목해 보면 보다 많은 이해 및 능력향상에 도움이 될 것으로 판단된다.

이 교재의 주요 구성은 다음과 같다.

1장은 마이크로프로세서의 개발환경 구축, 2장은 LED 제어, 3장은 7세그먼트 제어, 4장은 Key 제어, 5장은 문자 LCD 제어, 6장은 인터럽트, 7장은 타이머/카운터 제어, 8장은 센서와 AD변환 제어, 9장은 직렬통신 제어, 10장은 모터 제어, 제11장은 CAN 통신 제어로 구성되어 있다.

이 교재를 집필하면서 AT90CAN128은 저전력 CMOS 8비트 마이크로컨트롤러 관련 기존 도서를 출판하신 교수님들, 기존 마이크로프로세서 관계자 여러분 및 마이크로프로세서 관련 분야의 전문가의 조언과 자료제공에 대하여 깊이 감사드린다. 이 교재는 AT90CAN128 CAN 마이크로프로세서 실습관련 솔루션으로 이 책이 보다 많은 AT90CAN128 CAN 프로세서를 이용한 마이크로프로세서의 인력양성에 힘이 되어주기 바란다.

끝으로 이 책을 집필하는 데 많은 도움을 주신 하이버스(주)의 김태형 사장님, 영업본부의 김원호 이사님, 이경섭 부장님, 방수준 차장님, 노성동 차장님, 기술연구소의 조성칠 소장님, 손종헌 과장님, 권성태 팀장님과 전반적인 검토 및 실습해주신 김승한 연구원 등 관계자 여러분, 도서출판 상학당의 관계자 여러분과 서석호, 이해룡에게 감사의 마음을 전한다.

저 자 씀

# Contents

# Contents

# Chapter 01 마이크로프로세서 개발환경 구축

학습 목표

- WinAVR을 설치해 본다.
- AVR Studio를 설치해 본다.
- 각 프로그램을 제거해 본다.
- 실습 장비를 이용해 프로그램을 실행시켜 본다.

## 01 마이크로프로세서의 개념과 활용

### 1) 마이크로프로세서의 정의

마이크로프로세서(micro processor, 소형 처리기)는 컴퓨터의 중앙처리장치(CPU: Central Processing Unit)를 단일 IC(Integrated Circuit) 칩에 집적시켜 만든 반도체 소자로서, 1971년에 미국의 Intel사에 의하여 세계 최초로 만들어졌으며 오늘날은 이를 흔히 MPU(Micro Processor Unit)라고 부르기도 한다.

### 2) 마이크로컴퓨터의 구성

일반적으로 마이크로프로세서를 채용한 마이크로컴퓨터는 마이크로프로세서, 메모리, I/O 인터페이스로 구성되며 각 구성요소 간에는 어드레스 버스, 데이터 버스 그리고 제어선으로 연결된다. [그림 1-1]은 마이크로프로세서를 채용한 마이크로컴퓨터의 기본 구성

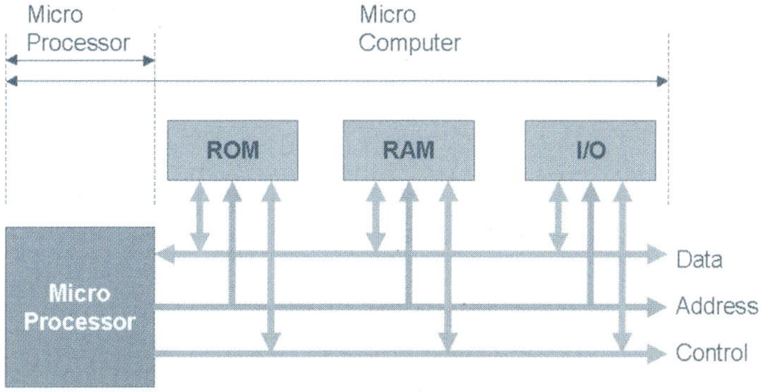


[그림 1-1] 마이크로프로세서와 마이크로컴퓨터의 구성

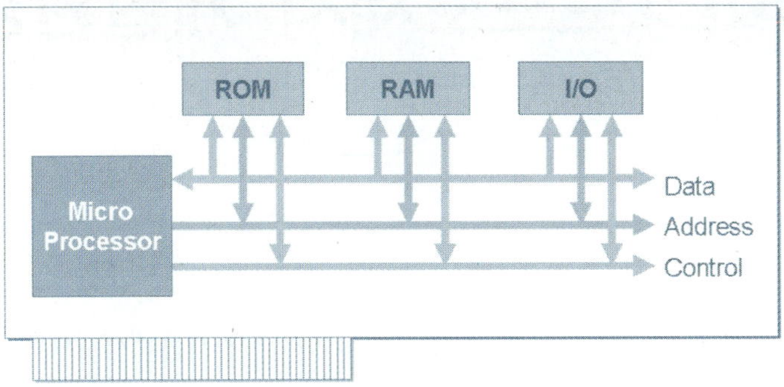


[그림 1-2] 단일 보드 컴퓨터

을 나타낸 것이다. 마이크로컴퓨터를 구성하는 각 요소들을 하나의 PCB 보드에 실장하여 구현한 것을 단일 보드 컴퓨터(single board computer)라고 하고 [그림 1-2]와 같다.

### 3) 마이크로컨트롤러 혹은 단일칩 컴퓨터

일반적으로 마이크로프로세서와 마이크로컨트롤러(micro-controller)를 혼용하여 많이 사용하는 경향이 있지만 마이크로컨트롤러는 한 칩 내부에 마이크로컴퓨터를 구성하는 마이크로프로세서, 메모리(RAM, ROM, Flash ROM), I/O 인터페이스를 함께 내장한 것이다.

따라서, 마이크로컨트롤러는 엄밀하게는 한 칩 속에 컴퓨터의 구성요소가 모두 들어있어 단일칩 컴퓨터(single chip computer)이다. 마이크로컨트롤러 혹은 마이컴이라고 부르는 것이 단일칩 컴퓨터가 주로 가정용품 혹은 산업용의 제어에 주로 사용하였기 때문에 마이크로컨트롤러 혹은 마이컴이라고 통용되게 되었다.

[그림 1-3] 단일칩 컴퓨터 혹은 마이크로컨트롤러

### 4) 마이크로컨트롤러의 기본적인 학습단계와 응용

마이크로컨트롤러는 최근 유비쿼터스 센서 네트워크(USN : Ubiquitous Sensor Network), 차량 및 선박의 전자장치의 임베디드 시스템으로 널리 사용되고 있다. 이러한 마이크로

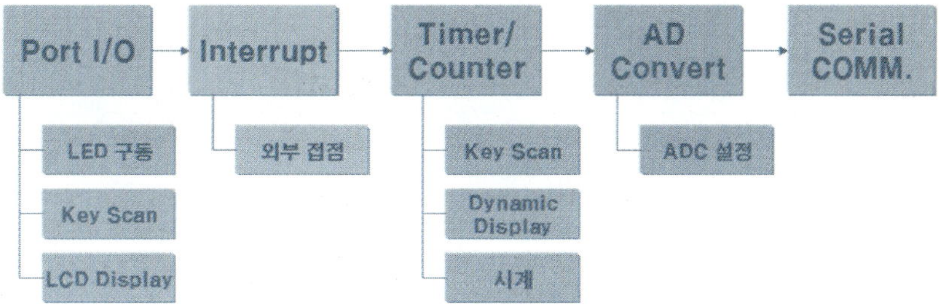


**[그림 1-4]** 마이크로컨트롤러 학습단계

프로세서를 이해하는 과정은 [그림 1-4]와 같다.

기본적으로 마이크로컨트롤러의 I/O 포트를 이용하여 입출력 제어를 하게 되는데 이를 이용하여 키보드 입력과 LED 및 LCD를 구동한다. 이 단계가 처음 마이크로컨트롤러를 접하는 사람들이 쉽게 이해하는 단계이며 주로 많이 사용된다.

마이크로컨트롤러를 활용하는데 있어 필수적인 것이 인터럽트와 타이머/카운터이다. 마이크로컨트롤러를 활용한 응용에서 대부분은 타이머/카운터에 의한 인터럽트를 사용한다. 응용으로는 키보드 스캔, 시계, LED 전광판의 다이나믹 디스플레이 등이다. 그리고 타이머/카운터를 활용한 펄스 제어를 통하여 모터를 제어하기도 한다.

그리고 최근에 출시되고 있는 고성능의 마이크로컨트롤러(ATMEGA128)들은 대부분 내부에 AD변환기를 내장하고 있다. 일반적으로 마이크로컨트롤러로 주변 센서들의 데이터를 받아서 디지털화하여 전송하는 기능이 많기 때문에 AD변환기와 시리얼 통신기능이 내장되어 있다. 내부 레지스터 설정을 통하여 AD변환기와 시리얼 통신기능을 사용할 수 있게 된다.

## 02 CAN 프로세서

향상된 RISC 구조(enhanced RISC architecture)의 AVR에 기반한 CAN 프로세서(AT90CAN128)는 저전력 CMOS 8비트 마이크로컨트롤러이다. 1 클럭 사이클에 명령을 실행함으로써 1 MHz에 대하여 1MIPS의 성능을 갖는다. AT90CAN128 마이크로컨트롤러는 플래시 메모리 사이즈에 따라서 AT90CAN32와 AT90CAN64로 구분되지만 하드웨어와 소프트웨어 측면에서 완전하게 호환된다. AT90CAN32/64/128의 메모리 크기는 [표 1-1]과 같다.

[표 1-1] 마이크로컨트롤러 메모리 크기 비교

| Device | Flash | EEPROM | RAM |
|---|---|---|---|
| AT90CAN32 | 32kbytes | 1kbytes | 2kbytes |
| AT90CAN64 | 64kbytes | 2kbytes | 4kbytes |
| AT90CAN128 | 128kbytes | 4kbytes | 4kbytes |

AVR 코어(core)는 32개의 범용 레지스터를 갖는 명령 세트로 구성된다. 32개의 레지스터들은 직접 ALU에 연결된다. 1 클럭 사이클 이내에 수행된 명령에 의하여 2개의 독립 레지스터에 액세스가 가능하다. AT90CAN128의 1칩 ISP 플래시는 SPI 직렬 인터페이스를 통하여 프로그램 메모리 프로그램이 가능하다.

## 1) CAN 프로세서(AT90CAN128)의 특징

### (1) CAN 프로세서(AT90CAN128) 일반 특징

- 고성능, 저전력 AVR 8비트 마이크로컨트롤러
- RISC 구조
  - 133개 명령으로 대부분 1클럭 사이클 실행
  - 32×8 범용 동작 레지스터와 주변 제어 레지스터
  - 16MHz에서 16MIPS 처리
- 비휘발성 프로그램과 데이터 메모리
  - 128kbytes의 ISP(In System Program) 플래시
  - 4kbytes의 EEPROM
  - 4kbytes의 SRAM
  - 최대 64kbytes의 외부 메모리 공간
- JTAG(IEEE 1149.1 호환) 인터페이스
  - JTAG 표준에 따른 경계-스캔 기능
  - 플래시 프로그래밍(하드웨어 ISP), EEPROM, 잠금과 퓨즈 비트(Lock and fuse bit)
  - 확장된 온칩 디버거 지원
- CAN 컨트롤러 2.0A와 2.0B
  - 전송, 수신, 자동응답과 프레임 버퍼 수신 모드 지원
  - 8MHz에서 최대 1Mbits/sec 전송률

### (2) CAN 프로세서(AT90CAN128)의 주변 특징

- 타이머/카운터
  - 8비트 동기 타이머/카운터
  - 8비트 비동기 타이머/카운터
  - 2개의 16비트 타이머/카운터
- AD변환기
  - 8채널 10비트 SAR ADC
  - 8단일 채널
  - 7이득 채널
  - 게인 1, 10, 200을 갖는 2개의 Differential 채널
- 아날로그 비교기 내장
- 바이트 단위의 2선 직렬 인터페이스
- 2개의 프로그램 가능한 직렬 USART
- 마스터/슬레이브 SPI 직렬 인터페이스
- 하드웨어 ISP에 의한 프로그램 가능한 플래시 메모리 내장

### (3) CAN 프로세서(AT90CAN128)만의 특이한 점

- 전원 리셋과 프로그램 가능한 Brown-out 검출
  (Brown-out ; 시스템에 공급되는 전압이 0V 이상이지만 지정된 동작범위 미만으로 하락하는 조건)
- 내부 교정된 RC 진동자(oscillator)
- 8개의 외부 인터럽트 소스를 가짐
- 5개의 슬립 모드 : idle, ADC 잡음제거, 전원절약, 파워다운과 대기
- 소프트웨어 선택가능한 클럭 주파수
- 전체 풀업 제거 기능

### (4) I/O와 패키지

- 53개의 프로그램 가능한 I/O 라인
- 64개의 리드 TQFP와 QFN

### (5) 동작전원

- 2.7~5.5V

### (6) 동작온도

• 산업용(−40℃~+80℃)

### (7) 최대주파수

• 산업용 범위 : 2.7V에서 8MHz 동작

• 산업용 범위 : 4.5V에서 16MHz 동작

## 2) 핀 구성

### (1) TQFP와 QFN의 구성

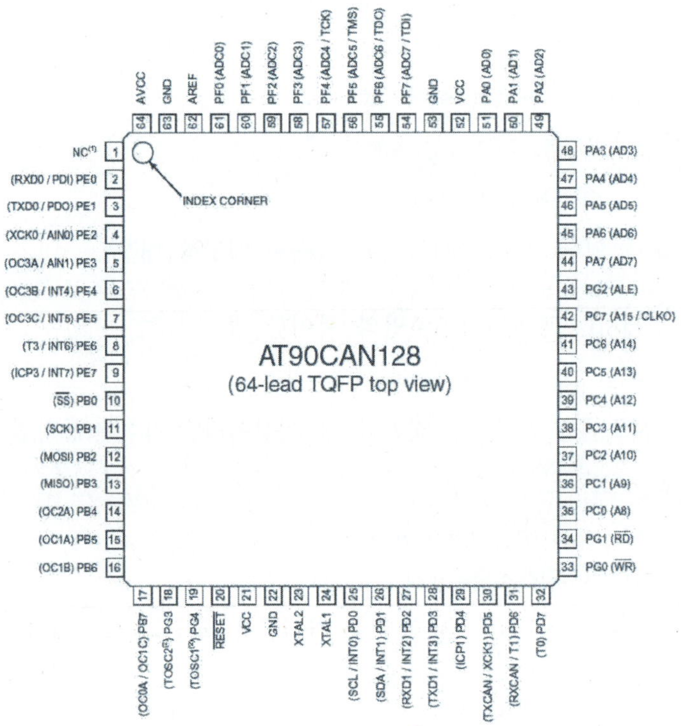


**[그림 1-5]** AT90CAN32/64/128의 TQFP 형태 핀 구성도

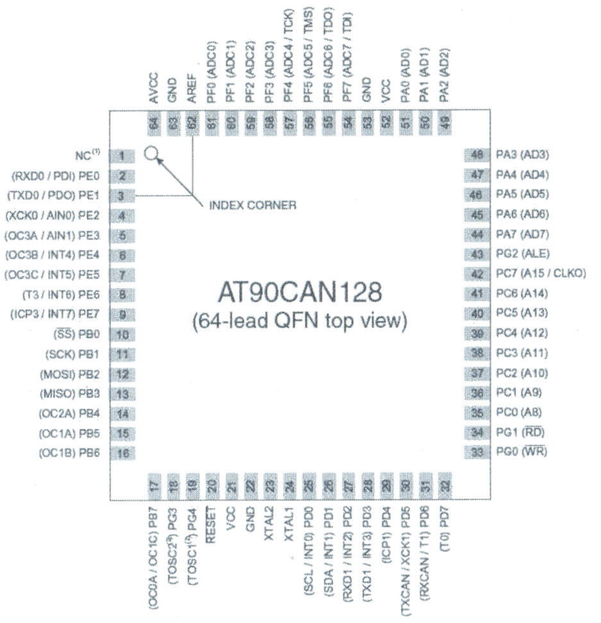


**[그림 1-6]** AT90CAN32/64/128의 QFN 형태 핀 구성도

### 3) 핀 설명

#### (1) VCC(21, 52)

마이크로프로세서가 동작할 수 있도록 디지털 전압 전원을 공급한다. 2가지 프로세서 타입에 따라서 전원 전압이 다르다(동작 전압 : 2.7~5.5V).

#### (2) GND(22, 53, 63)

마이크로프로세서 동작을 위한 전원 접지와 신호 접지이다.

#### (3) 포트 A(PA7 ... PA0)

포트 A는 내부 풀업 저항을 갖는 8개 비트의 양방향 I/O 포트이다. 포트 A 출력 버퍼는 하이 싱크(high sink)와 소스(source) 기능을 갖는다. 포트 A 핀들은 클럭이 동작하지 않아도 리셋이 되면 트라이스테이트(tri-state)이다.

#### (4) 포트 B(PB7 ... PB0)

기본적으로 포트 A와 같은 동작을 한다.

#### (5) 포트 C(PC7 ... PC0)

기본적으로 포트 A와 같은 동작을 한다.

(6) **포트** D(PD7 ... PD0)

기본적으로 포트 A와 같은 동작을 한다.

(7) **포트** E(PE7 ... PE0)

기본적으로 포트 A와 같은 동작을 한다.

(8) **포트** F(PF7 ... PF0)

포트 F는 AD변환기에 대하여 아날로그 입력으로 역할을 한다. AD변환기를 사용하지 않는다면 기본적으로 포트 A와 같은 동작을 한다. 포트 F는 JTAG 인터페이스 기능으로도 활용된다. JTAG 인터페이스로 사용될 때는 리셋이 발생하여도 PF7(TDI), PF5(TMS) 그리고 PF4(TCK)상의 풀업 저항들이 활성화된다.

(9) **포트** G(PF4 ... PG0)

포트 G는 내부 풀업 저항을 갖는 5비트 I/O 포트이다. 기본적으로 포트 A와 같은 동작을 한다.

(10) $\overline{\text{Reset}}$

리셋 입력, 펄스의 최소 길이 보다 긴 동안에 이 핀이 Low 상태에 있다면 리셋을 발생시킨다. 최소 펄스 길이는 특성에 의하여 주어진다. 짧은 펄스는 리셋을 보장하지 못한다. 비록 클럭이 동작하지 않더라도 AVR의 I/O 포트는 리셋 즉시 초기 상태가 된다.

(11) XTAL1(24)

인버터 오실레이터 증폭기에 대한 입력과 내부 클럭 동작 회로에 입력한다.

(12) XTAL2(23)

인버터 오실레이터 증폭기로부터의 출력이다.

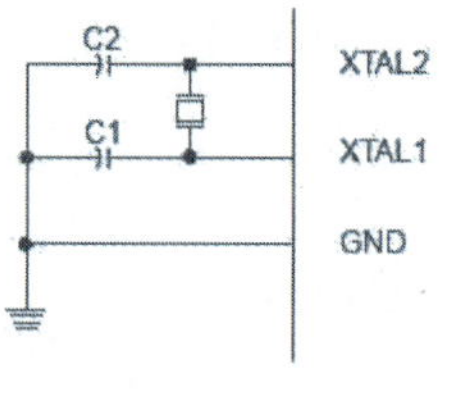


[그림 1-7] 수정발진자의 연결

(13) AVCC

AVCC는 포트 F에 AD변환 입력을 위한 공급 전압이다. AD변환기를 사용하지 않더라도 외부적으로 VCC에 연결되어야만 한다. AD변환기를 사용한다면 저역통과필터(LPF: Low-Pass Filter)를 통하여 VCC에 연결되어야만 한다.

(14) AREF

AD변환을 위한 아날로그 기준 핀이다.

## 4) AVR CPU 코어

### (1) 구조 개요

CPU 코어(core)의 주요 기능은 프로그램을 정확하게 실행하도록 하는 것이다. CPU는 메모리에 액세스(access)할 수 있으며, 산술 및 논리연산, 주변장치에 대한 제어와 인터럽트 처리를 할 수 있어야만 한다.

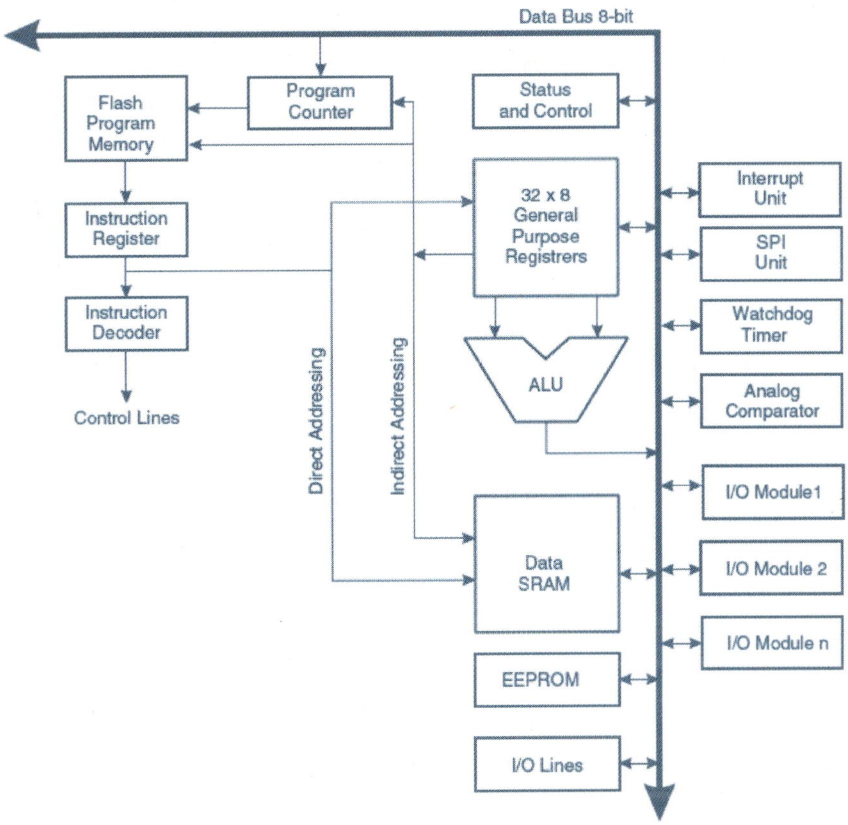


[그림 1-8] AVR 구조의 블록도

- AVR은 병렬처리와 최대 성능을 발휘할 수 있도록 하바드 구조를 채택하고 있다. 즉, 프로그램과 데이터에 대하여 분리된 메모리와 버스를 사용한다. 프로그램 메모리에 있는 명령들은 단일 레벨 파이프라인에 의하여 실행된다.
  클럭 사이클마다 하나의 명령이 실행되고 있는 동안에 다음 명령은 프로그램 메모리로부터 프리 패치(pre-fetch)된다. 프로그램 메모리는 ISP(In-System Reprogrammable) 프로그램이 가능한 플래시 메모리이다.
- 1클럭 사이클에 고속 레지스터 파일은 32×8비트 범용 레지스터로 구성된다.

### (2) 산술논리처리기(ALU : Arithmetic Logic Unit)

고성능의 AVR ALU는 32개의 범용에 직접 연결되어 동작한다. 1 클럭 사이클 동안에 범용 레지스터와 특정 레지스터의 산술연산 처리가 이루어진다. ALU 동작은 크게 산술, 논리 그리고 비트 연산으로 나누어진다. 그리고, 부호가 있는 경우와 없는 경우에 대하여 곱셈연산을 지원하는 곱셈기가 내장되어 있다.

### (3) 상태 레지스터

상태 레지스터(status register)는 가장 최근 실행한 산술연산 결과에 대한 정보를 나타낸다. 상태 레지스터에 저장된 정보들은 조건 연산 처리를 통하여 프로그램 흐름을 바꾸는데 사용된다. 상태 레지스터는 ALU 실행 다음에 갱신되기 때문에 상태를 비교하는 명령을 사용하지 않아도 된다. 따라서 프로그램 코드 길이를 작고 빠르게 할 수 있다.

[표 1-2] 상태 레지스터

| 주소 | 이름 | 비트 7 | 비트 6 | 비트 5 | 비트 4 | 비트 3 | 비트 2 | 비트 1 | 비트 0 |
|---|---|---|---|---|---|---|---|---|---|
| $ | SREG | I | T | H | S | V | N | Z | C |
| 리셋값 | | 0 | 0 | 0 | 0 | 0 | 0 | 0 | 0 |
| Read/Write | | R/W | R/W | R/W | R/W | R/W | R/W | R/W | R/W |

- 비트 7 – I(전체 인터럽트 가능, Global Interrupt Enable)

전체 인터럽트 가능 I비트는 인터럽트를 가능하게 하기 위하여 반드시 설정되어 있어야만 한다. 개별 인터럽트 가능 제어는 각각의 제어 레지스터들에 의하여 수행된다. I비트 즉, 비트 7이 지워져(clear) 있다면, 개별 인터럽트 레지스터의 설정에 의한 인터럽트는 불가능해진다. 인터럽트가 발생한 후 하드웨어에 의하여 I비트가 "0"이 되고, RETI

명령에 의하여 I비트가 "1"로 설정된다. I비트는 응용 프로그램에서 SEI, CLI 명령에 의하여 "1" 혹은 "0"으로 설정될 수 있다.

• 비트 6 – T(비트 복사 저장, Bit Copy Storage)

T비트 즉, 비트 복사 저장(Bit Copy Storage) 비트는 비트 복사(bit copy) 명령 BLD(Bit LoaD)와 BST(Bit STore) 명령의 동작 원인과 결과를 나타내는 비트이다. BST 명령에 의하여 레지스터 파일에 있는 특정한 레지스터의 한 비트가 T비트로 복사되고, BLD 명령에 의하여 레지스터 파일에 있는 특정한 레지스터의 한 비트로 T비트를 복사할 수 있다.

• 비트 5 – H(반가산 캐리 플래그, Half Carry Flag)

반가산 캐리 플래그(Half Carry Flag) H는 산술연산에서 반가산 캐리를 나타낸다. 반가산 캐리는 BCD 산술연산에 효과적이다.

• 비트 4 – S(부호 비트, Sign Bit, S=N⊕V)

S비트는 부정 플래그 N과 2의 보수 오버플로우 플래그 V 사이의 배타적 논리합(exclusive OR)이다.

• 비트 3 – V(2의 보수 오버플로우 플래그, Two's Complement Overflow Flag)

2의 보수 오버플로우 플래그는 2의 보수연산을 지원한다.

• 비트 2 – N(부정 플래그, Negative Flag)

부정 플래그 N은 산술 혹은 논리연산의 부정 결과를 나타낸다.

• 비트 1 – Z(영 플래그, Zero Flag)

영 플래그 Z는 산술 혹은 논리연산의 "0" 결과를 표시한다.

• 비트 0 – C(캐리 플래그, Carry Flag)

캐리 플래그 C는 산술 혹은 논리연산의 캐리를 표시한다.

## 03 WinAVR과 AVR Studio

WinAVR은 윈도우 플랫폼상에서 RISC 프로세서인 ATMEL AVR 시리즈에 대하여 오픈소스 소프트웨어 개발도구이다. WinAVR은 C와 C++를 위한 GNU GCC 컴파일로써 하나의 도구가 아니라, AVR 프로세서를 활용하여 개발하는데 있어 모든 개발도구를 포함하고 있다. WinAVR은 avr-gcc(컴파일러), avrdude(프로그래머), avr-gdb(디버거) 등을 포함하고 있다. 그리고 많은 오픈소스 도구들과 호환된다.

WinAVR 공식 홈페이지인 http://winavr.sourceforge.net/를 접속하면 다운로드받을 수 있다. http://sourceforge.net/projects/winavr로 접속하여 최신 버전을 다운로드받을 수 있다.

그리고 AVR Studio는 ATMEL에서 AVR 시리즈의 개발을 위하여 제공한 통합개발환경(IDE : Integrated Development Environment)으로 Windows9x/NT/2000/XP 환경에서 WinAVR 컴파일러를 활용하여 컴파일하고 디버깅을 용이하게 한다. 대부분의 AVR 시리즈 프로세서를 지원하고 있다.

WinAVR 4 이상 버전에서는 어셈블러와 시뮬레이터를 포함한다. 특히 AVR Studio 4.1 버전 이상에서는 포트 입출력 및 내부 레지스터의 상태를 확인할 수 있기 때문에 AVR 프로그램을 개발하는데 큰 도움이 된다. 그리고 ICE50, ICE40, JTAGICE mkII, JTAGICE, ICE200, STK500 시리즈, AVRSIP mkII 그리고 AVRISP 등의 개발도구들을 지원한다.

AVR Studio는 ATMEL의 홈페이지인 http://www.atmel.com/으로 접속하여 등록하면 최신 버전을 다운받을 수 있다.

WinAVR과 AVR Studio를 활용하면 값비싼 개발도구를 구매하지 않아도 AVR 개발환경을 손쉽게 구축할 수 있다. 이 장에서는 WinAVR와 AVR Studio를 설치하는 방법을 설명하고 AVR Studio를 이용하여 간단하게 AVR C 프로그램을 작성하고 컴파일하여 시뮬레이션하는 방법을 설명한다.

## 04 WinAVR과 AVR Studio의 개발환경 설치

### 1) WinAVR 설치

1. 웹브라우저를 이용하여 http://winavr.sourceforge.net/에 접속한다.

② 왼쪽 메뉴 중 [Download]를 선택한다.

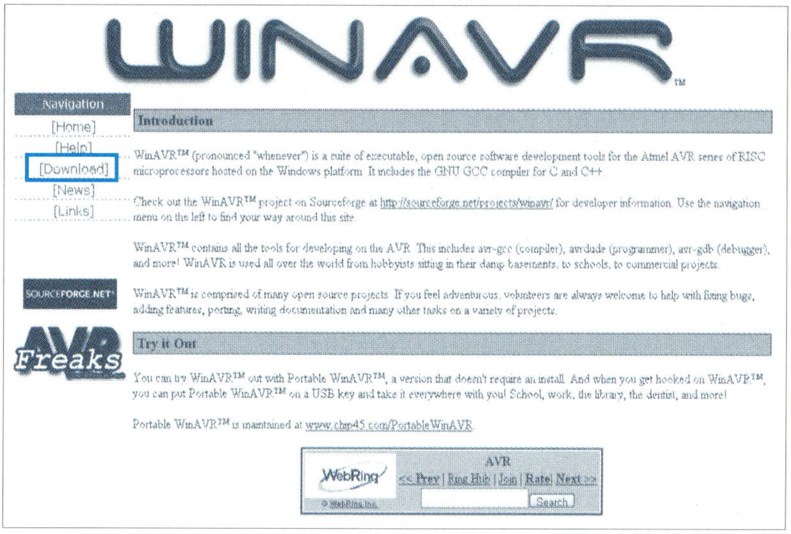


[그림 1-9] 메뉴 중 [Download]를 선택

③ 최신 버전을 다운로드받기 위한 페이지로 이동하기 위해 SourceForge.net WinAVR download page.라고 쓰여진 하이퍼링크를 클릭한다.

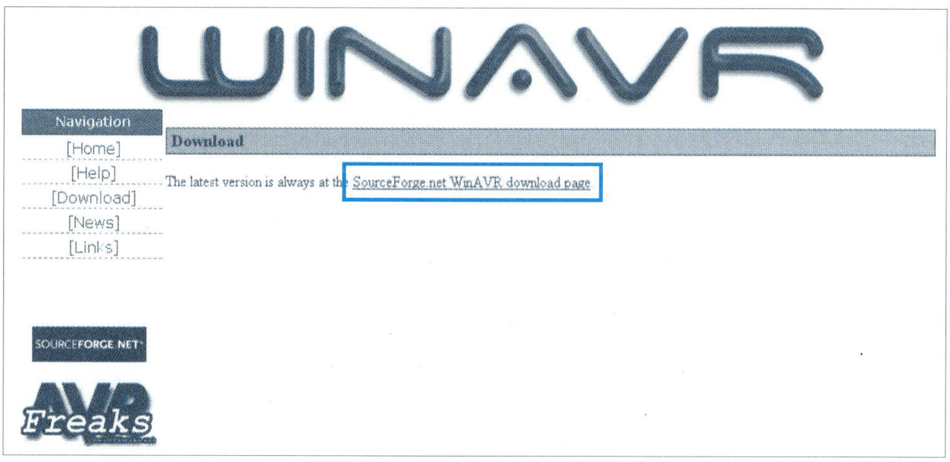


[그림 1-10] 하이퍼링크를 클릭

④ 화면 중간쯤 Newest Files라고 쓰여진 부분에 가장 최신 버전의 WinAVR을 클릭한다.

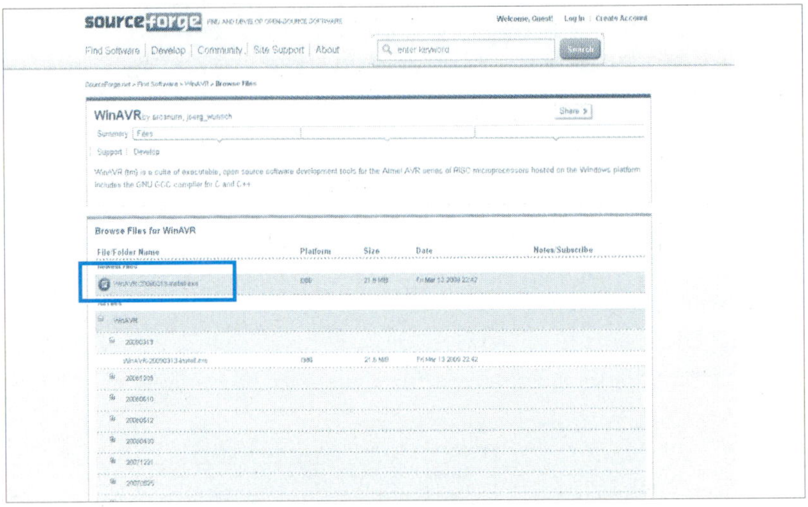


[그림 1-11] 최신 버전의 WinAVR을 클릭

⑤ 파일을 다운로드하여 저장한다.

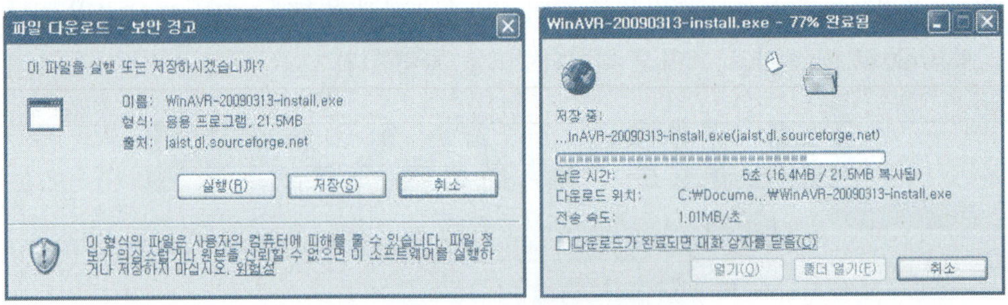


[그림 1-12] 파일을 다운로드하여 저장

⑥ 다운로드받은 파일 WinAVR-20090313-install.exe을 실행시킨다.

[그림 1-13] 다운로드받은 파일을 실행

⑦ 설치에 사용할 언어를 선택하는 화면으로 Korean을 선택하고 [OK]를 클릭한다.

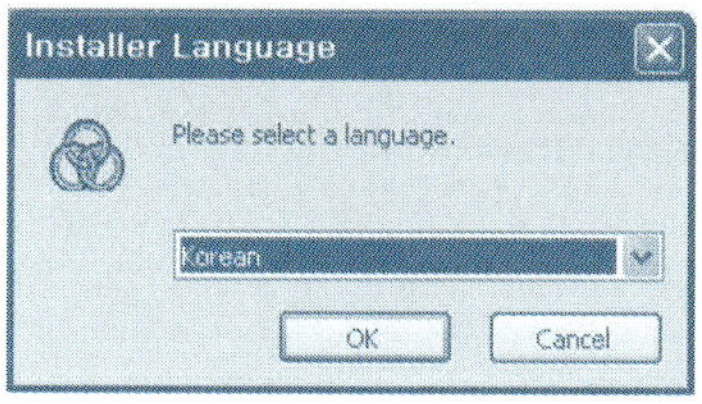


[그림 1-14] Korean을 선택하고 [OK]를 클릭

⑧ 아래와 같이 WinAVR 설치 버전이 나타나면 [다음]을 클릭하여 설치를 시작한다.

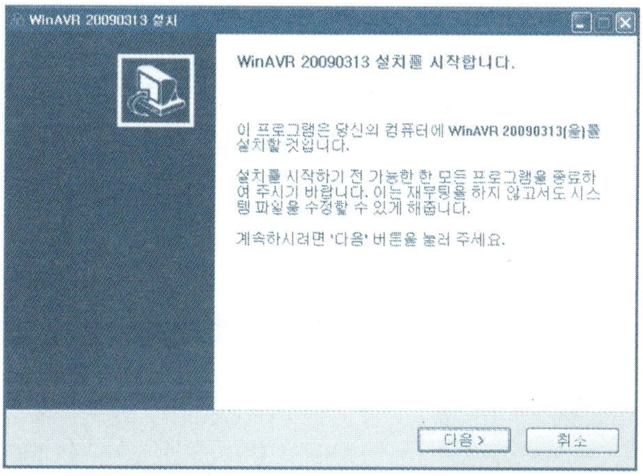


[그림 1-15] WinAVR 설치 버전이 나타나면 [다음]을 클릭

⑨ WinAVR은 오픈소스 개발도구이다. 따라서 기본적으로 소스 공개 요구가 있을 시 공개할 의무를 가진다. [동의함]을 클릭하고 설치를 계속한다.

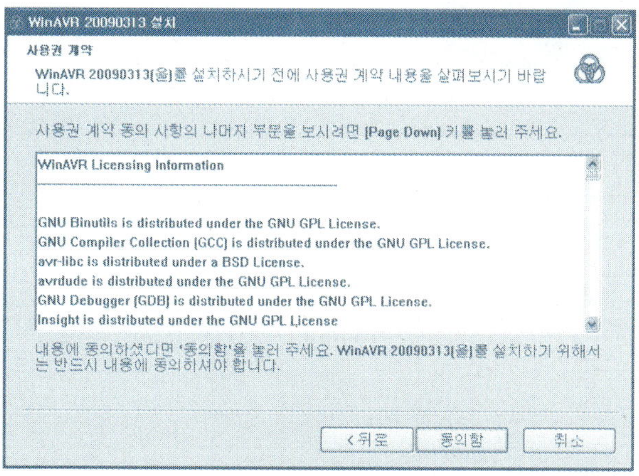


[그림 1-16] [동의함]을 클릭하고 설치

⑩ 프로그램을 설치할 폴더를 확인하고 [다음]을 클릭하고 설치를 계속한다.

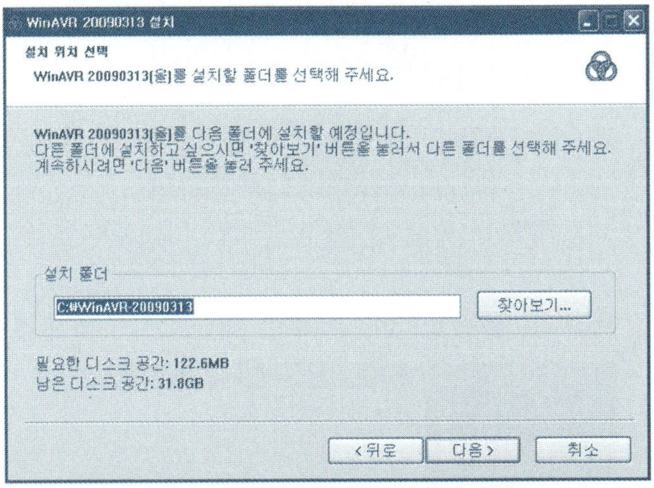


[그림 1-17] 프로그램을 설치할 폴더를 확인

⑪ 설치가 완료되면 [마침]을 클릭하여 설치를 종료한다.

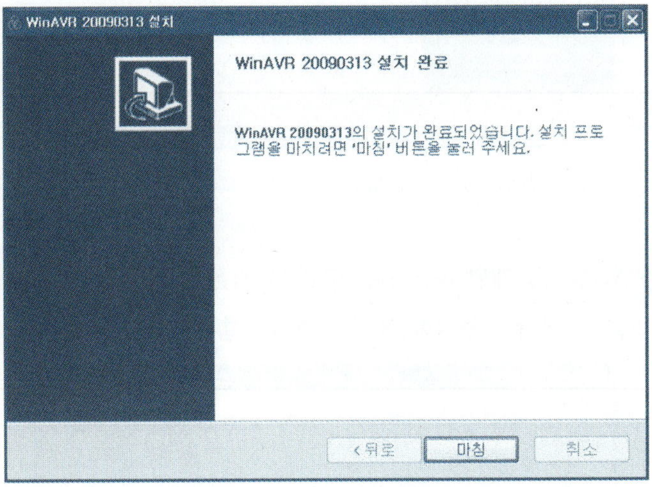


[그림 1-18] 설치가 완료되면 [마침]을 클릭

## 2) AVR Studio 설치

① AVR Studio를 설치하기 위해서 http://www.atmel.com/에 접속한다.

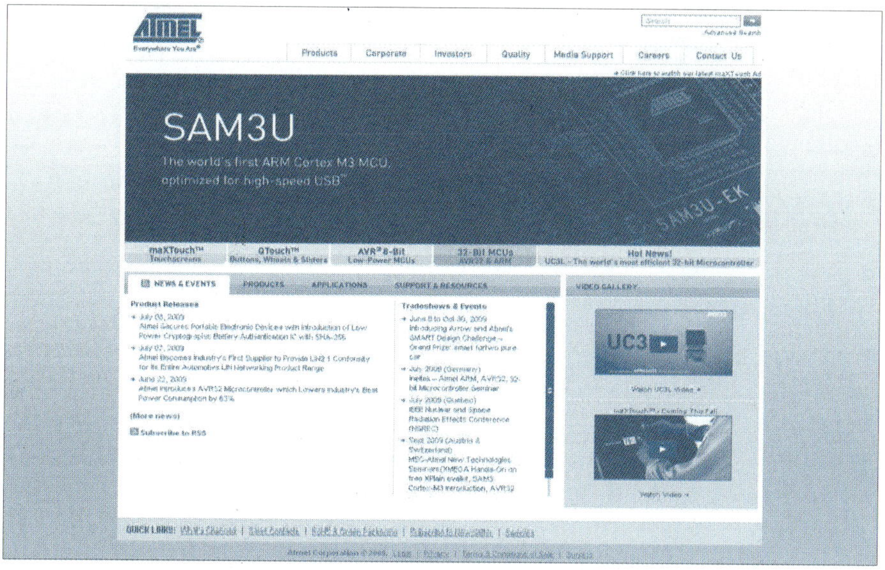


[그림 1-19] AVR Studio를 설치 위해 http://www.atmel.com/에 접속

② 메뉴 상단에 Products에 마우스를 올리면 메뉴가 나타난다.
그 중 Products - Microcontrollers - AVR®8-bit RISC를 선택한다.

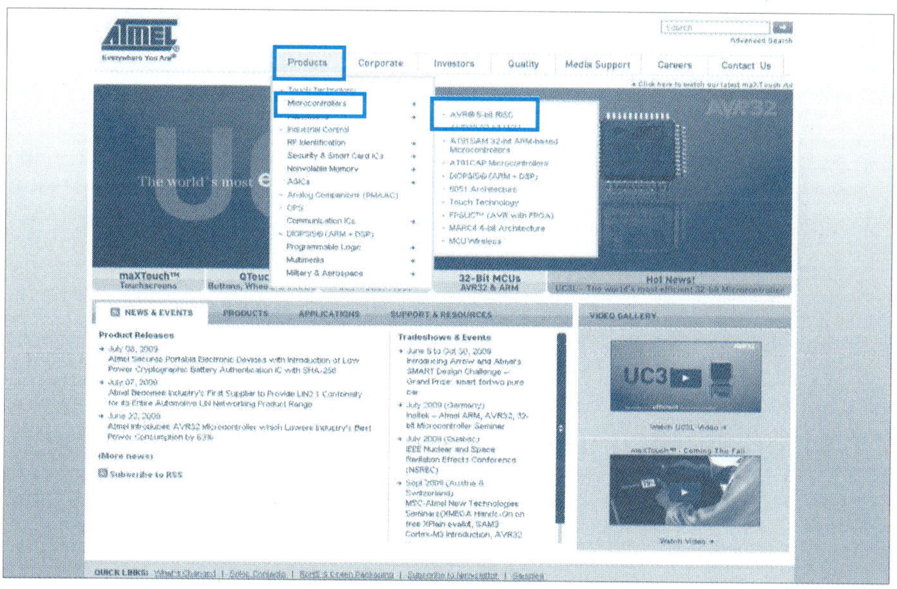


[그림 1-20] Products - Microcontrollers - AVR®8-bit RISC를 선택

③ 왼쪽 메뉴에서 Tools & Software를 클릭한다.

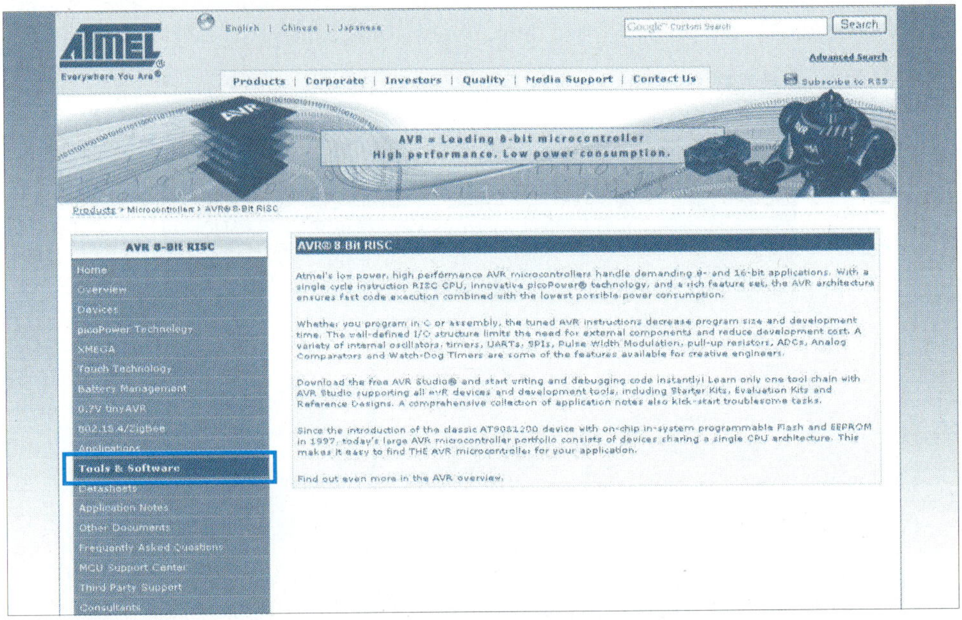


[그림 1-21] Tools & Software를 클릭

④ 각종 프로그램 목록이 나타나는데 그 중 Design Software를 클릭한다.

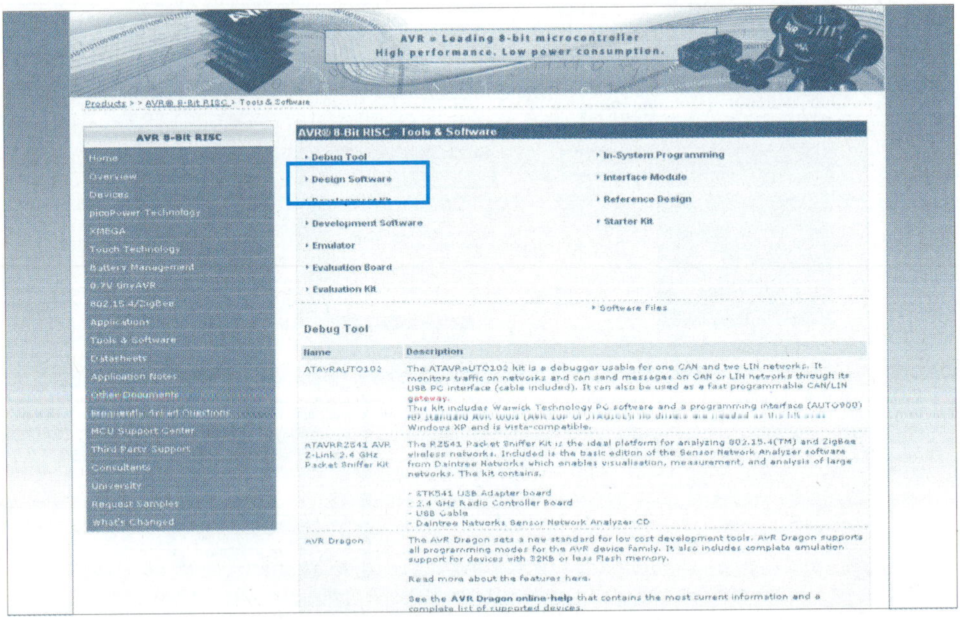


[그림 1-22] Design Software를 클릭

5 AVR Studio 4를 클릭한다.

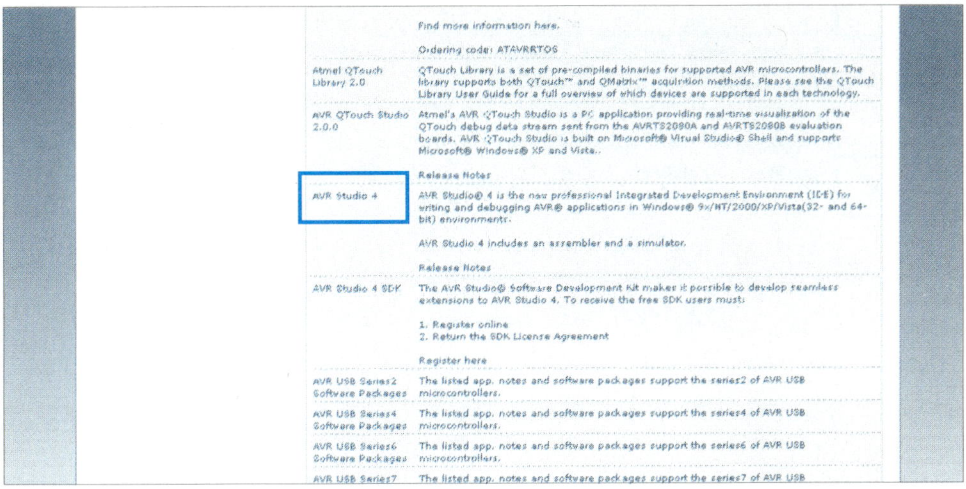


[그림 1-23] AVR Studio 4를 클릭

6 목록 중간쯤 내려가면 Software 단락이 있고 AVR Studio를 찾을 수 있다. 위쪽에 있을수록 최신 버전이며 CD모양 그림에 Register라고 쓰여 있는 것은 인적사항 등록을 해야 다운로드할 수 있다. 우선 등록이 필요없는 AVR Studio 4.16 SP1(build 638)를 다운로드하고(CD모양 그림을 클릭하면 다운로드할 수 있다.) 바로 아래에 있는 AVR Studio 4.16(build 628)을 클릭한다.

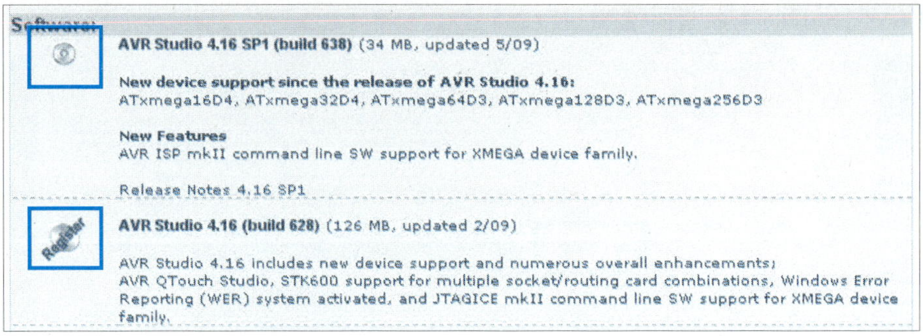


[그림 1-24] AVR Studio 4.16(build 628)을 클릭

⑦ 인적사항을 등록하는 페이지이다. 각 사항들을 입력하고 [Click to Download] 버튼을 클릭한다.

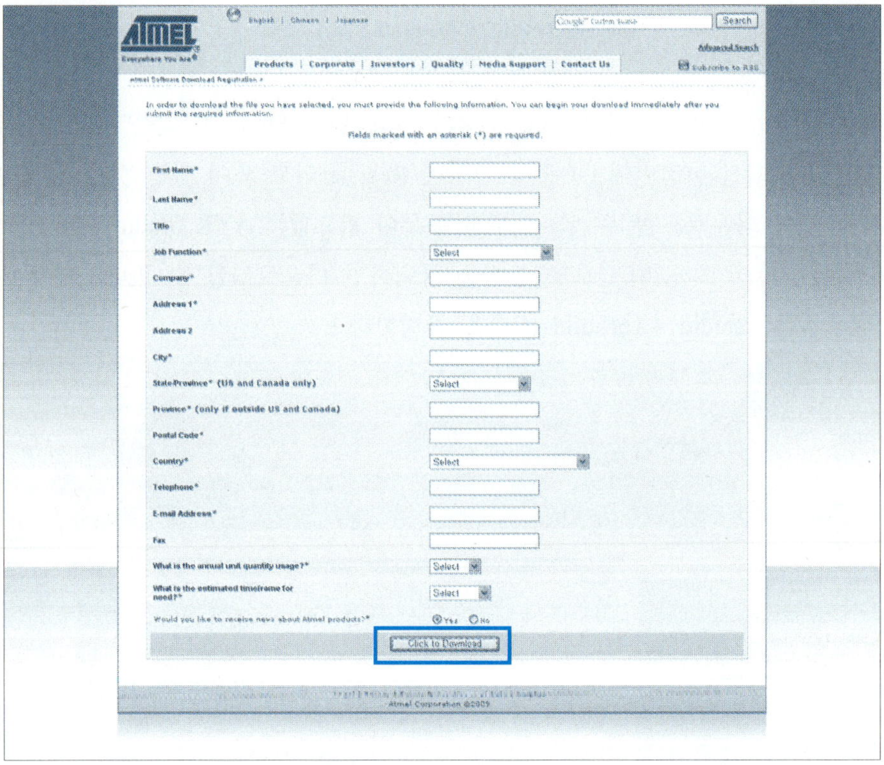


[그림 1-25] 각 사항들을 입력하고 [Click to Download] 버튼을 클릭

8 다음과 같은 화면이 나오면 첫 번째 줄의 here를 클릭하여 다운로드를 시작한다. 두 번째 문장의 here를 클릭하면 이전 페이지로 돌아갈 수 있다.

[그림 1-26] 첫 번째 줄의 here를 클릭하여 다운로드를 시작

9 다운로드한 파일 중 AvrStudio416Setup.exe를 먼저 설치한다. AVRStudio4.16SP1.exe는 AvrStudio를 업그레이드시켜 주는 기능을 하기 때문에 반드시 AVRStudio416을 먼저 설치해야 한다.

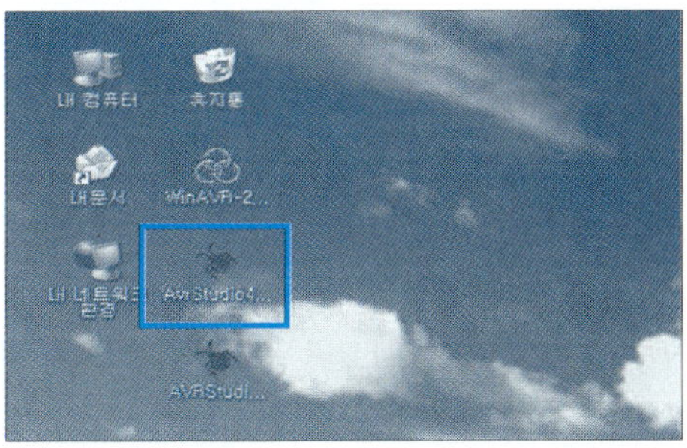


[그림 1-27] 다운로드한 파일 중 AvrStudio416Setup.exe를 먼저 설치

10 다음과 같이 설치 화면이 시작되면 [Next]를 클릭하여 설치를 시작한다.

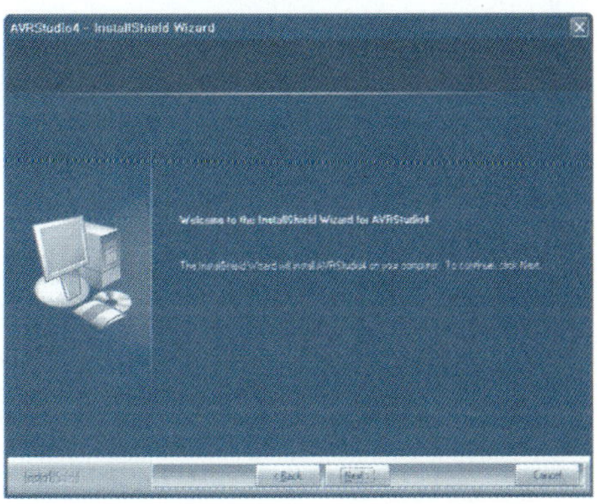


[그림 1-28] [Next]를 클릭하여 설치를 시작

⑪ 사용권 조항에 동의한다는 의미로 I accept the items...를 선택하고 [Next]를 클릭하여 설치를 계속한다.

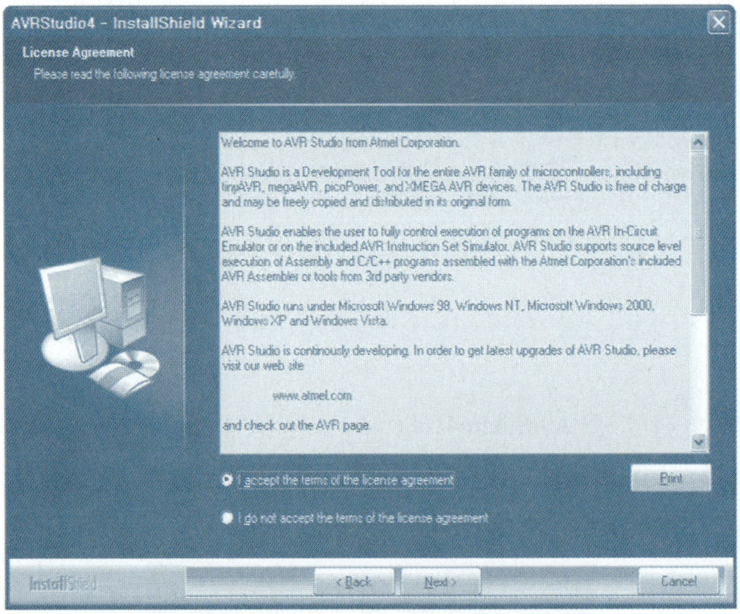


[그림 1-29] 동의한다는 의미로 I accept the items...를 선택하고 [Next]를 클릭

⑫ 프로그램을 설치할 폴더를 확인하고 [Next]를 클릭하여 설치를 계속한다.

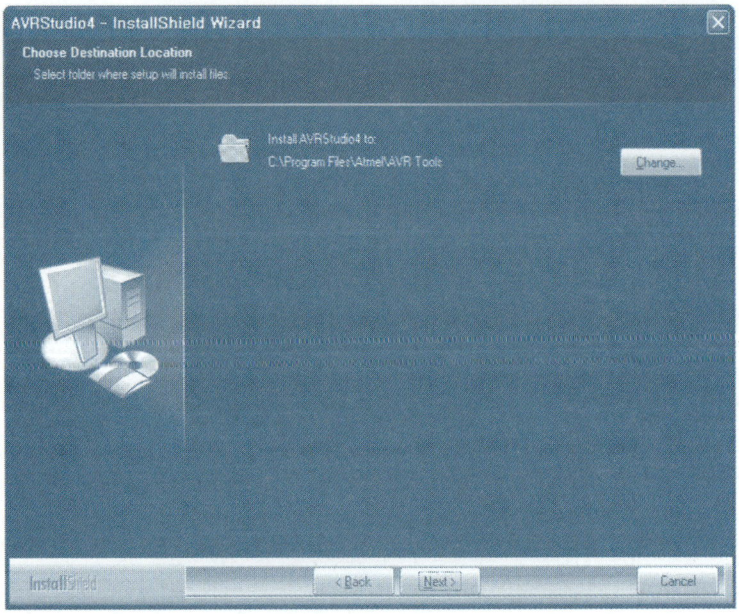


[그림 1-30] 설치할 폴더를 확인하고 [Next]를 클릭

⑬ ICE40 등의 JTAG USB 드라이브를 설치할 것인지를 선택하는데 드라이버 설치를 체크하고 [Next]를 클릭하여 설치를 계속한다.

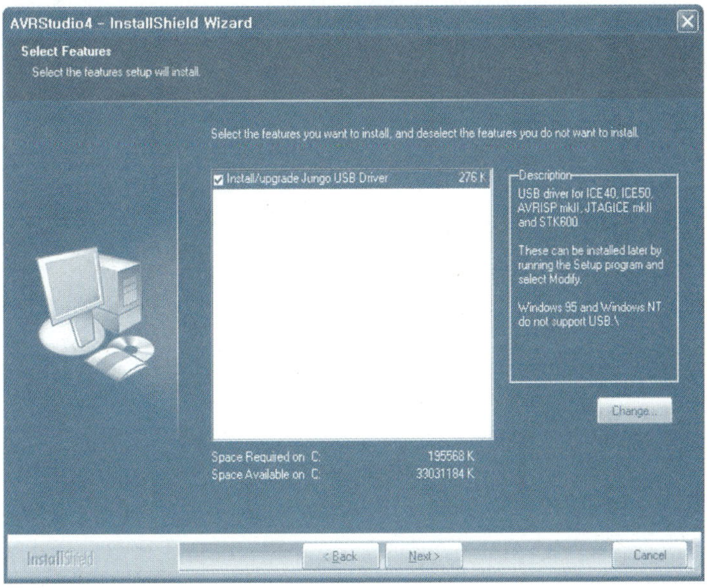


[그림 1-31] 드라이버 설치를 체크하고 [Next]를 클릭하여 설치

⑭ 이후 [Install]을 클릭하면 지정한 폴더에 설치가 진행되고 설치가 완료되면 아래와 같은 화면이 나타난다. AVRStudio4.16SP1.exe도 같은 방법으로 설치한다.

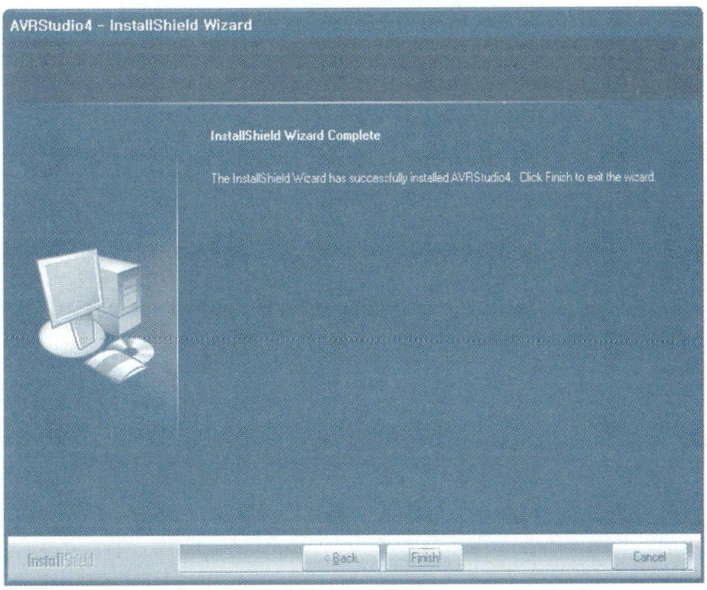


[그림 1-32] [Install]을 클릭하면 지정한 폴더에 설치가 진행되고 설치가 완료

## 05 WinAVR과 AVR Studio의 개발환경 삭제

### 1) WinAVR 삭제

① 윈도우즈 작업 표시줄에 [시작] 버튼을 클릭하고 제어판을 선택한다. (XP 이전 스타일을 사용할 경우 [설정 - 제어판])

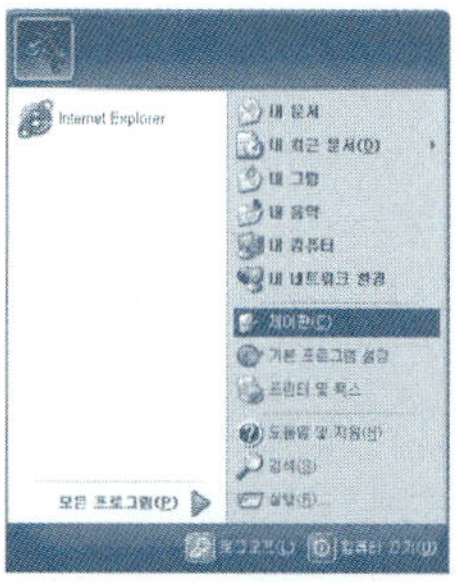

[그림 1-33] [시작] 버튼을 클릭하고 제어판을 선택

② [프로그램 추가/제거]를 클릭한다. (클래식 보기일 때도 동일)

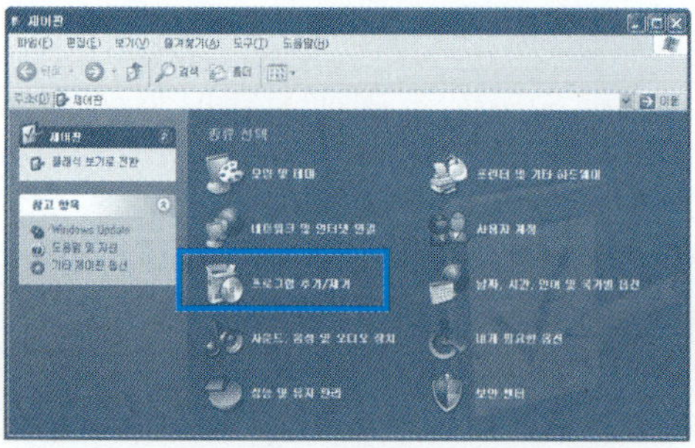

[그림 1-34] 프로그램 추가/제거를 클릭

③ 프로그램 목록 중 WinAVR 20090313(remove only)를 선택하고 [제거]를 클릭한다.

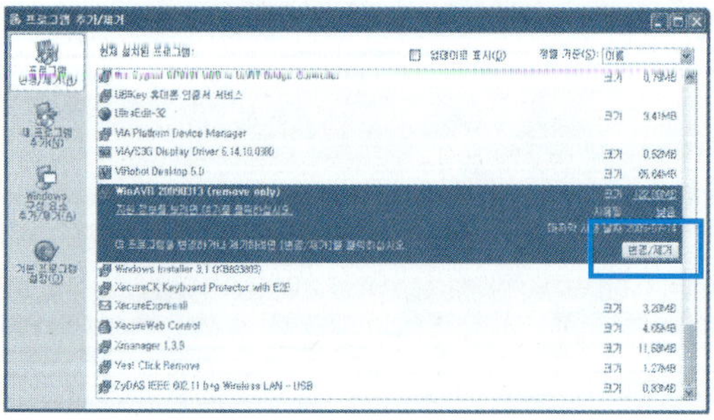

[그림 1-35] WinAVR 20090313를 선택하고 [제거]를 클릭

④ WinAVR 설치시와 마찬가지로 삭제시 사용할 언어를 선택한다.

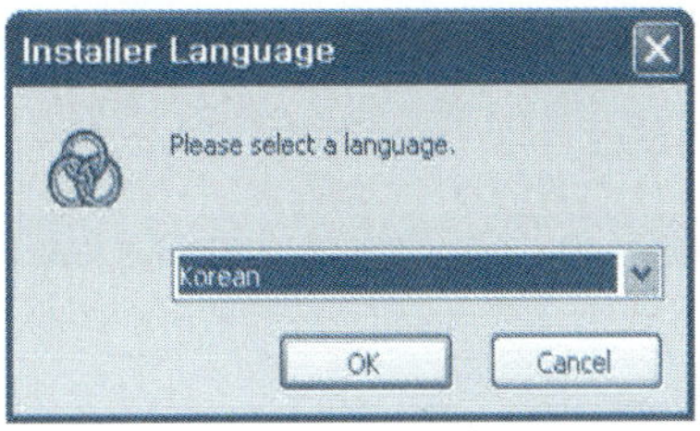


[그림 1-36] 삭제시 사용할 언어를 선택

⑤ WinAVR가 설치된 폴더를 확인하고 [제거]를 클릭한다.

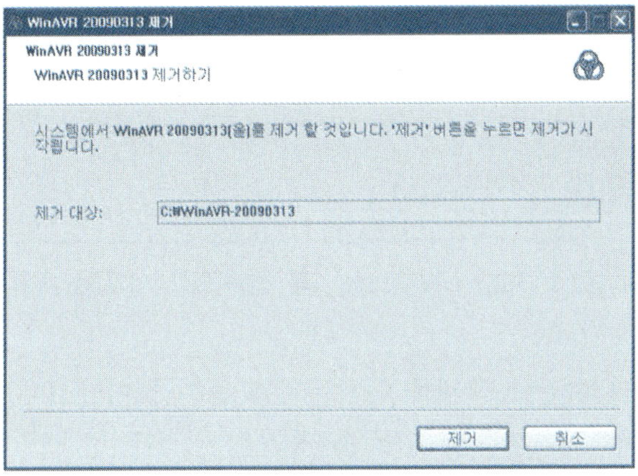


[그림 1-37] 설치된 폴더를 확인하고 [제거]를 클릭

⑥ WinAVR의 제거가 완료되어 다음과 같은 화면이 나타나면 [닫음]을 누르고 제거를 종료한다.

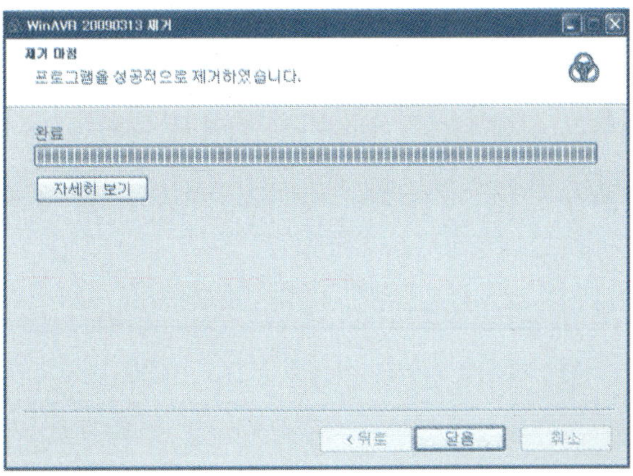


[그림 1-38] [닫음]을 누르고 제거를 종료

## 2) AVR Studio 삭제

① WinAVR 삭제와 동일하게 프로그램 추가/삭제 프로그램 목록에서 AVR Studio 4를 선택하고 [제거]를 클릭한다.

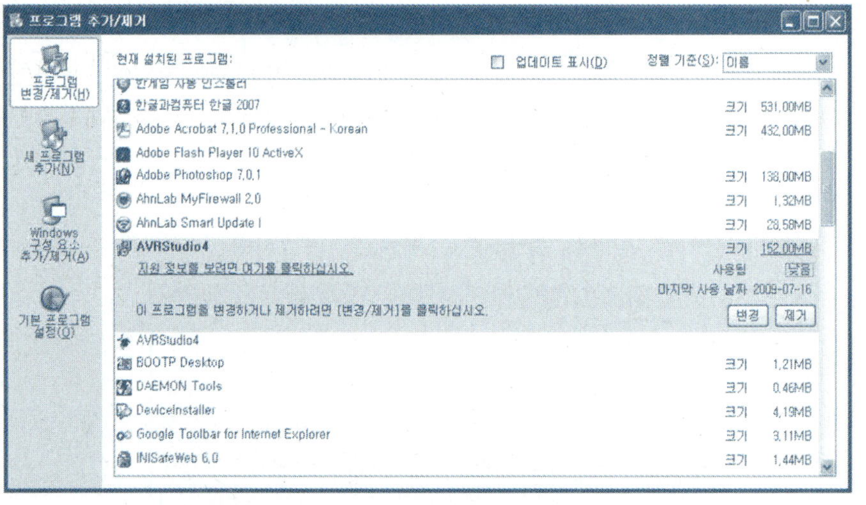

[그림 1-39] AVR Studio 4를 선택하고 [제거]를 클릭

② AVR Studio 4의 완전한 삭제를 원하는지를 묻는 창이다. [예]를 클릭하고 삭제를 계속한다.

[그림 1-40] [예]를 클릭하고 삭제를 계속

③ 삭제가 진행되는 도중 아래와 같은 창이 나타난다. 윈도우 레지스트리에 남은 사용자 세팅을 삭제하기 위해 [예]를 클릭하고 삭제를 계속한다.

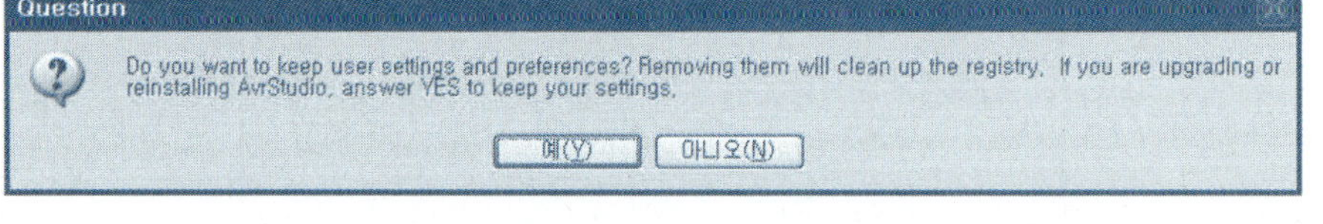


[그림 1-41] 사용자 세팅을 삭제하기 위해 [예]를 클릭하고 삭제

④ 제거가 완료되어 다음과 같은 화면이 나타나면 [Finish]를 클릭하고 제거를 종료한다.

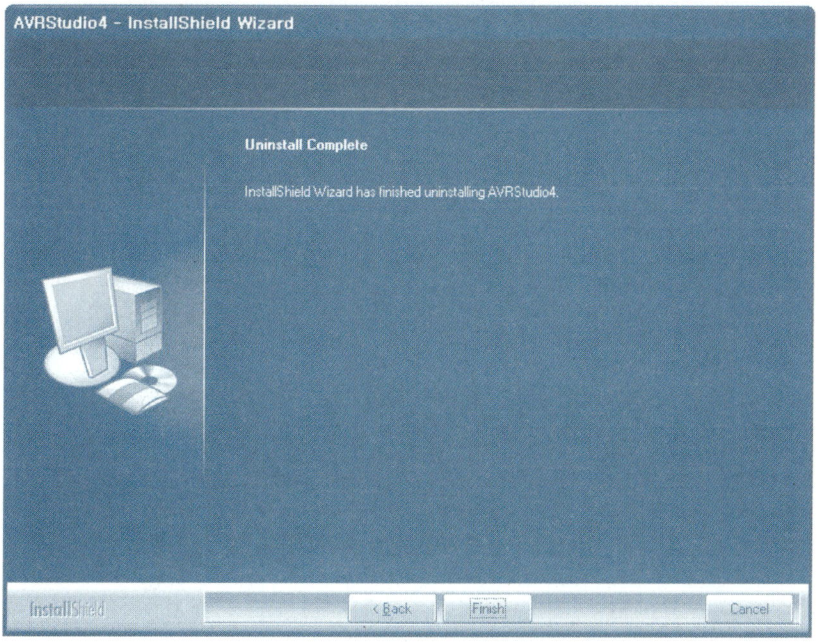


[그림 1-42] [Finish]를 클릭하고 제거를 종료

## 06 개발환경 활용

① 작업 표시줄 시작-모든 프로그램에서 Atmel AVR Tools를 찾을 수 있다.

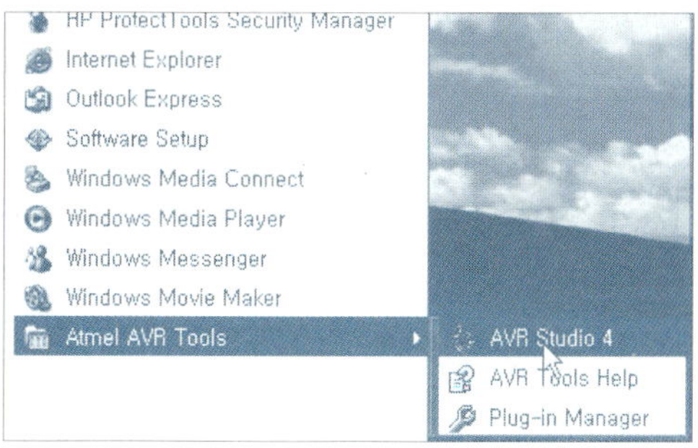


[그림 1-43] Atmel AVR Tools를 찾음

② 프로그램을 시작하게 되면 다음과 같은 화면이 나오게 된다. [New Project]를 클릭한다.

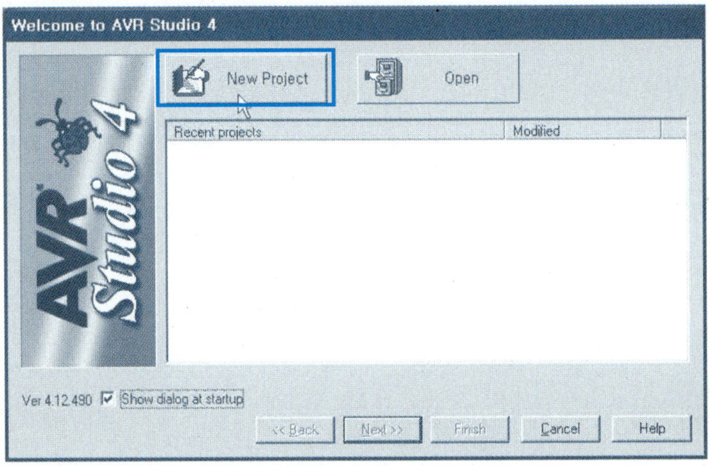


[그림 1-44] [New Project]를 클릭

③ 다음과 같은 화면이 나오면 Project type에서 AVR GCC를 선택하고 Project name에 원하는 이름을 입력한 후 [Next]를 클릭한다.

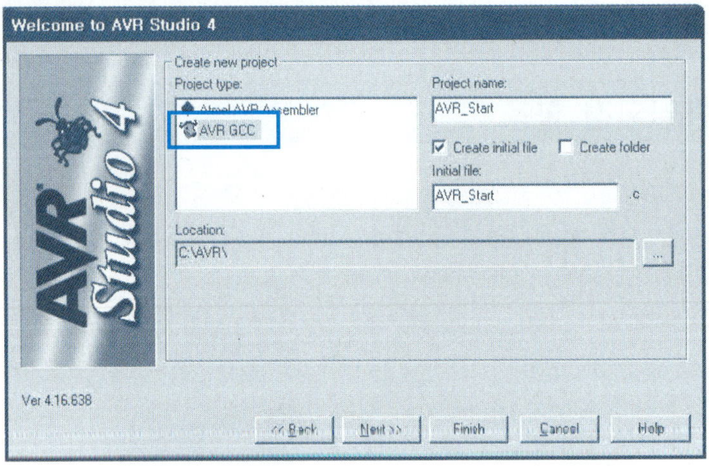


[그림 1-45] Project name에 이름을 입력한 후 [Next]를 클릭

④ Debug platform에서 JTAG ICE를 선택하고 Device는 AT90CAN128을 선택하고 [Finish]를 클릭한다.

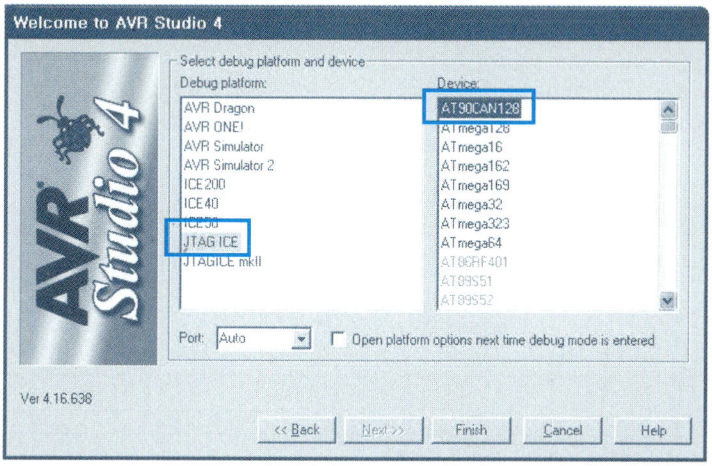


[그림 1-46] Device는 AT90CAN128을 선택하고 [Finish]를 클릭

⑤ [Finish]를 클릭하고 나면 다음과 같은 화면이 나타난다. 화면 중앙에 나타난 창에 프로그램을 작성한다(화면에 작성된 소스는 LED 제어 프로그램이다).

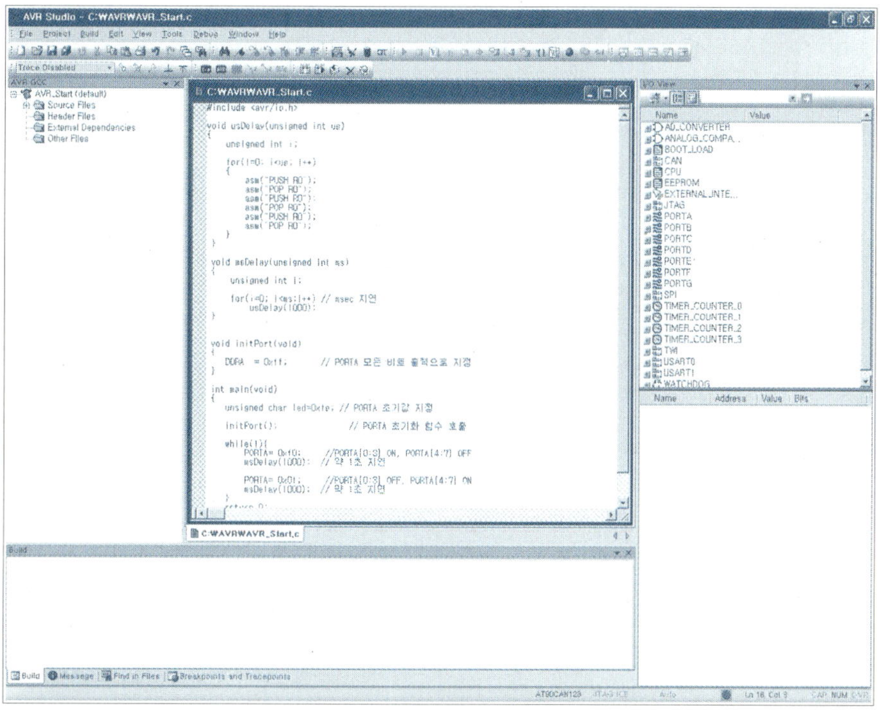

[그림 1-47] 화면 중앙에 나타난 창에 프로그램을 작성

⑥ 아래의 소스를 화면에 입력한다.

```
#include <avr/io.h>

void usDelay(unsigned int us)
{
        unsigned int i;

        for(i=0; i<us; i++)
        {
                asm("PUSH R0");
                asm("POP R0");
                asm("PUSH R0");
                asm("POP R0");
                asm("PUSH R0");
                asm("POP R0");
        }
}

void msDelay(unsigned int ms)
{
    unsigned int i;

    for(i=0; i<ms;i++)  // msec 지연
        usDelay(1000);
}


void initPort(void)
{
        DDRA  = 0xff;           // PORTA 모든 비트 출력으로 지정
}

int main(void)
{
        unsigned char led=0xfe; // PORTA 초기값 지정
        initPort();             // PORTA 초기화 함수 호출

        while(1){
                PORTA= 0xf0;      //PORTA[0:3] ON, PORTA[4:7] OFF
                msDelay(1000);    // 약 1초 지연

                PORTA= 0x0f;      //PORTA[0:3] OFF, PORTA[4:7] ON
                msDelay(1000);    // 약 1초 지연
        }
        return 0;
}
```

⑦ 프로그램을 다 작성하면 메뉴 중 Build-Build를 클릭하거나 키보드의 [F7] 버튼을 눌러 빌드(Build)한다.

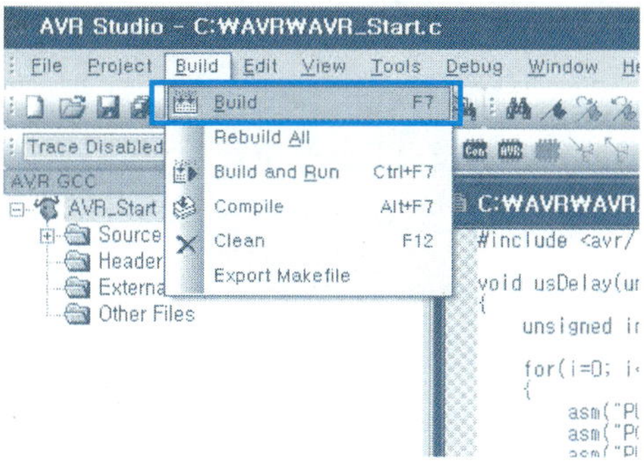


[그림 1-48] 키보드의 [F7] 버튼을 눌러 빌드

⑧ 빌드가 정상적으로 종료되면 화면 아래 다음과 같은 메시지를 볼 수 있다.

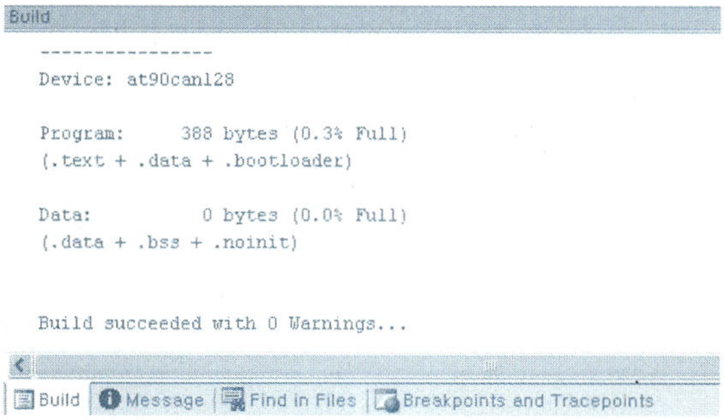


[그림 1-49] 빌드가 종료되면 메시지 표시

⑨ 만약 다음과 같은 화면이 나타난다면 작성한 프로그램을 다시 자세히 보고 틀린 부분을 수정하도록 한다. 각 항목을 마우스로 더블클릭했을 시 틀린 부분으로 바로 이동할 수 있다.

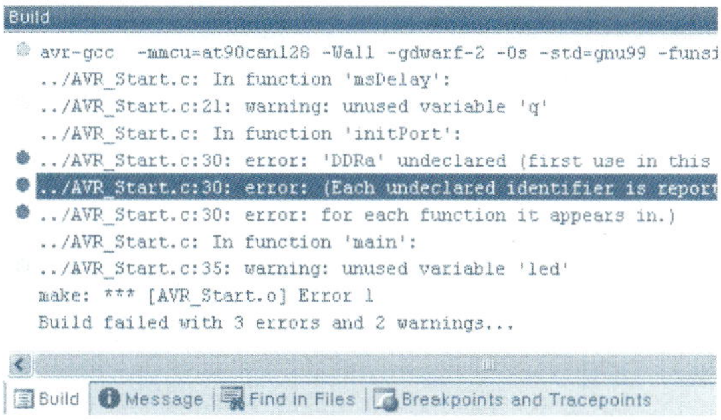


[그림 1-50] 작성한 프로그램 중 틀린 부분을 표시

⑩ 빌드가 정상적으로 종료되면 프로그램을 장비에서 테스트해보기 위해 각 장의 실습을 위한 배선도와 배선표를 보고 실습장비에 배선을 하도록 한다(아래의 배선도와 배선표는 LED 제어 프로그램이다).

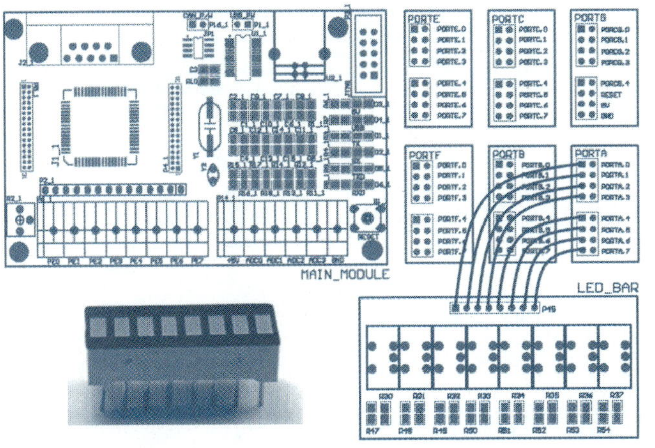


[그림 1-51] LED 바 구동회로와 배선 연결

[표 1-3] AT90CAN128 Port A와 LED 바의 연결

| LED | D0 | D1 | D2 | D3 | D4 | D5 | D6 | D7 |
|---|---|---|---|---|---|---|---|---|
| Port A | PA0 | PA1 | PA2 | PA3 | PA4 | PA5 | PA6 | PA7 |

⑪ 실습장비에 배선이 끝나면 AVR Studio의 도구모음 중 아래 화면과 같은 버튼을 찾아 클릭한다.

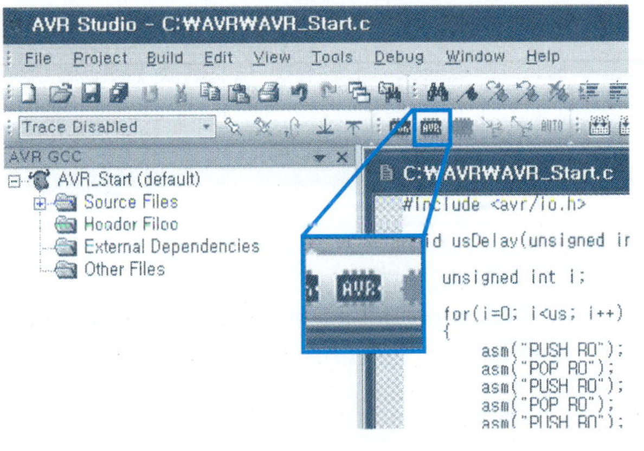


[그림 1-52] AVR Studio의 도구모음 중 AVR 찾아 클릭

⑫ 다음과 같은 화면이 나타나면 Flash 항목의 Input HEX File에 자신이 만든 폴더의 default 폴더에 생성된 hex 파일을 입력하고 [Program]을 클릭한다.

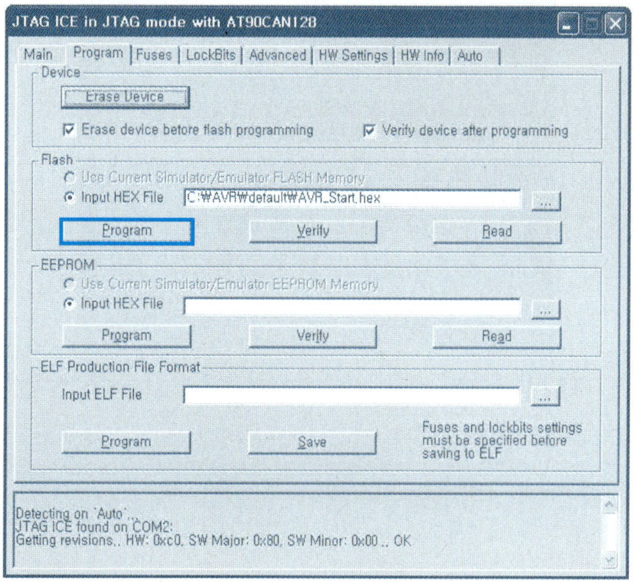


[그림 1-53] default 폴더에 생성된 hex 파일을 입력하고 [Program]을 클릭

⑬ 프로그램이 정상적으로 Flash에 다운로드되면 다음 화면과 같은 메시지를 확인할 수 있으며 프로그램이 실습장비에서 동작하는 것을 확인할 수 있다.

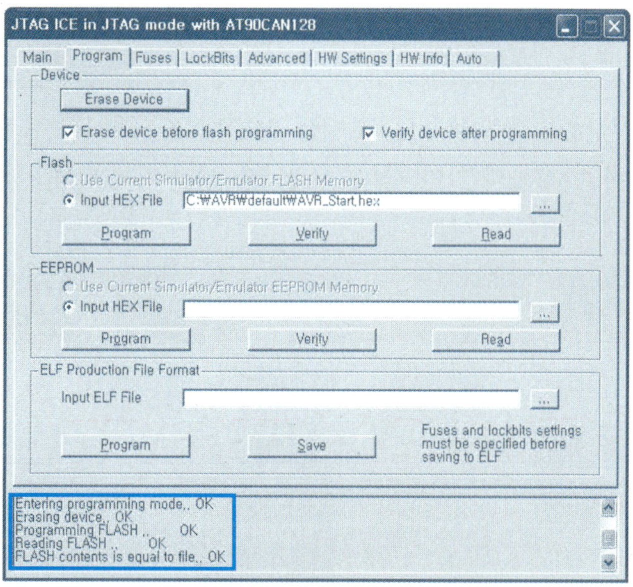


[그림 1-54] 프로그램이 실습장비에서 동작하는 것을 확인

⑭ 다음은 실습장비에서 프로그램이 제대로 동작하는 모습이다(LED 실습1 프로그램).

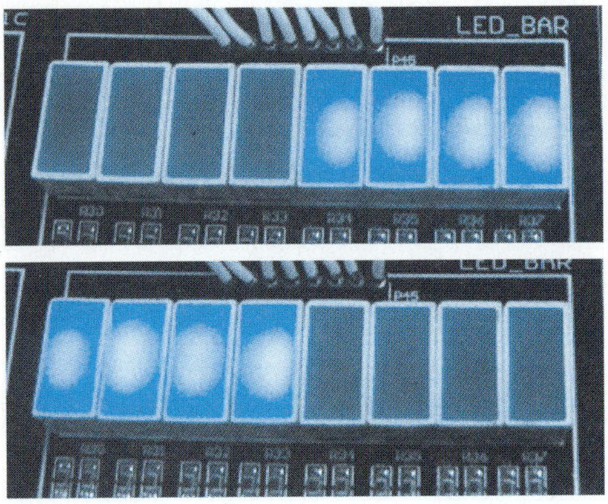


[그림 1-55] 실습장비에서 프로그램이 정상 동작

## 07 응용시스템 설계와 구현

[그림 1-56]은 앞에서 언급한 마이크로컨트롤러의 학습단계를 나타난 것이다. 마이크로컨트롤러 응용시스템 구현 경험 단계도 이와 비슷하다. 포트 입출력(Port I/O)로 LED를 구동하고 단순히 디지털 접점 신호(on/off)만을 받는 시스템은 기초적인 구현 경험으로 가능하다. 기초적인 포트 입출력 단계에서도 LCD 모듈과 같은 주변장치에 대해서는 데이터 교환을 위하여 LCD 모듈 혹은 제어기에서 요구하는 타이밍을 프로그램으로 구현할 수 있어야 한다.

대부분의 마이크로컨트롤러 응용시스템에서 기본적으로 요구되는 사항은 타이머/카운터를 사용하여야 하고 이에 따른 인터럽트 처리이다. 따라서, 인터럽트와 타이머/카운터를

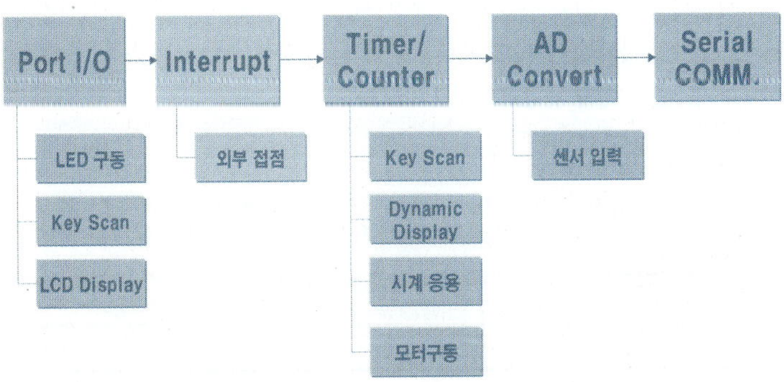


[그림 1-56] 마이크로컨트롤러 응용시스템 구성

이해하고 구현하는 경험을 기본적으로 가져야 한다. 사실 이 단계에서 내부 설정 레지스터를 다루고 다양한 프로그램 기법을 적용하기 때문에 이어지는 AD변환기 혹은 직렬통신 등은 주변장치와 데이터 교환사양만 정확하게 이해하면 해당 기능을 구현할 수 있다.

최근에 생산되고 있는 마이크로컨트롤러는 종류가 아주 다양하여 AD변환기와 시리얼 통신은 기본적으로 내장된 것을 선정하여 시스템 설계를 하는 것이 바람직하다. 그리고, AD변환 및 시리얼 통신을 하는 단계에서는 마이크로컨트롤러와 PC간의 데이터 교환과 PC화면에 데이터를 디스플레이할 수 있어야 한다. 따라서, 데이터 교환을 위한 통신 프로토콜을 설계할 수 있어야 하고 Visual C++ 혹은 Visual Basic 등의 Windows 프로그램 능력이 필요하다.

### 1) 응용시스템 구현 순서

마이크로컨트롤러를 이용하는 응용시스템 구현하는데 있어 꼭 정해진 것은 아니지만 저자의 경험에 따른 순서를 간단하게 정리하면 다음과 같다. 물론 실질적인 개발 단계에서 일부 단계가 생략될 수도 있다.

① 응용시스템의 목적과 기능 이해
② 프로세서 선정과 입출력 설정
- 데이터시트를 점검을 통한 프로세서 선정
- 구성도 작성
- 주변장치 및 부품 선정
- 프로그램 도구 선정

③ I/O포트 지정
④ 주변회로 설계
⑤ 테스트 회로 구성 및 테스트 프로그램
- ISP, JTAG 회로 구성 및 구현
- 만능기판 등을 통한 간단한 회로 구현
- 테스트 프로그램 작성 및 테스트

⑥ PCB 설계
- 주로 양면 기판 설계

⑦ 칩 마운트
⑧ 프로그램에 의한 구현

- 연결된 주변장치를 통합한 프로그램
- 필요에 따라서 Windows 프로그램

응용시스템을 설계하고 구현하는데 가장 먼저 요구되는 시스템의 기능과 목적을 정확하게 이해하는 것이 필요하다. 설계 초기 단계에서 상호간의 협의와 이해가 부족하면 설계 혹은 구현이 진행된 상태에서 수정하기 위해서는 시간과 비용이 추가되기 때문에 과제를 기간 내에 수행하기 어렵게 된다.

프로세서 선정과 입출력 설정 단계에서는 요구 시스템에서 필요한 마이크로프로세서의 입출력을 설정하고 구성도를 간단한 블록다이어그램 형태로 그린다. 그리고 이를 구현할 수 있는 적절한 프로세서(가격, 성능 비교)를 데이터시트를 점검하여 선정한다. 최근의 프로세서 종류는 내부에 AD변환기, UART, CAN 제어기 등의 아주 다양한 기능을 내장하고 있으며, 전력소모 및 처리속도도 다양하기 때문에 가격과 성능을 면밀히 비교하여 프로세서를 선정하여야 한다.

그리고, 마이크로컨트롤러마다 다양한 방법의 개발도구가 제공되고 있다. 사용한 경험이 있는 개발도구를 선택하여 프로그램하고 테스트하는 것이 바람직하겠지만 기능이 기존의 개발도구보다 개선된 경우에는 적극적으로 활용할 만하다. 단, 개발기간이 짧다면 기간 내에 과제를 완료하기 위해서는 경험이 있는 개발도구를 사용하는 것이 바람직하다.

다음으로는 선정된 마이크로컨트롤러의 입출력 포트를 주변장치에 맞도록 선정한다. 이 단계에서는 마이크로컨트롤러의 포트가 제한되어 있기 때문에 다이나믹 스캔 혹은 디스플레이 등의 경제적인 포트 활용방법을 강구하여야 한다. 그리고, 입출력 포트와 주변장치간의 연결관계를 표로 작성하여 두면 이후 회로설계와 프로그램에 도움이 된다.

주변회로 설계 단계에서는 구체적으로 주변장치와 부품을 결정하고 회로를 작성한다. 회로 작성은 최근 CAD 프로그램의 기능이 향상되어 직접 장치간의 선 연결보다는 레이블로 연결관계를 처리하는 것이 도면을 그린 이후 활용하는데 편리하다.

작성된 회로를 이용하여 테스트용 회로와 프로그램을 만들어서 시험한다. 이 때 마이크로컨트롤러로 프로그램을 다운로드하기 위하여 ISP 혹은 JTAG 회로를 구성하여야 한다. 테스트를 할 때는 프로세서의 포트 입출력을 외부와 연결하기 쉽게 확장 핀으로 연결한 CPU 보드를 활용하는 것이 편리하다. 그리고 가능하면 개발용 보드와 ISP 혹은 JTAG는 직접 만드는 것보다 만들어진 것을 활용하는 것이 안전하다.

그 다음으로 PCB 설계 및 제작에 들어간다. 회로 설계 CAD와 연동하는 CAD 프로그램을 선택하여 PCB 설계를 하고 직접 PCB를 제작할 수 있는 여건이 아니라면 PCB 제작 회사로 설계 파일을 보내서 PCB를 제작한다. 최근에는 웹사이트를 통하여 파일을 접수하여 개발용 소량 PCB(테스트까지 마친 PCB)를 제작하여 공급하는 회사들이 있어 이를 활용하면 저렴하고 정확한 PCB를 얻을 수 있다.

PCB에 칩을 마운트하는 것은 종류에 따라서 디핑을 하거나 납땜을 한다. 납땜 수량이 많은 경우에는 전문 칩 마운트 회사를 통하는 것도 한 방법이 될 수 있다.

하드웨어 제작이 완료되면 테스트 프로그램으로 기본적인 동작을 하는지 확인하고 개발도구를 이용하여 응용시스템에서 필요한 프로그램을 작성한다. 응용시스템과 PC 간의 데이터 교환 혹은 모니터링이 필요한 경우에는 Windows 프로그램을 만들어서 응용시스템을 완성한다.

### 2) 마이크로컨트롤러 프로그램

마이크로컨트롤러, DSP를 이용하여 시스템을 설계하는데 있어 회로를 구성하고 이에 맞는 프로그램을 해본 경험으로는 마이크로컨트롤러 프로그램을 하는데 반드시 해당 프로세서의 데이터시트(data sheet)를 보기를 권한다. 이 교재를 포함하여 보편적으로 데이터시트를 중심으로 교재가 만들어진다.

따라서, 데이터시트에 있는 부분을 설명하고 실습 등을 위하여 만들어진 실습용 장치에 대한 설명과 프로그램 방법 그리고 중요하게 생각하거나 필수적으로 알아야 할 부분에 대하여 설명이 추가된다. 마이크로컨트롤러 프로그램을 하는데 있어 데이터시트를 보는 것이 필수적인 것이다. 마이크로컨트롤러 데이터시트에서 꼭 보아야 할 부분은 다음과 같다.

- 마이크로컨트롤러 특징(feature)과 개요
- 각 기능 수행을 위한 레지스터 설명
- 외부 연결을 위한 타이밍도

앞에서 언급한 3가지 사항은 마이크로컨트롤러 프로그램을 하는데 있어 특히 중요한 사항이다. 마이크로컨트롤러의 특징과 개요를 데이터시트에서 읽어보고 개발하고자 하는 응용 분야에 적합한 것인지를 확인한다. 일반적으로 특징과 개요에는 프로세서의 기본 구조, I/O 포트 수(비트 수), 타이머/카운터 수, 인터럽트 그리고 AD변환기와 UART가 내부에 있다면 AD변환기 숫자와 특성, UART수와 특징을 설명한다.

마이크로컨트롤러 프로그램에서 무엇보다 중요한 것은 레지스터(register)이다. 레지스터는 사전적인 의미로 임의의 데이터를 일시적으로 저장하는 메모리이지만 마이크로컨트롤러에서 그 이상의 의미를 갖는다. 하드웨어 마이크로컨트롤러가 소프트웨어 프로그램에 의하여 유연하게 다양한 응용 분야에 활용될 수 있는 레지스터가 있기 때문이라고 해도 과언이 아니다. 마이크로컨트롤러의 하드웨어 기능을 레지스터 설정을 변경함으로써 다양하게 설정할 수 있다. 예를 들면, 마이크로컨트롤러는 대부분 타이머/카운터를 내장하고 있다.

마이크로컨트롤러 내부에 하드웨어적으로 16비트 카운터가 있지만 타이머/카운터 모드를 설정하는 레지스터로 13비트 혹은 8비트 카운터로 변경할 수 있다. 마이크로컨트롤러의 입출력 I/O포트, 타이머/카운터, 인터럽트, AD변환기, UART 등의 다양한 기능들을 원하는 응용 분야에 적용하기 위하여 관련된 레지스터 설정을 하여야 한다. 이러한 기능의 설정은 프로그램 실행 초기에 이루어져야 한다. 프로그램에서는 각각의 기능에 해당하는 초기화 함수를 만들어서 레지스터를 초기화한다.

예를 들면, initIOPort(), initTimerCounter() 등의 함수에서 I/O 포트의 입출력 방향 설정하거나, 사용하는 타이머/카운터의 클럭 선택 및 인터럽트 설정을 한다. 따라서, 마이크로컨트롤러 특징과 개요에서 일반적인 기능을 알았다면 레지스터는 프로그램으로 응용시스템을 구현하는 단계에서 필수적으로 알아야 하는 대상이다.

다음으로 외부 장치와 연결하기 위한 타이밍도이다. 응용시스템에 따라서 LCD 모듈, 메모리 등의 주변장치와 데이터 교환을 하여야 한다. 이 때 주변장치에서 요구하는 타이밍에 맞추어서 I/O 포트를 통하여 데이터 교환을 하여야 한다. 특히 제어신호와 데이터 신호 간의 타이밍을 정확하게 맞추어야 주변장치와 데이터 교환을 원활하게 할 수 있다.

## 08 마이크로컨트롤러(AT90CAN128) 실습장치 구성

마이크로컨트롤러 실습을 위한 장치는 [그림 1-57]과 같이 CPU 모듈, JTAG 키패드, 디스플레이부, 센서부, 구동부로 구성되어 있다.

디스플레이부에는 LED, 7세그먼트, 문자 LCD, 그래픽 LCD가 있으며 센서부에는 가변저항, CdS(광센서), 온도 센서, 초음파 센서가 있다.

구동부에는 스텝 모터와 RC 서보 모터가 있다. 그리고 CPU 모듈에 연결된 2개의 직렬 통신 포트와 CAN 통신 포트가 있다.



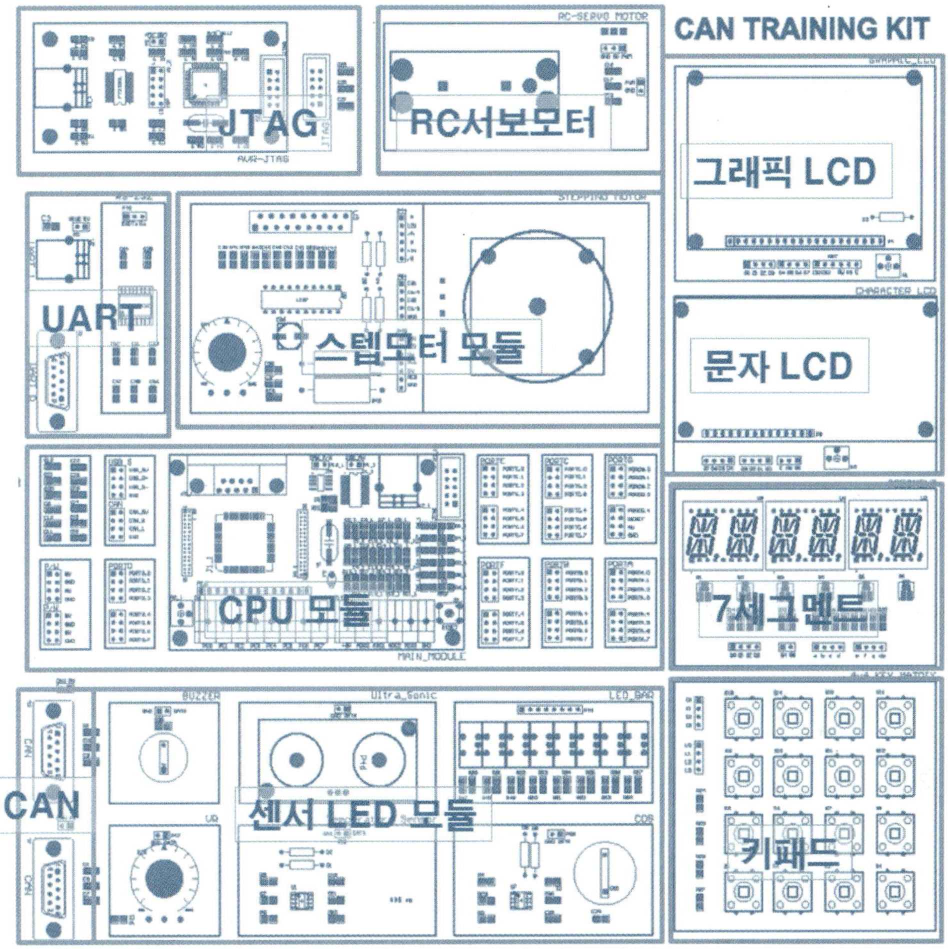


[그림 1-57] 마이크로컨트롤러 실습을 위한 장치

Chapter 02

# LED 제어

학습목표

- LED에 대해 이해한다.
- LED를 On/Off해 본다.

## 01 발광 다이오드

발광 다이오드(LED : Light Emitted Diode)는 다이오드에 순방향 바이어스를 인가하면 빛을 발산하는 반도체 소자로써 LED라고도 부른다. 발광의 원리는 전계발광(electroluminescence) 효과를 이용한다. 일리노이 대학교의 닉 호로니악이 1962년 최초로 개발한 다이오드는 전자회로에서 동작 상태를 표시하는 용도로 주로 사용되고 있으며 최근에는 조명용으로 각광받고 있다. 수명도 백열전구보다 상당히 길다. 발광 다이오드의 외형은 [그림 2-1]과 같고 발광색은 빨간색, 초록색, 노란색을 주로 사용하고 최근에는 파란색 발광 다이오드도 있다.

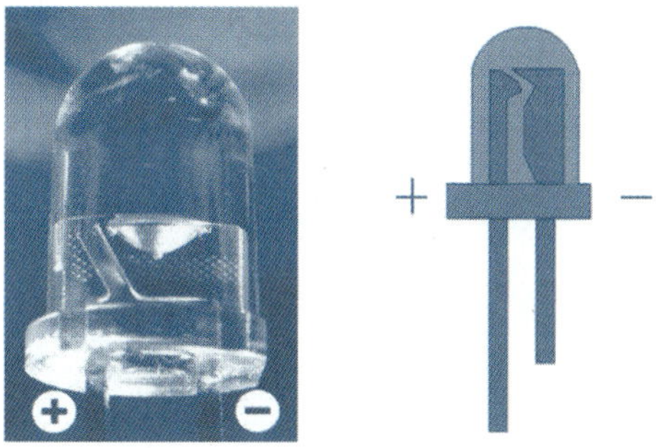


**[그림 2-1]** LED 애노드와 캐소드

발광 다이오드의 기호는 [그림 2-2]와 같이 화살 형태이며 외형으로 구분하는 방법은 [표 2-1]에 열거한 방법으로 구분할 수 있다. 일반적으로 리드선이 긴 쪽이 애노드이고 반투명한 내부를 볼 때는 넓은 쪽은 캐소드이다.

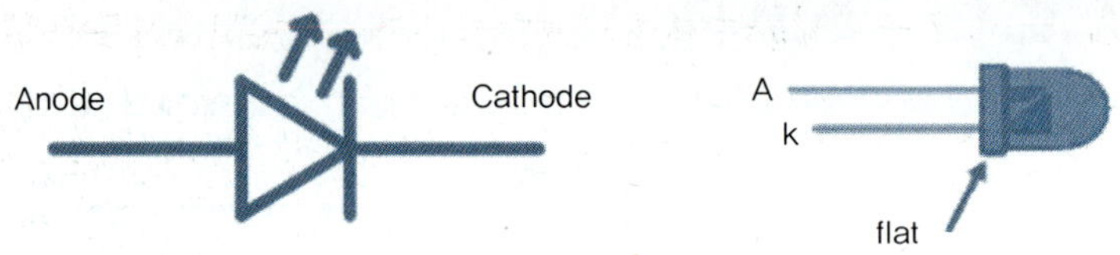


[그림 2-2] 발광 다이오드 LED의 기호와 외형

[표 2-1] LED의 양극(애노드)와 음극(캐소드)의 구분

| 부호 | + | − |
|---|---|---|
| 극성 | 양극 | 음극 |
| 터미널 | 애노드(A, Anode) | 캐소드(K, Cathod) |
| 리드선 | 길다 | 짧다 |
| 외형 | 둥글다(round) | 평평하다(flat) |
| 내부 | 작다 | 크다 |
| 선연결 | 붉은색 | 검은색 |

## 02 LED 동작

발광 다이오드의 발광 원리는 PN 접합에서 전자가 가지는 에너지를 직접 빛 에너지로 변환되어 거시적으로는 열이나 운동에너지를 필요로 하지 않는다. 전극으로부터 반도체에 주입된 전자와 정공은 다른 에너지띠(전도띠나 원자가띠)를 흘러 PN 접합부 부근에서 에너지 띠를 넘어 재결합한다. 재결합할 때 에너지띠 간격에 상응하는 에너지가 광자, 즉 빛으로 방출된다.

발광 다이오드 LED는 자외선 영역에서 가시광선, 적외선 영역까지 다양한 범위의 빛을 발광한다. 일반적인 다이오드는 애노드(anode)와 캐소드(cathod) 양극에 0.3~0.7V의 전위차가 양단에 전류가 흐르게 된다. LED는 색에 따라서 차이가 있으며 약 1.5V에서 3.5V의 전위차가 발생하면 LED는 애노드에서 캐소드로 전류가 흐르게 되고 발광한다. 각 색에 따른 전압차는 [표 2-2]와 같다. 정방향 전위차는 LED의 화학적 특성, 온도 그리고 전류(일반적으로는 약 20mA 정도의 전류가 흐른다.)에 따라서 다르다.

[표 2-2] LED의 색에 따른 구동 전압

| 색(Color) | 전위차(Potential Difference) |
|---|---|
| 적외선(Infrared) | 1.6V |
| 빨간색(Red) | 1.8~2.0V |
| 주황색(Orange) | 2.2V |
| 노란색(Yellow) | 2.4V |
| 초록색(Green) | 2.6V |
| 파란색(Blue) | 3.0~3.5V |
| 흰색(White) | 3.0~3.5V |
| 자외선(Ultraviolet) | 3.5 V |

[그림 2-3] 다양한 색과 형태의 LED

대부분의 LED는 최대 역전압은 5V이다. 그리고, 양극 사이에 과도한 전류가 흐르게 되면 LED는 영구적으로 손상되어 사용할 수 없게 된다. 따라서, 양극에 흐르는 전류를 제한하여야만 한다. 양극에 흐르는 전류를 제한하기 위하여 [그림 2-4]와 같이 일반적으로 300~700Ω 정도의 저항을 연결한다.

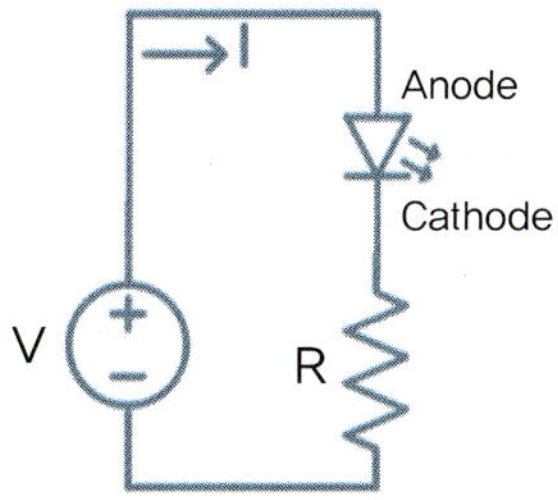


[그림 2-4] LED 구동회로

## 03 LED 실습

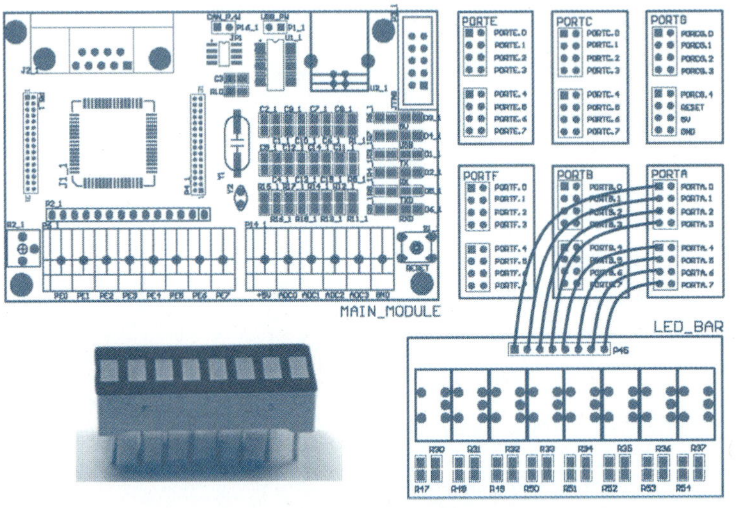

[그림 2-5] LED 바 구동회로와 배선 연결

[표 2-3] AT90CAN128 포트 A와 LED 바의 연결

| LED | D0 | D1 | D2 | D3 | D4 | D5 | D6 | D7 |
|---|---|---|---|---|---|---|---|---|
| Port A | PA0 | PA1 | PA2 | PA3 | PA4 | PA5 | PA6 | PA7 |

### 실습 1 LED 바의 LED를 왼쪽 4개, 오른쪽 4개 번갈아 On/Off시키는 프로그램

① [그림 2-5]를 보고 실습장비에 배선을 한다.

② 작업 표시줄 시작-모든 프로그램에서 Atmel AVR Tools를 찾아 클릭한다.

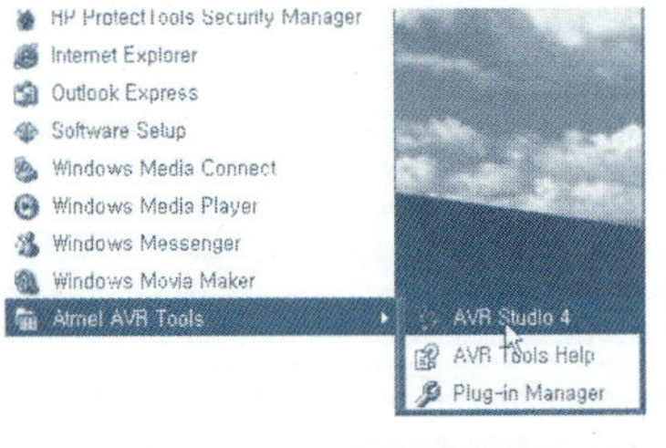


[그림 2-6] Atmel AVR Tools를 찾아 클릭

③ 프로그램을 시작하게 되면 다음과 같은 화면이 나오게 된다. [New Project]를 클릭한다.

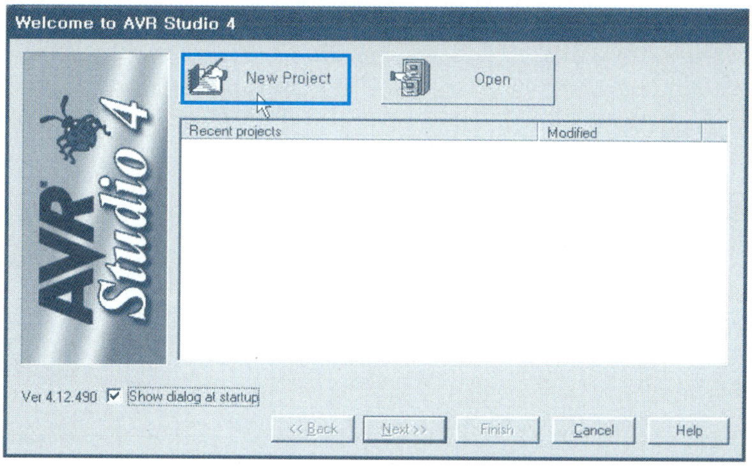


[그림 2-7] [New Project]를 클릭

④ 다음과 같은 화면이 나오면 Project type에서 AVR GCC를 선택하고 Project name에 원하는 이름을 입력한 후 [Next]를 클릭한다.

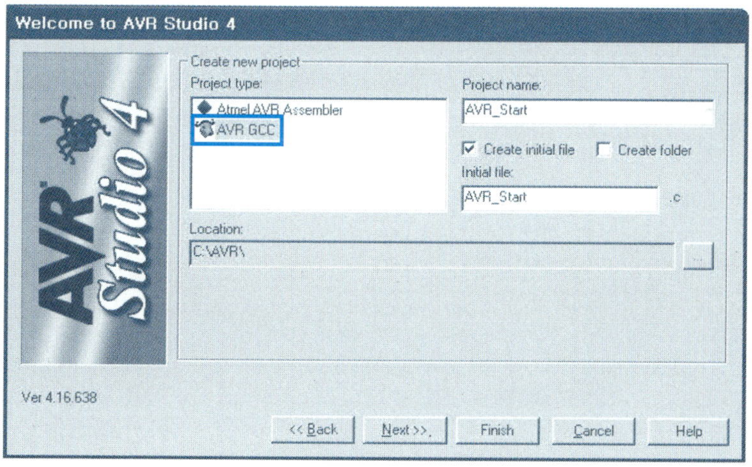


[그림 2-8] Project name에 원하는 이름을 입력한 후 [Next]를 클릭

⑤ Debug platform에서 JTAG ICE를 선택하고 Device는 AT90CAN128을 선택하고 [Finish]를 클릭한다.

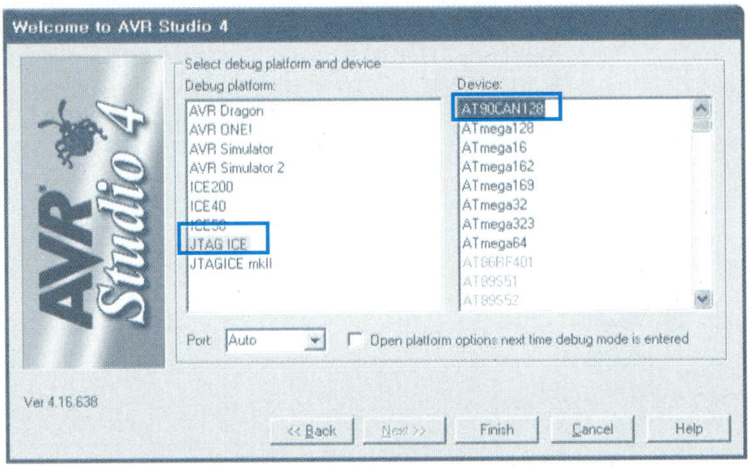


[그림 2-9] JTAG ICE를 선택하고 Device는 AT90CAN128을 선택

⑥ [Finish]를 클릭하고 나면 다음과 같은 화면이 나타난다. 화면 중앙에 나타난 창에 다음의 프로그램을 작성한다.

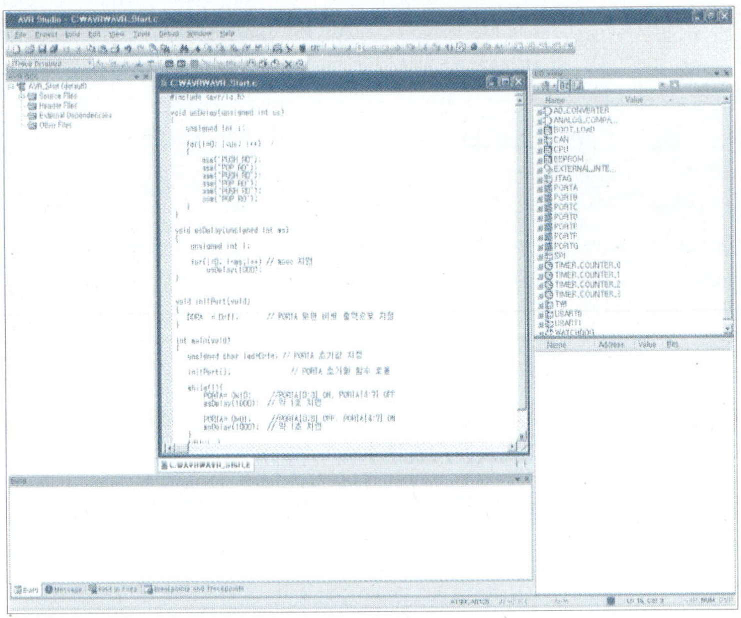

[그림 2-10] 화면 중앙에 나타난 창에 다음의 프로그램을 작성

7 LED 바의 LED를 왼쪽 4개, 오른쪽 4개 번갈아 On/Off시키는 프로그램이다.

```
#include <avr/io.h>

void usDelay(unsigned int us)
{
        unsigned int i;

        for(i=0; i<us; i++)
        {
                asm("PUSH R0");
                asm("POP R0");
                asm("PUSH R0");
                asm("POP R0");
                asm("PUSH R0");
                asm("POP R0");
        }
}

void msDelay(unsigned int ms)
{
    unsigned int i;

    for(i=0; i<ms;i++) // msec 지연
        usDelay(1000);
}


void initPort(void)
{
        DDRA  = 0xff;            // PORTA 모든 비트 출력으로 지정
}

int main(void)
{
        unsigned char led=0xfe; // PORTA 초기값 지정
        initPort();              // PORTA 초기화 함수 호출

        while(1){
                PORTA= 0xf0;     //PORTA[0:3] ON, PORTA[4:7] OFF
                msDelay(1000);   // 약 1초 지연

                PORTA= 0x0f;     //PORTA[0:3] OFF, PORTA[4:7] ON
                msDelay(1000);   // 약 1초 지연
        }
        return 0;
}
```

⑧ 프로그램을 다 작성하면 메뉴 중 Build-Build를 클릭하거나 키보드의 [F7] 버튼을 눌러 빌드(Build)한다.

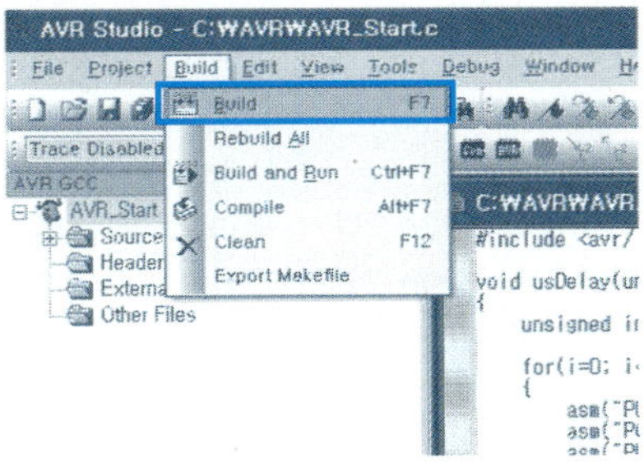


[그림 2-11] 키보드의 [F7] 버튼을 눌러 빌드(Build)

⑨ AVR Studio의 도구모음 중 아래 화면과 같은 버튼을 찾아 클릭한다.

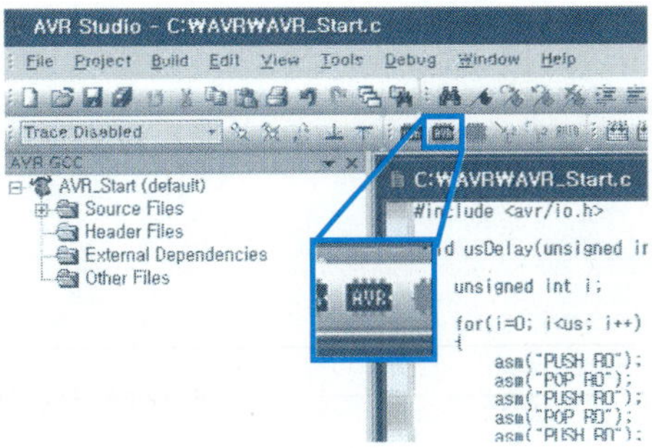


[그림 2-12] AVR Studio의 도구모음 중 [AVR] 버튼을 찾아 클릭

⑩ 다음과 같은 화면이 나타나면 Flash 항목의 Input HEX File에 자신이 만든 폴더의 default 폴더에 생성된 hex 파일을 입력하고 [Program]을 클릭한다.

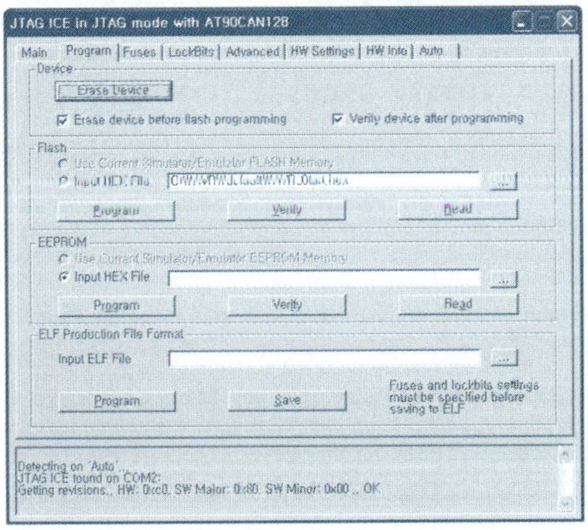


[그림 2-13] default 폴더에 생성된 hex 파일을 입력하고 [Program]을 클릭

⑪ 프로그램이 정상적으로 Flash에 다운로드되면 다음 화면과 같은 메시지를 확인할 수 있으며 프로그램이 실습장비에서 동작하는 것을 확인할 수 있다.

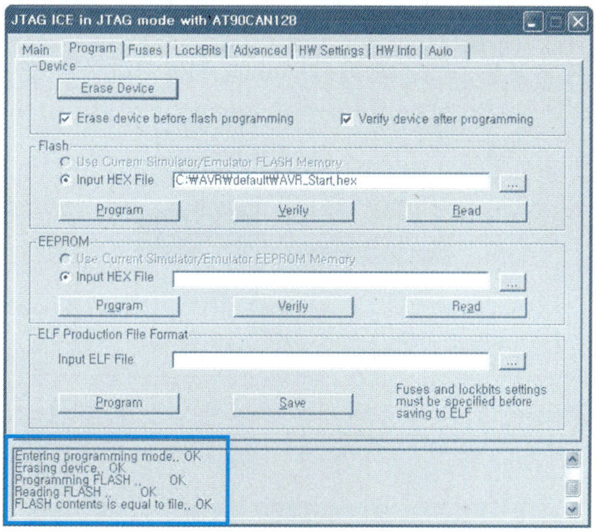


[그림 2-14] 프로그램이 실습장비에서 동작확인

⑫ 실제 실습장비에서 동작중인 프로그램에 의하여 LED가 동작하는 것을 볼 수 있다.

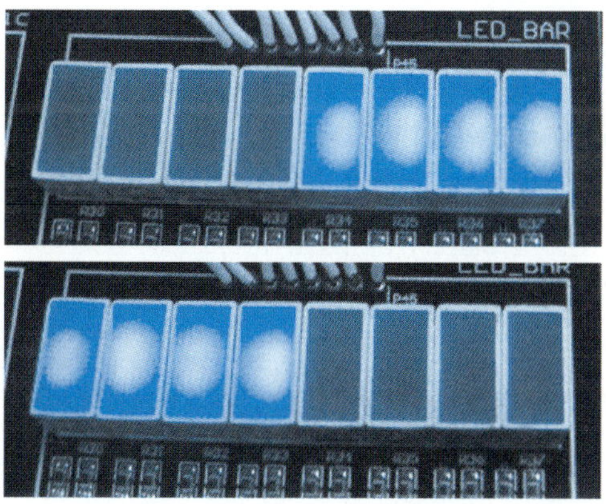


[그림 2-15] 프로그램에 의하여 LED가 동작

## 실습 2 LED 바의 LED 1개를 왼쪽에서 오른쪽으로 이동하면서 켜지도록 하는 프로그램

1 작업 표시줄 시작-모든 프로그램에서 Atmel AVR Tools를 찾아 클릭한다.

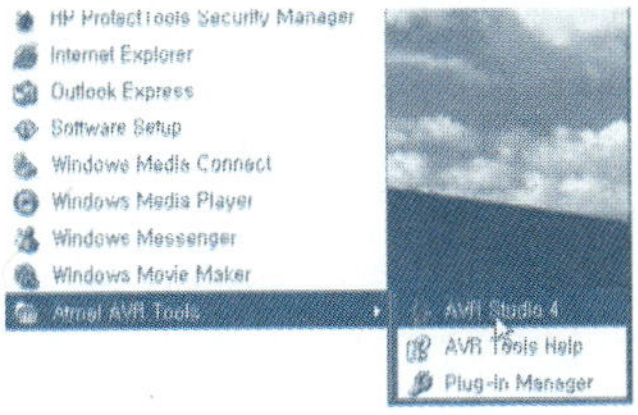

[그림 2-16] Atmel AVR Tools를 찾아 클릭

2 프로그램을 시작하게 되면 다음과 같은 화면이 나오게 된다. [New Project]를 클릭한다.

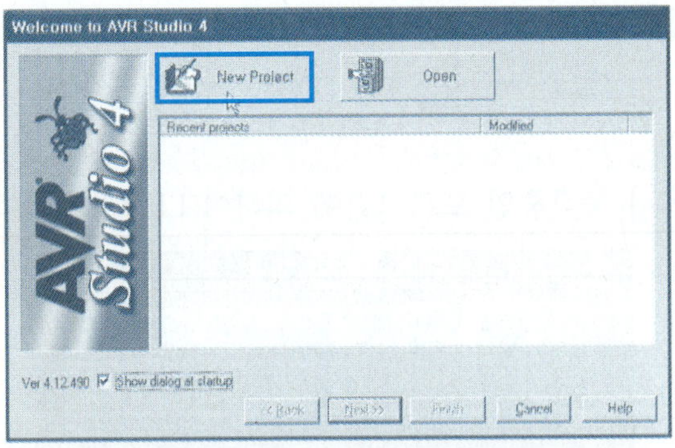

[그림 2-17] [New Project]를 클릭

3 다음과 같은 화면이 나오면 Project type에서 AVR GCC를 선택하고 Project name에 원하는 이름을 입력한 후 [Next]를 클릭한다.

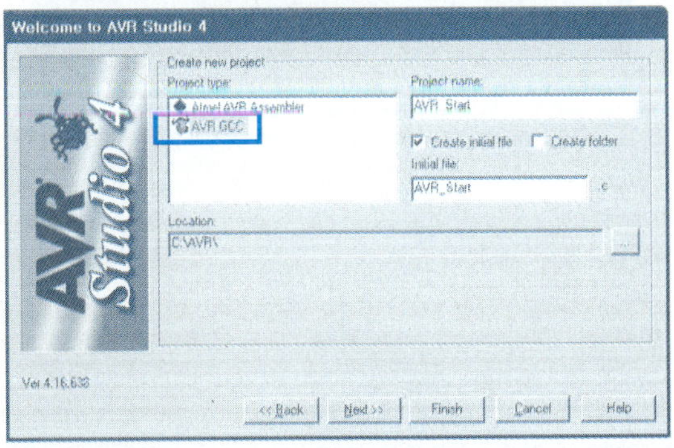

[그림 2-18] Project name에 원하는 이름을 입력한 후 [Next]를 클릭

④ Debug platform에서 JTAG ICE를 선택하고 Device는 AT90CAN128을 선택하고 [Finish]를 클릭한다.

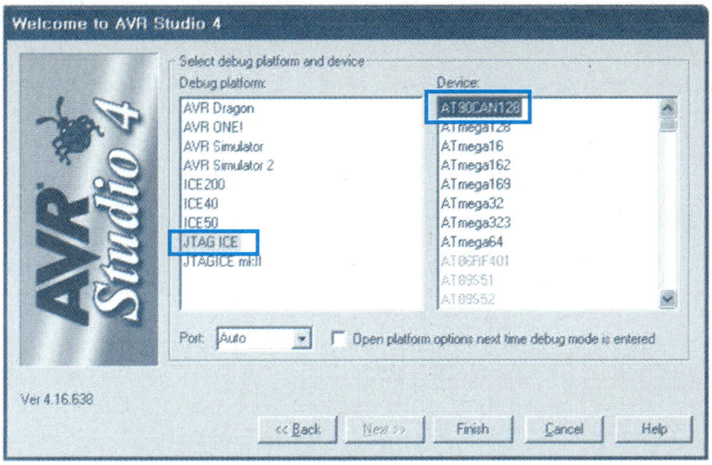


[그림 2-19] Device는 AT90CAN128을 선택하고 [Finish]를 클릭

⑤ [Finish]를 클릭하고 나면 다음과 같은 화면이 나타난다. 화면 중앙에 나타난 창에 다음의 프로그램을 작성한다.

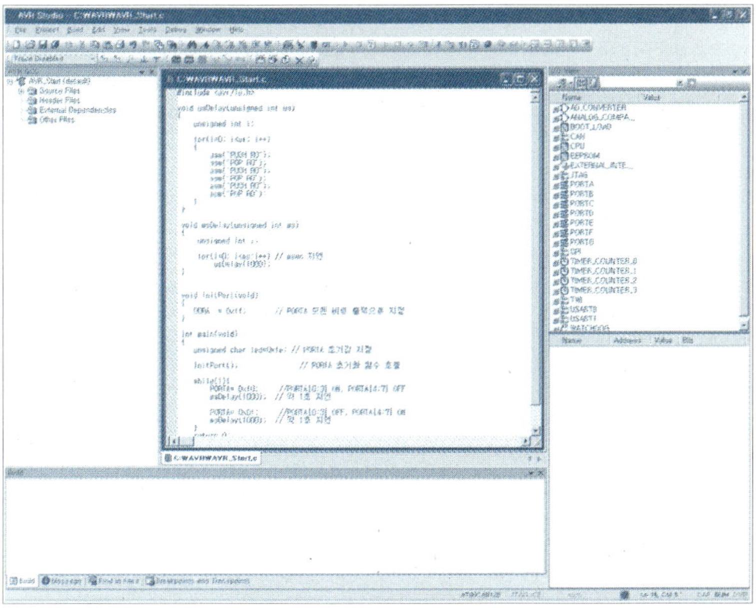

[그림 2-20] 화면 중앙에 나타난 창에 다음의 프로그램을 작성

⑥ LED 바의 LED 1개를 왼쪽에서 오른쪽으로 이동하면서 켜지도록 하는 프로그램이다.

```
#include <avr/io.h>

void usDelay(unsigned int us)
{
        unsigned int i;

        for(i=0; i<us; i++)
        {
                asm(“PUSH R0”);
                asm(“POP R0”);
                asm(“PUSH R0”);
                asm(“POP R0”);
                asm(“PUSH R0”);
                asm(“POP R0”);
        }
}

void msDelay(unsigned int ms)
{
    unsigned int i;

    for(i=0; i<ms;i++)      // msec 지연
        usDelay(1000);
}

void initPort(void)
{
        DDRA  = 0xff;                // PORTA 모든 비트 출력으로 지정
}

int main(void)
{
        unsigned char led=0xfe;// PORTA 초기값 지정
        int i;

        initPort();             // PORTA 초기화 함수 호출

        while(1){
                for(i=0; i<8; i++){
                        PORTA= led;    // PORTA에 led 변수값 대입
                        msDelay(100);  // 약 0.1sec 지연
                        led=(led<<1)+1;// 0을 왼쪽으로 이동시킴
                        if(i==0)       // i=0이면
                                led=0xfe;  // PORTA[0] LED를 켬
                }
        }
        return 0;
}
```

⑦ 프로그램을 다 작성하면 메뉴 중 Build-Build를 클릭하거나 키보드의 [F7] 버튼을 눌러 빌드(Build)한다.

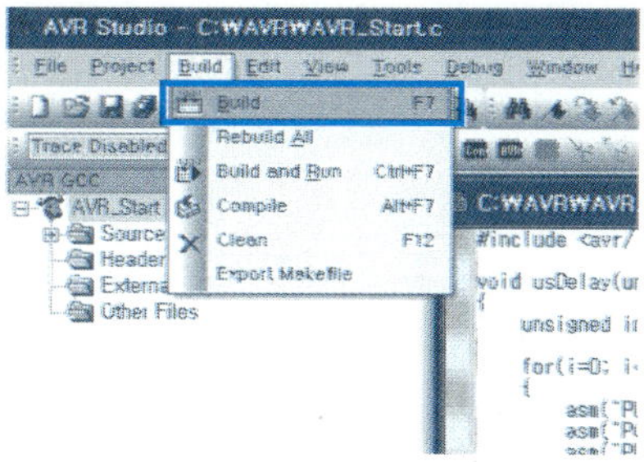


[그림 2-21] 키보드의 [F7] 버튼을 눌러 빌드

⑧ AVR Studio의 도구모음 중 아래 화면과 같은 버튼을 찾아 클릭한다.

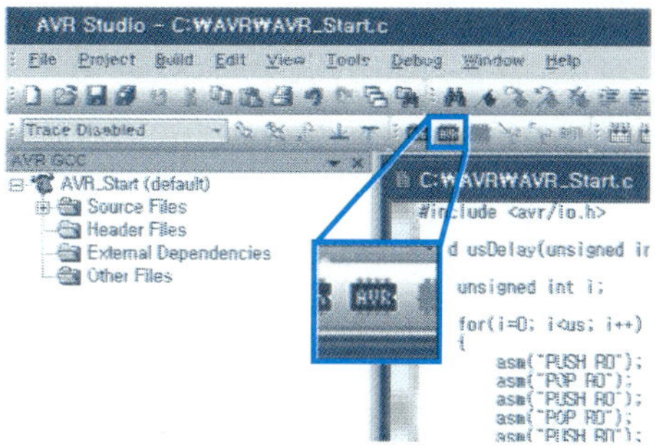


[그림 2-22] 도구모음 중 [AVR] 버튼을 찾아 클릭

⑨ 다음과 같은 화면이 나타나면 Flash 항목의 Input HEX File에 자신이 만든 폴더의 default 폴더에 생성된 hex 파일을 입력하고 [Program]을 클릭한다.

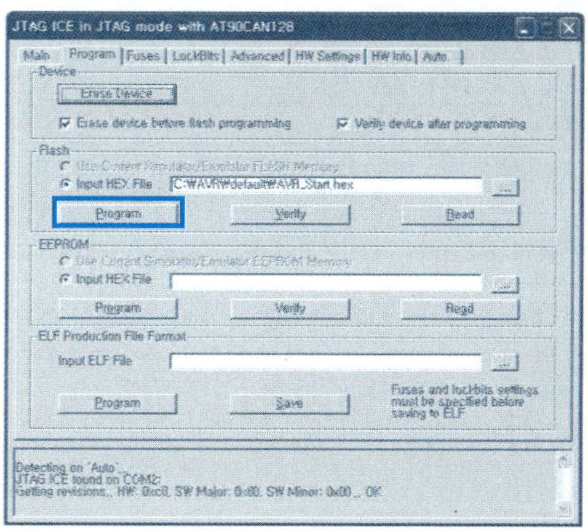


[그림 2-23] default 폴더에 생성된 hex 파일을 입력하고 [Program]을 클릭

⑩ 프로그램이 정상적으로 Flash에 다운로드되면 다음 화면과 같은 메시지를 확인할 수 있으며 프로그램이 실습장비에서 동작하는 것을 확인할 수 있다.

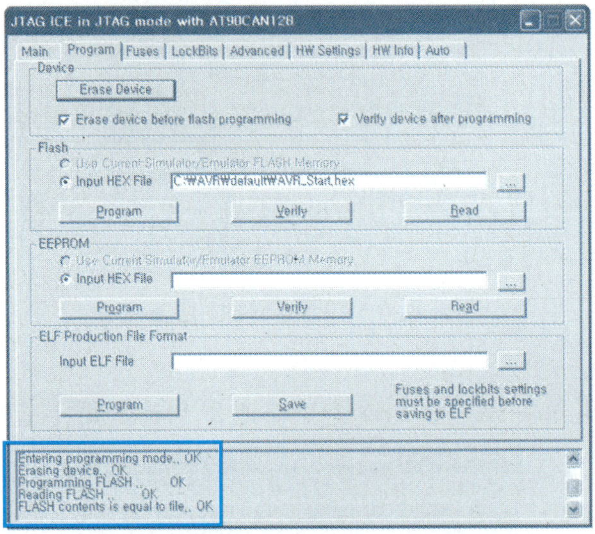


[그림 2-24] 프로그램이 실습장비에서 동작확인

⑪ 실제 실습장비에서 동작중인 프로그램에 의하여 LED가 동작하는 것을 볼 수 있다.

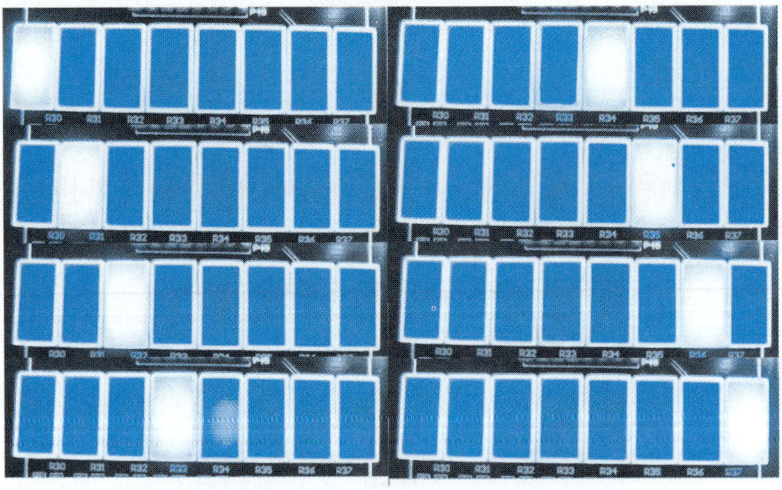

[그림 2-25] 프로그램에 의하여 LED가 동작

## 실습 3 LED 바의 LED를 1초마다 1개씩 끄면서 오른쪽으로 이동하는 프로그램

① 작업 표시줄 시작-모든 프로그램에서 Atmel AVR Tools를 찾아 클릭한다.

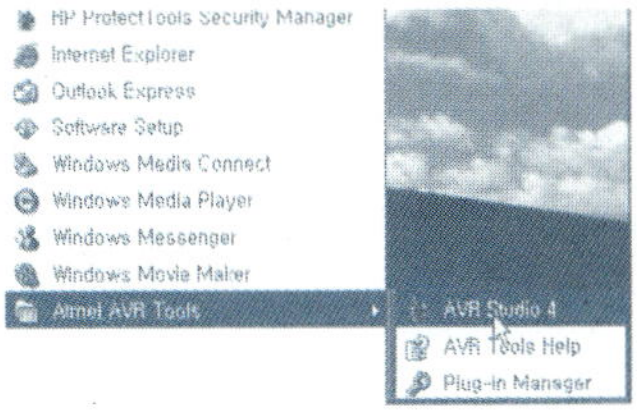


[그림 2-26] Atmel AVR Tools를 찾아 클릭

② 프로그램을 시작하게 되면 다음과 같은 화면이 나오게 된다. [New Project]를 클릭한다.

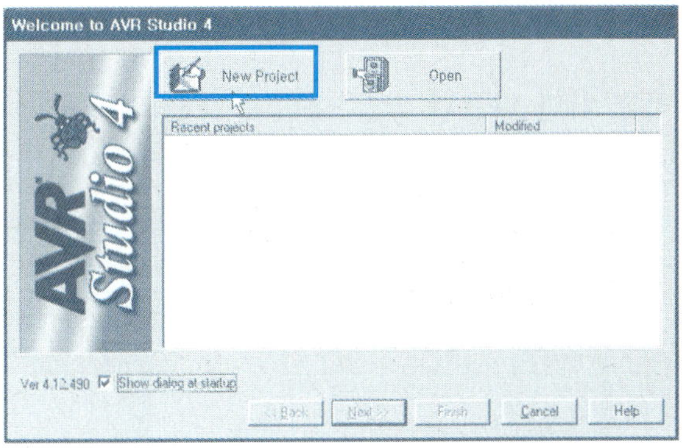


[그림 2-27] [New Project]를 클릭

③ 다음과 같은 화면이 나오면 Project type에서 AVR GCC를 선택하고 Project name에 원하는 이름을 입력한 후 [Next]를 클릭한다.

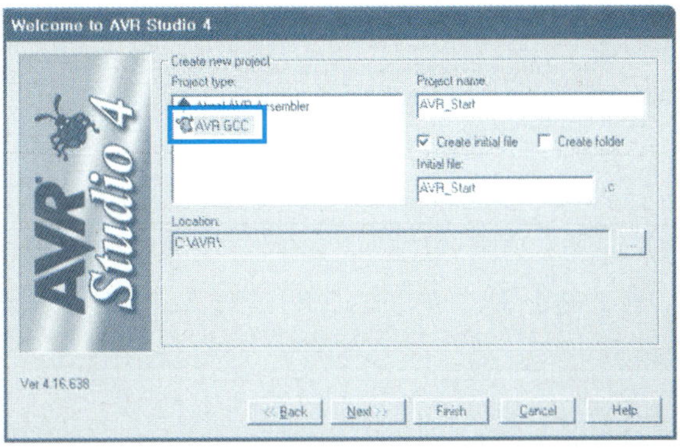


[그림 2-28] Project name에 원하는 이름을 입력한 후 [Next]를 클릭

④ Debug platform에서 JTAG ICE를 선택하고 Device는 AT90CAN128을 선택하고 [Finish]를 클릭한다.

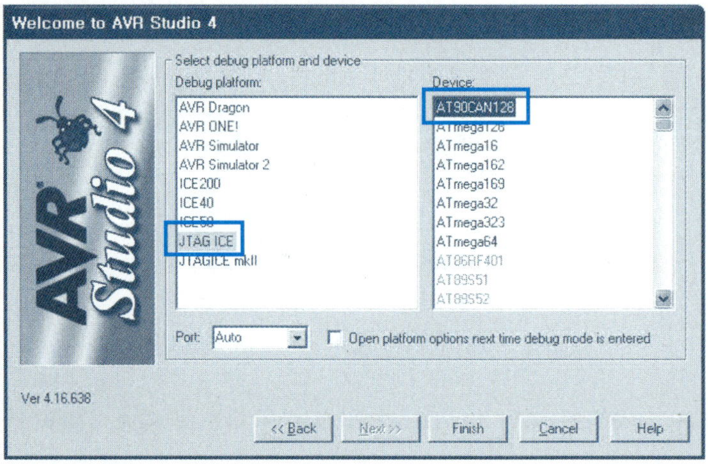


[그림 2-29] Device는 AT90CAN128을 선택하고 [Finish]를 클릭

⑤ [Finish]를 클릭하고 나면 다음과 같은 화면이 나타난다. 화면 중앙에 나타난 창에 다음의 프로그램을 작성한다.

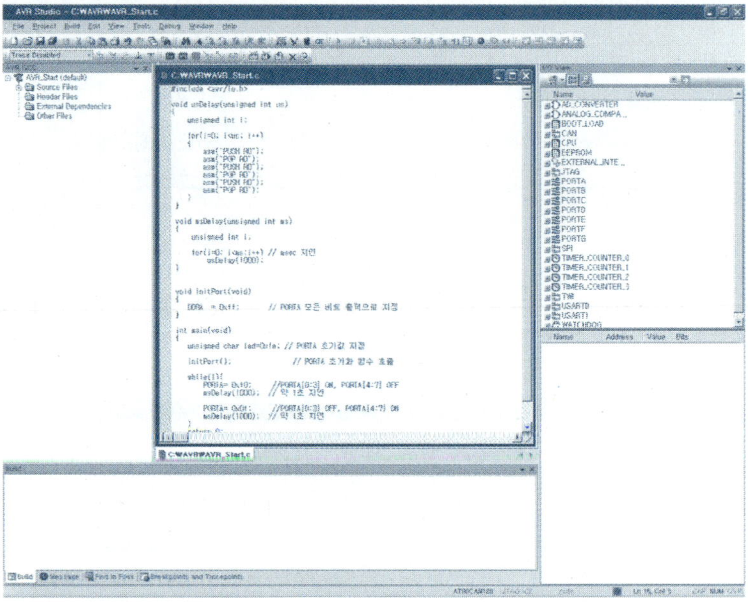

[그림 2-30] 화면 중앙에 나타난 창에 프로그램을 작성

⑥ LED 바의 LED를 1초마다 1개씩 끄면서 오른쪽으로 이동하는 프로그램이다.

```
#include <avr/io.h>

void usDelay(unsigned int us)
{
        unsigned int i;

        for(i=0; i<us; i++)
        {
                asm(“PUSH R0”);
                asm(“POP R0”);
                asm(“PUSH R0”);
                asm(“POP R0”);
                asm(“PUSH R0”);
                asm(“POP R0”);
        }
}

void msDelay(unsigned int ms)
{
    unsigned int i;

    for(i=0; i<ms;i++)     // msec 지연
        usDelay(1000);
}

void initPort(void)
{
        DDRA  = 0xff;              // PORTA 모든 비트 출력으로 지정
}

int main(void)
{
        unsigned char led=0xff;// PORTA 초기값 지정

        initPort();                     // PORTA 초기화 함수호출

        while(1){
                PORTA= ~led;       // led 보수 PORTA 대입
                msDelay(1000);

                if(led==00)
                        led=0xff;
                else
                        led=led<<1;
        }
        return 0;
}
```

⑦ 프로그램을 다 작성하면 메뉴 중 Build-Build를 클릭하거나 키보드의 [F7] 버튼을 눌러 빌드(Build)한다.

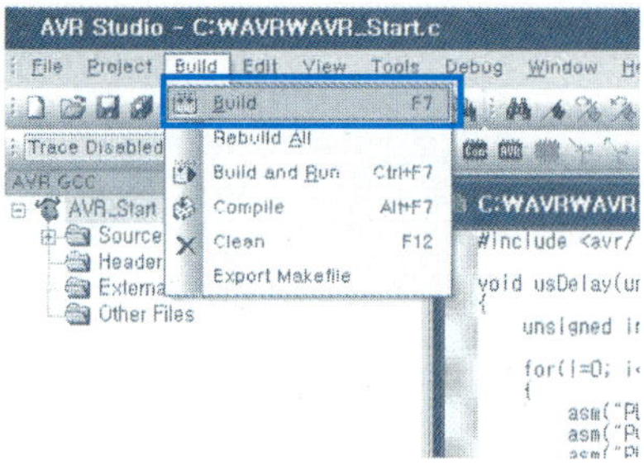

[그림 2-31] [F7] 버튼을 눌러 빌드

⑧ AVR Studio의 도구모음 중 아래 화면과 같은 버튼을 찾아 클릭한다.

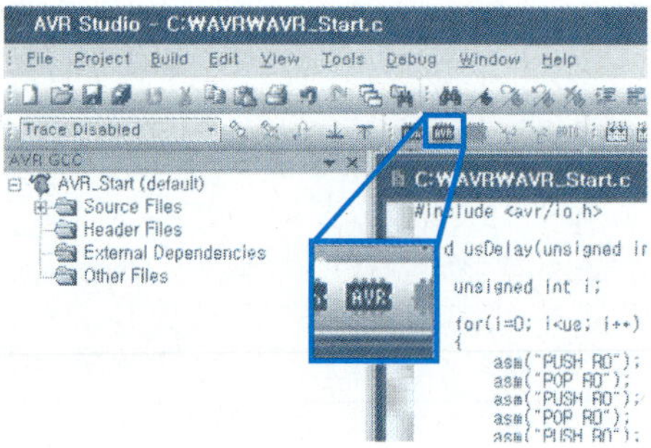

[그림 2-32] 도구모음 중 [AVR] 버튼을 찾아 클릭

⑨ 다음과 같은 화면이 나타나면 Flash 항목의 Input HEX File에 자신이 만든 폴더의 default 폴더에 생성된 hex 파일을 입력하고 [Program]을 클릭한다.

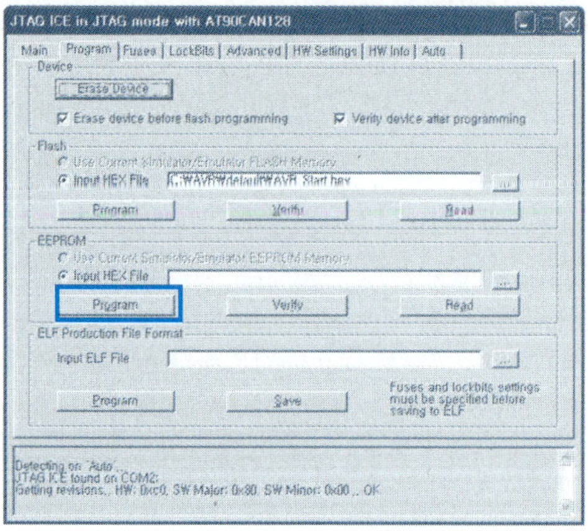

[그림 2-33] default 폴더에 생성된 hex 파일을 입력하고 [Program]을 클릭

⑩ 프로그램이 정상적으로 Flash에 다운로드되면 다음 화면과 같은 메시지를 확인할 수 있으며 프로그램이 실습장비에서 동작하는 것을 확인할 수 있다.

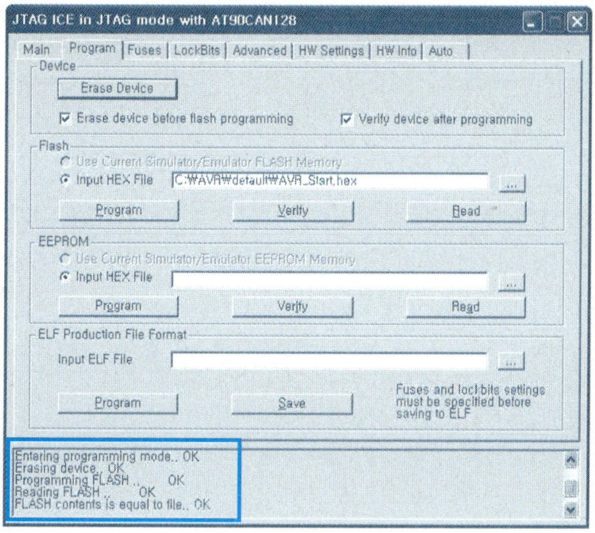


[그림 2-34] 프로그램이 실습장비에서 동작하는 것을 확인

⑪ 실제 실습장비에서 동작중인 프로그램에 의하여 LED가 동작하는 것을 볼 수 있다.

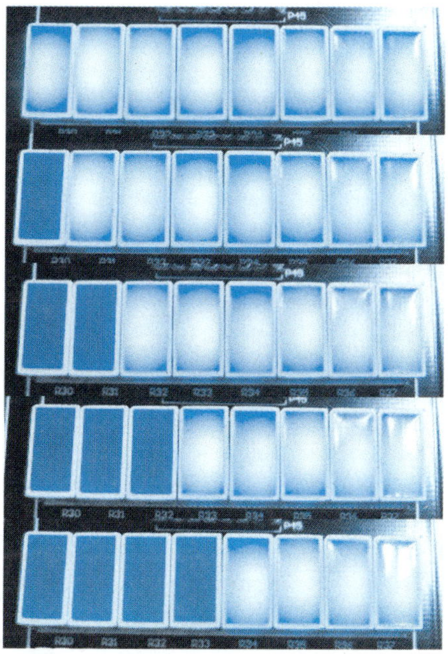

[그림 2-35] 프로그램에 의하여 LED가 동작

03
Chapter

# 7세그먼트 제어

학습 목표

- 7세그먼트에 대해 이해한다.
- 7세그먼트를 이용하여 수를 표시하여 본다.

## 01 7세그먼트 개요

7세그먼트(segment)는 각종 장치의 동작 상태를 간단하게 숫자나 문자로 표시하는데 사용되는 LED 응용 전자부품이다. 7세그먼트의 표시 형태와 모양은 [그림 3-1]과 같다. 7세그먼트는 이름이 뜻하는 바와 같이 7개의 요소(element)로 구성되며 각 요소는 하나의 발광 다이오드로 되어 있다.

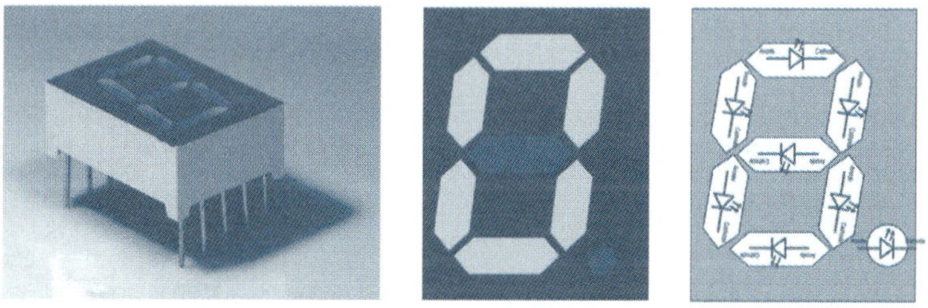

**[그림 3-1]** 7세그먼트와 내부 다이오드 구성

7세그먼트를 [그림 3-2]와 같이 계측기의 측정값을 표시하거나 전자기기의 상태를 숫자나 문자로 표시하는데 사용된다.

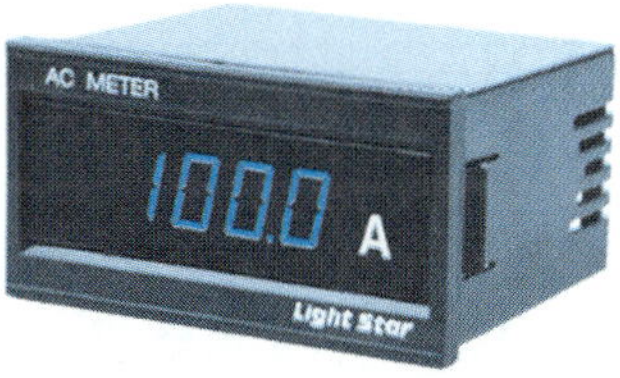


**[그림 3-2]** 7세그먼트 활용 예

# 02 7세그먼트 회로

## 1) 동적 구동방식과 정적 구동방식

7세그먼트를 구동하는 방법은 동적 구동방식(dynamic driving)과 정적 구동방식(static driving)이 있다. [그림 3-3]과 같이 7세그먼트를 구동하는 것을 동적 구동방식이라고 한다. 동적 구동방식은 여러 개의 7세그먼트를 동시에 모두 켜는 것이 아니라 주기적으로 하나씩 구동하는 방식이다. 여러 개의 7세그먼트 중에서 교대로 하나씩 켜는 주기를 적당히 짧게 주면 사람의 착시현상에 의하여 항상 켜져 있는 것처럼 보이게 된다. 이것은 정지영상을 초당 24프레임을 재생하는 영화의 원리와 같다.

정적 구동방식은 단순히 모든 7세그먼트의 전원 공급을 지속적으로 하는 방법이다. 동적 구동방식은 [그림 3-3]과 같이 회로가 복잡하고 이를 제어하기 위한 프로그램이 복잡하지만 주기적으로 특정 7세그먼트만 구동하기 때문에 흐르는 전류를 줄일 수 있다. 동적 구동방식은 7세그먼트뿐만 아니라 대형 고휘도 LED 디스플레이에 적용하고 있다.

옥외 광고용 LED 디스플레이 장치는 LED 개수가 많을 뿐만 아니라 고휘도이기 때문에 전류 소모가 많다. 따라서 동적 구동방식을 채용하여 전력소모를 최소화하여야 한다.

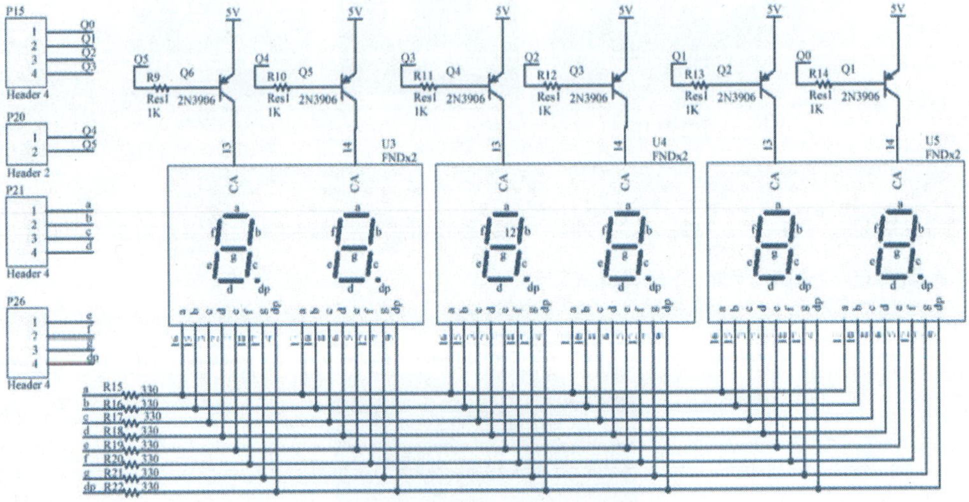


[그림 3-3] 7세그먼트 동적 디스플레이

### 2) 공통 애노드 회로

[그림 3-3]의 회로는 공통 애노드 7세그먼트 6개를 동적 구동방식으로 제어하기 위한 회로이다. Q0부터 Q5까지의 PNP 트랜지스터(transistor)는 7세그먼트의 공통 애노드 단자, 즉 VCC에 5V 전원을 공급한다. 이 트랜지스터들의 역할은 6개의 7세그먼트를 동적으로 구동하기 위한 것이다. 트랜지스터의 베이스(base)에 논리값 "0"이 부여된 7세그먼트만 전원이 공급되어 각 요소 단자의 레벨에 따라서 숫자 혹은 문자를 표시할 수 있다.

각 트랜지스터의 베이스는 마이크로컨트롤러 포트에 연결되어 있어 포트 출력 제어를 통하여 켜고자 하는 7세그먼트를 선택한다.

각 7세그먼트의 단자들은 다른 출력 포트에 330Ω의 저항을 거쳐서 연결되어 있다.

6 개의 7세그먼트 요소 단자들이 공통으로 포트에 연결되어 있지만 트랜지스터에 연결된 포트에 의하여 선택된 즉, 논리값 "0"이 트랜지스터의 베이스에 공급된 7세그먼트만 구동된다.

7세그먼트 단자들을 공통으로 한 포트에 연결함으로써 여러 개의 7세그먼트의 구동 제어가 가능하다. 트랜지스터와 각 단자에 부여되는 값에 따라서 표현되는 예는 다음과 같다.

- Q0가 "0"일 때 가장 오른쪽에 있는 7세그먼트가 각 단자의 값에 따라서 켜질 수 있으며 나머지 7세그먼트는 켜지지 않는다.
- Q1이 "0"일 때 오른쪽에서 두 번째에 있는 7세그먼트가 각 단자의 값에 따라서 켜질 수 있으며 나머지 7세그먼트는 켜지지 않는다.

## 03 7세그먼트 제어 실습

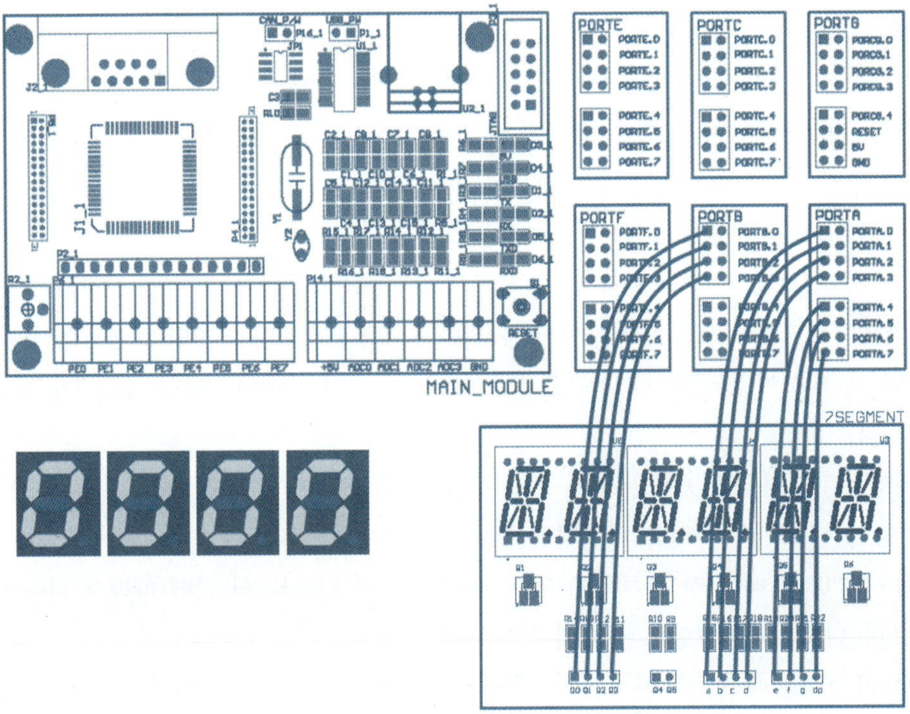

[그림 3-4] AT90CAN128 포트와 7세그먼트 선 연결

[표 3-1] 7세그먼트와 AT90CAN128 포트 연결방법

| 7세그먼트 | Q0 | Q1 | Q2 | Q3 | a | b | c | d | e | f | g | P |
|---|---|---|---|---|---|---|---|---|---|---|---|---|
| Port | PB0 | PB1 | PB2 | PB3 | PA0 | PA1 | PA2 | PA3 | PA4 | PA5 | PA6 | PA7 |

### 실습 1 7세그번트의 모든 LED를 켜고 4개의 7세그먼트에 하나씩 차례로 동작시키는 프로그램

① [그림 3-4]를 보고 실습장비에 배선을 한다.

② 작업 표시줄 시작-모든 프로그램에서 Atmel AVR Tools를 찾아 클릭한다.

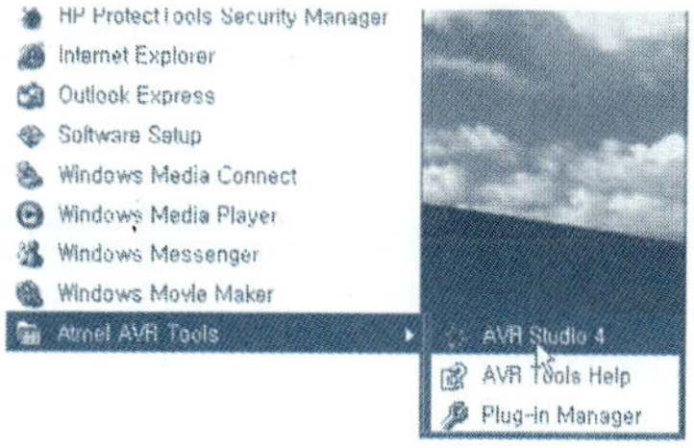


[그림 3-5] Atmel AVR Tools를 찾아 클릭

③ 프로그램을 시작하게 되면 다음과 같은 화면이 나오게 된다. [New Project]를 클릭한다.

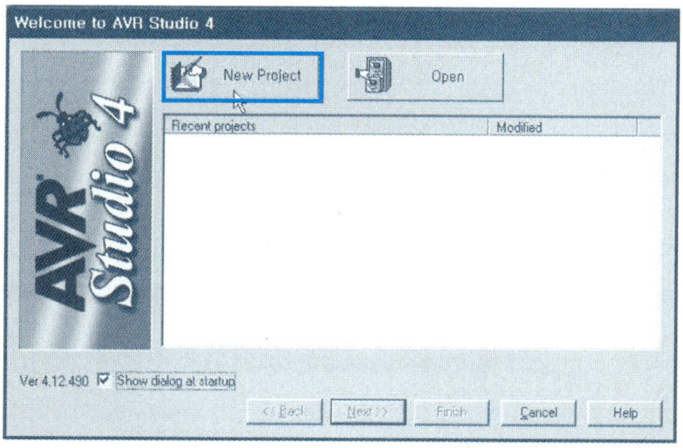


[그림 3-6] [New Project]를 클릭

④ 다음과 같은 화면이 나오면 Project type에서 AVR GCC를 선택하고 Project name에 원하는 이름을 입력한 후 [Next]를 클릭한다.

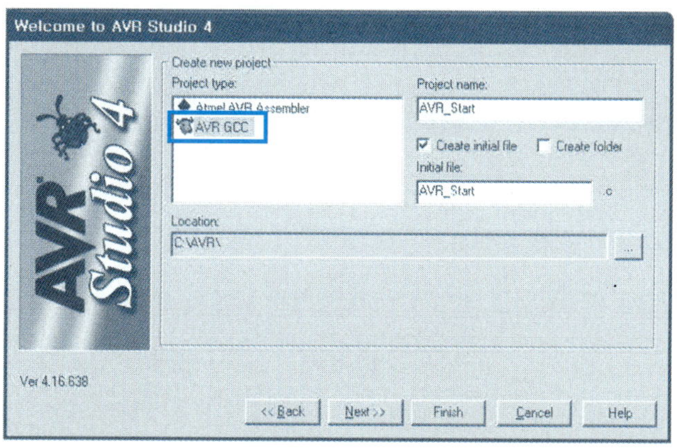


[그림 3-7] Project name에 원하는 이름을 입력한 후 [Next]를 클릭

CHAPTER 03

⑤ Debug platform에서 JTAG ICE를 선택하고 Device는 AT90CAN128을 선택하고 [Finish]를 클릭한다.

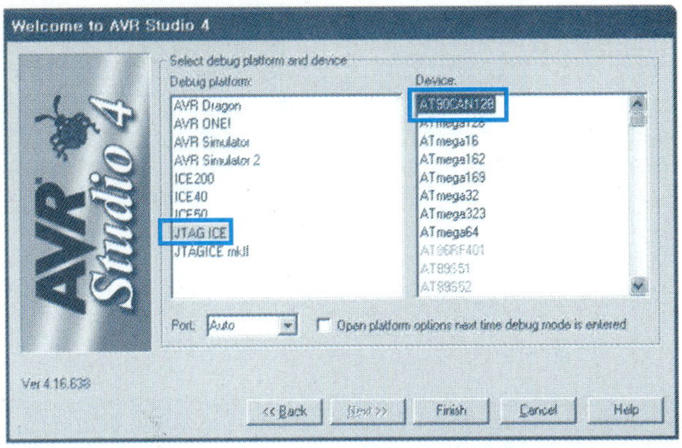


[그림 3-8] Device는 AT90CAN128을 선택하고 [Finish]를 클릭

⑥ [Finish]를 클릭하고 나면 다음과 같은 화면이 나타난다. 화면 중앙에 나타난 창에 다음의 프로그램을 작성한다.

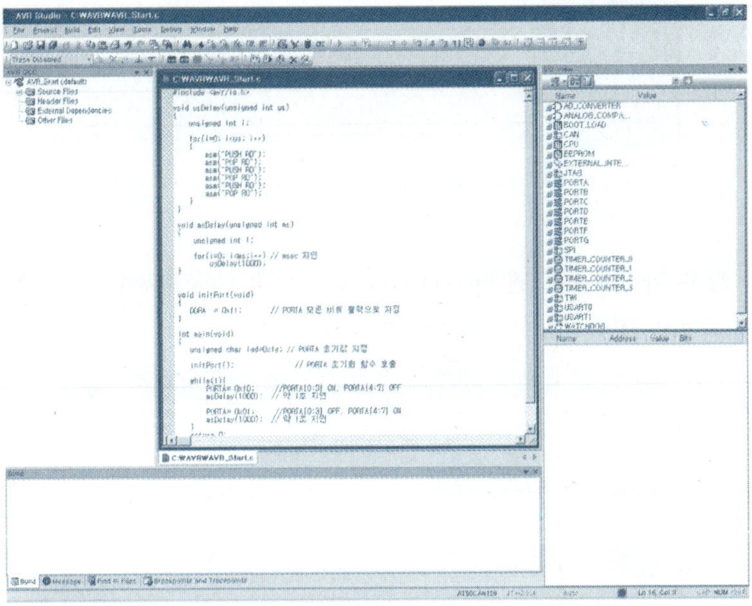

[그림 3-9] 화면 중앙에 나타난 창에 다음의 프로그램을 작성

⑦ 7세그먼트의 모든 LED를 켜고 4개의 7세그먼트에 하나씩 차례로 동작시키는 프로그램이다.

```
/*=========================================================
Program : 7segment control
Port
PORTA : Data(font)
PORTB : TR selector
=========================================================*/
#include <avr/io.h>

// 구동 7세그먼트 선택
// 공통 애노드(common anode)
// 7세그먼트의 공통단자에 연결된 TR베이스에 연결
#define S7_1   0xfe
#define S7_2   0xfd
#define S7_3   0xfb
#define S7_4   0xf7
#define S7_5   0xef
#define S7_6   0xdf

void us_delay(unsigned int us_time)
{
        unsigned int i;

        for(i=0; i<us_time; i++)
        {
                asm("PUSH R0");
                asm("POP R0");
                asm("PUSH R0");
                asm("POP R0");
                asm("PUSH R0");
                asm("POP R0");
        }
}

void ms_delay(unsigned int ms_time)
{
    unsigned int i;

    for(i=0; i<ms_time;i++)
        us_delay(1000);
}

void initPort(void)
{
        // AT90CAN128 포트 초기화
    DDRB=0xff; // PORT B 출력 지정, TR Q0, Q1, Q2, Q3
    DDRA=0xff; // PORT A 출력 지정, 7세그먼트 a, b, c, d, e, f, g, p
}

int main(void)
{

    initPort();

```

```
    while(1){
            PORTB= S7_1;    // 첫 번째 TR ON
            PORTA= 0x00;    // 7세그먼트 모든 LED 켠다.
            ms_delay(500);

            PORTB= S7_2;    // 첫 번째 TR ON
            PORTA= 0x00;    // 7세그먼트 모든 LED 켠다.
            ms_delay(500);

            PORTB= S7_3;    // 첫 번째 TR ON
            PORTA= 0x00;    // 7세그먼트 모든 LED 켠다.
            ms_delay(500);

            PORTB= S7_4;    // 첫 번째 TR ON
            PORTA= 0x00;    // 7세그먼트 모든 LED 켠다.
            ms_delay(500);
        }
        return 0;
}
```

⑧ 프로그램을 다 작성하면 메뉴 중 Build-Build를 클릭하거나 키보드의 [F7] 버튼을 눌러 빌드(Build)한다.

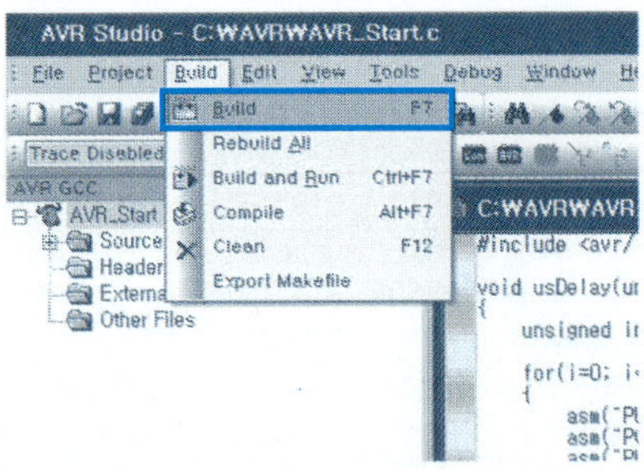


[그림 3-10] 보드의 [F7] 버튼을 눌러 빌드

⑨ AVR Studio의 도구모음 중 아래 화면과 같은 버튼을 찾아 클릭한다.

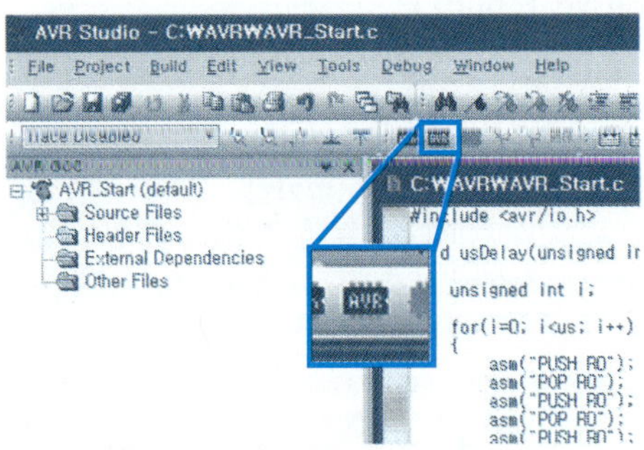


[그림 3-11] 도구모음 중 [AVR] 버튼을 찾아 클릭

⑩ 다음과 같은 화면이 나타나면 Flash 항목의 Input HEX File에 자신이 만든 폴더의 default 폴더에 생성된 hex 파일을 입력하고 [Program]을 클릭한다.

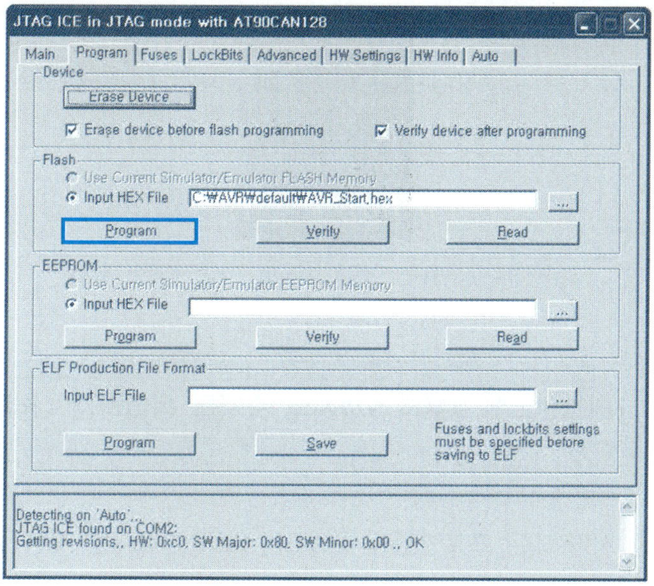


[그림 3-12] default 폴더에 생성된 hex 파일을 입력하고 [Program]을 클릭

⑪ 프로그램이 정상적으로 Flash에 다운로드되면 다음 화면과 같은 메시지를 확인할 수 있으며 프로그램이 실습장비에서 동작하는 것을 확인할 수 있다.

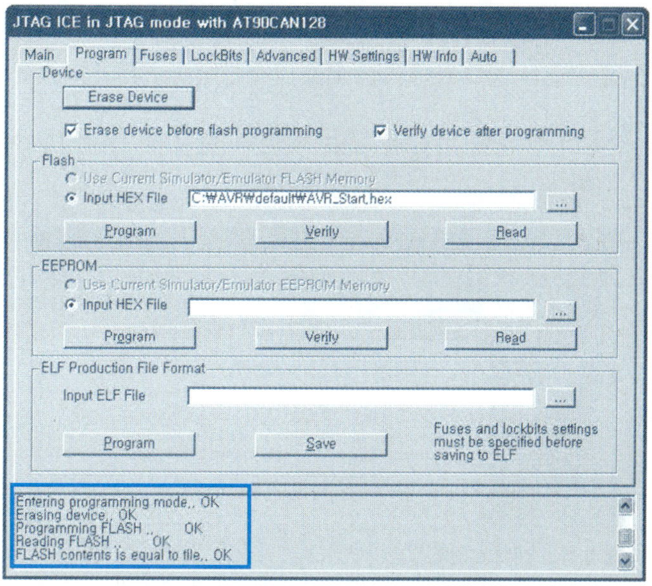


[그림 3-13] 프로그램이 실습장비에서 동작

⑫ 실제 실습장비에서 동작중인 프로그램에 의하여 7세그먼트가 동작하는 것을 볼 수 있다.

[그림 3-14] 프로그램에 의하여 7세그먼트가 동작

## 실습 2 4개의 7세그먼트에 0부터 9까지의 숫자를 동일하게 나타내는 프로그램

① 작업 표시줄 시작-모든 프로그램에서 Atmel AVR Tools를 찾아 클릭한다.

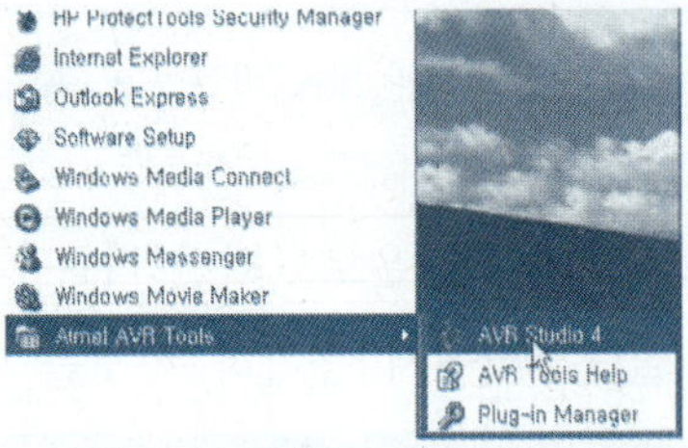


[그림 3-15] Atmel AVR Tools를 찾아 클릭

② 프로그램을 시작하게 되면 다음과 같은 화면이 나오게 된다. [New Project]를 클릭한다.

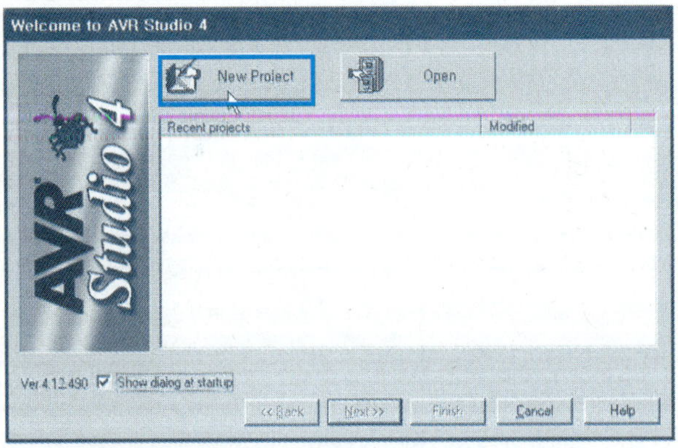


[그림 3-16] [New Project]를 클릭

③ 다음과 같은 화면이 나오면 Project type에서 AVR GCC를 선택하고 Project name에 원하는 이름을 입력한 후 [Next]를 클릭한다.

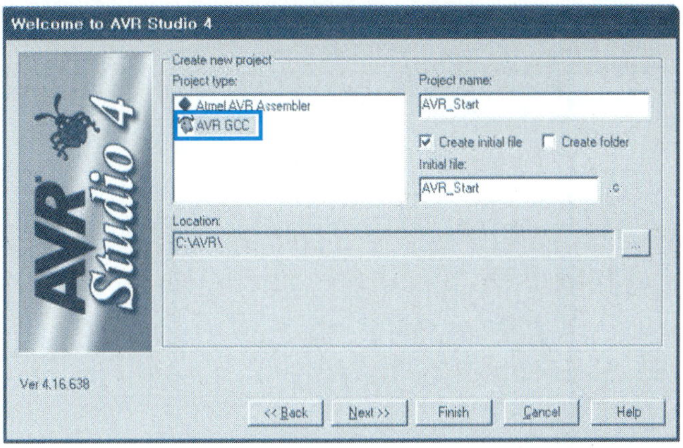


[그림 3-17] Project name에 원하는 이름을 입력한 후 [Next]를 클릭

④ Debug platform에서 JTAG ICE를 선택하고 Device는 AT90CAN128을 선택하고 [Finish]를 클릭한다.

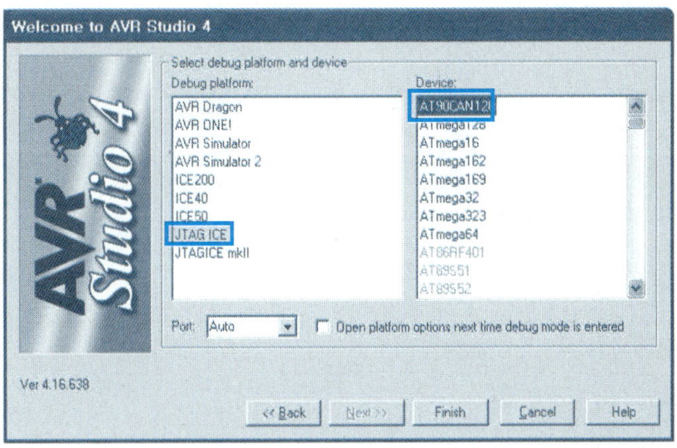


[그림 3-18] Device는 AT90CAN128을 선택하고 [Finish]를 클릭

⑤ [Finish]를 클릭하고 나면 다음과 같은 화면이 나타난다. 화면 중앙에 나타난 창에 다음의 프로그램을 작성한다.

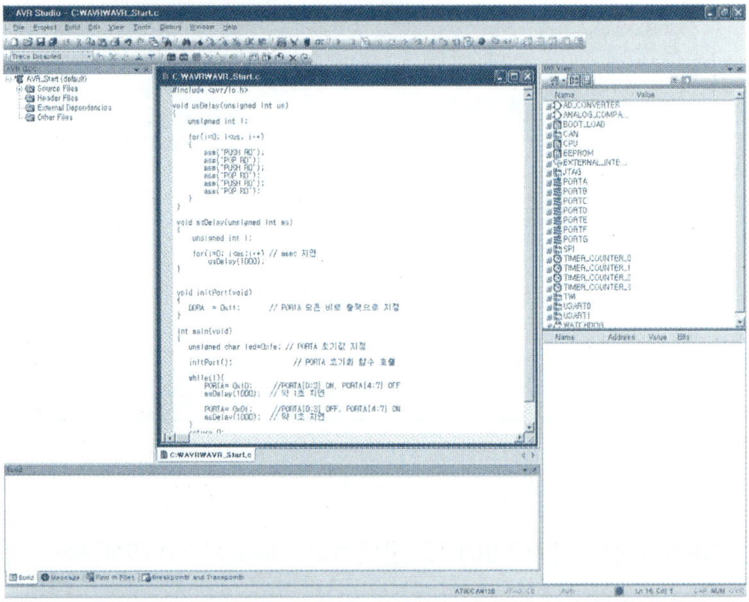

[그림 3-19] 화면 중앙에 나타난 창에 다음의 프로그램을 작성

⑥ 4개의 7세그먼트에 0부터 9까지의 숫자를 동일하게 나타내는 프로그램이다.

```
/*=========================================================
Program : 7segment control
Port
PORTA : Data(font)
PORTB : TR selector
=========================================================*/
#include <avr/io.h>

// 구동 7세그먼트 선택
// 공통 애노드(common anode)
// 7세그먼트의 공통단자에 연결된 TR베이스에 연결
#define S7_1   0xfe
#define S7_2   0xfd
#define S7_3   0xfb
#define S7_4   0xf7
#define S7_5   0xef
#define S7_6   0xdf

const char Font[17]= { 0xc0, 0xf9, 0xa4, // '0', '1', '2'
                    0xb0, 0x99, 0x92, // '3', '4', '5'
                    0x82, 0xf8, 0x80, // '6', '7', '8'
                    0x90, 0x88, 0x83, // '9', 'A', 'b'
                    0xc6, 0xa1, 0x86, // 'C', 'd', 'E'
```

```
                          0x8e, 0x7f } ;     // 'F', '.'

void us_delay(unsigned int us_time)
{
        unsigned int i;

        for(i=0; i<us_time; i++)
        {
                asm("PUSH R0");
                asm("POP R0");
                asm("PUSH R0");
                asm("POP R0");
                asm("PUSH R0");
                asm("POP R0");
        }
}

void ms_delay(unsigned int ms_time)
{
    unsigned int i;

    for(i=0; i<ms_time;i++)
        us_delay(1000);
}

void Control_7Seg(unsigned int N)
{
        unsigned int  d;

        for ( d = 0 ; d < 100 ; d++ ) { // 카운트 지연
          PORTB = S7_1 ;                        // 첫 번째  7세그먼트를 켜준다.
       PORTA = Font[N] ;         // 1000자리 폰트 출력
          ms_delay(1);           // 약 1msec 지연

       PORTB = S7_2 ;            // 두 번째  7세그먼트를 켜준다.
       PORTA = Font[N] ;         // 100자리 폰트 출력
          ms_delay(1);           // 약 1msec 지연

       PORTB = S7_3;             // 세 번째  7세그먼트를 켜준다.
       PORTA = Font[N];          // 10자리 폰트 출력
          ms_delay(1);           // 약 1msec 지연

       PORTB = S7_4 ;            // 네 번째  7세그먼트를 켜준다.
       PORTA = Font[N] ;         // 1자리 폰트 출력
          ms_delay(1);           // 약 1msec 지연
    }
}

void initPort(void)
{
    // AT90CAN128 포트 초기화
    DDRB=0xff; // PORT B 출력 지정, TR Q0, Q1, Q2, Q3
    DDRA=0xff; // PORT A 출력 지정, 7세그먼트 a, b, c, d, e, f, g, p
}

int main(void)
```

```
{
        unsigned int Number =0 ;

        initPort();

        while(1){
                Control_7Seg(Number);    // 7세그먼트 출력
        Number ++ ;                    // 카운트 업
        if(Number > 9){                   // Number가 9보다 크면,
                        Number = 0 ;    // Number를 0으로 리셋함
                }
        }
    return 0;
}
```

⑦ 프로그램을 다 작성하면 메뉴 중 Build-Build를 클릭하거나 키보드의 [F7] 버튼을 눌러 빌드(Build)한다.

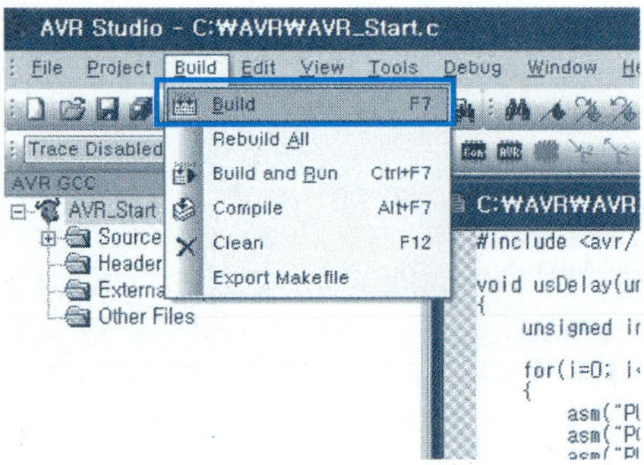


[그림 3-20] 키보드의 [F7] 버튼을 눌러 빌드

⑧ AVR Studio의 도구모음 중 아래 화면과 같은 버튼을 찾아 클릭한다.

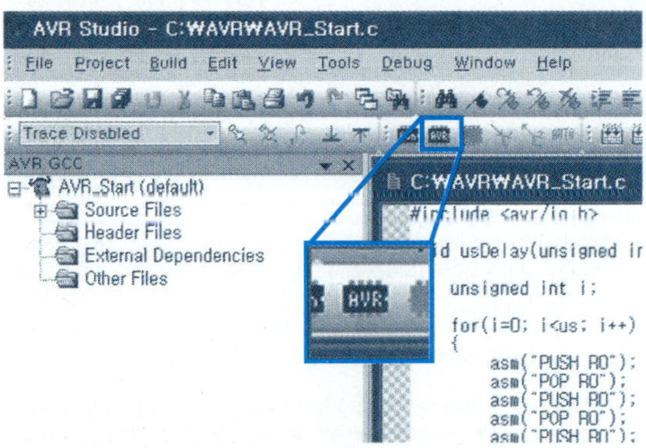


[그림 3-21] 도구모음 중 [AVR] 버튼을 찾아 클릭

⑨ 다음과 같은 화면이 나타나면 Flash 항목의 Input HEX File에 자신이 만든 폴더의 default 폴더에 생성된 hex 파일을 입력하고 [Program]을 클릭한다.

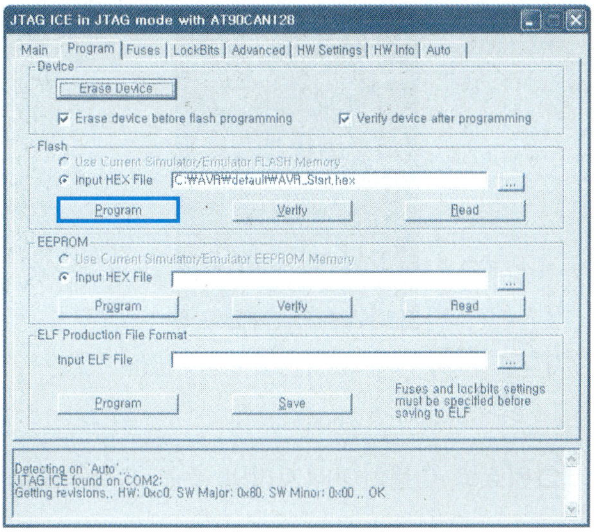

[그림 3-22] default 폴더에 생성된 hex 파일을 입력하고 [Program]을 클릭

⑩ 프로그램이 정상적으로 Flash에 다운로드되면 다음 화면과 같은 메시지를 확인할 수 있으며 프로그램이 실습장비에서 동작하는 것을 확인할 수 있다.

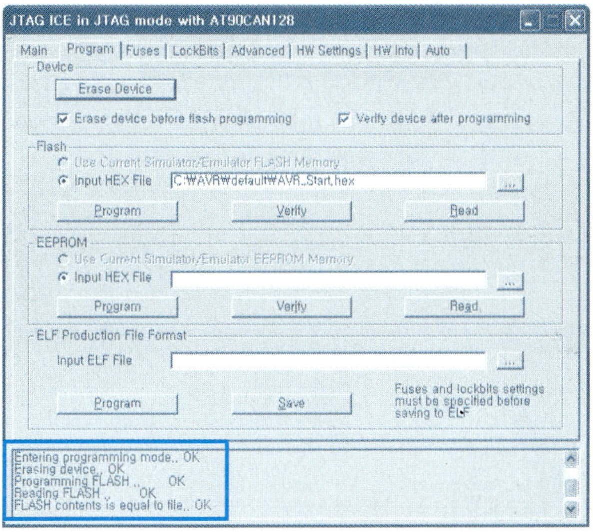

[그림 3-23] 실습장비에서 동작

⑪ 실제 실습장비에서 동작중인 프로그램에 의하여 7세그먼트가 동작하는 것을 볼 수 있다.

[그림 3-24] 프로그램에 의하여 7세그먼트가 동작

## 실습 3 4개의 7세그먼트를 이용하여 4자리의 수를 순차적으로 표시하는 프로그램

① 작업 표시줄 시작-모든 프로그램에서 Atmel AVR Tools를 찾아 클릭한다.

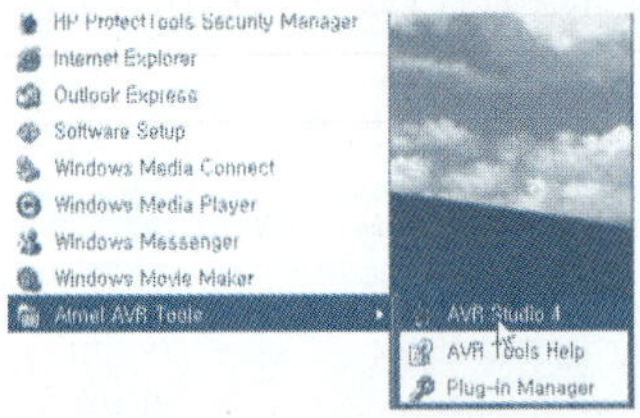


[그림 3-25] Atmel AVR Tools를 찾아 클릭

② 프로그램을 시작하게 되면 다음과 같은 화면이 나오게 된다. [New Project]를 클릭한다.

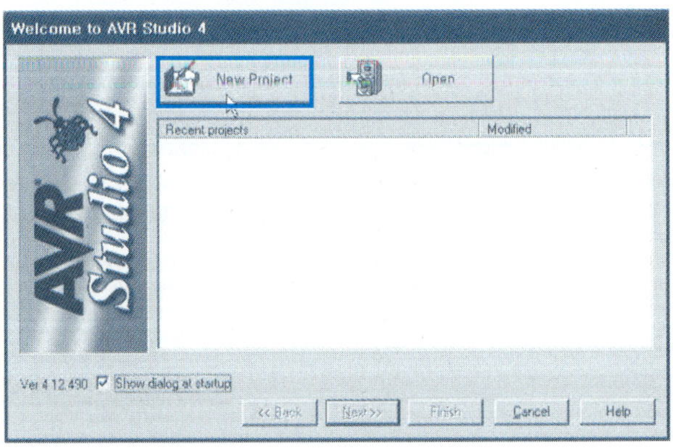


[그림 3-26] [New Project]를 클릭

③ 다음과 같은 화면이 나오면 Project type에서 AVR GCC를 선택하고 Project name에 원하는 이름을 입력한 후 [Next]를 클릭한다.

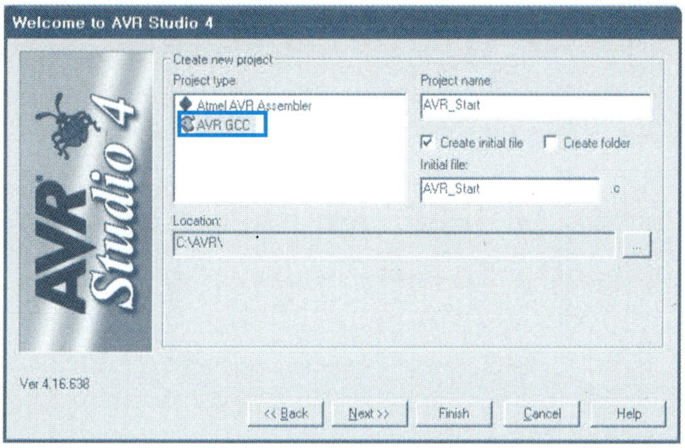


[그림 3-27] Project name에 원하는 이름을 입력한 후 [Next]를 클릭

④ Debug platform에서 JTAG ICE를 선택하고 Device는 AT90CAN128을 선택하고 [Finish]를 클릭한다.

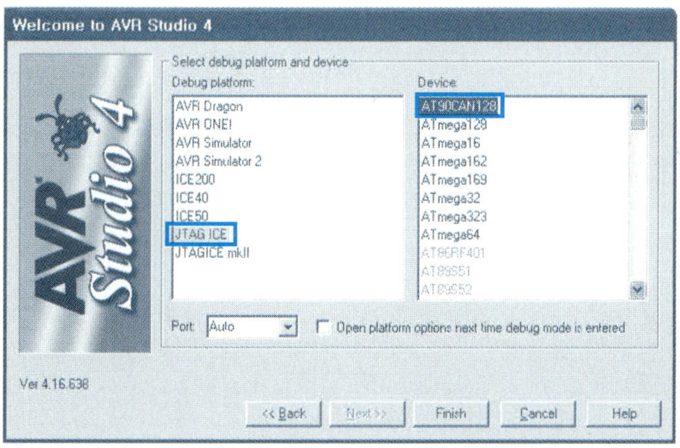


[그림 3-28] Device는 AT90CAN128을 선택하고 [Finish]를 클릭

⑤ [Finish]를 클릭하고 나면 다음과 같은 화면이 나타난다. 화면 중앙에 나타난 창에 다음의 프로그램을 작성한다.

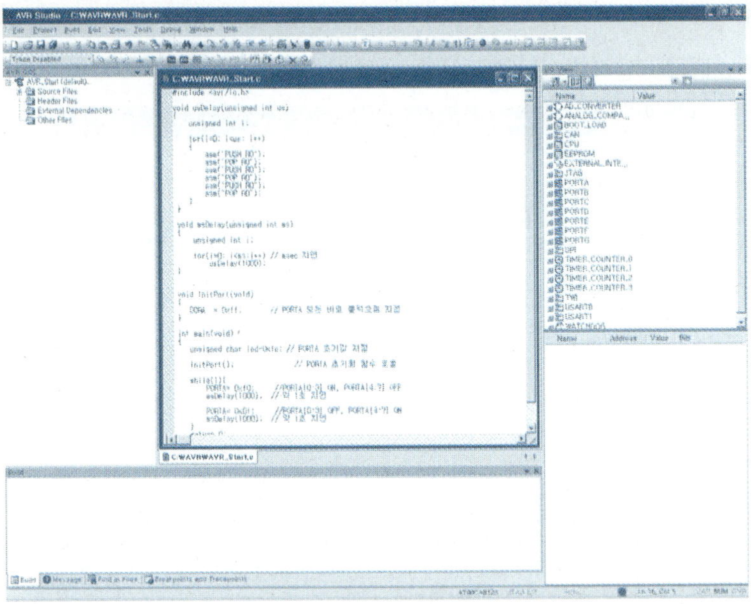

[그림 3-29] 화면 중앙에 나타난 창에 다음의 프로그램을 작성

⑥ 4개의 7세그먼트를 이용하여 4자리의 수를 순차적으로 표시하는 프로그램이다.

```
/*======================================================
Program : 7segment control
Port
PORTA : Data(font)
PORTB : TR selector
======================================================*/
#include <avr/io.h>

// 구동 7세그먼트 선택
// 공통 애노드(common anode)
// 7세그먼트의 공통단자에 연결된 TR베이스에 연결
#define S7_1   0xfe
#define S7_2   0xfd
#define S7_3   0xfb
#define S7_4   0xf7
#define S7_5   0xef
#define S7_6   0xdf


const char Font[17]= { 0xc0, 0xf9, 0xa4,      // '0', '1', '2'
                       0xb0, 0x99, 0x92, // '3', '4', '5'
                       0x82, 0xf8, 0x80, // '6', '7', '8'
                       0x90, 0x88, 0x83, // '9', 'A', 'b'
                       0xc6, 0xa1, 0x86, // 'C', 'd', 'E'
                       0x8e, 0x7f } ;    // 'F', '.'

void us_delay(unsigned int us_time)
```

```
{
        unsigned int i;

        for(i=0; i<us_time; i++)
        {
                asm("PUSH R0");
                asm("POP R0");
                asm("PUSH R0");
                asm("POP R0");
                asm("PUSH R0");
                asm("POP R0");
        }
}

void ms_delay(unsigned int ms_time)
{
    unsigned int i;

    for(i=0; i<ms_time;i++)
       us_delay(1000);
}

void Control_7Seg(unsigned int N)
{
        unsigned int  d, Buff;
        unsigned char N1000, N100, N10, N1;

        N1000 = N / 1000;                 // 1000자리수
        Buff =  N % 1000 ;

        N100 = Buff / 100 ;      // 100자리수
        Buff = Buff % 100;

        N10 = Buff / 10 ;                 // 10자리수
        N1 =  Buff % 10 ;                 // 1자리수

        for ( d = 0 ; d < 10 ; d++ ) {    // 카운트 지연
          PORTB = S7_1 ;                 // 첫 번째  7세그먼트를 켜준다.
       PORTA = Font[N1000] ;           // 1000자리 폰트 출력
          ms_delay(1);                   // 약 1msec 지연

       PORTB = S7_2 ;                  // 두 번째  7세그먼트를 켜준다.
       PORTA = Font[N100] ;            // 100자리 폰트 출력
          ms_delay(1);                   // 약 1msec 지연

       PORTB = S7_3;                  // 세 번째  7세그먼트를 켜준다.
       PORTA = Font[N10];              // 10자리 폰트 출력
          ms_delay(1);                   // 약 1msec 지연

       PORTB = S7_4 ;                  // 네 번째  7세그먼트를 켜준다.
       PORTA = Font[N1] ;              // 1자리 폰트 출력
          ms_delay(1);                   // 약 1msec 지연
    }
}

void initPort(void)
{
```

```
        // AT90CAN128 포트 초기화
        DDRB=0xff; // PORT B 출력 지정, TR Q0, Q1, Q2, Q3
        DDRA=0xff; // PORT A 출력 지정, 7세그먼트 a, b, c, d, e, f, g,
p
}

int main(void)
{
        unsigned int Number =0 ;

        initPort();

        while(1){
          Control_7Seg(Number);          // 7세그먼트 출력
          Number ++ ;                    // 카운트 업
          if(Number > 9999){              // Number가 9999보다 크면,
                Number = 0 ;              // Number를 0으로 리셋함
          }
        }
        return 0;
}
```

7 프로그램을 다 작성하면 메뉴 중 Build-Build를 클릭하거나 키보드의 [F7] 버튼을 눌러 빌드(Build)한다.

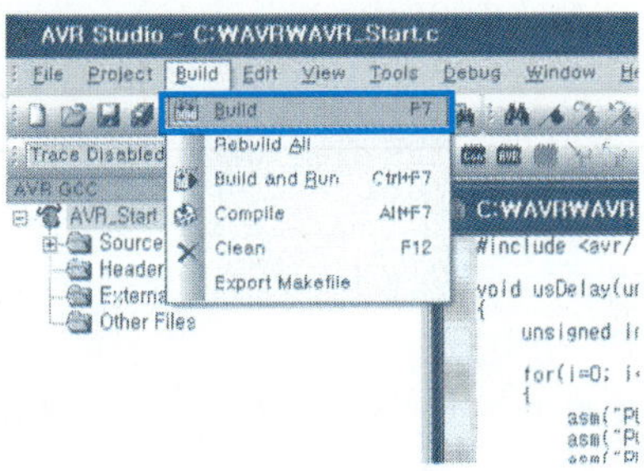


[그림 3-30] 키보드의 [F7] 버튼을 눌러 빌드

8 AVR Studio의 도구모음 중 아래 화면과 같은 버튼을 찾아 클릭한다.

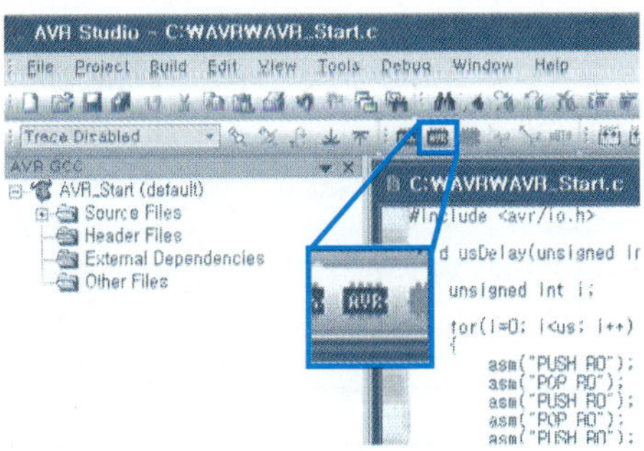


[그림 3-31] 도구모음 중 [AVR] 버튼을 찾아 클릭

⑨ 다음과 같은 화면이 나타나면 Flash 항목의 Input HEX File에 자신이 만든 폴더의 default 폴더에 생성된 hex 파일을 입력하고 [Program]을 클릭한다.

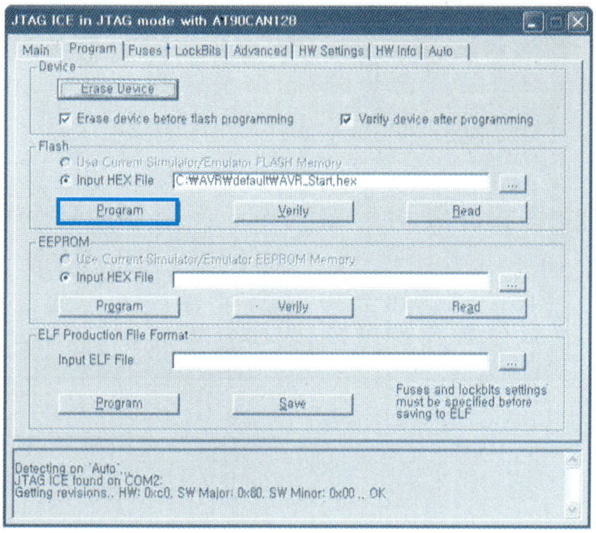


[그림 3-32] default 폴더에 생성된 hex 파일을 입력하고 [Program]을 클릭

⑩ 프로그램이 정상적으로 Flash에 다운로드되면 다음 화면과 같은 메시지를 확인할 수 있으며 프로그램이 실습장비에서 동작하는 것을 확인할 수 있다.

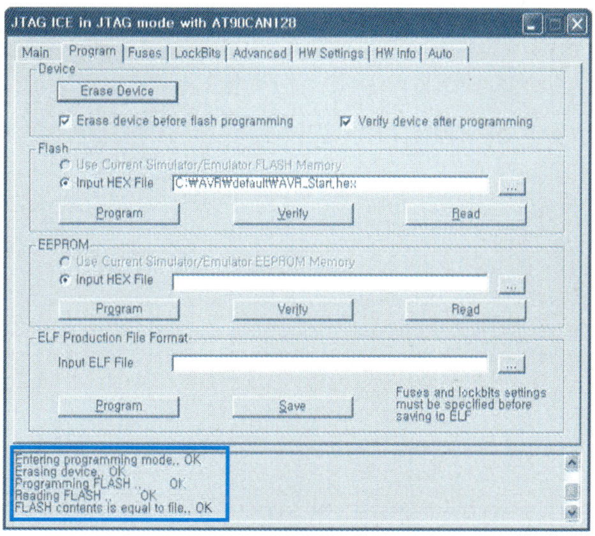


[그림 3-33] 실습장비에서 동작확인

⑪ 실제 실습장비에서 동작중인 프로그램에 의하여 7세그먼트가 동작하는 것을 볼 수 있다.

[그림 3-34] 프로그램에 의하여 7세그먼트가 동작

Chapter 04

# Key 제어

학습 목표

- Key에 대해 이해한다.
- 행렬식 키보드와 Key Scan에 대해 이해한다.
- Key를 이용하여 7세그먼트를 동작시켜 본다.

## 01 키보드와 키패드 개요

사람이 기계장치를 제어하고 기계장치의 상태를 검사하기 위해서는 기계장치에 명령이나 설정을 하여야 한다. 키보드(keyboard)와 키패드(keypad)는 사람과 기계장치 간의 의사소통(interface)를 위하여 가장 보편적으로 사용되는 입력장치이다. [그림 4-1]은 컴퓨터의 키보드와 휴대폰의 키패드이다.

(a) 키보드　　(b) 키패드

[그림 4-1] 키보드와 키패드

키보드와 키패드는 작동원리에 있어 같다. 키보드는 문자와 특수 기호, 기능키 등이 다양한 키를 가지고 있으며, 키패드는 주로 키보드의 기능을 줄여서 특정한 목적에 필요한 소수의 키를 갖고 있는 것으로 구분할 수 있다. 키패드는 주로 0에서 9까지의 숫자와 한두 가지의 특수 기능키만 있다. 그리고 휴대폰 키패드는 소프트웨어적으로 기능을 확장하여 다양한 문자를 처리하고 있다. [그림 4-2]는 산업용으로 사용하는 키패드의 PCB와 부품이다.

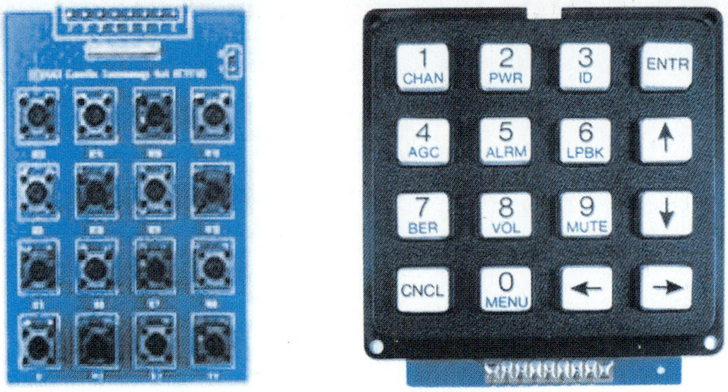


[그림 4-2] 산업용 혹은 가전제품 등에 사용되는 키패드

스위치 기술에 따른 키보드의 종류는 돔스위치(dome-switch) 키보드 역학적 키보드(mechanical keyboard), 정전용량 키보드(capacitive keyboard) 등이 있으며 가장 보편적으로 사용되고 있는 것은 [그림 4-3]과 같은 돔스위치 키보드이다.

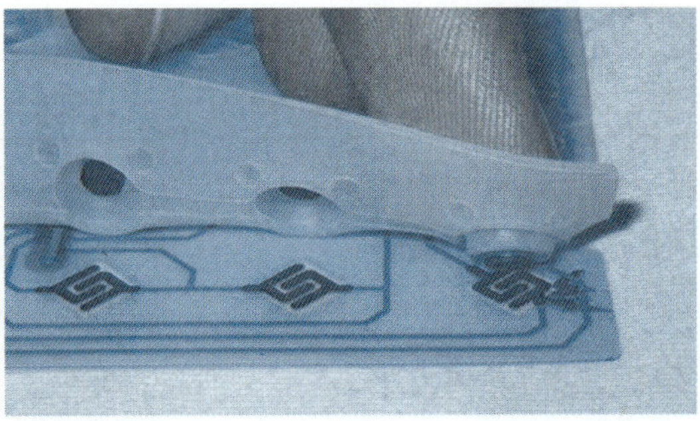

[그림 4-3] 돔스위치 키보드

## 02 행렬식 키보드

키보드에서 특정한 키가 눌려졌을 때 전기신호 레벨이 변화되고 이를 마이크로프로세서가 인식한다. 전기신호 변화를 인식하는 방법에 따라서 비행렬(non matrix)식 키보드와 행렬(matrix)식 키보드로 구분된다.

### 1) 비행렬식 키보드

[그림 4-4]는 비행렬식 키보드의 구조를 나타내고 있다. 마이크로프로세서의 특정한 출력포트(Port A, PIN0)에서 레벨 "1" 혹은 "0"을 공급하고 입력포트(Port B)에서 출력포트의 레벨이 나타나면 특정한 키가 눌려졌다고 인식한다. 예를 들어, [그림 4-4]에서 출력포트의 PIN 0으로 레벨 "1"을 출력하고 마이크로프로세서가 입력포트의 신호를 비교한다. 1번 키가 눌려지면 입력포트 PIN 1이 "1" 레벨이 되면 1번 키가 눌려진 것으로 인지한다.

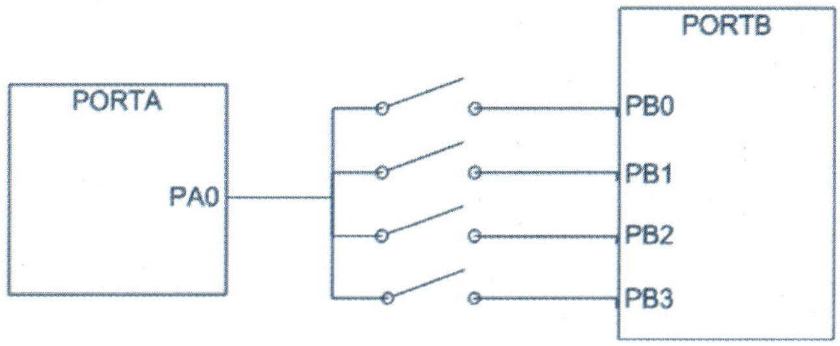


[그림 4-4] 비행렬식 키보드 인식방법

### 2) 행렬식 키보드

행렬식 키보드는 키들이 N×M 행렬로 구성된다. 4×4 행렬식 키보드는 [그림 4-5]와 같이 구성된다. 출력포트(Port A)에서 특정한 한 비트 출력만을 선택하여 레벨을 변화시키고 입력포트(Port B)에서 4비트를 입력받아 어느 키가 눌려졌는지 인지하는 방식이다.

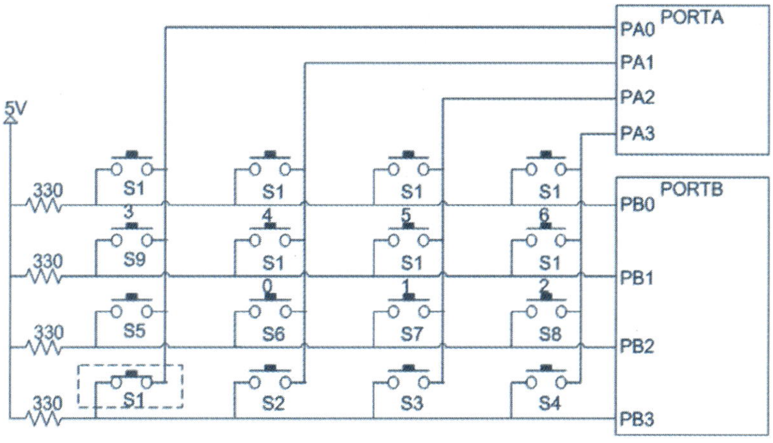


[그림 4-5] 행렬식 키보드 인식방법

4×4 행렬식 키보드를 예를 들어 행렬식 키보드의 동작을 살펴보자. 4×4 행렬식 키보드에서 출력포트 PIN 1의 신호의 변화를 입력포트 PIN 1에서 감지되면 5번 키가 눌러진 것으로 인지한다.

### 3) 행렬식과 비행렬식 비교

행렬식 키보드는 비행렬식 키보드에 비하여 하드웨어 구조가 복잡하고 프로그램도 복잡하다. 그러나 행렬식으로 키보드를 구성하는 경우에는 핀 수를 현저히 줄일 수 있다. [그림 4-6]은 행렬식과 비행렬식에서 키 개수가 증가함에 따라서 행렬식과 비행렬식으로 키보드를 구성하는데 필요한 핀의 개수를 비교한 것이다. 비행렬식 키보드는 키 개수가 증가함에 따라서 비례하여 핀 수가 증가한다. 키 개수가 16일 때 비행렬식은 17핀이 필요하지만 행렬식은 8만 있으면 된다. 한정된 포트를 갖고 있는 마이크로컨트롤러에서는 다른 기능들을 동시에 구현하기 위해서는 소요 핀 수를 줄이는 것이 필요하다.

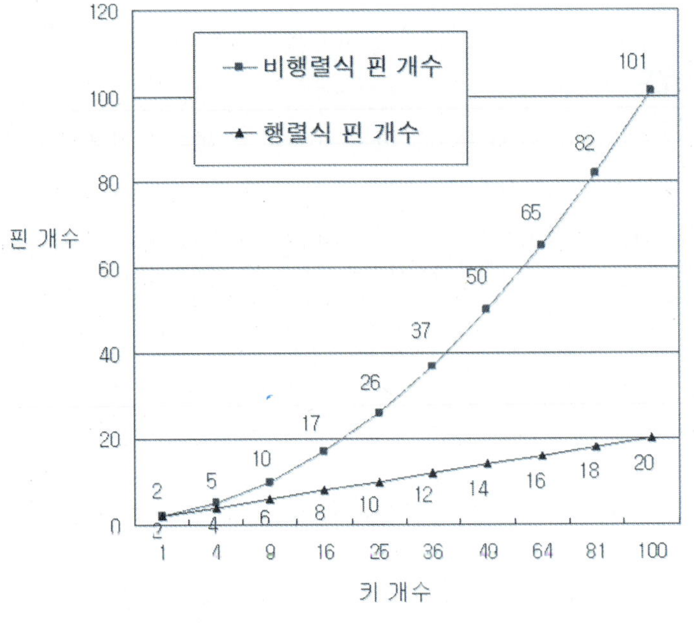


[그림 4-6] 행렬식과 비행렬식의 소요 핀 개수 비교

# 03 행렬식 키보드 키스캔

4×4 행렬식 키보드의 회로는 일반적으로 [그림 4-7]과 같고 키입력 처리를 위하여 4비트 출력과 4비트 입력 포트를 사용한다. [그림 4-7]에서 C0, C1, C2, C3는 열(column)을 의미하며 마이크로컨트롤러의 출력 포트에 연결된다. L0, L1, L2, L3는 행(row)을 의미하며 마이크로컨트롤러의 입력 포트에 연결된다. C0, C1, C2, C3 네 단자 중에서 하나만 '0'이 출력되고 나머지는 '1'을 출력하여 '0' 열에 있는 네 개의 키 중에서 하나가 눌러지면 해당 키의 행 즉, L0, L1, L2, L3 중에서 하나가 '0'이 되고 나머지는 '1'이 되어 열과 행이 모두 '0'인 키를 인식할 수 있다.

예를 들면, [그림 4-7]과 같이 C0로 '0'을 출력하였을 때 S1 키가 눌러졌다고 가정하면 L3 만 '0'이 되고 나머지 L0, L1, L2는 '1'을 값을 갖는다. 따라서, 입력 포트의 값으로 S1이 눌러진 것을 확인할 수 있다. [표 4-1]은 출력 포트 핀 값과 입력 포트 핀 값에 따라서 인식되는 키를 나타내고 있다.



[표 4-1] 출력 포트 핀의 값에 대하여 입력 포트 핀 값에 따라 인식되는 키

| 출력 포트 핀 | | | | 입력 포트 핀 값에 따라 인식되는 키 | | | | | | | |
|---|---|---|---|---|---|---|---|---|---|---|---|
| C0 | C1 | C2 | C3 | L0=0 | L0=1 | L1=0 | L1=1 | L2=0 | L2=1 | L3=0 | L3=1 |
| 0 | 1 | 1 | 1 | S13 | – | S9 | – | S5 | – | S1 | – |
| 1 | 0 | 1 | 1 | S14 | – | S10 | – | S6 | – | S2 | – |
| 1 | 1 | 0 | 1 | S15 | – | S11 | – | S7 | – | S3 | – |

키입력 처리는 적절한 주기로 [표 4-1]과 같이 C0, C1, C2, C3 순으로 '0'을 출력을 하고 나머지는 '1'을 출력한다. L0, L1, L2, L3 값을 읽어서 변화가 발생한 키(눌러진 키)를 인식한다. 적절한 출력에서 입력까지의 주기, 즉 키스캔 주기는 30~50msec 정도가 적절한 것으로 알려져 있다. 행렬식 키보드의 키입력 처리를 위하여 출력에서 입력까지의 주기를 키스캔 주기라고 한다. 일반적인 키스캔 주기는 30msec이다. 키스캔 주기를 너무 짧게 하면 프로세서가 키스캔 처리에 너무 많은 시간을 할당하게 되어 스캔이 CPU의 부하를 주게 되어 다른 기능을 수행하는데 어려움이 있으며, 너무 길게 하면 변화가 생긴 키를 인식하지 못하게 될 수도 있다.

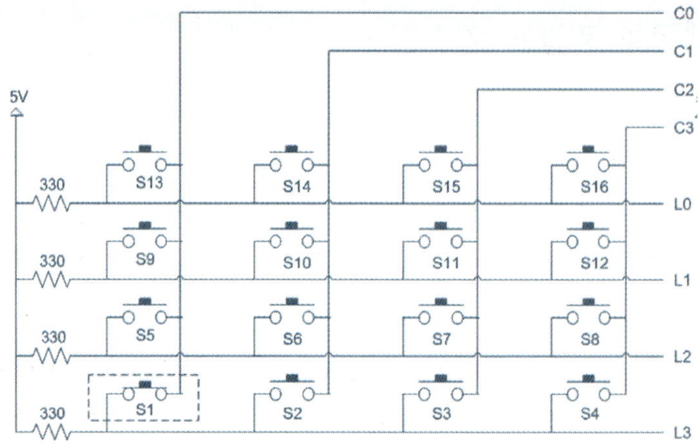


[그림 4-7] 행렬식 키보드 회로

## 04 키 제어 실습

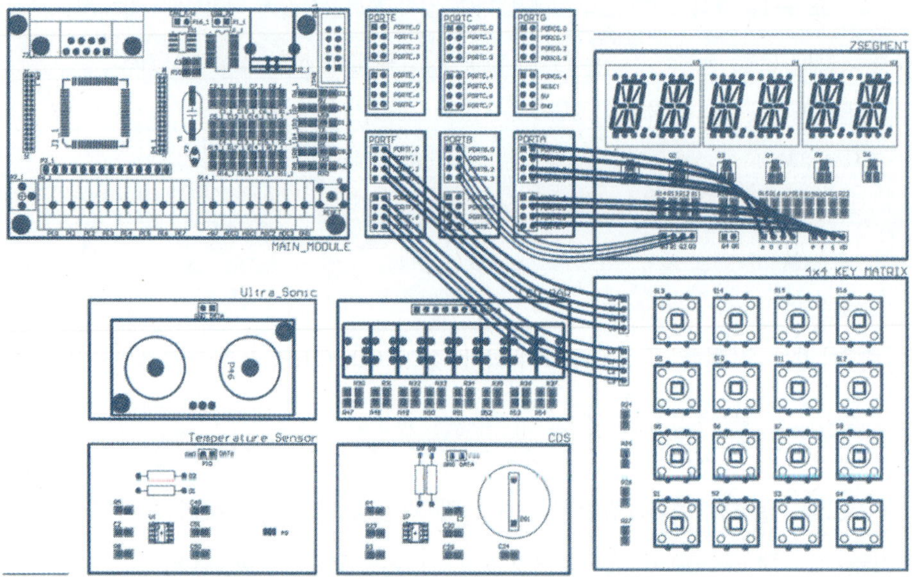


[그림 4-8] 키입력 처리 실습을 위한 선 연결

[표 4-2] 키패드와 AT90CAN128 포트 연결방법

| 키패드 | C0 | C1 | C2 | C3 | L0 | L1 | L2 | L3 |
|---|---|---|---|---|---|---|---|---|
| Port F | PF0 | PF1 | PF2 | PF3 | PF4 | PF5 | PF6 | PF7 |

[표 4-3] 7세그먼트와 AT90CAN128 포트 연결방법

| 7세그먼트 | Q0 | Q1 | Q2 | Q3 | a | b | c | d | e | f | g | P |
|---|---|---|---|---|---|---|---|---|---|---|---|---|
| Port | PB0 | PB1 | PB2 | PB3 | PA0 | PA1 | PA2 | PA3 | PA4 | PA5 | PA6 | PA7 |

## 실습 1 16개의 키에 대하여 16진수를 할당하여 눌러진 키 값을 7세그먼트로 출력하는 프로그램



① [그림 4-8]을 보고 실습장비에 배선을 한다.

② 작업 표시줄 시작-모든 프로그램에서 Atmel AVR Tools를 찾아 클릭한다.

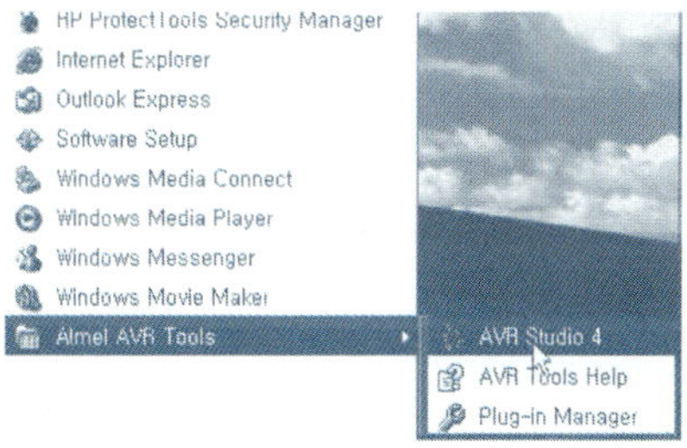


[그림 4-9] Atmel AVR Tools를 찾아 클릭

③ 프로그램을 시작하게 되면 다음과 같은 화면이 나오게 된다. [New Project]를 클릭한다.

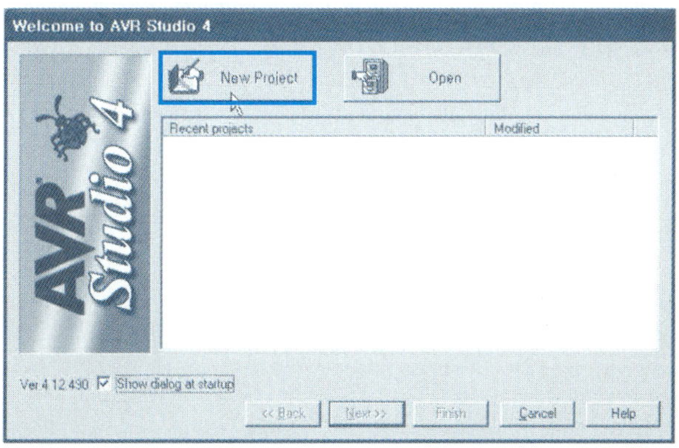


[그림 4-10] [New Project]를 클릭

④ 다음과 같은 화면이 나오면 Project type에서 AVR GCC를 선택하고 Project name에 원하는 이름을 입력한 후 [Next]를 클릭한다.

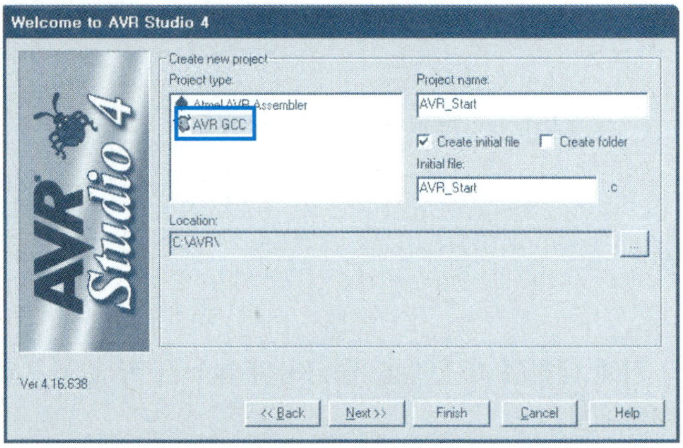


[그림 4-11] Project name에 원하는 이름을 입력한 후 [Next]를 클릭

⑤ Debug platform에서 JTAG ICE를 선택하고 Device는 AT90CAN128을 선택하고 [Finish]를 클릭한다.

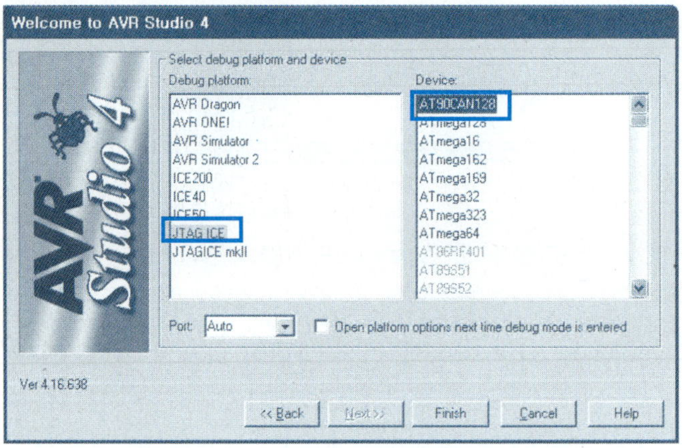


[그림 4-12] Device는 AT90CAN128을 선택하고 [Finish]를 클릭

⑥ [Finish]를 클릭하고 나면 다음과 같은 화면이 나타난다. 화면 중앙에 나타난 창에 다음의 프로그램을 작성한다.

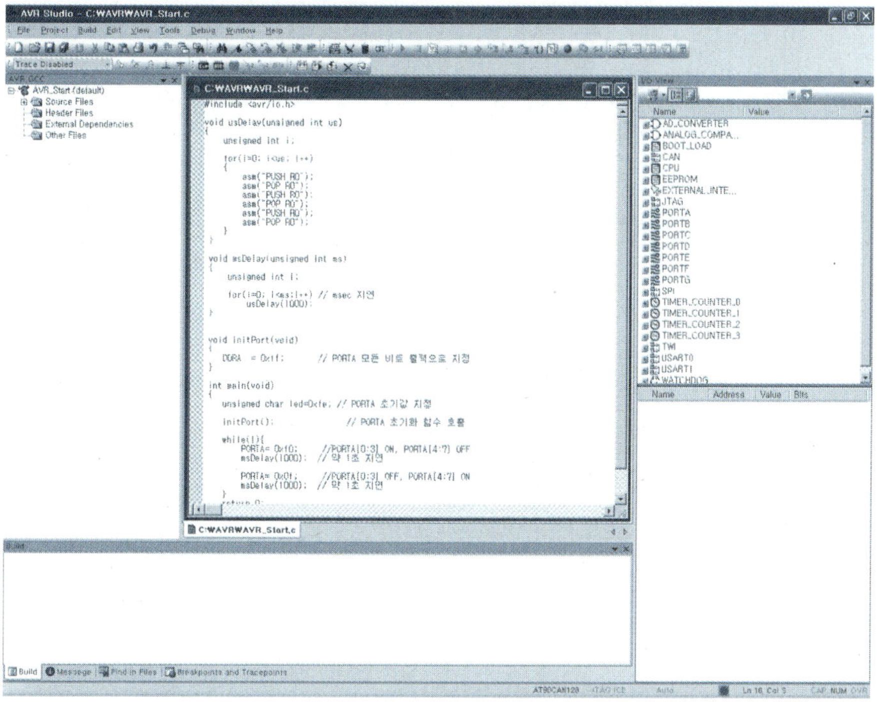

[그림 4-13] 화면 중앙에 나타난 창에 프로그램을 작성

⑦ 16개의 키에 대하여 16진수를 할당하여 눌러진 키 값을 7세그먼트로 출력하는 프로그램이다.

```
/*===============================================================
1. keyboard
Column : PORTF[0:3], out
Low  : PORTF[4:7], in
2. 7seg
Common : PORTB[4:7], out
Data  : PORTA[0:7], out
===============================================================*/
#include <avr/io.h>

#define S7_1   0xf7
#define S7_2   0xfb
#define S7_3   0xfd
#define S7_4   0xfe

#define NoKey  0xff

const char Font[17]={ 0xc0, 0xf9, 0xa4, //'0', '1', '2'
0xb0, 0x99, 0x92, // '3', '4', '5'
0x82, 0xf8, 0x80, // '6', '7', '8'
```

```
0x90, 0x88, 0x83, // '9', 'A', 'b'
0xc6, 0xa1, 0x86, // 'C', 'd', 'E'
0x8e, 0x7f } ;    // 'F', '.'

unsigned char KeyValue= 0xff;

void Control_7Seg(int);
void KeyScan(void);
void KeyOut(char );
char KeyIn(void);
void initPort();

void us_delay(unsigned int us_time)
{
        unsigned int i;

        for(i=0; i<us_time; i++)
        {
                asm("PUSH R0");
                asm("POP R0");
                asm("PUSH R0");
                asm("POP R0");
                asm("PUSH R0");
                asm("POP R0");
        }
}

void Control_7Seg(int N)
{
        unsigned int  i;

        if(N==NoKey)  {
                PORTB = 0xf0;
       return ;
        }


        for ( i = 0 ; i < 10 ; i ++ ) {
                PORTB = S7_1;          // 첫 번째  7세그먼트를 켜준다.
                PORTA = Font[N] ;
                us_delay(1000);

                PORTB = S7_2 ;         // 두 번째  7세그먼트를 켜준다.
                PORTA = Font[N] ;
                us_delay(1000);

                PORTB = S7_3;          // 세 번째  7세그먼트를 켜준다.
                PORTA = Font[N];
                us_delay(1000);

                PORTB = S7_4 ;        // 네 번째  7세그먼트를 켜준다.
                PORTA = Font[N] ;
                us_delay(1000);
        }
}


void KeyOut(char ot)
{
        PORTC = ot;                        // key out
}

```

```
char KeyIn(void)
{
        unsigned char Nibble;

        Nibble= (PINC & 0xf0) >> 4;

        return Nibble;
}

void KeyScan(void)
{
        unsigned char key;
        unsigned char key_cnt;
        KeyValue = NoKey;

        for (key_cnt = 0 ; key_cnt < 4 ; key_cnt++){
            KeyOut( ~(0x01 << key_cnt) );
            us_delay(1);                              //KeyOut 효과 대기
            key = KeyIn();
            switch(key){
            case 0x0e:
                 KeyValue = 0 + key_cnt;
                 break;
            case 0x0d:
                 KeyValue = 4 + key_cnt;
                 break;
            case 0x0b:
                 KeyValue = 8 + key_cnt;
                 break;
            case 0x07:
                 KeyValue = 12 + key_cnt;
                 break;
            }
        if (KeyValue != NoKey) break;     //키 입력을 확인했을 때 루프 탈출
        }
}

void initPort()
{
        DDRA= 0xff;             // 7-seg data
        DDRB= 0xff;             // [7:0] output
        DDRC= 0x0f;             // [7:4] input, [3:0] output
        PORTC=0x00;
}

int main(void)
{
        initPort();

    while(1){
                KeyScan();
                Control_7Seg(KeyValue);  // key value display

    }
}
```

⑧ 프로그램을 다 작성하면 메뉴 중 Build-Build를 클릭하거나 키보드의 [F7] 버튼을 눌러 빌드(Build)한다.

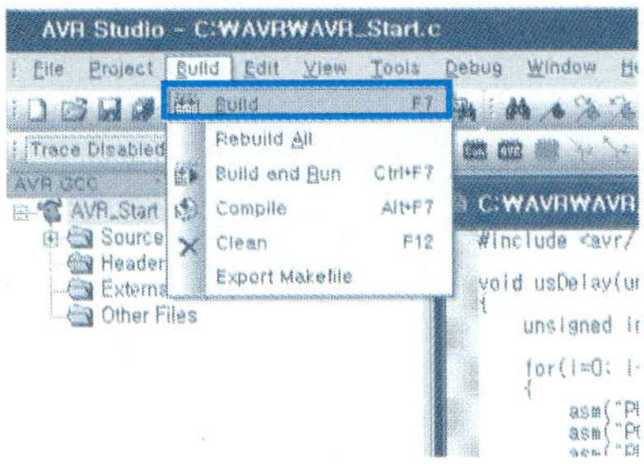


[그림 4-14] 키보드의 [F7] 버튼을 눌러 빌드

⑨ AVR Studio의 도구모음 중 아래 화면과 같은 버튼을 찾아 클릭한다.

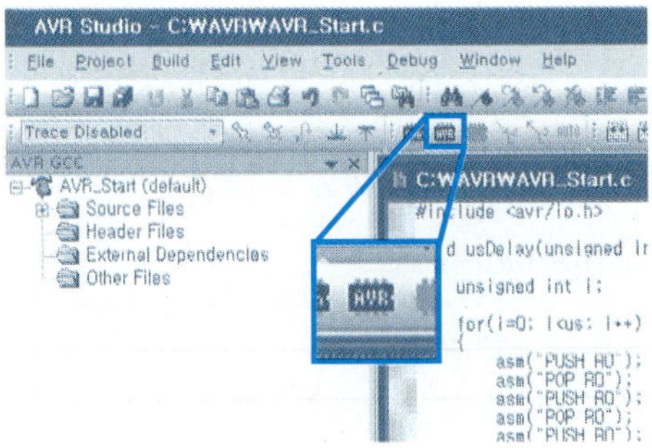


[그림 4-15] 도구모음 중 [AVR] 버튼을 찾아 클릭

⑩ 다음과 같은 화면이 나타나면 Flash 항목의 Input HEX File에 자신이 만든 폴더의 default 폴더에 생성된 hex 파일을 입력하고 [Program]을 클릭한다.

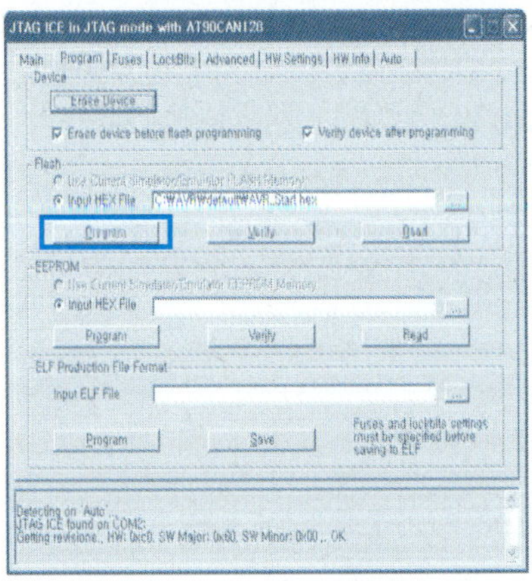


[그림 4-16] default 폴더에 생성된 hex 파일을 입력하고 [Program]을 클릭

⑪ 프로그램이 정상적으로 Flash에 다운로드되면 다음 화면과 같은 메시지를 확인할 수 있으며 프로그램이 실습장비에서 동작하는 것을 확인할 수 있다.

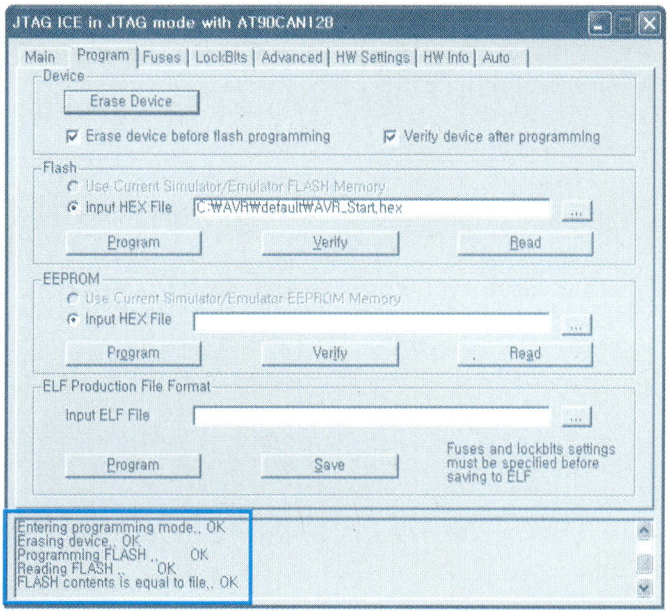


[그림 4-17] 프로그램이 실습장비에서 동작하는 것을 확인

⑫ 실제 실습장비에서 동작중인 프로그램에 의하여 Key가 동작하는 것을 볼 수 있다.

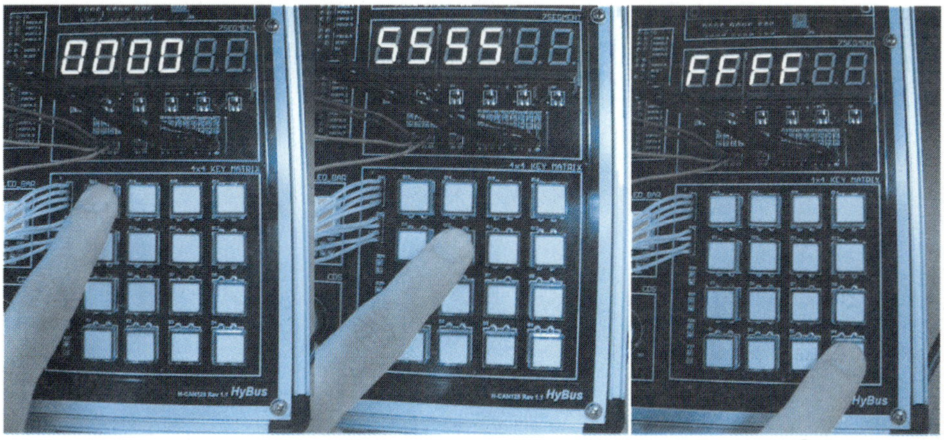


[그림 4-18] 동작중인 프로그램에 의하여 Key가 동작

# 05 Chapter 문자 LCD 제어

학습목표

- LCD에 대해 이해한다.
- LCD 명령에 대해 이해한다.
- LCD를 통해 문자를 표기하고 조작해 본다.

## 01 LCD 컨트롤러의 특징

HD44780 컨트롤러의 특징은 다음과 같다.

- 5×8도트, 5×10도트의 디스플레이 폰트를 내장하고 있다.
- 4비트, 8비트 마이크로프로세서와 인터페이스할 수 있다.
- 80×8비트의 DDRAM(Display Data RAM)을 내장하고 있다.
- 최대 80글자를 표현한다.
- CGROM(Character Generator ROM)을 내장하고 있다.
  - 글자 폰트(Character Font) 5×8도트 : 160글자
  - 글자 폰트(Character Font) 5×10도트 : 32글자

LCD 모듈은 LCD 컨트롤러와 도트 혹은 그래픽 LCD 패널로 구성된다. 일반적으로 LCD 컨트롤러와 패널이 하나로 된 제품을 구입하여 사용한다. [그림 5-1]은 2 라인 표시가 가능한 LCD 모듈이다.

[그림 5-1] LCD 컨트롤러와 LCD 패널 일체로 되어 있는 LCD 모듈

## 02 LCD 컨트롤러의 기능 설명

LCD 컨트롤러(HD44780)의 내부 구성도는 [그림 5-2]와 같다. MPU(마이크로컨트롤러)와 인터페이스를 위하여 RS, RW 그리고 E제어신호선과 DB0~DB7까지 데이터 버스가 있다. 출력신호로써 컨트롤러 내에 IR(Instrunction Register), DR(Data Register) 레지스터가 있으며, 내부 메모리는 CGRAM, CGRAM 그리고 DDRAM으로 구성되어 있다.

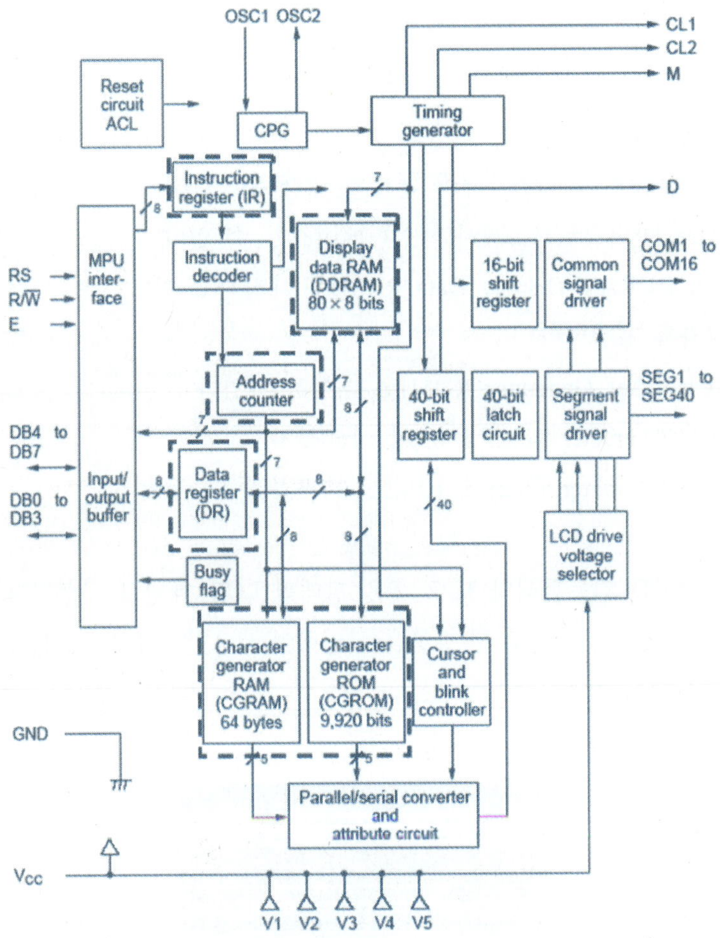


[그림 5-2] LCD 컨트롤러 내부 구성도

그리고, LCD 세그먼트를 제어하기 위한 출력신호들은 세그먼트 신호(segment signals) SEG1~SEG40, 공통신호(common signals) COM1~COM16, 그리고 확장 드라이브 신호,

CL1, CL2, M, D가 있다. 이들 신호를 생성하기 위하여 각각 세그먼트 신호 드라이버(segment signal driver), 공통신호 드라이버(common signal driver) 그리고 타이밍 발생기(yiming henerator)로 구성되어 있다.

### 1) 레지스터

HD47780의 레지스터는 [그림 5-3]과 같이 8비트 명령(IR: Instruction Register)과 데이터 레지스터(DR : Data Register)가 있다.

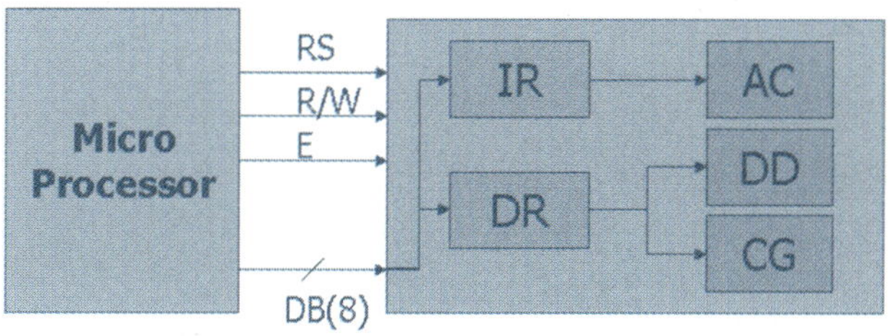


[그림 5-3] 마이크로컨트롤러와 연결된 LCD 컨트롤러와 내부 레지스터



#### (1) 명령 레지스터(IR)

DDRAM(Display Data RAM)과 CGRAM(Charactor Generator RAM)에 대하여 디스플레이 지우기, 커서 이동 그리고 주소정보 등의 명령 코드를 저장한다. 마이크로컨트롤러에서 LCD 컨트롤러로 쓰기만 할 수 있는 레지스터이다.

#### (2) 데이터 레지스터(DR)

DDRAM 혹은 CGRAM에 쓰여질 데이터를 임시로 저장한다. 마이크로컨트롤러에서 DR 레지스터로 쓰여진 데이터는 내부적인 동작에 의하여 자동으로 DDRAM과 CGRAM에 기록된다. DDRAM과 CGRAM으로부터 데이터를 읽을 때 임시로 데이터를 저장하는 역할도 한다.

주소정보를 IR에 쓸 때 데이터가 읽어지고 내부 동작에 의하여 DDRAM 혹은 CGRAM으로부터 DR에 저장된다. 읽기를 한 후 DDRAM 혹은 CGRAM의 다음 주소를 자동으로 이동하여 DR에 데이터가 보내져서 다음 주소의 데이터를 읽을 수 있게 된다.

RS(Register Selector) 신호에 의하여 IR과 DR 레지스터가 [표 5-1]과 같이 선택되어진다.

[표 5-1] RS와 R/W의 관계

| RS | R/W | 동작(operation) |
|---|---|---|
| 0 | 0 | IR write to internal operation(Display clear, etc) |
| 0 | 1 | Read busy flag(DB7) and address counter(DB0~DB6) |
| 1 | 0 | DR write as Internal operation(DR to DD(CG) RAM) |
| 1 | 1 | DR read as Internal operation(DD(CG) RAM from DR) |

RS, R/W 그리고 E 제어 신호와 데이터 간의 신호는 기본적으로 [표 5-1]의 RS, R/W에 따르고, E 신호의 하강 에지에서 데이터를 IR 혹은 DR 레지스터에 래치(latch)한다.

### (3) 쓰기(Write) 타이밍도

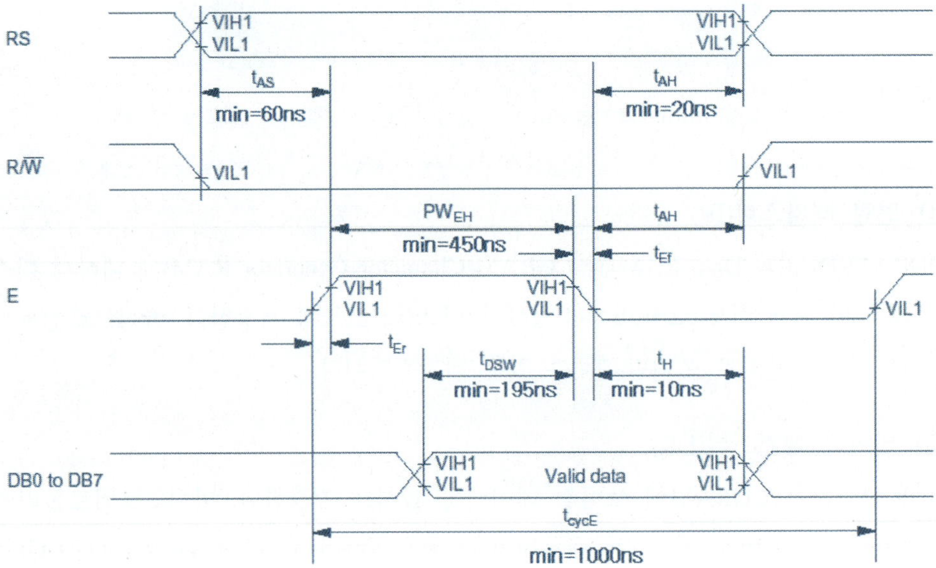


[그림 5-4] LCD 쓰기 타이밍도

(4) 읽기(Read) 타이밍도

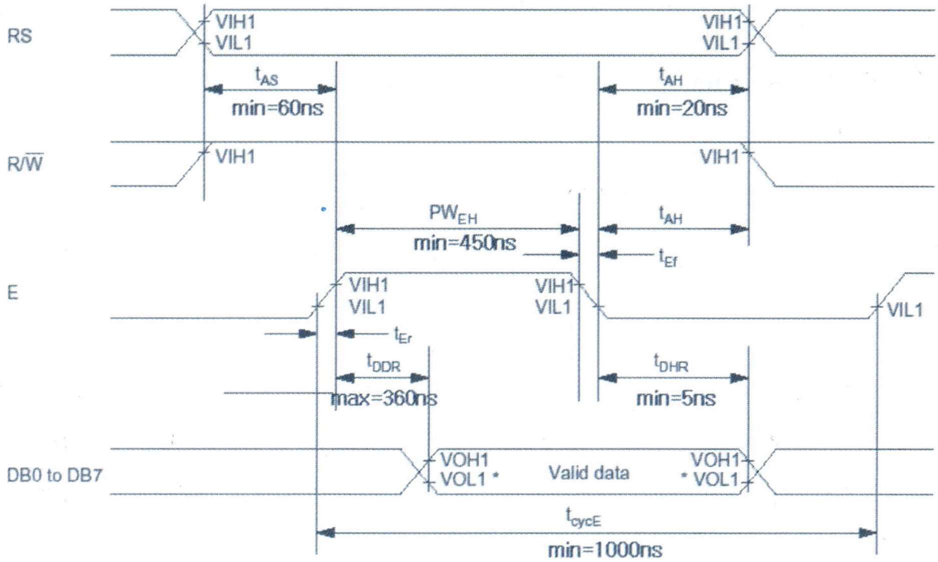


[그림 5-5] LCD 읽기 타이밍도



## 2) 비지 플래그(BF, Busy Flag)

비지 플래그가 "1"일 때 HD44780은 내부 동작 모드에 있고 다음 명령을 받지 못한다. RS=0 이고 R/W가 =1일 때 즉, 명령을 읽을 때 비지 플래그는 DB7로 출력된다. 비지 플래그가 "0"으로 된 뒤에만 다음 명령이 LCD 컨트롤러에 입력될 수 있다.

## 3) 주소 카운터(AC, Address Counter)

주소 카운터(AC)는 DDRAM과 CGRAM의 주소를 지정한다. IR로 명령의 주소를 쓰면, 주소 정보는 IR로부터 AC로 보내진다. DDRAM 혹은 CGRAM의 선택은 현재 수행 중인 명령에 의하여 결정된다. DDRAM 혹은 CGRAM으로부터 쓰거나 읽은 후 AC는 자동으로 1씩 증가하거나 감소한다. RS=0이고 R/W=1일 때 AC의 내용이 DB0~DB6(7 비트)으로 출력된다.

## 4) DDRAM

DDRAM은 8비트 문자 코드로 된 디스플레이 데이터를 저장한다. 80×8비트 혹은 80문자를 저장할 수 있다. DDRAM의 영역 중에서 디스플레이를 사용하지 않는 영역은 일반 데이터 RAM으로 사용할 수 있다. DDRAM 주소(ADD)는 16진수로써 AC에 의하여 설정된다.

### (1) 라인 디스플레이(N=0)

DDRAM에 저장할 수 있는 문자는 80자이다. 따라서 1라인 디스플레이로 설정되었을 때, 주소 즉, AC와 문자가 디스플레이되는 위치는 다음과 같다.

| | 1 | 2 | 3 | 4 | 5 | 6 | 7 | 8 | 9 | 10 | 11 | … | 79 | 80 |
|---|---|---|---|---|---|---|---|---|---|---|---|---|---|---|
| 1행 | 00 | 01 | 02 | 03 | 04 | 05 | 06 | 07 | 08 | 09 | 0A | … | 4E | 4F |

표시될 수 있는 LCD의 영역이 80 보다 작을 경우에는 LCD에 표시되는 글자는 앞쪽에 위치한 글자가 표시된다. 즉, LCD 표시를 8자만 할 수 있다면 DDRAM의 0×00에서 0×07 주소의 내용만 LCD로 표시된다. 그리고 왼쪽과 오른쪽으로 이동(shift)시키면 표시되는 LCD에 표시되는 문자의 주소가 이동한다.

- LCD가 8자만 표시할 수 있을 경우 주소와 위치와의 관계

| | 1 | 2 | 3 | 4 | 5 | 6 | 7 | 8 | 표시 위치 |
|---|---|---|---|---|---|---|---|---|---|
| 1행 | 00 | 01 | 02 | 03 | 04 | 05 | 06 | 07 | DDRAM 주소 |

- 왼쪽 이동(shift left)

| | 1 | 2 | 3 | 4 | 5 | 6 | 7 | 8 | 표시 위치 |
|---|---|---|---|---|---|---|---|---|---|
| 1행 | 01 | 02 | 03 | 04 | 05 | 06 | 07 | 08 | DDRAM 주소 |

- 오른쪽 이동(shift right)

| | 1 | 2 | 3 | 4 | 5 | 6 | 7 | 8 | 표시 위치 |
|---|---|---|---|---|---|---|---|---|---|
| 1행 | 4F | 00 | 01 | 02 | 03 | 04 | 05 | 06 | DDRAM 주소 |

### (2) 2라인 디스플레이(N=1)

DDRAM에 저장할 수 있는 문자는 80자이며 2라인 디스플레이는 40×2로 표시된다. 따라서 2라인 디스플레이로 설정되었을 때 주소와 문자가 디스플레이되는 위치는 다음과 같다. 1라인과 다른 점은 1행의 주소는 0×00(십진수 0)에서부터 0×27(십진수 39)까지 40

가지이다. 그리고 2행의 주소는 0×40(십진수 64)에서부터 0×67(십진수 103)까지 40가지이다. 따라서 1행과 2행 합쳐서 80자의 문자를 저장할 수 있다.

| | 1 | 2 | 3 | 4 | 5 | 6 | 7 | 8 | 9 | 10 | 11 | … | 39 | 40 |
|---|---|---|---|---|---|---|---|---|---|---|---|---|---|---|
| 1행 | 00 | 01 | 02 | 03 | 04 | 05 | 06 | 07 | 08 | 09 | 0A | … | 26 | 27 |
| 2행 | 40 | 41 | 42 | 43 | 44 | 45 | 46 | 47 | 48 | 49 | 4A | … | 66 | 67 |

LCD 표시를 각 행마다 40자보다 작은 표시를 할 수 있다면 앞에서부터 표시된다. 예를 들어 8자만 표시할 수 있다면 각 행의 앞에서 8자만 표시할 수 있다.

- LCD가 8자만 표시할 수 있을 경우 주소와 위치와의 관계

| | 1 | 2 | 3 | 4 | 5 | 6 | 7 | 8 | 표시 위치 |
|---|---|---|---|---|---|---|---|---|---|
| 1행 | 00 | 01 | 02 | 03 | 04 | 05 | 06 | 07 | DDRAM 주소 |
| 2행 | 40 | 41 | 42 | 43 | 44 | 45 | 46 | 47 | (16진수) |

- 왼쪽 이동(shift left)

| | 1 | 2 | 3 | 4 | 5 | 6 | 7 | 8 | 표시 위치 |
|---|---|---|---|---|---|---|---|---|---|
| 1행 | 01 | 02 | 03 | 04 | 05 | 06 | 07 | 08 | DDRAM 주소 |
| | 41 | 42 | 43 | 44 | 45 | 46 | 47 | 48 | (16 진수) |

- 오른쪽 이동(shift right)

| | 1 | 2 | 3 | 4 | 5 | 6 | 7 | 8 | 표시 위치 |
|---|---|---|---|---|---|---|---|---|---|
| 1행 | 27 | 00 | 01 | 02 | 03 | 04 | 05 | 06 | DDRAM 주소 |
| 2행 | 67 | 40 | 41 | 42 | 43 | 44 | 45 | 46 | (16진수) |

### 5) 문자발생기 ROM

문자발생기 ROM(CGROM : Character Generator ROM)은 8비트 문자 코드로된 5×8도트 혹은 5×10도트 문자 형태를 발생한다. 5×8도트 문자 형태를 208자와 5×10도트 문자 형태 32자를 만들어 낼 수 있다. 마스크 프로그램 ROM을 이용하여 사용자가 정의하는 문자 형태를 만들 수도 있다.

### 6) 문자발생기 RAM

문자발생기 RAM(CGRAM : Character Generator RAM)에는 사용자가 프로그램으로 문자형태를 다시 쓸 수 있다. 5×8도트에 대하여 8자를 쓸 수 있으며, 5×10도트에 대해서는 4자를 쓸 수 있다.

## 03 LCD 컨트롤러 명령

LCD 컨트롤러 명령(instruction)들을 "1"이 설정되는 순서 기준으로 정리하면 [표 5-2]와 같다. 명령은 RS=0, R/W=0 이고, 디스플레이 지우기 D0=1에서 DDRAM 주소설정까지 D7=1까지 "1"이 1비트씩 이동한다.

**[표 5-2]** LCD 컨트롤러 명령

| 기 능 (Function) | 제어신호 | | 제어명령(Control Instruction) | | | | | | | | 실행시간 (Execute Time) |
|---|---|---|---|---|---|---|---|---|---|---|---|
| | RS | R/W | D7 | D6 | D5 | D4 | D3 | D2 | D1 | D0 | |
| Clear Display | 0 | 0 | 0 | 0 | 0 | 0 | 0 | 0 | 0 | 1 | 1.64ms |
| Return Home | 0 | 0 | 0 | 0 | 0 | 0 | 0 | 0 | 1 | 0 | 40μs |
| Entry Mode Set | 0 | 0 | 0 | 0 | 0 | 0 | 0 | 1 | I/D | S | 40μs |
| Display on/off Control | 0 | 0 | 0 | 0 | 0 | 0 | 1 | D | C | S | 40μs |
| Cursor or Display Shift | 0 | 0 | 0 | 0 | 0 | 1 | S/C | R/L | 0 | 0 | 40μs |
| Function Set | 0 | 0 | 0 | 0 | 1 | D/L | N | F | 0 | 0 | 40μs |
| Set CGRAM Address | 0 | 0 | 0 | 1 | CGRAM Address | | | | | | 40μs |
| Set DDRAM Address | 0 | 0 | 1 | DDRAM Address | | | | | | | 40μs |
| Read Busy Flag and Address | 0 | 1 | BF | Address Counter | | | | | | | 40μs |
| Data Write to CGRAM or DDRAM | 1 | 0 | Write Address | | | | | | | | 40μs |
| Data Read to CGRAM or DDRAM | 1 | 1 | Read Address | | | | | | | | 40μs |

### 1) 화면지우기(Clear display)

- LCD 화면을 지우고(clear) 커서는 홈(home)으로 돌아가고 DDRAM의 어드레스 카운터인 AC=0이 된다.
- 실행시간 : 1.64msec

[표 5-3] 화면지우기 제어명령

| 제어신호 | | 제어명령 | | | | | | | |
|---|---|---|---|---|---|---|---|---|---|
| RS | R/W | DB7 | DB6 | DB5 | DB4 | DB3 | DB2 | DB1 | DB0 |
| 0 | 0 | 0 | 0 | 0 | 0 | 0 | 0 | 0 | 1 |

### 2) 홈으로 되돌아가기(Return home)

- 디스플레이 이동을 원위치로 이동한다.
- DDRAM 내용의 변화는 없으며 DDRAM의 어드레스 카운터 AC=0이 된다.
- 실행시간 : 1.64msec

[표 5-4] 홈으로 되돌아가기 제어명령

| 제어신호 | | 제어명령 | | | | | | | |
|---|---|---|---|---|---|---|---|---|---|
| RS | R/W | DB7 | DB6 | DB5 | DB4 | DB3 | DB2 | DB1 | DB0 |
| 0 | 0 | 0 | 0 | 0 | 0 | 0 | 0 | 1 | * |

### 3) 엔트리(Entry mode set)

- 데이터 읽기와 쓰기 과정에서 발생하며 커서 움직이는 방향, 디스플레이 시프트를 결정한다.
- I/D(Increment or Decrement) : DDRAM에 대하여 쓰거나 읽을 경우 I/D=1이면 DDRAM의 주소를 1씩 증가시킨다. 즉, 현재 위치에서 오른쪽에 글자를 추가한다. I/D=0이면 주소를 1씩 감소시킨다. 즉, 현재 위치에서 왼쪽으로 글자를 표시해 간다.
- S(Shift) : S=1일 때 I/D=0이면 오른쪽으로 I/D=1이면 왼쪽으로 엔트리 디스플레이를 이동한다. S=0이면 이동을 하지 않는다.
- 실행시간 : 40$\mu$sec

[표 5-5] 엔트리 제어명령

| 제어신호 | | 제어명령 | | | | | | | |
|---|---|---|---|---|---|---|---|---|---|
| RS | R/W | DB7 | DB6 | DB5 | DB4 | DB3 | DB2 | DB1 | DB0 |
| 0 | 0 | 0 | 0 | 0 | 0 | 0 | 1 | I/D | S |

| S | I/D | Shift |
|---|---|---|
| 1 | 1 | Shift left |
| 1 | 0 | Shift right |
| 0 | * | No Shift |

### 4) 디스플레이 on/off 제어 (Display on/off control)

- D : 전체 디스플레이 on/off 제어를 한다. D=1이면 켜고 D=0이면 끈다. D=0일 때 DDRA에 디스플레이 데이터는 그대로 유지된다.
- C : 커서 on/off 제어를 한다. C=1이면 커서를 표시하고 C=0이면 커서를 표시하지 않는다.
- B : 제어 위치에 있는 글자 깜박임을 제어한다. B=1이면 커서가 표시하는 위치의 문자가 깜박거린다.
- 실행시간 : 40$\mu$sec

[표 5-6] 디스플레이 on/off 제어명령

| 제어신호 | | 제어명령 | | | | | | | |
|---|---|---|---|---|---|---|---|---|---|
| RS | R/W | DB7 | DB6 | DB5 | DB4 | DB3 | DB2 | DB1 | DB0 |
| 0 | 0 | 0 | 0 | 0 | 0 | 1 | D | C | B |

### 5) 커서 디스플레이 제어(Cursor display shift)

- DDRAM 내용을 변경하지 않고 커서만 이동한다.
- 2 라인인 경우에는 마지막 40번째에서 두 번째 라인으로 이동 두 번째 라인에서 첫 번째 라인으로 이동은 되지 않는다.
- 실행시간 : 40$\mu$sec

[표 5-7] 커서 디스플레이 제어명령

| 제어신호 | | 제어명령 | | | | | | | |
|---|---|---|---|---|---|---|---|---|---|
| RS | R/W | DB7 | DB6 | DB5 | DB4 | DB3 | DB2 | DB1 | DB0 |
| 0 | 0 | 0 | 0 | 0 | 1 | S/C | R/L | * | * |

| S/C | R/L | Shift |
|---|---|---|
| 0 | 0 | 커서는 왼쪽으로 이동(어드레서 카운트 −1) |
| 0 | 1 | 커서는 오른쪽으로 이동(어드레서 카운트 +1) |
| 1 | 0 | 전체 디스플레이와 커서 왼쪽으로 이동 |
| 1 | 1 | 전체 디스플레이와 커서 오른쪽으로 이동 |

### 6) LCD 기능 설정(Function Set)

- 데이터 라인 수, 디스플레이 라인 수, 폰트를 설정한다.
- 실행시간 : 40μsec



[표 5-8] LCD 기능설정 제어명령

| 제어신호 | | 제어명령 | | | | | | | |
|---|---|---|---|---|---|---|---|---|---|
| RS | R/W | DB7 | DB6 | DB5 | DB4 | DB3 | DB2 | DB1 | DB0 |
| 0 | 0 | 0 | 0 | 1 | DL | N | F | * | * |

| DL | 1 | 8 비트(DB0~DB7) 인터페이스 |
|---|---|---|
| | 0 | 4 비트(DB0~DB7) 인터페이스(4비트 두 번 액세스) |

| N | F | 디스플레이 라인 | 글자 폰트 | Duty ratio | 참고 |
|---|---|---|---|---|---|
| 0 | 0 | 1 | 5*7 | 1/8 | |
| 0 | 1 | 1 | 5*10 | 1/11 | |
| 1 | * | 2 | 5*7 | 1/16 | 5*10 안됨 |

### 7) CGRAM 주소설정(Set CG RAM Address)

- CGRAM 어드레스를 설정한다.
- 어드레스 설정 후 CGRAM 데이터 읽고 쓰기(R/W)가 가능하다.

• 실행시간 : 40$\mu$sec

[표 5-9] CGRAM 주소설정 제어명령

| 제어신호 | | 제어명령 | | | | | | | |
|---|---|---|---|---|---|---|---|---|---|
| RS | R/W | DB7 | DB6 | DB5 | DB4 | DB3 | DB2 | DB1 | DB0 |
| 0 | 0 | 0 | 1 | ACG | | | | | |

## 8) DDRAM 주소설정(Set DD RAM Address)

• DDRAM 어드레스 설정

• 어드레스 설정 후 DDRAM 데이터 읽고 쓰기(R/W) 가능

• N=0(1-라인) : 0×00~0×4F

• N=1(2-라인) : 0×00~0×27, 0×40~0×67

• 실행시간 : 40$\mu$sec

[표 5-10] DDRAM 주소설정 제어명령

| 제어신호 | | 제어명령 | | | | | | | |
|---|---|---|---|---|---|---|---|---|---|
| RS | R/W | DB7 | DB6 | DB5 | DB4 | DB3 | DB2 | DB1 | DB0 |
| 0 | 0 | 1 | AC | | | | | | |

## 9) Busy 플래그 읽기

• BF=1 : 내부 동작중(internal operation)

• BF=0 : 다음 명령 대기중

• 실행시간 : 40$\mu$sec

[표 5-11] Busy 플래그 읽기 제어명령

| 제어신호 | | 제어명령 | | | | | | | |
|---|---|---|---|---|---|---|---|---|---|
| RS | R/W | DB7 | DB6 | DB5 | DB4 | DB3 | DB2 | DB1 | DB0 |
| 0 | 1 | BF | ACG | | | | | | |

### 10) CGRAM, DDRAM 데이터 쓰기

- CGRAM 혹은 DDRAM에 데이터 쓰기
- 엔트리 모드에 따라서 어드레스 +1 혹은 −1
- 실행시간 : 40$\mu$sec

[표 5-12] CGRAM, DDRAM 데이터 쓰기 제어명령

| 제어신호 | | 제어명령 | | | | | | | |
|---|---|---|---|---|---|---|---|---|---|
| RS | R/W | DB7 | DB6 | DB5 | DB4 | DB3 | DB2 | DB1 | DB0 |
| 1 | 0 | Write Data | | | | | | | |

### 11) CGRAM, DDRAM 데이터 읽기

- CGRAM 혹은 DDRAM으로부터 데이터 읽기
- 엔트리 모드에 따라서 어드레스 +1 혹은 −1
- 실행시간 : 40$\mu$sec

[표 5-13] CGRAM, DDRAM 데이터 읽기 제어명령

| 제어신호 | | 제어명령 | | | | | | | |
|---|---|---|---|---|---|---|---|---|---|
| RS | R/W | DB7 | DB6 | DB5 | DB4 | DB3 | DB2 | DB1 | DB0 |
| 1 | 1 | Read Data | | | | | | | |

- 읽기 전에 어드레스 설정 명령을 실행한다.
- DDRAM 읽기 전에 커서로 시프트 명령을 실행한다.

# 04 LCD 모듈 초기화

LCD 모듈에 대한 초기화 과정은 [그림 5-6]과 같다. 전원을 입력하고 15msec 정도 대기한 후 LCD 초기화 과정을 수행한다.

전원 On

4.5V 인가 후 15msec 대기

| RS | R/W | DB7 | DB6 | DB5 | DB4 | DB3 | DB2 | DB1 | DB0 |
|---|---|---|---|---|---|---|---|---|---|
| 0 | 0 | 0 | 0 | 1 | 1 | * | * | * | * |

4.1msec 대기

| RS | R/W | DB7 | DB6 | DB5 | DB4 | DB3 | DB2 | DB1 | DB0 |
|---|---|---|---|---|---|---|---|---|---|
| 0 | 0 | 0 | 0 | 1 | 1 | * | * | * | * |

100μsec 대기

| RS | R/W | DB7 | DB6 | DB5 | DB4 | DB3 | DB2 | DB1 | DB0 |
|---|---|---|---|---|---|---|---|---|---|
| 0 | 0 | 0 | 0 | 1 | 1 | * | * | * | * |

기능설정

| RS | R/W | DB7 | DB6 | DB5 | DB4 | DB3 | DB2 | DB1 | DB0 |
|---|---|---|---|---|---|---|---|---|---|
| 0 | 0 | 0 | 0 | 1 | 1 | N | F | * | * |

On/Off 제어

| RS | R/W | DB7 | DB6 | DB5 | DB4 | DB3 | DB2 | DB1 | DB0 |
|---|---|---|---|---|---|---|---|---|---|
| 0 | 0 | 0 | 0 | 0 | 0 | 1 | 0 | 0 | 0 |

화면지우기

| RS | R/W | DB7 | DB6 | DB5 | DB4 | DB3 | DB2 | DB1 | DB0 |
|---|---|---|---|---|---|---|---|---|---|
| 0 | 0 | 0 | 0 | 0 | 0 | 0 | 0 | 0 | 1 |

엔트리 설정

| RS | R/W | DB7 | DB6 | DB5 | DB4 | DB3 | DB2 | DB1 | DB0 |
|---|---|---|---|---|---|---|---|---|---|
| 0 | 0 | 0 | 0 | 0 | 0 | 0 | 1 | I/D | S |

**[그림 5-6]** LCD 초기화 과정

# 05 문자 LCD 제어 실습

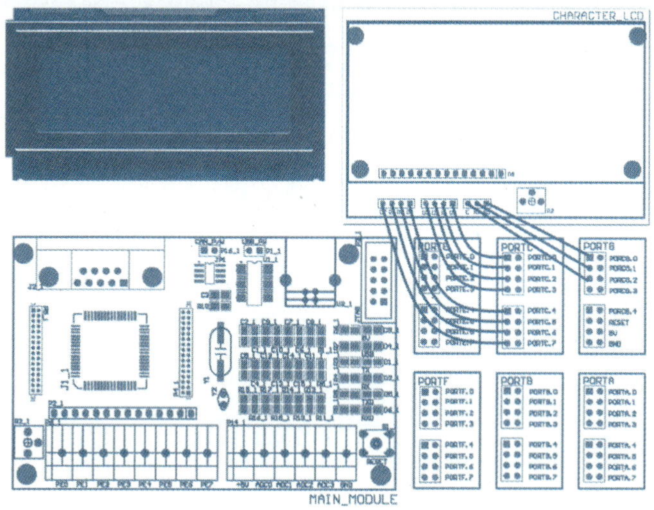


[그림 5-7] 문자 LCD 제어 실습을 위한 선 연결



[표 5-14] CPU 모듈과 LCD 모듈간의 선 연결

| 문자 LCD | RS | RW | E | D0 | D1 | D2 | D3 | D4 | D5 | D6 | D7 |
|---|---|---|---|---|---|---|---|---|---|---|---|
| Port | PG0 | PG1 | PG2 | PC0 | PC1 | PC2 | PC3 | PC4 | PC5 | PC6 | PC7 |

## 실습 1 문자 LCD에 문자열을 출력하는 프로그램

① [그림 5-7]을 보고 실습장비에 배선을 한다.

② 작업 표시줄 시작-모든 프로그램에서 Atmel AVR Tools를 찾아 클릭한다.

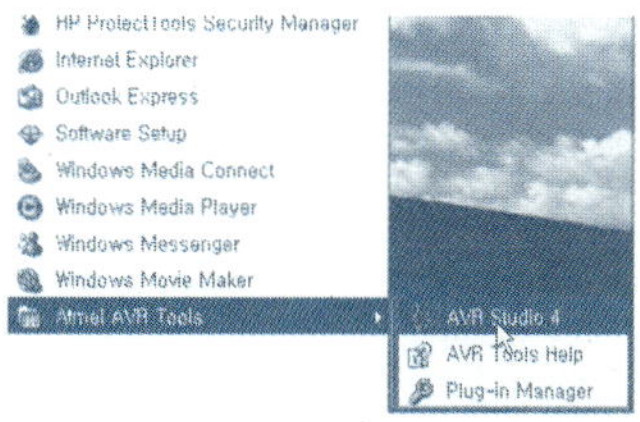


[그림 5-8] Atmel AVR Tools를 찾아 클릭

③ 프로그램을 시작하게 되면 다음과 같은 화면이 나오게 된다. [New Project]를 클릭한다.

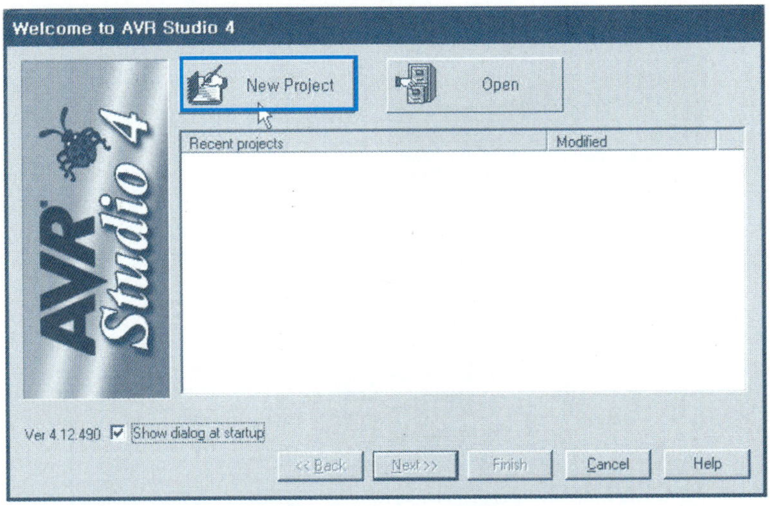


[그림 5-9] [New Project]를 클릭

④ 다음과 같은 화면이 나오면 Project type에서 AVR GCC를 선택하고 Project name에 원하는 이름을 입력한 후 [Next]를 클릭한다.

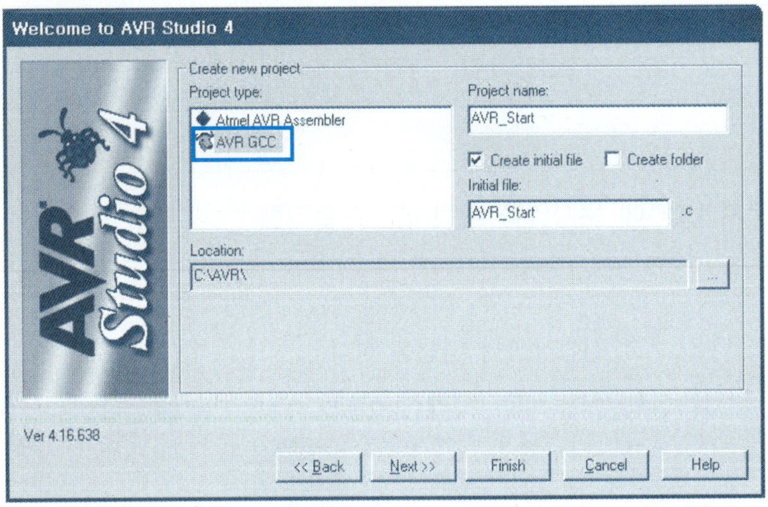


[그림 5-10] Project name에 원하는 이름을 입력한 후 [Next]를 클릭

⑤ Debug platform에서 JTAG ICE를 선택하고 Device는 AT90CAN128을 선택하고 [Finish]를 클릭한다.

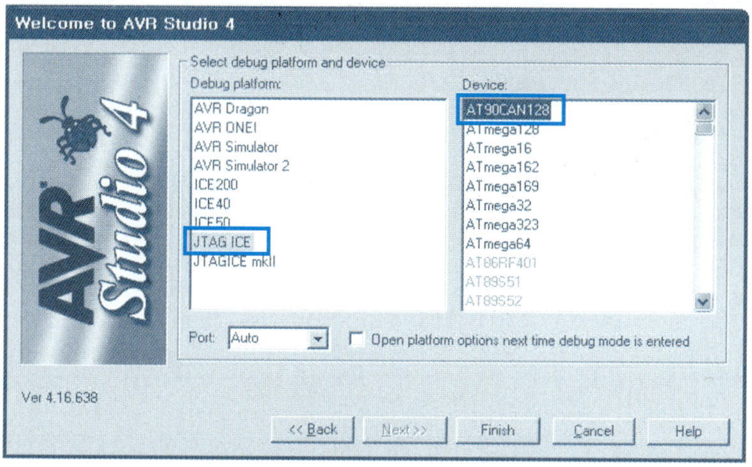


[그림 5-11] Device는 AT90CAN128을 선택하고 [Finish]를 클릭



⑥ [Finish]를 클릭하고 나면 다음과 같은 화면이 나타난다. 화면 중앙에 나타난 창에 다음의 프로그램을 작성한다.

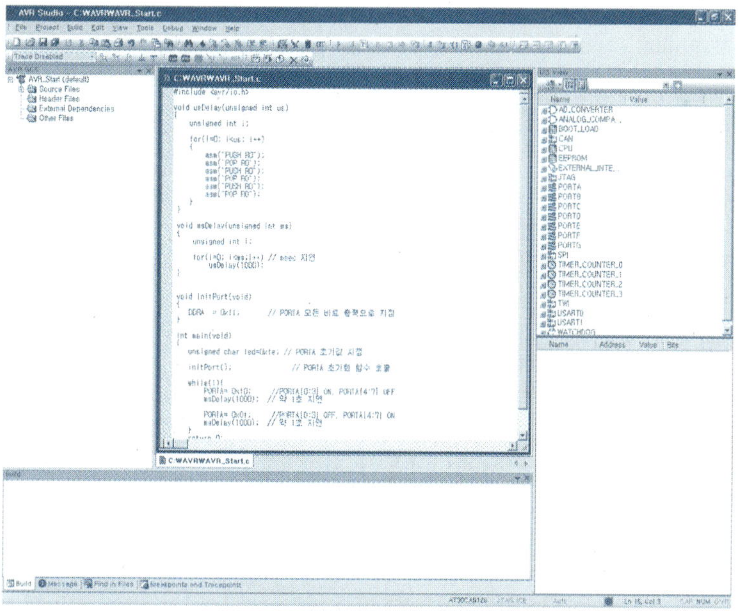

[그림 5-12] 화면 중앙에 나타난 창에 프로그램을 작성

## 7 문자 LCD에 문자열을 출력하는 프로그램

```
/*============================================================
Program : LCD Display
Register:
- PORTG0 = LCD_RS
- PORTG1 = LCD_RW
- PORTG2 = LCD_E
- PORTC = command or data character
Compile Option -O0
============================================================*/

#include <avr/io.h>

#define LCD_RS_1  (PORTG |= 0x01)   // 데이터 입출력
#define LCD_RS_0  (PORTG &= 0xFE)   // 명령 입출력

#define LCD_RW_1  (PORTG |= 0x02)   // 읽기
#define LCD_RW_0  (PORTG &= 0xFD)  // 쓰기

#define EN_1     (PORTG |= 0x04)   // 펄스 1
#define EN_0     (PORTG &= 0xFB)   // 펄스 0

void us_delay(unsigned int us_time)
{
        unsigned int i;

        for(i=0; i<us_time; i++)
        {
                asm("PUSH R0");
                asm("POP R0");
                asm("PUSH R0");
                asm("POP R0");
                asm("PUSH R0");
                asm("POP R0");
        }
}

void ms_delay(unsigned int ms_time)
{
    unsigned int i;

    for(i=0; i<ms_time;i++)
       us_delay(1000);
}

void E_Pulse(unsigned int delay)
{
        EN_1;

        us_delay(delay);

        EN_0;
}

void initLCD(void)
```

```
{
        LCD_RS_0;

        ms_delay(40);

        PORTC = 0x01; // Display Clear
        E_Pulse(2000);

        PORTC = 0x38; // Function Set
        E_Pulse(40);

        PORTC = 0x0c; // DisPlay ON/OFF Control
        E_Pulse(40);

        PORTC = 0x06; // Entry Mode Set
        E_Pulse(40);
}

void Write_Char(unsigned char buf)
{
        LCD_RS_1;     // 문자 입출력 모드  설정
        LCD_RW_0;     // 쓰기 모드 설정
        PORTC=buf;    // 문자 출력
        E_Pulse(40);    // 펄스 생성
}

void LCD_Disp(char x,char y)
{
        LCD_RS_0;     // 명령 모드 설정
        LCD_RW_0;     // 쓰기 모드 설정

        if(y==0)
                PORTC = x + 0x80; // 첫 번째 행
        else if(y==1)
                PORTC = x + 0xc0; // 두 번째 행
        E_Pulse(580);
}

void LCD_Write(char x, char y,char *str)
{
        LCD_Disp(x,y);  // x열, y행으로 이동
        while(*str)
                Write_Char(*str++); //문자 출력
}

void initPort(void)
{
        DDRC  = 0xff;   // 데이터/명령 지정
        DDRG  = 0xff;   // RS, RW, E 제어선 지정
}

int main(void)
{
        initPort();              // 포트 초기화

        initLCD();               // LCD 초기화
```

```
        LCD_Write(0,0,"Hello?");              // (0, 0)에 문자열 쓰기
        LCD_Write(0,1,"Have a nice Day."); // (0, 1)에 문자열 쓰기
        return 0;
}
```

⑧ 프로그램을 다 작성하면 메뉴 중 Build-Build를 클릭하거나 키보드의 [F7] 버튼을 눌러 빌드(Build)한다.

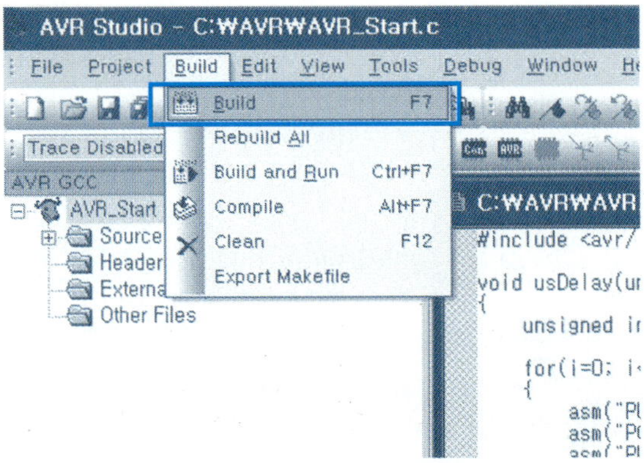


[그림 5-13] 키보드의 [F7] 버튼을 눌러 빌드

⑨ AVR Studio의 도구모음 중 아래 화면과 같은 버튼을 찾아 클릭한다.

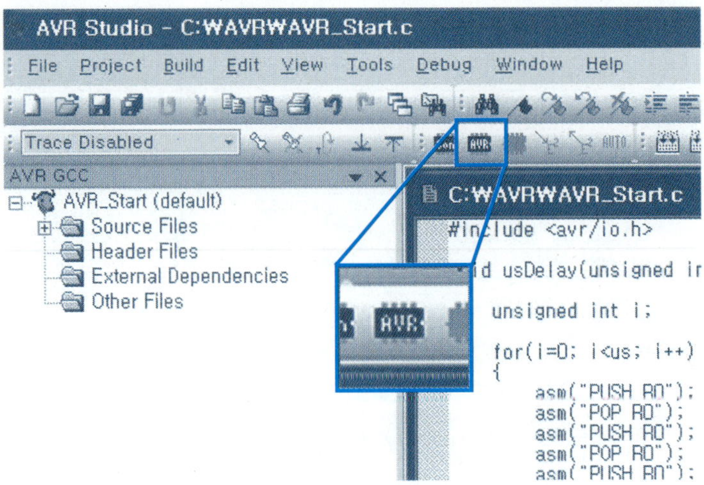


[그림 5-14] 도구모음 중 [AVR] 버튼을 찾아 클릭

⑩ 다음과 같은 화면이 나타나면 Flash 항목의 Input HEX File에 자신이 만든 폴더의 default 폴더에 생성된 hex 파일을 입력하고 [Program]을 클릭한다.

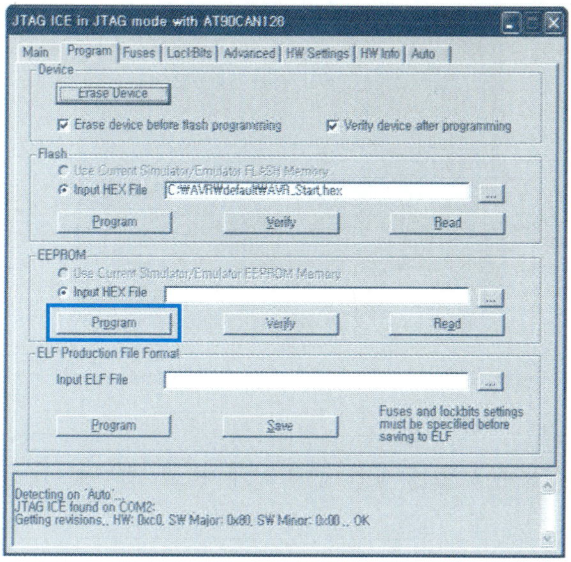


[그림 5-15] default 폴더에 생성된 hex 파일을 입력하고 [Program]을 클릭

⑪ 프로그램이 정상적으로 Flash에 다운로드되면 다음 화면과 같은 메시지를 확인할 수 있으며 프로그램이 실습장비에서 동작하는 것을 확인할 수 있다.

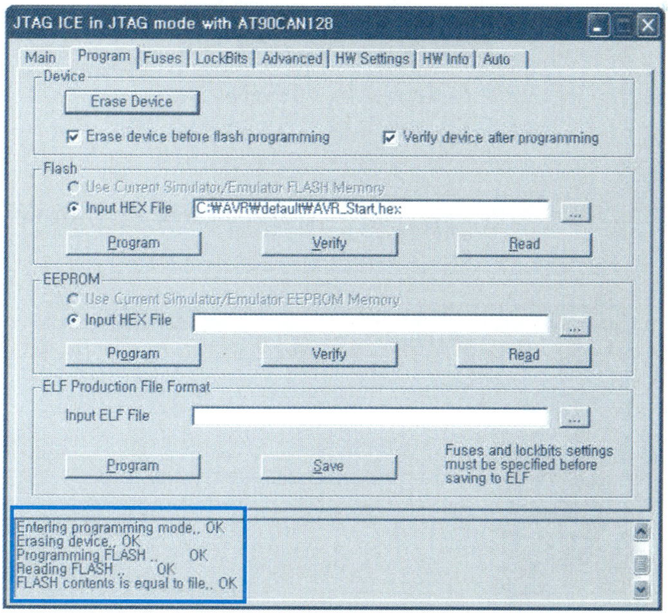


[그림 5-16] 실습장비에서 동작하는 것을 확인

⑫ 실제 실습장비에서 동작중인 프로그램에 의하여 문자 LCD가 동작하는 것을 볼 수 있다.

[그림 5-17] 프로그램에 의하여 문자 LCD가 동작

## 실습 2 문자 LCD의 문자열을 3번 깜빡이게 하고 좌우로 움직이도록 하는 프로그램

① 작업 표시줄 시작-모든 프로그램에서 Atmel AVR Tools를 찾아 클릭한다.

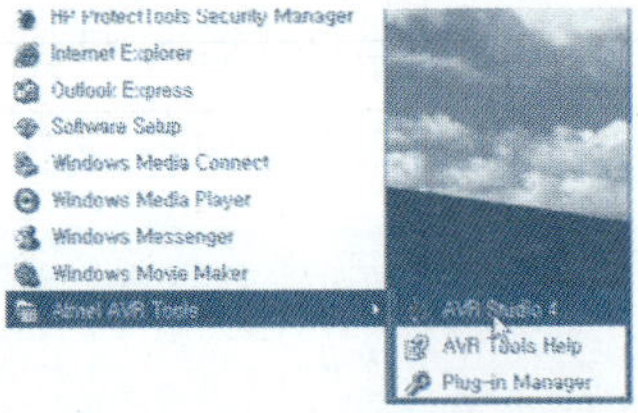


[그림 5-18] Atmel AVR Tools를 찾아 클릭

② 프로그램을 시작하게 되면 다음과 같은 화면이 나오게 된다. [New Project]를 클릭한다.

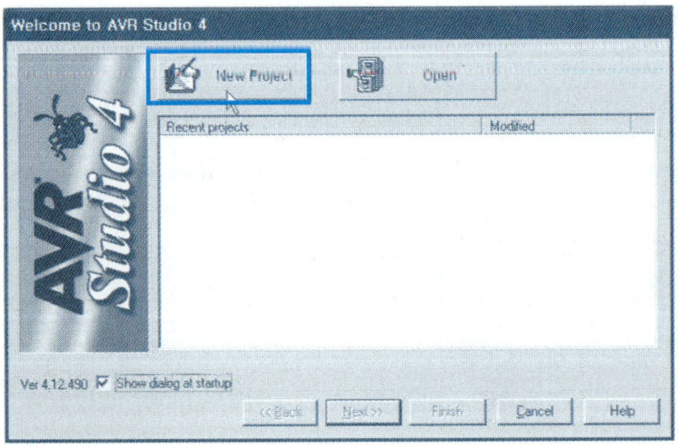


[그림 5-19] [New Project]를 클릭

③ 다음과 같은 화면이 나오면 Project type에서 AVR GCC를 선택하고 Project name에 원하는 이름을 입력한 후 [Next]를 클릭한다.

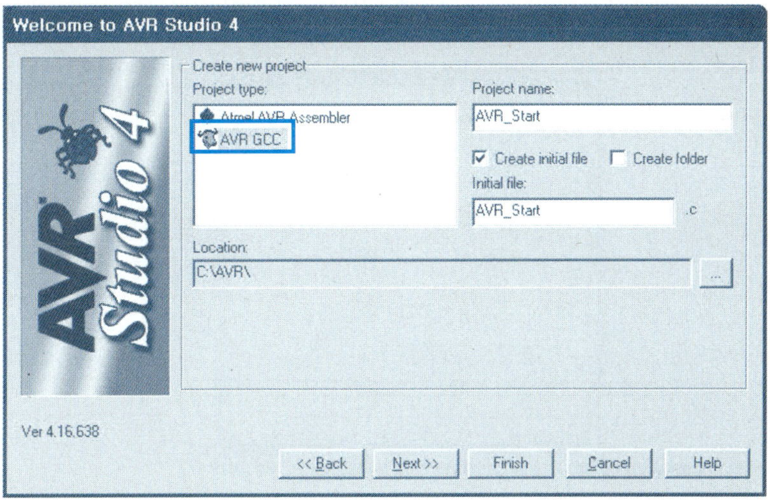

[그림 5-20] Project name에 원하는 이름을 입력한 후 [Next]를 클릭

④ Debug platform에서 JTAG ICE를 선택하고 Device는 AT90CAN128을 선택하고 [Finish]를 클릭한다.

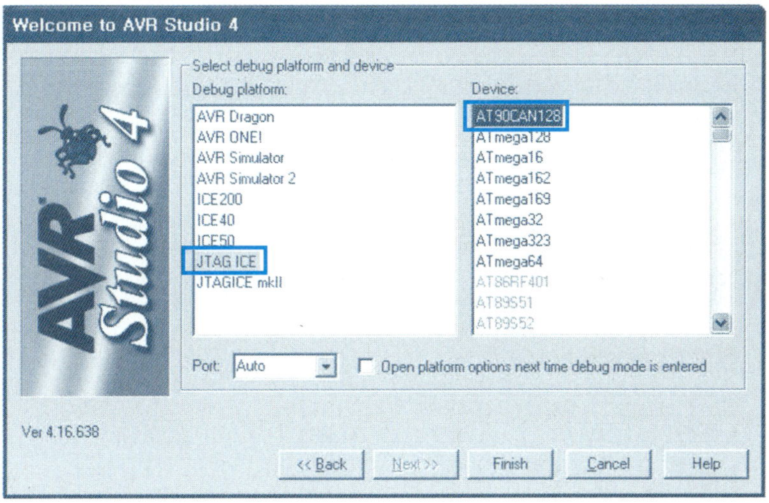

[그림 5-21] Device는 AT90CAN128을 선택하고 [Finish]를 클릭

⑤ [Finish]를 클릭하고 나면 다음과 같은 화면이 나타난다. 화면 중앙에 나타난 창에 다음의 프로그램을 작성한다.

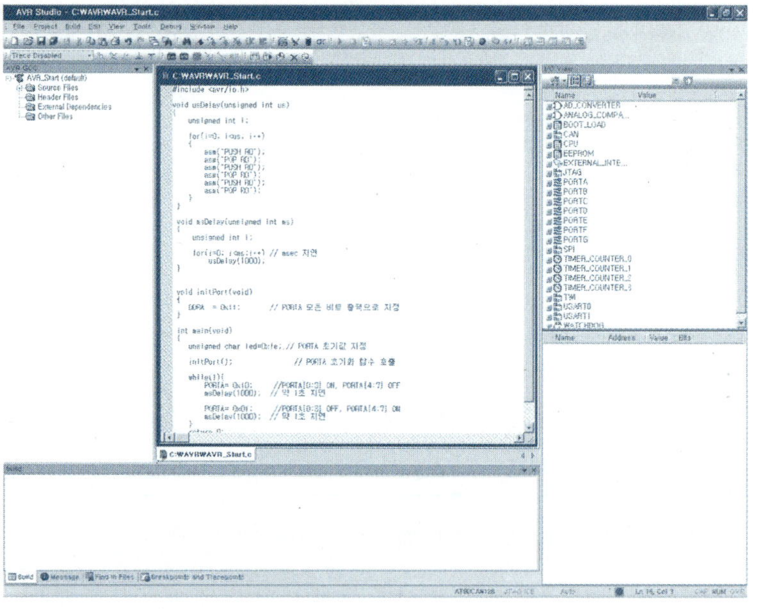

[그림 5-22] 화면 중앙에 나타난 창에 다음의 프로그램을 작성

⑥ 문자 LCD의 문자열을 3번 깜빡이게 하고 좌우로 움직이도록 하는 프로그램이다.

```
/*==========================================================
Program : LCD Display
Register:
- PORTG0 = LCD_RS
- PORTG1 = LCD_RW
- PORTG2 = LCD_E
- PORTC = command or data character
Compile Option -O0
==========================================================*/

#include <avr/io.h>

#define LCD_RS_1  (PORTG |= 0x01)   // 데이터 입출력
#define LCD_RS_0  (PORTG &= 0xFE)   // 명령 입출력

#define LCD_RW_1  (PORTG |= 0x02)   // 읽기
#define LCD_RW_0  (PORTG &= 0xFD)  // 쓰기

#define EN_1     (PORTG |= 0x04)   // 펄스 1
#define EN_0     (PORTG &= 0xFB)   // 펄스 0

#define LEFT 1
#define RIGHT 0
```

```
void us_delay(unsigned int us_time)
{
        unsigned int i;

        for(i=0; i<us_time; i++)
        {
                asm(“PUSH R0”);
                asm(“POP R0”);
                asm(“PUSH R0”);
                asm(“POP R0”);
                asm(“PUSH R0”);
                asm(“POP R0”);
        }
}

void ms_delay(unsigned int ms_time)
{
    unsigned int i;

    for(i=0; i<ms_time;i++)
        us_delay(1000);
}

void E_Pulse(unsigned int delay)
{
        EN_1;

        us_delay(delay);

        EN_0;
}

void initLCD(void)
{
        LCD_RS_0;

        ms_delay(40);

        PORTC = 0x01; // Display Clear
        ms_delay(20);
        E_Pulse(2000);

        PORTC = 0x38; // Function Set
        ms_delay(20);
        E_Pulse(40);

        PORTC = 0x0c; // DisPlay ON/OFF Control
        ms_delay(20);
        E_Pulse(40);

        PORTC = 0x06; // Entry Mode Set
        ms_delay(20);
        E_Pulse(40);
}
```

```
void Write_Char(unsigned char buf)
{
        LCD_RS_1;      // 문자 입출력 모드 설정
        LCD_RW_0;      // 쓰기 모드 설정
        PORTC=buf;     // 문자 출력
        E_Pulse(40);     // 펄스 생성
}

void LCD_Disp(char x,char y)
{
        LCD_RS_0;      // 명령 모드 설정
        LCD_RW_0;      // 쓰기 모드 설정

        if(y==0)
                PORTC = x + 0x80; // 첫 번째 행
        else if(y==1)
                PORTC = x + 0xc0; // 두 번째 행
        E_Pulse(580);
}

void LCD_Write(char x, char y,char *str)
{
        LCD_Disp(x,y);  // x열, y행으로 이동
        while(*str)
                Write_Char(*str++); //문자 출력
}

void initPort(void)
{
        DDRC  = 0xff;   // 데이터/명령 지정
        DDRG  = 0xff;   // RS, RW, E 제어선 지정
}

void LCD_Blink(unsigned char cnt)
{
        LCD_RS_0;

        while(cnt--){
                PORTC = 0x08;      //LCD 화면 숨김
                E_Pulse(40);
                ms_delay(300);

                PORTC = 0x0e;      //LCD 화면 보임
                E_Pulse(40);
                ms_delay(300);
        }
}

void LCD_Shift(unsigned char direction, unsigned int delay,
unsigned char cnt){
        if (direction != LEFT && direction != RIGHT) return;

        LCD_RS_0;

        while(cnt--){
                if (direction == LEFT)
```

```
                        PORTC = 0x18;
                else if (direction == RIGHT)
                        PORTC = 0x1c;
                E_Pulse(40);
                ms_delay(delay);
        }
}

int main(void)
{
        initPort();             // 포트 초기화

        initLCD();              // LCD 초기화
        LCD_Write(0,0,"Hello?");            // (0, 0)에 문자열 쓰기
        LCD_Write(0,1,"Have a nice Day."); // (0, 1)에 문자열 쓰기
        LCD_Blink(3);
        LCD_Shift(RIGHT,100,5);
        LCD_Shift(LEFT,100,5);
        return 0;
}
```



⑦ 프로그램을 다 작성하면 메뉴 중 Build-Build를 클릭하거나 키보드의 [F7] 버튼을 눌러 빌드(Build)한다.

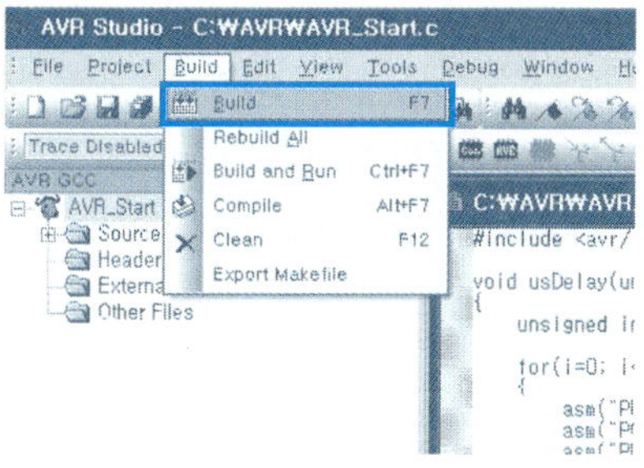

[그림 5-23] 키보드의 [F7] 버튼을 눌러 빌드

⑧ AVR Studio의 도구모음 중 아래 화면과 같은 버튼을 찾아 클릭한다.

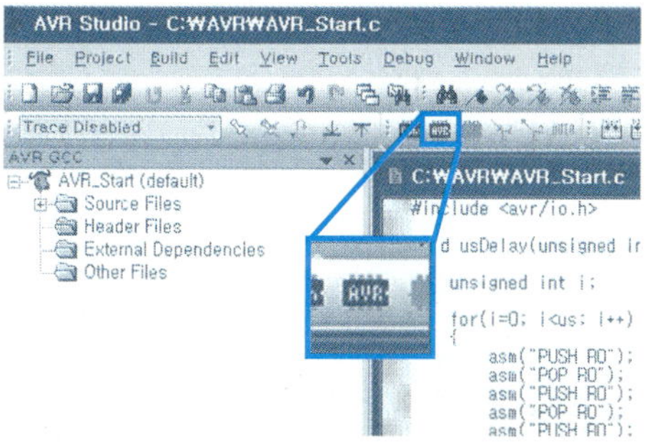

[그림 5-24] 도구모음 중 [AVR] 버튼을 찾아 클릭

⑨ 다음과 같은 화면이 나타나면 Flash 항목의 Input HEX File에 자신이 만든 폴더의 default 폴더에 생성된 hex 파일을 입력하고 [Program]을 클릭한다.

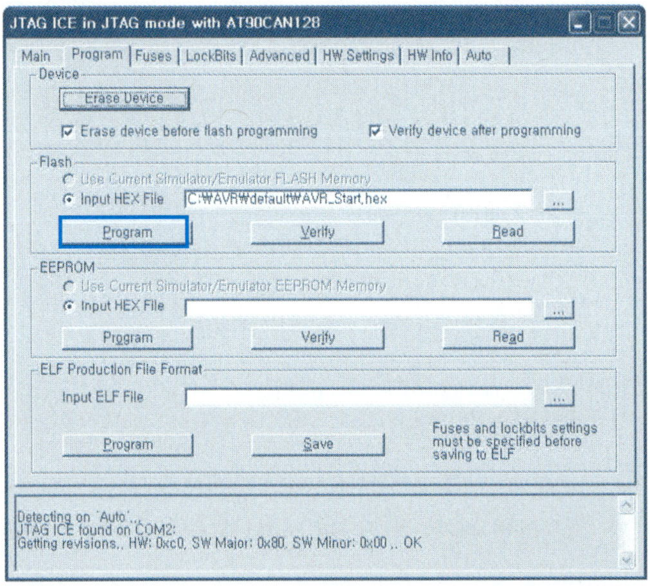

[그림 5-25] default 폴더에 생성된 hex 파일을 입력하고 [Program]을 클릭

⑩ 프로그램이 정상적으로 Flash에 다운로드되면 다음 화면과 같은 메시지를 확인할 수 있으며 프로그램이 실습장비에서 동작하는 것을 확인할 수 있다.

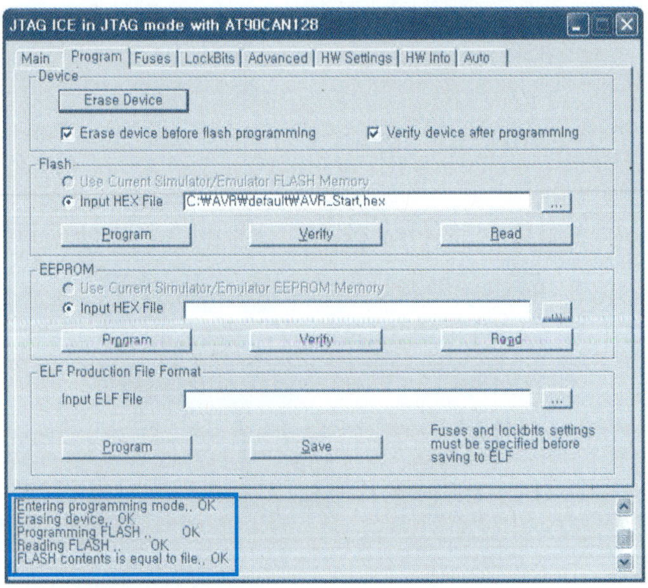

[그림 5-26] 실습장비에서 동작하는 것을 확인

⑪ 실제 실습장비에서 동작중인 프로그램에 의하여 문자 LCD가 동작하는 것을 볼 수 있다.

[그림 5-27] 프로그램에 의하여 문자 LCD가 동작

# 06 Chapter 인터럽트

학습 목표

- 인터럽트에 대하여 이해한다.
- 인터럽트를 이용하여 프로그램의 동작을 조작해본다.

## 01 인터럽트 개요

프로세서 외부의 하드웨어적인 요구에 의하여 실행하고 있는 프로그램의 순서를 변경하여 외부의 하드웨어적으로 요구하는 작업을 먼저 수행하고 실행하고 있던 프로그램으로 복귀하여 순서대로 작업(process)을 수행하는 것을 인터럽트(interruput)라고 한다.

정상적인 순차 작업를 벗어난 경우는 인터럽트이다. 일반적으로 다음과 같이 인터럽트는 다양한 형태가 있다.

- 프로그램에 의한 인터럽트 : 명령 실행의 결과로써 발생하는 조건에 의하여 생성된 인터럽트(예 ; 산술 오버플로우, 0 나누기, 잘못된 범주의 명령어에 의한 실행 시도 등)
- 타이머/카운터에 의한 인터럽트 : 프로세서 내부 클럭 혹은 외부 펄스에 의한 계수 결과로 발생하는 인터럽트로써 특정한 함수를 실행시키게 된다.
- 외부 신호에 의한 인터럽트 : 프로세서의 정해진 인터럽트 단자로 전기적인 신호가 인가되어 발생하는 인터럽트로써 특정한 대응 함수를 실행시키게 된다.
- 하드웨어 오류에 의한 인터럽트 : 정전 혹은 메모리 패리티 오류에 의한 인터럽트

외부 혹은 내부의 인터럽트 처리를 위한 체계는 인터럽트 신호, 인터럽트 요청, 인터럽트 벡터, 인터럽트 서비스 루틴으로 구성된다. 인터럽트 신호는 인터럽트를 발생시키는 원인(source)으로 앞에서 언급한 프로그램에 의한 인터럽트, 타이머/카운터에 의한 인터럽트, 외부 신호에 의한 인터럽트 그리고 하드웨어 오류에 의한 인터럽트로 구분된다.

그리고 이들 인터럽트 신호가 동시에 발생할 수 있기 때문에 마이크로프로세서 혹은 마이크로컨트롤러는 각각의 인터럽트 신호에 대하여 우선 순위를 부여하고 있다. 일반적으로 외부 신호에 의한 인터럽트에 대하여 우선 순위를 높게 부여한다.

인터럽트 요청은 앞에서 언급하는 인터럽트 신호 중에서 하나의 인터럽트 신호가 발생한 것이다.

인터럽트 서비스 루틴은 인터럽트 신호에 해당하는 처리 프로그램이다. 인터럽트 서비스 루틴은 사용자가 프로그램하여 일정한 기능을 수행하도록 하기도 하고, 마이크로컨트롤러 설계시 특정 인터럽트에 대한 처리 루틴이 이미 만들어져 있는 경우도 있다.

인터럽트 벡터는 특정한 인터럽트 신호가 발생하였을 때 해당 인터럽트 서비스 루틴의 저장되어 있는 주소를 저장하고 인터럽트가 발생하였을 때 프로그램 카운터에 해당 주소를 복사 저장함으로써 인터럽트 서비스 루틴을 실행하도록 한다.

인터럽트 처리 순서는 [그림 6-1]과 같은 순서로 진행된다.

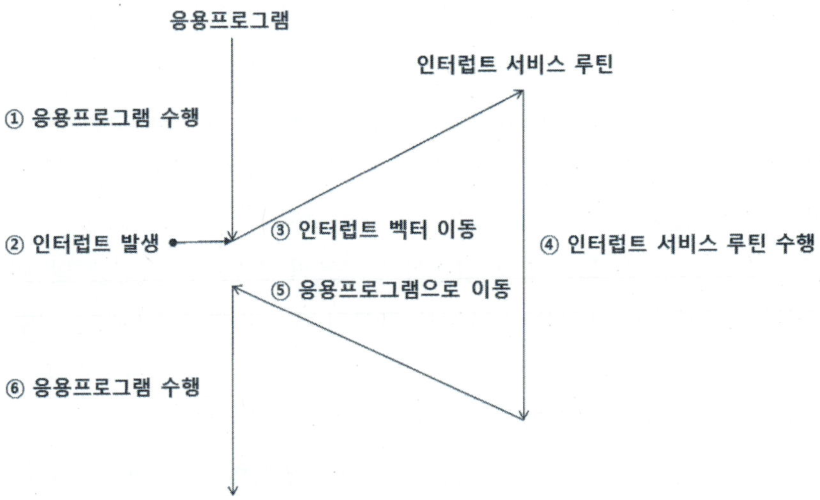


[그림 6-1] 인터럽트 발생과 처리과정

일반 응용프로그램(application program)이 실행되고 있는 중에 특정한 인터럽트 신호가 발생하면, 실행중인 응용프로그램을 프로그램 카운터 레지스터에 저장되어 있는 다음 수행할 주소를 스택에 저장하고 마이크로컨트롤러에 저장되어 있는 인터럽트 벡터 테이블(interrupt vector table)에서 해당 인터럽트 주소를 프로그램 카운터(PC)에 복사 저장하여 프로그램 수행 위치를 인터럽트 서비스 루틴(interrupt service routine)으로 이동하여 인터럽트 서비스 루틴을 수행한다.

인터럽트 서비스 루틴의 처리를 완료하면 스택에 저장되어 있는 응용프로그램의 주소를 프로그램 카운터로 복사하여 실행중이던 응용프로그램을 계속 수행하도록 한다.

인터럽트는 외부 혹은 내부의 서비스 요청에 따라서 마이크로컨트롤러가 가장 빠르게 대응할 수 있는 방법이기 때문에 사용자가 원하는 작업을 수행하는데 있어 중요한 수단이 된다. 인터럽트의 사용 이점을 정리하면 다음과 같다.

- 키보드에서 입력이 발생하였을 때만 인터럽트를 발생함으로써 프로세서에 통보 처리를 하여 프로세서가 이벤트 발생 여부를 감시(조사)할 필요가 없다.
- 프로세서가 직접 외부 장치의 상태를 점검할 필요가 없다. 따라서 다른 연산을 수행하여 프로세서의 효율을 높일 수 있다.

## 02 CAN 프로세서(AT90CAN128)의 인터럽트 특징

CAN 프로세서(AT90CAN128) 마이크로컨트롤러에서의 인터럽트 발생은 [그림 6-2]와 같이 개별 인터럽트 요청, 즉 플래그가 설정되고 개별 인터럽트를 허용하는 마스크 비트가 '1'로 설정되고 전체 인터럽트를 허용되어야 해당 인터럽트가 발생한다.

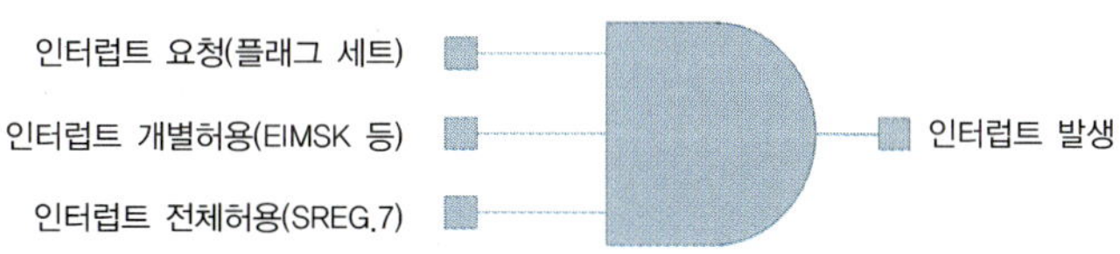


[그림 6-2] CAN 프로세서(AT90CAN128)의 인터럽트 발생 조건

CAN 프로세서(AT90CAN128)에는 리셋을 포함하여 37 종류의 리셋을 포함한 인터럽트가 있다. 인터럽트 소스와 벡터는 [표 6-1]과 같다.

[표 6-1] 인터럽트 소스와 벡터

| 번호 | 벡터 주소 | 인터럽트 소스 | 인터럽트 |
|---|---|---|---|
| 1 | $0000 | RESET | 외부 핀, 전원 리셋 |
| 2 | $0002 | INT0(PD0) | 외부 인터럽트 0 |
| 3 | $0004 | INT1(PD1) | 외부 인터럽트 1 |
| 4 | $0006 | INT2(PD2) | 외부 인터럽트 2 |
| 5 | $0008 | INT3(PD3) | 외부 인터럽트 3 |

| 번호 | 벡터 주소 | 인터럽트 소스 | 인터럽트 |
|---|---|---|---|
| 6 | $000A | INT4(PE4) | 외부 인터럽트 4 |
| 7 | $000C | INT5(PE5) | 외부 인터럽트 5 |
| 8 | $000E | INT6(PE6) | 외부 인터럽트 6 |
| 9 | $0010 | INT7(PE7) | 외부 인터럽트 7 |
| 10 | $0012 | Timer2 Comp | Timer/counter 2 비교 일치 |
| 11 | $0014 | Timer2 OVF | Timer/counter 2 overflow |
| 12 | $0016 | Timer1 CAPT | Timer/counter 1 capture |
| 13 | $0018 | Timer1 COMPA | Timer/counter 1 비교 일치 A |
| 14 | $001A | Timer1 COMPB | Timer/counter 1 비교 일치 B |
| 15 | $001C | Timer1 COMPC | |
| 16 | $001E | Timer1 OVF | Timer/counter 1 overflow |
| 17 | $0020 | Timer0 COMP | Timer/counter 0 비교 일치 |
| 18 | $0022 | Timer0 OVF | Timer/counter 1 overflow |
| 19 | $0024 | CANIT | CAN Transfer Complete or Error |
| 20 | $0026 | OVRIT | CAN Timer Overrun |
| 21 | $0028 | SPI, STC | SPI Serial Transfer Complete |
| 22 | $002A | USART0, RX | USART0, Rx Complete |
| 23 | $002C | USART0, UDRE | USART0 Data Register Empty |
| 24 | $002E | USART0, TX | USART0, Tx Complete |
| 25 | $0030 | Analog COMP | Analog Comparator |
| 26 | $0032 | ADC | ADC Conversion Complete |
| 27 | $0034 | EE READY | EEPROM Ready |
| 28 | $0036 | TIMER3 CAPT | Timer/Counter3 Captue Event |
| 29 | $0038 | TIMER3 COMPA | Timer/Counter3 Compare Match A |
| 30 | $003A | TIMER3 COMPB | Timer/Counter3 Compare Match B |
| 31 | $003C | TIMER3 COMPC | Timer/Counter3 Compare Match C |
| 32 | $003E | TIMER3 OVF | Timer/Counter3 Overflow |
| 33 | $0040 | USART1, RX | USART1, Rx Complete |
| 34 | $0042 | USART1, UDRE | USART1, Data Register Empty |
| 35 | $0044 | USART1, TX | USART1, Tx Complete |
| 36 | $0046 | TWI | Two-wire Serial Interface |
| 37 | $0047 | SPM READY | Store Program Memory Ready |

CAN 프로세서(AT90CAN128)의 외부 인터럽트(external interrupt)는 8개가 있으며 포트 D(PD[3:0], INT[3:0])와 포트 E(PE[7:4], INT[7:4])의 각각 4개 핀이 외부 인터럽트 기능을 한다.

외부 인터럽트는 INT[7:0] 핀에 의하여 트리거된다. 인터럽트 가능으로 설정되어 있다면 포트 D와 E가 출력포트로 설정되어 있다하더라도 인터럽트는 트리거된다.

CAN 프로세서(AT90CAN128)의 외부 인터럽트는 비동기(asynchronous)와 동기(synchronous)로 구분된다. INT[3:0] 외부 인터럽트는 비동기이고, INT[7:4] 외부 인터럽트는 I/O 클럭에 맞춘 동기 방식이다.

외부 인터럽트는 상승 혹은 하강 에지, "0" 레벨에 의하여 트리거될 수 있다. 인터럽트 트리거 형태는 외부 인터럽트 제어 레지스터(EICRA(INT[3:0]), EICRB(INT[7:4]), External Interrupt Control Register)의 설정에 의하여 결정된다. 외부 인터럽트의 설정이 "0" 레벨로 설정되어 있다면 인터럽트는 그 핀이 "0"이 유지되는 동안에 트리거된다.

외부 인터럽트 중에서 INT[7:4]의 인터럽트 형태가 상승 혹은 하강 에지로 설정되어 있다면 I/O 클럭이 필요하다.

INT[3:0] 외부 인터럽트는 에지 혹은 레벨에 상관없이 비동기 인터럽트를 검출한다. 따라서, 이들 외부 인터럽트는 슬립 모드(sleep mode)로부터 정상 모드로 전환하는데 사용할 수 있다는 것을 의미한다. I/O 클럭은 AT90CAN128의 모든 슬립 모드에서 멈추고 아이들 모드(idle mode)에서는 작동하기 때문이다.

레벨 트리거 인터럽트가 파워 다운 모드(Power-down mode)로부터 정상 모드로 전환하는데 사용된다면, 외부 잡음에 대한 영향을 줄이기 위하여 레벨의 변화는 마이크로컨트롤러를 정상 모드로 전환하는데 약간의 시간을 유지하는 것이 필요하다.

## 03 인터럽트 관련 레지스터

### 1) 비동기 외부 인터럽트 제어 레지스터 (EICRA, Asynchronous External Interrupt Control Register A)

외부 인터럽트 3~1은 SREG 레지스터의 I플래그와 EIMSK 레지스터의 각 인터럽트 마스크가 "1"로 설정되어 있다면 외부 핀 INT[3:0] 즉, PD[3:0]에 의하여 활성화된다. EICRA 레지스터의 각 비트의 명칭과 초기값을 [표 6-2]와 같다.

[표 6-2] EICRA 레지스터의 각 비트의 명칭과 초기값

| 주소 | 이름 | 비트 7 | 비트 6 | 비트 5 | 비트 4 | 비트 3 | 비트 2 | 비트 1 | 비트 0 |
|---|---|---|---|---|---|---|---|---|---|
| | EICRA | ISC31 | ISC30 | ISC21 | ISC20 | ISC11 | ISC10 | ISC01 | ISC00 |
| 리셋값 | | 0 | 0 | 0 | 0 | 0 | 0 | 0 | 0 |
| Read/Write | | R/W | R/W | R/W | R/W | R/W | R/W | R/W | R/W |

ISCn1, ISCn0(n=3, 2, 1, 0)은 비동기 외부 인터럽트 센스 제어 비트(asynchronous external interrupt sense control bits)로써 이들 조합에 의하여 [표 6-3]과 같이 각 인터럽트가 레벨 혹은 에지인지를 결정한다.

[표 6-3] 비동기 외부 인터럽트 센스 제어 비트

| ISCn1 | ISCn0 | 설 명 |
|---|---|---|
| 0 | 0 | INTn 의 "0"레벨이 인터럽트 요청을 발생함 |
| 0 | 1 | INTn에 논리적 변화가 인터럽트 요청을 발생함 |
| 1 | 0 | INTn의 하강 에지가 비동기 인터럽트 요청을 발생함 |
| 1 | 1 | INTn의 상승 에지가 비동기 인터럽트 요청을 발생함 |

INT[3:0]에 대하여 에지(edge) 트리거는 비동기 인터럽트이다. INT[3:0] 핀에 다음의 [표 6-4]와 같이 최소 펄스폭(minum pulse width)보다 긴 시간의 펄스를 제공하면 인터럽트가 발생한다. 최소 펄스폭보다 짧은 펄스는 인터럽트 발생을 보장하지 못한다.

[표 6-4] 비동기 외부 인터럽트를 위한 최소 펄스폭

| 심벌 | 파라미터 | 조건 | 최소 | 정격 | 최대 | 단위 |
|---|---|---|---|---|---|---|
| tINT | 비동기 외부 인터럽트를 위한 최소 펄스 폭 | | | 50 | | ns |

"0" 레벨 인터럽트가 설정되었다면 인터럽트를 발생하기 위하여 실행중인 명령이 완료될 때까지 "0" 레벨을 유지하여야만 한다. 핀이 "0" 레벨을 유지하는 동안 레벨 트리거 인터럽트는 인터럽트 요청을 발생한다.

ISCn 비트가 바뀔 때 인터럽트가 발생할 수 있다. 따라서 EIMSK 레지스터에서 인터럽트 가능 비트를 "0"으로 설정하여 첫 번째 INTn 인터럽트를 불가능하도록 하는 것을 권

한다. 그러면, ISCn 비트가 변경될 수 있다. 인터럽트를 다시 가능하게 하기 전에 EIFR 레지스터에 인터럽트 플래그 비트(INTFn)에 논리 레벨 "1"로 설정함으로써 INTn 인터럽트 플래그가 지워지도록 하여야만 한다.

### 2) 동기 외부 인터럽트 제어 레지스터 (EICRB, Synchronous External Interrupt Control Register B)

외부 인터럽트 7~4는 SREG 레지스터의 I플래그와 EIMSK 레지스터의 각 인터럽트 마스크가 "1"로 설정되어 있다면 외부 핀 INT[7:4] 핀에 의하여 활성화된다. EICRB 레지스터의 각 비트의 명칭과 초기값은 [표 6-5]와 같다.

[표 6-5] ICRB 레지스터의 각 비트의 명칭과 초기값

| 주소 | 이름 | 비트 7 | 비트 6 | 비트 5 | 비트 4 | 비트 3 | 비트 2 | 비트 1 | 비트 0 |
|---|---|---|---|---|---|---|---|---|---|
| | EICRB | ISC71 | ISC70 | ISC61 | ISC60 | ISC51 | ISC50 | ISC41 | ISC40 |
| 리셋값 | | 0 | 0 | 0 | 0 | 0 | 0 | 0 | 0 |
| Read/Write | | R/W | R/W | R/W | R/W | R/W | R/W | R/W | R/W |

ISCn1, ISCn0(n=7, 6, 5, 4)은 비동기 외부 인터럽트 센스 제어 비트(synchronous external interrupt sense control bits)로써 이들 조합에 의하여 [표 6-6]과 같이 각 인터럽트가 레벨 혹은 에지인지를 결정한다.

[표 6-6] 비동기 외부 인터럽트 센스 제어 비트

| ISCn1 | ISCn0 | 설 명 |
|---|---|---|
| 0 | 0 | INTn 의 "0"레벨이 인터럽트 요청을 발생함 |
| 0 | 1 | INTn에 논리적 변화가 인터럽트 요청을 발생함 |
| 1 | 0 | INTn의 두 샘플 사이의 하강 에지가 인터럽트 요청을 발생함 |
| 1 | 1 | NTn의 두 샘플 사이의 상승 에지가 인터럽트 요청을 발생함 |

INT[7:4] 핀의 값은 에지가 검출되기 전에 샘플링된다. 에지 혹은 토클 인터럽트가 선택되었다면 1 클럭 주기보다 긴 펄스는 인터럽트를 발생한다. 짧은 펄스는 인터럽트 발생을 보장하지 못한다. "0" 레벨 인터럽트가 선택되었다면 인터럽트를 발생하기 위하여 실행중인 명령이 완료될 때까지 "0" 레벨을 유지하여야 한다. 핀이 "0" 레벨을 유지하는

동안 레벨 트리거 인터럽트는 인터럽트 요청을 발생한다.

### 3) 외부 인터럽트 마스크 레지스터(EIMSK : External Interrupt Mask Register)

외부 인터럽트 INT[7:0] 핀의 인터럽트를 활성화하기 위한 EIMSK 레지스터의 각 비트 구성은 [표 6-7]과 같다.

[표 6-7] 외부 인터럽트 마스크 레지스터

| 이름 | 비트 7 | 비트 6 | 비트 5 | 비트 4 | 비트 3 | 비트 2 | 비트 1 | 비트 0 |
|---|---|---|---|---|---|---|---|---|
| EIMSK | INT7 | INT6 | INT5 | INT4 | INT3 | INT2 | INT1 | INT0 |
| 리셋값 | 0 | 0 | 0 | 0 | 0 | 0 | 0 | 0 |
| Read/Write | R/W | R/W | R/W | R/W | R/W | R/W | R/W | R/W |

INT7~INT0 비트가 "1" 기록되어 있고 상태 레지스터(SREG)의 I비트가 "1"로 설정되었을 때 대응하는 외부 핀 인터럽트가 가능하다. 외부 인터럽트 제어 레지스터(EICRA, EICRB)에 있는 각 인터럽트 센스 제어 비트(ISCn)는 외부 인터럽트가 상승, 하강 또는 레벨에 의하여 인지될 것인지를 정의한다. 핀들이 출력으로 설정되어 있다하더라도 이들 외부 핀에 변화는 인터럽트 요청을 트리거한다. 따라서, 소프트웨어 인터럽트를 발생하는 방법을 제공할 수 있다.

### 4) 외부 인터럽트 플래그 레지스터(EIFR : External Interrupt Flag Register)

외부 인터럽트 INT[7:0]의 각 인터럽트 상태를 나타내는 EIFR 레지스터의 비트 구성은 [표 6-8]과 같다.

[표 6-8] 외부 인터럽트 플래그 레지스터

| 주소 | 이름 | 비트 7 | 비트 6 | 비트 5 | 비트 4 | 비트 3 | 비트 2 | 비트 1 | 비트 0 |
|---|---|---|---|---|---|---|---|---|---|
| | EIFR | INTF7 | INTF6 | INTF5 | INTF4 | INTF3 | INTF2 | INTF1 | INTF0 |
| 리셋값 | | 0 | 0 | 0 | 0 | 0 | 0 | 0 | 0 |
| Read/Write | | R/W | R/W | R/W | R/W | R/W | R/W | R/W | R/W |

INT[7:0] 핀에서의 에지 혹은 논리값의 변화에 의하여 인터럽트 요청이 트리거될 때 INTF[7:0]은 "1"로 설정된다. 상태 레지스터(SREG) I비트와 대응한 인터럽트 기능 비트,

EIMSK 레지스터의 INT[7:0]가 “1”이라면 마이크로컨트롤러는 인터럽트 백터(interrupt vector)로 점프(jump)할 것이다. 인터럽트 루틴이 실행될 때 플래그는 지워진다.

또한, 플래그 레지스터에 “1”을 기록함으로써 플래그를 지울 수 있다. 레벨 인터럽트로 설정되었을 때는 이들 플래그는 항상 지워져 있다. INT[3:0] 인터럽트가 불가능하게 하고 슬립 모드(sleep mode)로 들어갈 때 이들 핀에 대한 입력 버퍼는 사용 불가능하게 된다.

## 04 인터럽트 실습

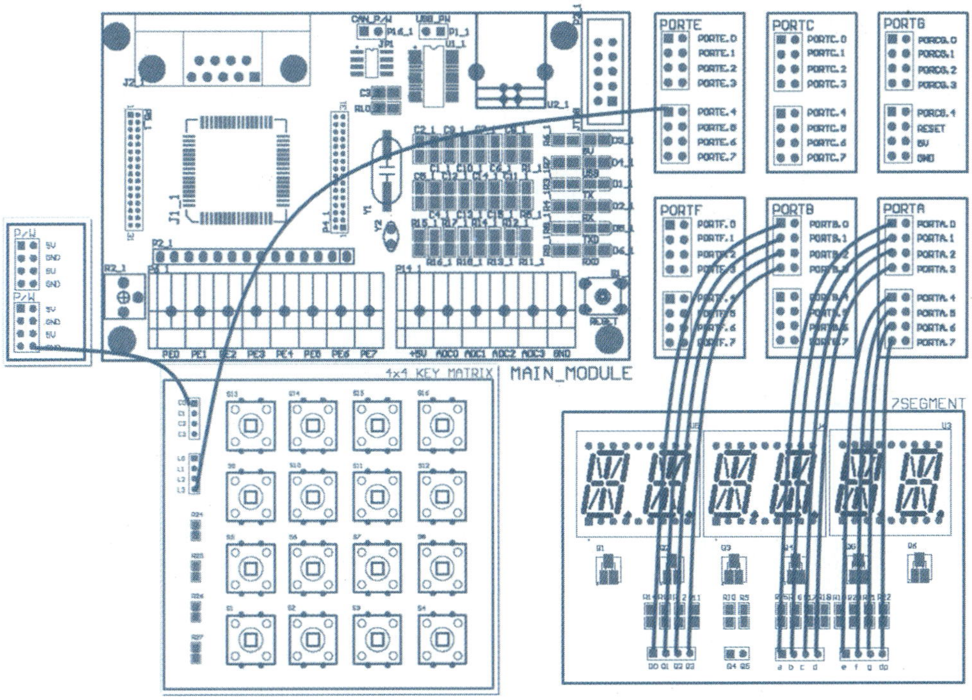


[그림 6-3] 외부 인터럽트 실습을 위한 선 연결

[표 6-9] 7세그먼트와 AT90CAN128 포트 연결방법

| 7세그먼트 | Q0 | Q1 | Q2 | Q3 | a | b | c | d | e | f | g | P |
|---|---|---|---|---|---|---|---|---|---|---|---|---|
| Port | PB0 | PB1 | PB2 | PB3 | PA0 | PA1 | PA2 | PA3 | PA4 | PA5 | PA6 | PA7 |

[표 6-10] 키패드와 AT90CAN128 포트 연결방법

| 키패드(Keypad) | C0 | L3 |
|---|---|---|
| Port | GND | PE4 |

## 실습 1 자동적으로 7세그먼트에 수가 증가하도록 해놓은 상태에서 키패드를 이용한 인터럽트가 발생하면 7세그먼트에 표시되는 수를 0으로 초기화하는 프로그램

① [그림 6-3]을 보고 실습장비에 배선을 한다.

② 작업 표시줄 시작-모든 프로그램에서 Atmel AVR Tools를 찾아 클릭한다.

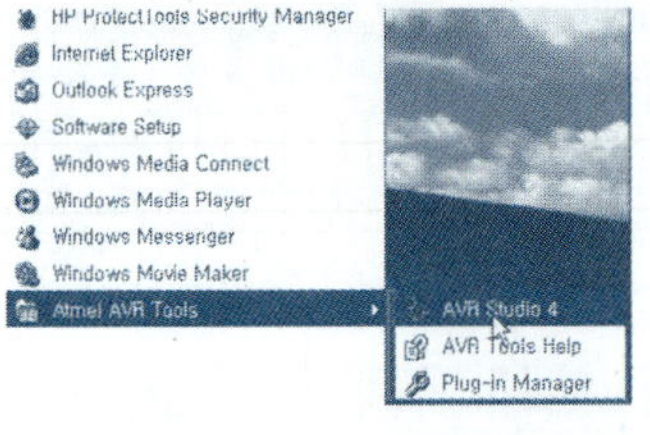


[그림 6-4] Atmel AVR Tools를 찾아 클릭

③ 프로그램을 시작하게 되면 다음과 같은 화면이 나오게 된다. [New Project]를 클릭한다.

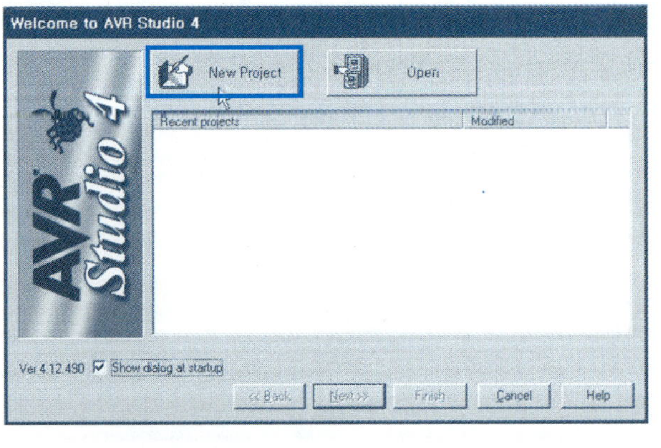


[그림 6-5] [New Project]를 클릭

④ 다음과 같은 화면이 나오면 Project type에서 AVR GCC를 선택하고 Project name에 원하는 이름을 입력한 후 [Next]를 클릭한다.

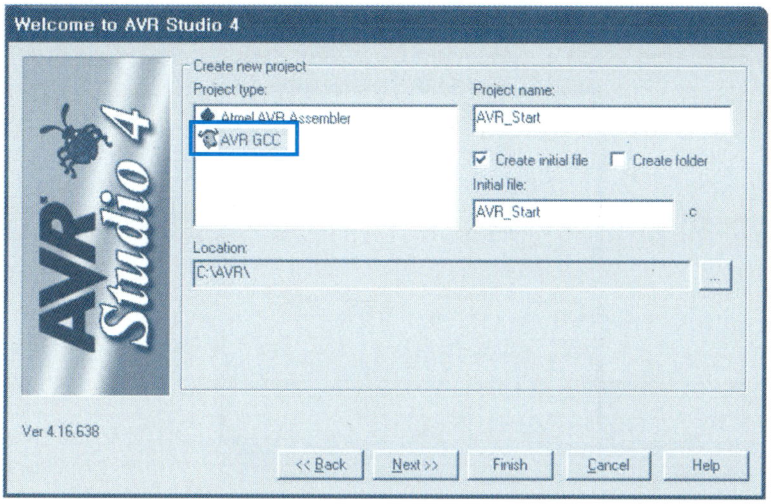


[그림 6-6] Project name에 원하는 이름을 입력한 후 [Next]를 클릭

⑤ Debug platform에서 JTAG ICE를 선택하고 Device는 AT90CAN128을 선택하고 [Finish]를 클릭한다.

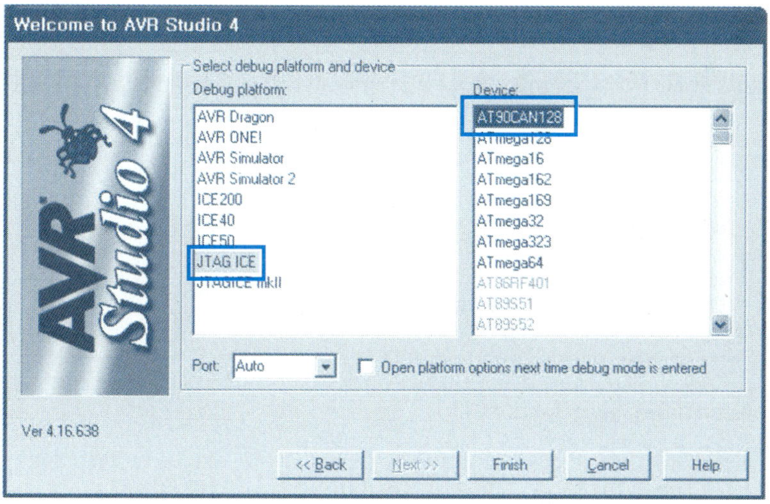


[그림 6-7] Device는 AT90CAN128을 선택하고 [Finish]를 클릭

⑥ [Finish]를 클릭하고 나면 다음과 같은 화면이 나타난다. 화면 중앙에 나타난 창에 다음의 프로그램을 작성한다.

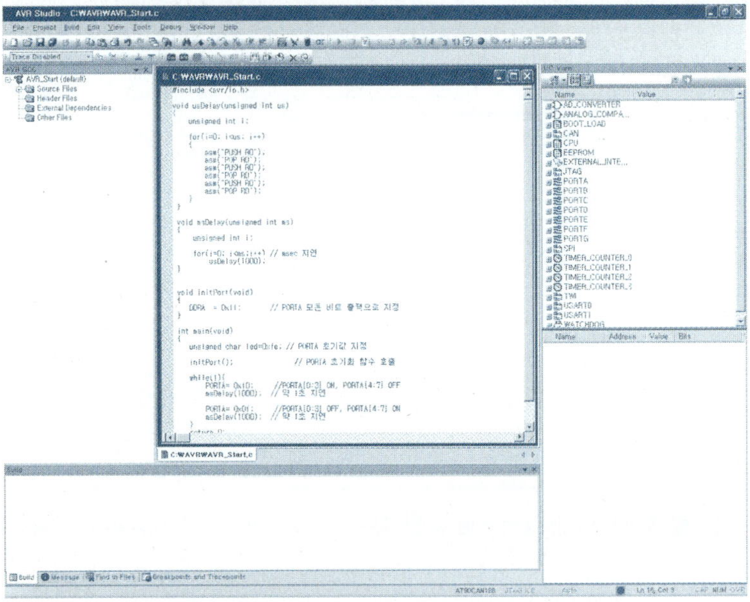

[그림 6-8] 화면 중앙에 나타난 창에 프로그램을 작성

⑦ 자동적으로 7세그먼트에 수가 증가하도록 해놓은 상태에서 키패드를 이용한 인터럽트가 발생하면 7세그먼트에 표시되는 수를 0으로 초기화하는 프로그램이다.

```
/*============================================================
Program : LCD Display
Register:
- PORTG0 = LCD_RS
- PORTG1 = LCD_RW
- PORTG2 = LCD_E
- PORTC = command or data character
Compile Option -O0
============================================================*/

#include <avr/io.h>

#define LCD_RS_1  (PORTG |= 0x01)   // 데이터 입출력
#define LCD_RS_0  (PORTG &= 0xFE)   // 명령 입출력

#define LCD_RW_1  (PORTG |= 0x02)   // 읽기
#define LCD_RW_0  (PORTG &= 0xFD)  // 쓰기

#define EN_1     (PORTG |= 0x04)   // 펄스 1
#define EN_0     (PORTG &= 0xFB)   // 펄스 0

```

```
void us_delay(unsigned int us_time)
{
        unsigned int i;

        for(i=0; i<us_time; i++)
        {
                asm("PUSH R0");
                asm("POP R0");
                asm("PUSH R0");
                asm("POP R0");
                asm("PUSH R0");
                asm("POP R0");
        }
}

void ms_delay(unsigned int ms_time)
{
    unsigned int i;

    for(i=0; i<ms_time;i++)
        us_delay(1000);
}

void E_Pulse(unsigned int delay)
{
        EN_1;

        us_delay(delay);

        EN_0;
}

void initLCD(void)
{
        LCD_RS_0;

        ms_delay(40);

        PORTC = 0x01; // Display Clear
        E_Pulse(2000);

        PORTC = 0x38; // Function Set
        E_Pulse(40);

        PORTC = 0x0c; // DisPlay ON/OFF Control
        E_Pulse(40);

        PORTC = 0x06; // Entry Mode Set
        E_Pulse(40);
}

void Write_Char(unsigned char buf)
{
        LCD_RS_1;     // 문자 입출력 모드  설정
        LCD_RW_0;     // 쓰기 모드 설정
        PORTC=buf;    // 문자 출력
```

```
        E_Pulse(40);    // 펄스 생성
}

void LCD_Disp(char x,char y)
{
        LCD_RS_0;     // 명령 모드 설정
        LCD_RW_0;     // 쓰기 모드 설정

        if(y==0)
                PORTC = x + 0x80; // 첫 번째 행
        else if(y==1)
                PORTC = x + 0xc0; // 두 번째 행
        E_Pulse(580);
}

void LCD_Write(char x, char y,char *str)
{
        LCD_Disp(x,y);  // x열, y행으로 이동
        while(*str)
                Write_Char(*str++); //문자 출력
}

void initPort(void)
{
        DDRC  = 0xff;   // 데이터/명령 지정
        DDRG  = 0xff;   // RS, RW, E 제어선 지정
}

int main(void)
{
        initPort();                  // 포트 초기화

        initLCD();                   // LCD 초기화
        LCD_Write(0,0,"Hello?");                 // (0, 0)에 문자열 쓰기
        LCD_Write(0,1,"Have a nice Day."); // (0, 1)에 문자열 쓰기
        return 0;
}
```

8 프로그램을 다 작성하면 메뉴 중 Build-Build를 클릭하거나 키보드의 [F7] 버튼을 눌러 빌드(Build)한다.

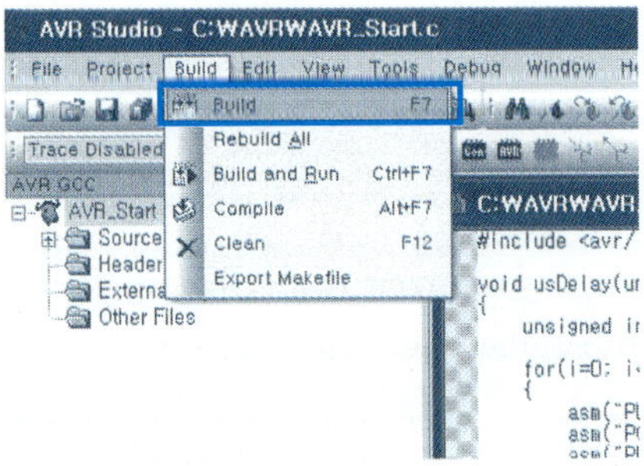


[그림 6-9] 키보드의 [F7] 버튼을 눌러 빌드

⑨ AVR Studio의 도구모음 중 아래 화면과 같은 버튼을 찾아 클릭한다.

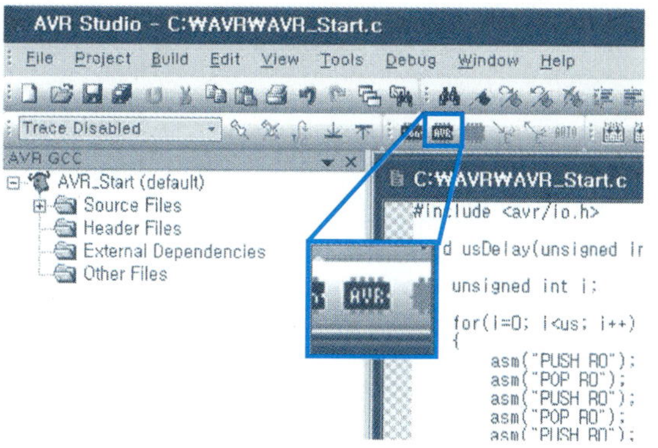

[그림 6-10] 도구모음 중 [AVR] 버튼을 찾아 클릭

⑩ 다음과 같은 화면이 나타나면 Flash 항목의 Input HEX File에 자신이 만든 폴더의 default 폴더에 생성된 hex 파일을 입력하고 [Program]을 클릭한다.

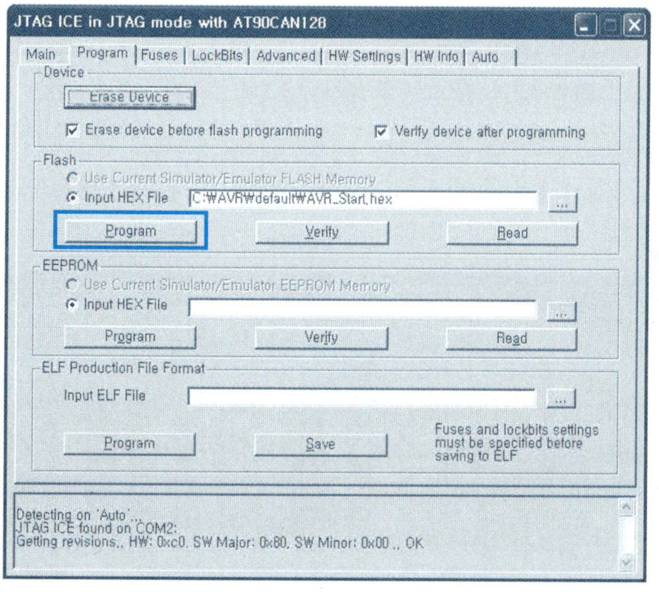

[그림 6-11] default 폴더에 생성된 hex 파일을 입력하고 [Program]을 클릭

⑪ 프로그램이 정상적으로 Flash에 다운로드되면 다음 화면과 같은 메시지를 확인할 수 있으며 프로그램이 실습장비에서 동작하는 것을 확인할 수 있다.

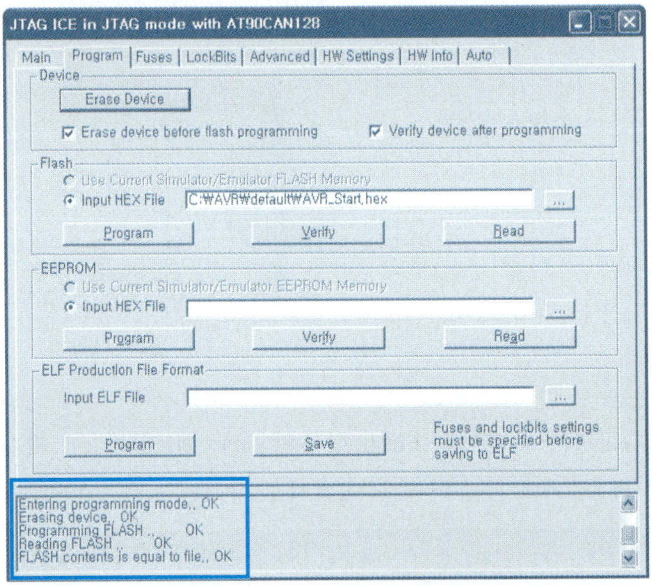


[그림 6-12] 프로그램이 실습장비에서 동작하는 것을 확인

⑫ 실제 실습장비에서 동작중인 프로그램에 의하여 문자 인터럽트가 동작하는 것을 볼 수 있다.

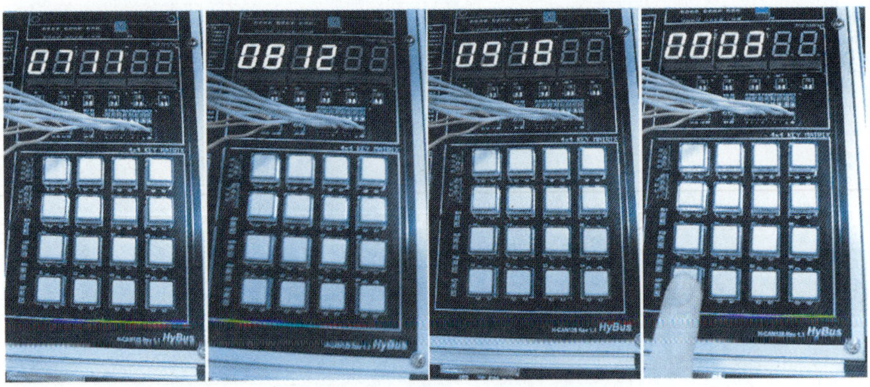

[그림 6-13] 동작중인 프로그램에 의하여 문자 인터럽트가 동작

## 실습 2 키패드를 이용한 인터럽트를 이용하여 7세그먼트에 표시되는 수를 변경하는 프로그램

① 작업 표시줄 시작-모든 프로그램에서 Atmel AVR Tools를 찾아 클릭한다.

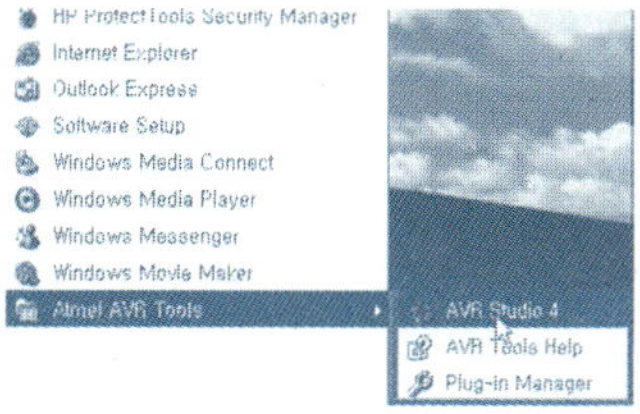

[그림 6-14] Atmel AVR Tools를 찾아 클릭

② 프로그램을 시작하게 되면 다음과 같은 화면이 나오게 된다. [New Project]를 클릭한다.

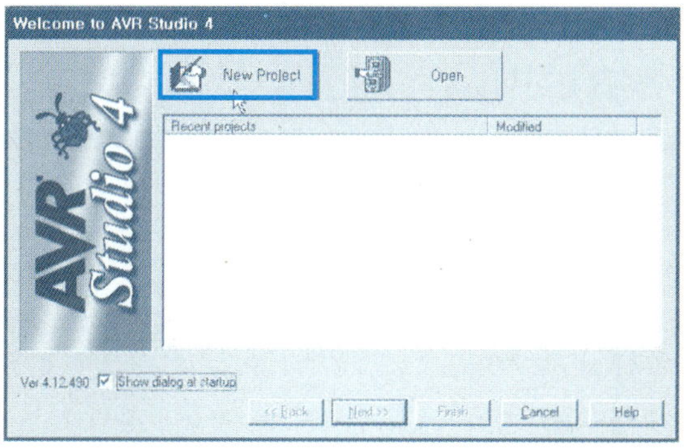

[그림 6-15] [New Project]를 클릭

③ 다음과 같은 화면이 나오면 Project type에서 AVR GCC를 선택하고 Project name에 원하는 이름을 입력한 후 [Next]를 클릭한다.

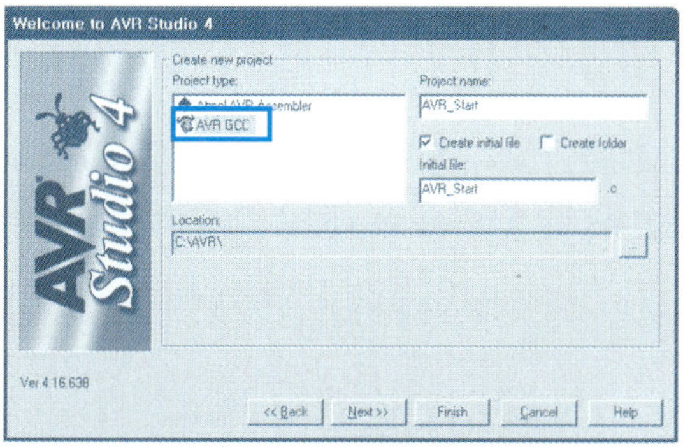

[그림 6-16] Project name에 원하는 이름을 입력한 후 [Next]를 클릭

④ Debug platform에서 JTAG ICE를 선택하고 Device는 AT90CAN128을 선택하고 [Finish]를 클릭한다.

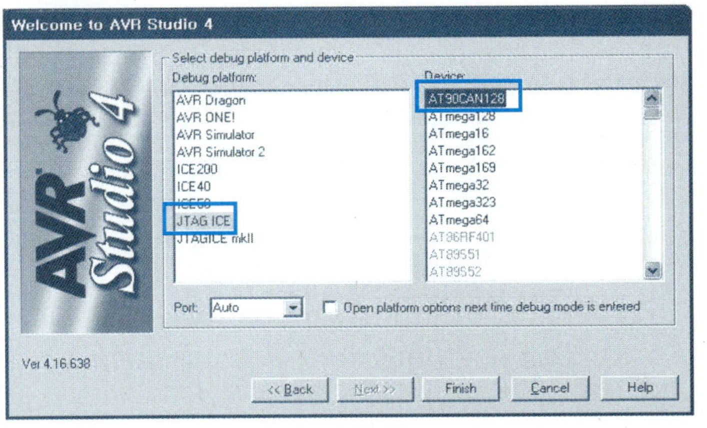

[그림 6-17] Device는 AT90CAN128을 선택하고 [Finish]를 클릭

⑤ [Finish]를 클릭하고 나면 다음과 같은 화면이 나타난다. 화면 중앙에 나타난 창에 다음의 프로그램을 작성한다.

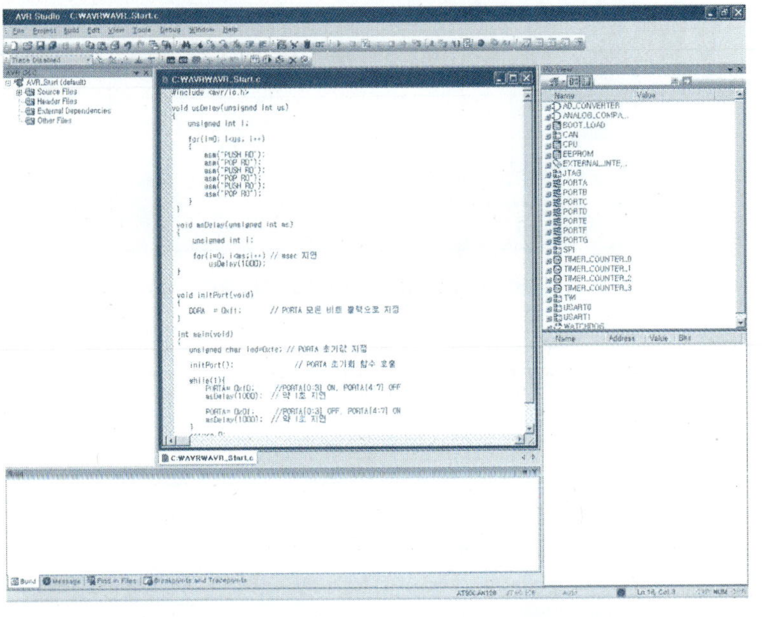

[그림 6-18] 화면 중앙에 나타난 창에 프로그램을 작성

6 키패드를 이용한 인터럽트를 이용하여 7세그먼트에 표시되는 수를 변경하는 프로그램이다.

```
/*============================================================
Program : 7segment control
Port
        PORTA : Data(font)
        PORTB : TR selector

        PORTE : PE4 connect to keypad L3
                   * C0 connect to GND
============================================================*/
#include <avr/io.h>
#include <avr/interrupt.h>

// 구동 7세그먼트 선택
// 공통 애노드(common anode)
// 7세그먼트의 공통단자에 연결된 TR베이스에 연결
#define S7_1   0xfe
#define S7_2   0xfd
#define S7_3   0xfb
#define S7_4   0xf7
#define S7_5   0xef
#define S7_6   0xdf

const char Font[17]= { 0xc0, 0xf9, 0xa4, // '0', '1', '2'
                       0xb0, 0x99, 0x92, // '3', '4', '5'
                       0x82, 0xf8, 0x80, // '6', '7', '8'
                       0x90, 0x88, 0x83, // '9', 'A', 'b'
                       0xc6, 0xa1, 0x86, // 'C', 'd', 'E'
                       0x8e, 0x7f } ;    // 'F', '.'

unsigned int Number;

void us_delay(unsigned int us_time)
{
        unsigned int i;

        for(i=0; i<us_time; i++) // 4 cycle +
        {
                asm("PUSH R0"); // 2 cycle +
                asm("POP R0");  // 2 cycle +
                asm("PUSH R0"); // 2 cycle +
                asm("POP R0");  // 2 cycle + =12 cycle for 11MHz
                asm("PUSH R0"); // 2 cycle +
                asm("POP R0");  // 2 cycle = 16 cycle = 1us for 16MHz
        }
}

void ms_delay(unsigned int ms_time)
{
    unsigned int i;

    for(i=0; i<ms_time;i++)
       us_delay(1000);
}
```

```

void Control_7Seg(unsigned int N)
{
   unsigned int  d, Buff;
   unsigned char N1000, N100, N10, N1;

   N1000 = N / 1000;              // 1000자리수
   Buff =  N % 1000 ;             // N을 1000으로 나눈 나머지 Buff 대입

   N100 = Buff / 100 ;  // 100자리수
   Buff = Buff % 100;           // Buff를 100으로 나눈 나머지 Buff 대입

   N10 = Buff / 10 ;              // 10자리수
   N1 =  Buff % 10 ;              // 1자리수

   for ( d = 0 ; d < 10 ; d++ ) {  // 카운트 지연
          PORTB = S7_1 ;                   // 첫 번째  7세그먼트를 켜준다.
        PORTA = Font[N1000] ;     // 1000자리 폰트 출력
          ms_delay(1);                     // 약 1msec 지연

        PORTB = S7_2 ;            // 두 번째  7세그먼트를 켜준다.
        PORTA = Font[N100] ;      // 100자리 폰트 출력
          ms_delay(1);                    // 약 1msec 지연

        PORTB = S7_3;                     // 세 번째  7세그먼트를 켜준다.
        PORTA = Font[N10];        // 10자리 폰트 출력
          ms_delay(1);                    // 약 1msec 지연

        PORTB = S7_4 ;                    // 네 번째  7세그먼트를 켜준다.
        PORTA = Font[N1] ;        // 1자리 폰트 출력
          ms_delay(1);                     // 약 1msec 지연
   }
}

void initPort(void)
{
    // AT90CAN128 포트 초기화
   DDRB=0xff; // PORT B 출력 지정, TR Q0, Q1, Q2, Q3
   DDRA=0xff; // PORT A 출력 지정, 7세그먼트 a, b, c, d, e, f, g, p
}

// 외부 인터럽트 INT4(PE4) 상승 에지 인터럽트 서비스루틴
SIGNAL(INT4_vect)
{
       Number++;
}

 void init_EXT_INT(void)
 {
      EIMSK|=(1<<INT4);                          // INT4 Interrupt Set
      EICRB|=(1<<ISC41)|(1<<ISC40); //INT4 Rising Edge-Interrupt Set
      EIFR =1<<INT4;                       // Interrupt Flag
 }

 int main(void)
 {
```

```
        initPort();
        init_EXT_INT();
        sei();

    while(1){
        Control_7Seg(Number);    // 7세그먼트 출력
      if(Number > 9999){      // Number가 9999보다 크면,
                    Number = 0 ;         // Number를 0으로 리셋함
                }
        }
    return 0;
  }
```

⑦ 프로그램을 다 작성하면 메뉴 중 Build-Build를 클릭하거나 키보드의 [F7] 버튼을 눌러 빌드(Build)한다.

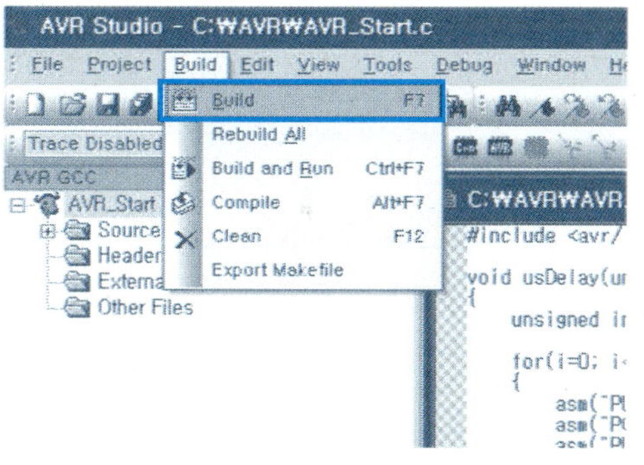


[그림 6-19] 키보드의 [F7] 버튼을 눌러 빌드

⑧ AVR Studio의 도구모음 중 아래 화면과 같은 버튼을 찾아 클릭한다.

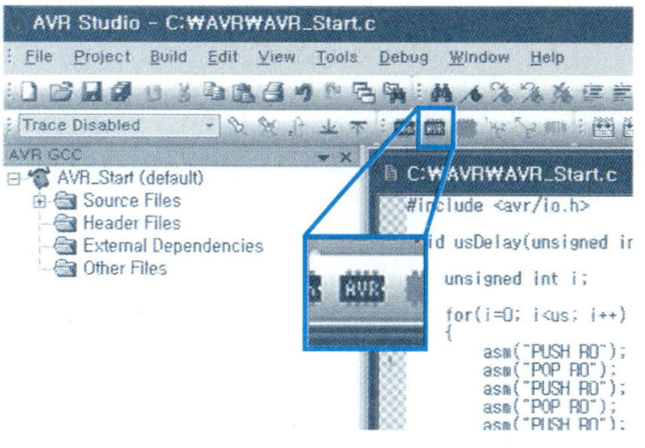


[그림 6-20] 도구모음 중 [AVR] 버튼을 찾아 클릭

⑨ 다음과 같은 화면이 나타나면 Flash 항목의 Input HEX File에 자신이 만든 폴더의 default 폴더에 생성된 hex 파일을 입력하고 [Program]을 클릭한다.

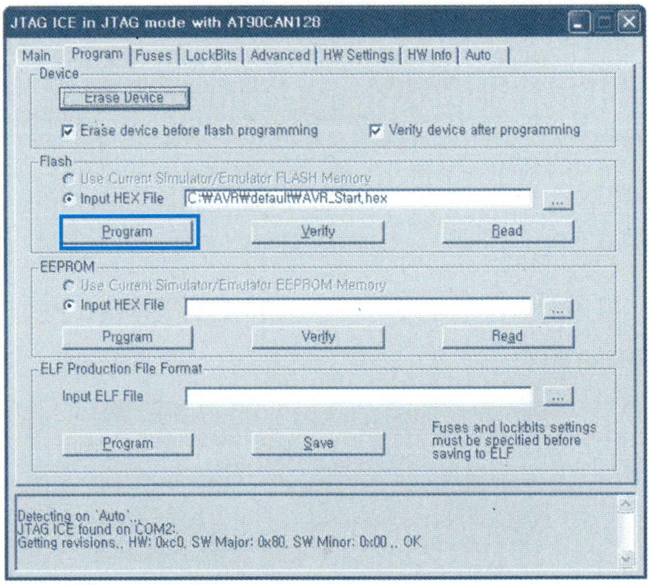


[그림 6-21] default 폴더에 생성된 hex 파일을 입력하고 [Program]을 클릭

⑩ 프로그램이 정상적으로 Flash에 다운로드되면 다음 화면과 같은 메시지를 확인할 수 있으며 프로그램이 실습장비에서 동작하는 것을 확인할 수 있다.

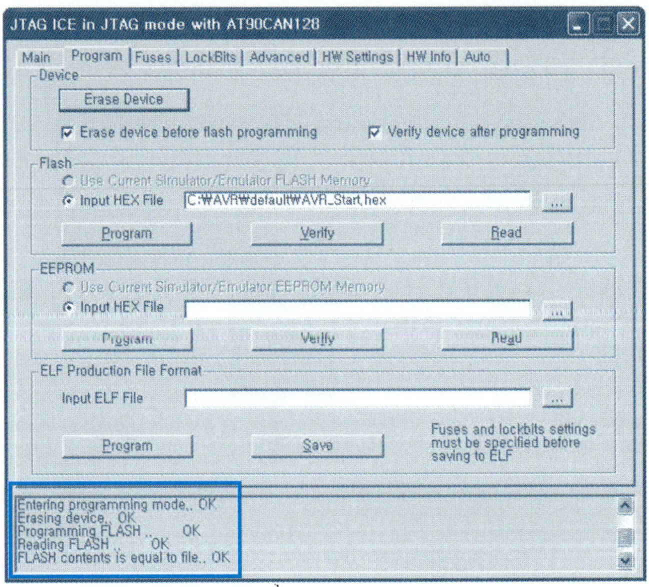


[그림 6-22] 실습장비에서 동작하는 것을 확인

⑪ 실제 실습장비에서 동작중인 프로그램에 의하여 문자 인터럽트가 동작하는 것을 볼 수 있다.

[그림 6-23] 프로그램에 의하여 문자 인터럽트가 동작

# 07 Chapter 타이머 / 카운터 제어

학습 목표

- 타이머/카운터에 대하여 이해한다.
- 타이머를 이용하여 시계 프로그램을 작성해 본다.

## 01 CAN 프로세서(AT90CAN128) 타이머 / 카운터 특징

CAN 프로세서(AT90CAN128)는 타이머/카운터는 동기 8비트 타이머/카운터와 비동기 8비트 타이머/카운터가 각각 1개씩 있으며 16비트 동기 타이머/카운터가 2개가 있다. AT90CAN128 타이머/카운터 특징은 다음과 같다.

### 1) 8비트 동기 타이머/카운터 0 (8-bit synchronous timer/counter-0)

- 10비트 프리스케일러 내장
- 외부 이벤트 카운터
- 출력 비교 혹은 8비트 PWM 출력

### 2) 8비트 비동기 타이머/카운터 2 (8-bit asynchronous timer/counter-2)

- 10비트 프리스케일러 내장
- 외부 이벤트 카운터
- 출력 비교 혹은 8비트 PWM 출력
- RTC 동작을 위한 32kHz 오실레이터

### 3) 16비트 동기 타이머/카운터 1, 3 (dual 16-bit synchronous timer/counter-1, 3)

- 10비트 프리스케일러 내장
- 잡음제거기를 가진 입력 캡처

- 3출력 비교기 혹은 16비트 PWM 출력
- 출력 비교 변조(output compare modulation)

이상의 특징을 가진 CAN 프로세서(AT90CAN128) 타이머/카운터 구성은 [그림 7-1]과 같다.

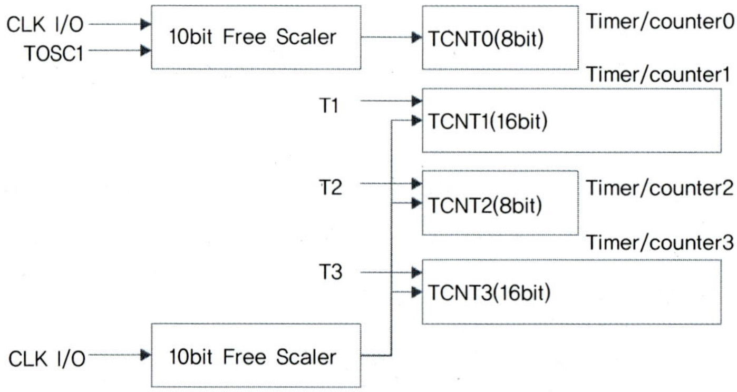


**[그림 7-1]** CAN 프로세서(AT90CAN128) 타이머/카운터의 구성

4개의 타이머/카운터 기능에 대하여 정리하면 [표 7-1]과 같다.

**[표 7-1]** CAN 프로세서(AT90CAN128) 타이머/카운터의 기능

| 기능 / 종류 | TCNT 레지스터 | 타이머 기능 | 카운터 기능 | 비교기 기능 | 캡처 기능 | 파형 발생 기능 |
|---|---|---|---|---|---|---|
| 타이머/카운터 0 | 8 | O | X | O | X | O |
| 타이머/카운터 1 | 16 | O | O | O | O | O |
| 타이머/카운터 2 | 8 | O | O | O | X | O |
| 타이머/카운터 3 | 16 | O | O | O | O | O |

# 02 8비트 타이머 / 카운터 0

타이머/카운터 0는 범용이며, 단일 채널, 8비트 타이머/카운터 모듈이다. 주요 특징은 다음과 같다.

## 1) 주요 특징

- 단일 채널 카운터
- 자동 재적재(auto reload) : 비교기와 일치하면 타이머를 지움(clear)
- 글리치가 없는 위상 보상 펄스폭 변조기(PWM : Pulse Width Modulator)
- 주파수 발생기
- 외부 이벤트 카운터
- 10비트 클럭 프리스케일러(prescaler)
- 오버플로우와 비교 일치 인터럽트 소스(TOV0와 OCF0A)

## 2) 관련 레지스터

타이머/카운터 0(TCNT0)와 출력 비교 레지스터(OCR0A)는 8비트 레지스터이다. 인터럽트 요구신호는 타이머 인터럽트 레지스터(TIFR0, Timer Interrupt Register)에서 모두 볼 수 있다. 모든 인터럽트들은 타이머 인터럽트 마스크 레지스터(TIMSK0, Timer Interrupt Mask Register)에서 개별적으로 마스크된다. 8비트 타이머/카운터를 사용하는데 필요한 레지스터의 기능과 각 비트의 명칭은 [표 7-2]와 같다.

[표 7-2] 타이머/카운터 0을 사용하는데 필요한 레지스터의 기능과 초기값

| 레지스터 이름 | 기 능 | 전원 투입시 초기값 |
|---|---|---|
| TCCR0A | 제어 레지스터 | 0000 0000 |
| TCNT0 | 카운터 레지스터 | 0000 0000 |
| OCR0A | 출력 비교 레지스터 | 0000 0000 |
| TIFR0 | 플래그 레지스터 | 0000 0000 |
| TIMSK0 | 인터럽트 허용 레지스터 | 0000 0000 |
| ASSR | 비동기 상태 레지스터 | 0000 0000 |

CHAPTER 07

[표 7-3] 타이머/카운터 0 관련 레지스터의 비트 명칭

| 이름 | 비트 7 | 비트 6 | 비트 5 | 비트 4 | 비트 3 | 비트 2 | 비트 1 | 비트 0 |
|---|---|---|---|---|---|---|---|---|
| TCCR0A | FOC0 | WGM00 | COMn1 | COMn0 | WGMn1 | CSn2 | CSn1 | CSn0 |
| TCNT0 | | | | | | | | |
| OCR0A | | | | | | | | |
| TIFR0 | OCF2 | TOV2 | ICF1 | OCF1A | OCF1B | TOV1 | OCF0 | TOV0 |
| TIMSK0 | OCIE2 | TOIE2 | TICIE1 | OCIE1A | OCIE1B | TOIE1 | OCIE0 | TOIE0 |
| ASSR | – | – | – | – | AS0 | TCN0UB | OCR0UB | TCR0UB |

### (1) 타이머/카운터 제어 레지스터(TCCR0A, Timer/Counter Control Register)

[표 7-4] 타이머/카운터 0의 제어 레지스터 각 비트의 명칭과 초기값

| 이름 | 비트 7 | 비트 6 | 비트 5 | 비트 4 | 비트 3 | 비트 2 | 비트 1 | 비트 0 |
|---|---|---|---|---|---|---|---|---|
| TCCR0A | FOC0A | WGM00 | COM0A1 | COM0A0 | WGM01 | CS02 | CS01 | CS00 |
| 리셋값 | 0 | 0 | 0 | 0 | 0 | 0 | 0 | 0 |
| Read/Write | W | R/W | R/W | R/W | R/W | R/W | R/W | R/W |

• 비트 7(FOC0A, Force Output Compare A)

FOC0A 비트는 WGM00 비트가 PWM 모드를 지정하지 않았을 때만 활성화된다. 그런데, 나중에 나올 상위 버전의 프로세서와 호환을 보장하기 위하여 이 비트는 PWM 모드로 동작하고 TCCR0A가 기록될 때 "0"으로 설정되어야 한다.

FOC0A 비트가 "1"을 기록될 때는 즉시 비교 일치 명령이 파형 발생기에 강제로 신호를 보낸다. OC0A 출력은 COM0A[1:0] 비트의 설정에 따라서 바뀐다. FOC0A 비트는 스트로브로써 구현된다. 그렇기 때문에 강제 비교 효과를 결정하는 것은 COM0A[1:0]에 나타나는 값이다.

FOC0A 스트로브는 인터럽트를 발생하지 않고 최고값(Top)으로써 OCR0A를 사용하는 CTC 모드에서 타이머를 지우지도 않는다.

FOC0A 비트는 읽는 비트가 아니지만 읽는다면 항상 "0"이 읽힌다.

• 비트 6, 3(WGM0[1:0], Waveform Generation Mode)

WGM0[1:0] 비트는 카운터의 계수 순서를 제어하고, 최대(TOP) 카운터 값을 위한 소스와 어떤 종류의 파형 발생기를 사용할 것인지를 결정한다. [표 7-4]와 같이 타이머/카운터에 의하여 지원되는 동작 모드는 정상모드, CTC(Clear Timer on Compare match) 모드, 그리고 두 가지의 PWM 모드이다.

• 비트 5, 4(COM0[1:0], Compare Match Output Mode)

COM0[1:0] 비트는 출력 비교 핀(OC0A, Output Compare)의 신호를 제어한다. COM0A[1:0]의 하나 혹은 두 비트를 "1"로 설정한다면, OC0A 출력은 연결된 I/O 핀의 정상적인 포트 기능을 대신한다. 그러나, OC0A 핀에 대응하는 데이터 방향 레지스터(DDR: Data Direction Register) 비트는 출력 드라이브를 활성화하기 위하여 "1"로 설정되어야만 한다.

OC0A가 특정 핀으로 연결되었을 때, COM0A[1:0]의 기능은 WGM0[1:0] 비트의 설정에 따라서 결정된다. [표 7-4]는 WGM0[1:0] 비트가 정상 혹은 CTC(non-PWM) 모드를 선택하였을 경우이다.

• 비트 [2:0](CS0[2:0], Clock Select)

3개의 클럭 선택 비트는 타이머/카운터에서 사용되어지는 클럭 소스를 선택한다.

타이머/카운터 0에 대하여 외부 핀 모드가 사용되어진다면, 핀들이 출력으로 설정되어 있다하더라도 T0 핀은 카운터의 클럭으로 동작한다. 이러한 특징은 계수의 소프트웨어 제어가 가능하도록 한다.

CHAPTER 07

### (2) 타이머/카운터 레지스터(Timer/Counter Register)

타이머/카운터 레지스터는 2진 업-다운(up-down) 카운터로써 읽기/쓰기 동작을 통하여 직접 접근이 가능하다. 카운터가 동작하고 있는 동안에 카운터(TCNT0) 값을 수정하는 것은 TCNT0와 OCR0A 사이의 비교 일치를 하지 못할 위험이 있다.

[표 7-5] 타이머/카운터 0의 타이머/카운터 레지스터 비트 구성

| 주소 | 이름 | 비트 7 | 비트 6 | 비트 5 | 비트 4 | 비트 3 | 비트 2 | 비트 1 | 비트 0 |
|---|---|---|---|---|---|---|---|---|---|
| $32 | TCNT0 | TCNT0[7:0] | | | | | | | |
| 리셋값 | | 0 | 0 | 0 | 0 | 0 | 0 | 0 | 0 |
| Read/Write | | R/W | R/W | R/W | R/W | R/W | R/W | R/W | R/W |

### (3) 출력 비교 레지스터(OCR0A, Output Compare Register)

TCNT0 값과 비교할 8비트 값을 저장하고 TCNT0과 일치하면 출력 비교 인터럽트를 발생하거나 OC0A 핀으로 파형생성기를 거쳐서 특정한 파형을 출력한다.

[표 7-6] 타이머/카운터 0의 출력 비교 레지스터 각 비트 구성

| 주소 | 이름 | 비트 7 | 비트 6 | 비트 5 | 비트 4 | 비트 3 | 비트 2 | 비트 1 | 비트 0 |
|---|---|---|---|---|---|---|---|---|---|
| $31 | OCR0 | OCR0A[7:0] | | | | | | | |
| 리셋값 | | 0 | 0 | 0 | 0 | 0 | 0 | 0 | 0 |
| Read/Write | | R/W | R/W | R/W | R/W | R/W | R/W | R/W | R/W |

### (4) 타이머/카운터 인터럽트 플래그 레지스터 (TIFR0, Timer/Counter0 Interrupt Flag Register)

[표 7-7] 타이머/카운터 인터럽트 플래그 레지스터 비트 명칭

| 주소 | 이름 | 비트 7 | 비트 6 | 비트 5 | 비트 4 | 비트 3 | 비트 2 | 비트 1 | 비트 0 |
|---|---|---|---|---|---|---|---|---|---|
| | TIFR0 | – | – | – | – | – | – | OCF0A | TOV0 |
| 리셋값 | | 0 | 0 | 0 | 0 | 0 | 0 | 0 | 0 |
| Read/Write | | R | R | R | R | R | R | R/W | R/W |

• 비트 1(OCF0A, Output Compare Flag 0 A)

타이머/카운터 0와 OCR0A(Output Compare Register 0)에 있는 데이터가 비교 일치하였을 때 OCF0A 비트는 “1”로 설정된다(set). OCF0A는 대응하는 인터럽트 처리 벡터를 실행하고 있을 때 하드웨어에 의하여 “0”으로 지워진다(clear). OCF0A는 플래그에 논리값 “1”을 기록함으로써 지워진다(clear). SREG에 있는 I비트, OCIE0A(Timer/Counter0 Compare match Interrupt Enable), 그리고 OCF0A 레지스터가 “1”로 설정될 때 타이머/카운터 0 비교 일치 인터럽트가 실행된다.

• 비트 0(TOV0, Timer/Counter0 Overflow Flag)

타이머/카운터 0에 오버플로우가 발생하였을 때 TOV0 비트가 “1”로 설정된다. 대응하는 인터럽트 처리 벡터가 실행되고 있을 때는 하드웨어에 의하여 TOV0는 “0”으로 지워진다. 논리 “1”을 플래그에 기록함으로써 TOV0는 지워진다. SREG에 있는 I비트, TOIE0(Timer/Counter0 Overflow Interrupt Enable) 그리고, TOV0이 “1”이 되었을 때 타

이머/카운터 0 오버플로우 인터럽트가 실행된다. 위상 보상 PWM 모드에서는 타이머/카운터 0이 0x00에서 계수방향이 변경될 때 "1"로 설정된다.

### (5) 타이머/카운터 인터럽트 마스크 레지스터 (TIMSK0, Timer/Counter0 Interrupt Mask Register)

[표 7-8] 타이머/카운터 인터럽트 마스크 레지스터 비트 명칭

| 주소 | 이름 | 비트 7 | 비트 6 | 비트 5 | 비트 4 | 비트 3 | 비트 2 | 비트 1 | 비트 0 |
|---|---|---|---|---|---|---|---|---|---|
| $ | TIMSK 0 | – | – | – | – | – | – | OCIE0A | TOIE0 |
| 리셋값 | | 0 | 0 | 0 | 0 | 0 | 0 | 0 | 0 |
| Read/Write | | R/W | R/W | R/W | R/W | R/W | R/W | R/W | R/W |

- 비트 1(OCIE0A, Timer/Counter0 Output Compare Match A Interrupt Enable)

OCIE0A 비트에 "1"이 기록되고 상태 레지스터(SREG)의 I비트가 "1"로 설정되었을 때 타이머/카운터 0 비교일치 A 인터럽트가 가능하다. 타이머/카운터 0에서 비교 일치가 발생하면 즉, 타이머/카운터 0 인터럽트 플래그 레지스터(TIFR0)에서 OCF0A 비트가 "1"로 설정되었을 때 대응하는 인터럽트는 실행된다.

- 비트 0(TOIE0, Timer/Counter0 Output Overflow Interrupt Enable)

TOIE0 비트에 "1"이 기록되고 상태 레지스터(SREG)의 I비트가 "1"로 설정되었을 때 타이머/카운터 0 오버플로우 인터럽트가 가능하다. 타이머/카운터 0에서 오버플로우가 발생하면 즉, 타이머/카운터 0 인터럽트 플래그 레지스터(TIFR0)에서 TOV0 비트가 "1"로 설정되었을 때 대응하는 인터럽트는 실행된다.



## 03 16비트 타이머 / 카운터 1, 3

16비트 타이머/카운터는 정확한 프로그램 실행시간(이벤트 관리), 파형 발생 그리고 신호시간 측정을 할 수 있도록 한다. 주요 특징은 다음과 같다.

### 1) 주요 특징

- 16비트 설계(16비트 PWM 가능)
- 3개의 독립 출력 비교 유닛
- 더블 버퍼 출력 비교 레지스터
- 1개의 입력 캡처 유닛
- 자동 재적재(auto reload) : 비교기와 일치하면 타이머를 지움(clear)
- 글리치가 없는 위상 보상 펄스폭 변조기
- 가변 PWM 주기
- 주파수 발생기
- 외부 이벤트 카운터
- 4개의 독립 인터럽트 소스(타이머/카운터1에 대하여 TOV1, OCF1A, OCF1B 그리고 ICF1, 타이머/카운터3에 대하여 TOV3, OCF3A, OCF3B 그리고 ICF3)

### 2) 관련 레지스터

타이머/카운터(TCNTn), 출력 비교 레지스터(OCRnx) 그리고 입력 캡처 레지스터(ICRn)은 모두 16비트 레지스터이다. 16비트 레지스터를 접근할 때에는 특별한 절차가 필요하다. 타이머/카운터 제어 레지스터(TCCRnx)는 모두 8비트 레지스터로 CPU 접근 제한이 없다. 인터럽트 요구 신호는 모두 타이머 인터럽트 플래그 레지스터(TIFRn)에 나타난다. 모든 인터럽트는 타이머 인터럽트 마스크 레지스터(TIMSKn)에 의하여 마스크 처리된다.

타이머/카운터는 Tn 핀에 연결된 외부 클럭에 의하여 내부적으로 계수되어진다. 클럭 선택 로직 블록은 증가 혹은 감소하는 타이머/카운터의 클럭 소스와 에지를 결정한다. 클럭 소스가 선택되지 않았을 때 타이머/카운터는 동작하지 않는다.

이중 버퍼인 출력 비교 레지스터(OCRn)는 매번 타이머/카운터 값과 비교한다. 비교결과는 PWM 혹은 출력 비교 핀(OCRnx)에 가변 주파수 출력을 발생하기 위한 파형발생기로 사용된다. 비교 일치 이벤트는 출력 비교 인터럽트 요청을 발생하는데 사용할 수 있는 비교 일치 플래그(OCFnx)를 “1”로 설정한다.

입력 캡처 레지스터는 입력 캡처 핀(ICPn) 혹은 아날로그 비교 핀(아날로그 비교기)에 가해진 외부 이벤트가 발생하였을 때 타이머/카운터 값을 캡처할 수 있다.

타이머/카운터의 최고값(TOP), 최대값은 몇 가지 동작방법에 따라서 OCRnA 레지스터,

ICRn 레지스터 혹은 고정값에 의하여 설정될 수 있다. PWM 모드에서 최고값으로써 OCRnA를 사용할 때는 OCRnA 레지스터는 PWM 출력을 발생하는데 사용할 수 없다. 그런데, 동작 중에 최고값을 바꿀 수 있도록 최고값은 이중 버퍼(double buffered) 동작을 한다.

**[표 7-9]** 타이머/카운터 1, 3을 사용하는데 필요한 레지스터의 기능과 초기값

| 레지스터 이름 | 기능 | 전원 투입시 초기값 |
|---|---|---|
| TCCRnx | 제어 레지스터 | 0000 0000 |
| TCNTn | 카운터 레지스터 | 0000 0000 0000 0000 |
| OCRnx | 출력 비교 레지스터 | 0000 0000 0000 0000 |
| ICRn | 입력 캡처 레지스터 | 0000 0000 0000 0000 |
| TIFRx | 플래그 레지스터 | 0000 0000 |
| TIMSKx | 인터럽트 허용 레지스터 | 0000 0000 |

(n=1, 3, x=A, B, C 임)

**[표 7-10]** 타이머/카운터 1, 3 관련 레지스터의 비트 명칭

| 이름 | 비트 7 | 비트 6 | 비트 5 | 비트 4 | 비트 3 | 비트 2 | 비트 1 | 비트 0 |
|---|---|---|---|---|---|---|---|---|
| TCCRnx | COMnA1 | COMnA0 | COMnB1 | COMnB0 | COMnC1 | COMnC0 | WGMn1 | WGMn0 |
| TCNTn | | | | | | | | |
| OCRnx | | | | | | | | |
| ICRn | | | | | | | | |
| TIFRn | OCF2 | TOV2 | ICF1 | OCF1A | OCF1B | TOV1 | OCF0 | TOV0 |
| TIMSKn | OCIE2 | TOIE2 | TICIE1 | OCIE1A | OCIE1B | TOIE1 | OCIE0 | TOIE0 |

### (1) 타이머/카운터 1, 3 제어 레지스터 A(TCCRnA)

타이머/카운터 1, 3 제어 레지스터 A의 각 비트의 명칭은 [표 7-11]과 같다.

**[표 7-11]** 타이머/카운터 1, 3의 제어 레지스터 A

| 이름 | 비트 7 | 비트 6 | 비트 5 | 비트 4 | 비트 3 | 비트 2 | 비트 1 | 비트 0 |
|---|---|---|---|---|---|---|---|---|
| TCCRnA | COMnA1 | COMnA0 | COMnB1 | COMnB0 | COMnC1 | COMnC0 | WGMn1 | WGMn0 |
| 리셋값 | 0 | 0 | 0 | 0 | 0 | 0 | 0 | 0 |
| Read/Write | R/W | R/W | R/W | R/W | R/W | R/W | R/W | R/W |

- 비트[7:6] – 채널 A 비교 출력 모드(COMnA[1:0], Channel A Comparator Output Mode)
- 비트[5:4] – 채널 B 비교 출력 모드(COMnB[1:0], Channel B Comparator Output Mode)
- 비트[3:2] – 채널 C 비교 출력 모드(COMnC[1:0], Channel C Comparator Output Mode)

COMnA[1:0], COMnB[1:0] 그리고 COMnC[1:0]는 출력 비교 핀(OCnA, OCnB 그리고 OCnC) 속성을 제어한다. COMnx[1:0] 비트의 하나 혹은 두 비트에 "1"이 기록되면, OCnx 출력은 연결되어진 I/O 핀의 정상적인 포트 기능을 대신한다.

그런데, OCnA, OCnB 혹은 OCnC 핀에 대응하는 데이터 방향 레지스터 비트 출력 드라이버로 사용하기 위해서는 "1"로 설정되어 있어야만 한다.

OCnA, OCnB 혹은 OCnC가 핀에 연결되어졌을 때 COMnx[1:0] 비트의 기능은 WGMn[3:0] 비트 설정에 따라서 달라진다.

### (2) 타이머/카운터 1, 3 제어 레지스터 B(TCCRnB)

[표 7-12] 타이머/카운터 1, 3 제어 레지스터 B의 비트 기능

| 이름 | 비트 7 | 비트 6 | 비트 5 | 비트 4 | 비트 3 | 비트 2 | 비트 1 | 비트 0 |
|---|---|---|---|---|---|---|---|---|
| TCCR1B | ICNC1 | ICES1 | – | WGM13 | WGM12 | CS12 | CS11 | CS10 |
| TCCR3B | ICNC3 | ICES3 | – | WGM33 | WGM32 | CS32 | CS31 | CS30 |
| 리셋값 | 0 | 0 | 0 | 0 | 0 | 0 | 0 | 0 |
| Read/Write | R/W | R/W | R | R/W | R/W | R/W | R/W | R/W |

- 비트 7 – 입력 캡처 잡음 제거기(ICNCn, Input Capture Noise Canceler)

이 비트를 "1"로 설정하면 입력 캡처 잡음 제거기를 활성화한다. 잡음제거기가 활성화될 때 입력 캡처 핀(Input Capture pin)으로 입력되는 신호는 잡음제거를 위하여 필터링된다. 필터 기능을 통하여 출력을 바꾸기 위해서는 ICPn 핀으로 입력되는 신호의 4개의 연속적인 샘플이 필요하다. 잡음제거기를 사용할 때는 입력 캡처는 4주기의 지연이 생긴다.

- 비트 6 – 입력 캡처 에지 선택(ICESn, Input Capture Edge Select)

캡처 이벤트를 트리거하기 위하여 입력 캡처 핀(ICPn)의 에지를 선택한다. ICESn 비트가 "0"이 기록되었을 때 하강(부, negative) 에지가 트리거로 사용되고 ICESn 비트가 "1"이 기록되었을 때 상승(양, positive) 에지가 캡처를 트리거한다.

ICESn의 설정에 따라서 캡처가 트리거 될 때 카운터 값은 입력캡처 레지스터(ICRn)로

복사된다. 이벤트는 항상 입력 캡처 플래그(ICFn)을 "1"로 설정할 것이고 입력 캡처 인터럽트가 활성화되어 있으면 인터럽트로 사용될 수 있다.

ICRn이 최고값(TOP)으로 사용될 때 ICPn은 연결이 끊어지고 결과적으로 입력 캡처 기능은 비활성화된다.

• 비트 5 – 예약 비트

이 비트는 다음 버전에 사용하기 위하여 예약된 비트이다. 나중에 생산될 장치와 호환시키기 위한 것이다. TCCRnB를 설정할 때 이 비트는 반드시 "0"을 기록하여야 한다.

• 비트[4:3] – 파형 생성 모드(WGMn[3:2], Waveform Generation Mode)

[표 7-13]의 파형 발생 모드를 참고하기 바란다.

• 비트[2:0] – 클럭 선택(CSn[2:0], Clock Select)

3개의 클럭 선택 비트는 타이머/카운터에 의하여 사용되는 클럭 소스를 선택한다.

[표 7-13] 파형 발생 모드

| CSn2 | CSn1 | CSn0 | 설 명 |
|---|---|---|---|
| 0 | 0 | 0 | 클럭 소스 없음(타이머/카운터 멈춤) |
| 0 | 0 | 1 | clkIO/1(프리스케일링 없음) |
| 0 | 1 | 0 | clkIO/8 (프리스케일링 적용) |
| 0 | 1 | 1 | clkIO/64 (프리스케일링 적용) |
| 1 | 0 | 0 | clkIO/256 (프리스케일링 적용) |
| 1 | 0 | 1 | clkIO/1024 (프리스케일링 적용) |
| 1 | 1 | 0 | Tn 핀에 연결된 외부 클럭 소스(하강 에지 클럭) |
| 1 | 1 | 1 | Tn 핀에 연결된 외부 클럭 소스(상승 에지 클럭) |

타이머/카운터를 위한 외부 핀 모드가 사용될 때 Tn 핀이 출력으로 설정되어 있다 하더라도 Tn 핀의 변화가 카운터에 클럭이 된다. 이 때문에 계수를 소프트웨어로 제어할 수 있다.

### (3) 타이머/카운터 1, 3 제어 레지스터 C(TCCRnC)

[표 7-14] 타이머/카운터 1, 3 제어 레지스터 C의 비트 기능

| 이름 | 비트 7 | 비트 6 | 비트 5 | 비트 4 | 비트 3 | 비트 2 | 비트 1 | 비트 0 |
|---|---|---|---|---|---|---|---|---|
| TCCR1C | FOC1A | FOC1B | FOC1B | – | – | – | – | – |
| TCCR3C | FOC3A | FOC3B | FOC3B | – | – | – | – | – |
| 리셋값 | 0 | 0 | 0 | 0 | 0 | 0 | 0 | 0 |
| Read/Write | R/W | R/W | R/W | R | R | R | R | R |

- 비트 7 – 채널 A 강제 출력 비교(FOCnA, Force Output Compare for Ch. A)
- 비트 6 – 채널 B 강제 출력 비교(FOCnB, Force Output Compare for Ch. B)
- 비트 5 – 채널 C 강제 출력 비교(FOCnC, Force Output Compare for Ch. C)

WGMn[3:0] 비트가 비PWM 모드로 설정되었을 때 FOCnA/FOCnB/FOCnC 비트가 활성화된다. 그런데 나중에 나올 프로세서와의 호환성을 보장하기 위하여 PWM 모드로 설정하고 TCCRnA에 기록할 때 이 비트들은 반드시 "0"으로 설정되어야만 한다.

FOCnA/FOCnB/FOCnC 비트에 "1"이 기록되었을 때 파형발생 유닛으로 강제로 비교일치 신호를 발생하게 한다. OCnA/OCnB/OCnC 출력은 COMnx[1:0] 비트의 설정에 따라서 다르다. FOCnA/FOCnB/FOCnC 비트는 스트로브로써 구현된다. 따라서, 강제 비교의 효과를 결정하는 COMnx[1:0]으로 그 값이 나타난다.

FOCnA/FOCnB/FOCnC 스트로브는 인터럽트를 발생하지도 않고 CTC에서 타이머를 지우지도 않는다.

### (4) 타이머/카운터 1, 3(TCNT1H, TCNT1L, TCNT3H, TCNT3L)

[표 7-15] 타이머/카운터 1의 타이머/카운터 레지스터 비트 구성

| 이름 | 비트 7 | 비트 6 | 비트 5 | 비트 4 | 비트 3 | 비트 2 | 비트 1 | 비트 0 |
|---|---|---|---|---|---|---|---|---|
| TCNT1H | TCNT1[15:8] | | | | | | | |
| TCNT1L | TCNT1[7:0] | | | | | | | |
| TCNT3H | TCNT3[15:8] | | | | | | | |
| TCNT3L | TCNT3[7:0] | | | | | | | |
| 리셋값 | 0 | 0 | 0 | 0 | 0 | 0 | 0 | 0 |
| Read/Write | R/W | R/W | R/W | R/W | R/W | R/W | R/W | R/W |

2개의 타이머/카운터 I/O 위치(TCNTnH와 TCNTnL, TCNTn)는 16비트 카운터로써 읽기/쓰기 동작을 통하여 직접 접근이 가능하다. CPU가 레지스터에 접근할 때 상위와 하위 바이트 둘 다 동시에 읽고 쓰기를 보장하기 위해서는 접근은 8비트 임시 상위 바이트 레지스터(TEMP)를 사용한다. 임시 레지스터는 모든 다른 16비트 레지스터에 의하여 공유된다.

카운터가 동작하는 동안 TCNTn을 수정하는 것은 TCNTn와 OCRnx 중에서 비교 일치를 하지 못할 위험이 있다.

### (5) 출력 비교 레지스터(OCRnx, Output Compare Register)

TCNT0 값과 비교할 8비트 값을 저장하고 TCNT0과 일치하면 출력 비교 인터럽트를 발생하거나 OC0A 핀으로 파형생성기를 거쳐서 특정한 파형을 출력한다.

**[표 7-16]** 타이머/카운터 0의 출력 비교 레지스터 각 비트 구성

| 이름 | 비트 7 | 비트 6 | 비트 5 | 비트 4 | 비트 3 | 비트 2 | 비트 1 | 비트 0 |
|---|---|---|---|---|---|---|---|---|
| OCRnxH | OCRnx[15:8] | | | | | | | |
| OCRnxL | OCRnx[7:0] | | | | | | | |
| 리셋값 | 0 | 0 | 0 | 0 | 0 | 0 | 0 | 0 |
| Read/Write | R/W | R/W | R/W | R/W | R/W | R/W | R/W | R/W |

(n=1, 3이고, x= A, B, C 임)

출력 비교 레지스터는 카운터 값(TCNTn)과 연속적으로 비교하는 16비트 값을 저장한다. 카운터 값과 일치하면 출력 비교 인터럽트(Output Compare Interrupt)를 발생하거나 OCnx 핀에 파형 출력신호를 발생한다.

### (6) 입력 캡처 레지스터(ICRn, Input Capture Register 1, 3)

입력 캡처는 ICPn 핀에 발생하는 이벤트에 대하여 카운터(TCNTn)를 갱신한다. 입력 캡처는 카운터의 최고값(TOP value)을 정의하고 사용될 수 있다. 입력 캡처 레지스터는 16비트이다.

**[표 7-17]** 타이머/카운터 0의 출력 비교 레지스터 각 비트 구성

| 이름 | 비트 7 | 비트 6 | 비트 5 | 비트 4 | 비트 3 | 비트 2 | 비트 1 | 비트 0 |
|---|---|---|---|---|---|---|---|---|
| ICRnH | ICRn[15:8] | | | | | | | |
| ICRnL | ICRn[7:0] | | | | | | | |
| 리셋값 | 0 | 0 | 0 | 0 | 0 | 0 | 0 | 0 |
| Read/Write | R/W | R/W | R/W | R/W | R/W | R/W | R/W | R/W |

### (7) 타이머/카운터 인터럽트 마스크 레지스터 (TIMSKn, Timer/Counter n Interrupt Mask Register)

[표 7-18] 타이머/카운터 인터럽트 마스크 레지스터 각 비트 구성

| 이름 | 비트 7 | 비트 6 | 비트 5 | 비트 4 | 비트 3 | 비트 2 | 비트 1 | 비트 0 |
|---|---|---|---|---|---|---|---|---|
| TIMSKn | – | – | ICIEn | – | OCIEnC | OCIEnB | OCIEnA | TOIEn |
| 리셋값 | 0 | 0 | 0 | 0 | 0 | 0 | 0 | 0 |
| Read/Write | R | R | R/W | R | R/W | R/W | R/W | R/W |

- 비트 [7:6] – 예약된 비트

- 비트 5 – 입력 캡처 인터럽트 가능(ICIEn, Input Capture Interrupt Enable)

이 비트가 "1"로 설정되고 상태 레지스터의 I 플래그가 "1"로 설정되었을 때 타이머/카운터 입력 캡처 인터럽트가 발생할 수 있다. TIFRn에 있는 ICFn 플래그가 "1"일 때, 대응하는 인터럽트 벡터가 실행된다.

- 비트 4 – 예약된 비트

- 비트 [3:1] – 출력 비교 x 일치 인터럽트 가능 (OCIEnx, Ouput Compare C Match Interrupt Enable)

이 비트가 "1"로 설정되고 상태 레지스터의 I 플래그가 "1"로 설정되었을 때 타이머/카운터 출력 비교 x(x=A, B, C) 일치 인터럽트가 발생할 수 있다. TIFRn 레지스터에 있는 OCFnx 플래그가 "1"일 때 대응하는 인터럽트 벡터가 실행된다.

- 비트 0 – 타이머/카운터 오버플로우 인터럽트 가능 (TOIEn, Timer/Counter Overflow Interrupt Enable)

이 비트가 "1"이고 상태 레지스터의 I 플래그가 "1"로 설정되었을 때 타이머/카운터의 오버플로우 인터럽트가 가능해진다. TIFRn에 있는 TOVn 플래그가 "1"일 때 대응하는 인터럽트 벡터가 실행된다.

### (8) 타이머/카운터 인터럽트 플래그 레지스터 (TIFRn, Timer/Counter n Interrupt Flag Register)

[표 7-19] 타이머/카운터 인터럽트 플래그 레지스터 각 비트 구성

| 이름 | 비트 7 | 비트 6 | 비트 5 | 비트 4 | 비트 3 | 비트 2 | 비트 1 | 비트 0 |
|---|---|---|---|---|---|---|---|---|
| TIFRn | – | – | ICFn | – | OCFnC | OCFnB | OCFnA | TOVn |
| 리셋값 | 0 | 0 | 0 | 0 | 0 | 0 | 0 | 0 |
| Read/Write | R | R | R/W | R | R/W | R/W | R/W | R/W |

- 비트 [7:6] – 예약된 비트

- 비트 5 – 입력 캡처 플래그 (ICFn, Input Capture Flag)

캡처 이벤트가 ICPn 핀에서 발생할 때 이 플래그가 "1"로 설정된다. 입력 캡처 레지스터(ICRn)가 최고값으로 사용되기 위해서 WGMn[3:0]에 의하여 설정되어 있고, 카운터가 최고값에 도달하게 될 때 ICFn 플래그가 "1"이 된다.

입력 캡처 인터럽트 벡터가 실행될 때 ICFn은 자동으로 "0"으로 지워진다.

- 비트 4 – 예약된 비트

- 비트 [3:1] – 출력 비교 x 일치 플래그(OCFnx, Ouput Compare C Match Flag)

카운터(TCNTn) 값이 출력 비교 레지스터 x(OCRnx)와 일치한 후 타이머 클럭 사이클 내에서 "1"이 된다.

출력 비교 일치 x 인터럽트 벡터가 실행될 때 OCFnx는 자동으로 "0"으로 지워진다.

- 비트 0 – 타이머/카운터 오버플로우 플래그(TOVn, Timer/Counter Overflow Flag)

이 플래그의 설정은 WGMn[3:0]에 의존한다. 타이머가 오버플로우될 때, 정상 혹은 CTC 모드에서 TOVn 플래그는 "1"로 설정된다.

타이머/카운터 인터럽트 벡터가 실행될 때 TOVn은 자동으로 "0"으로 지워진다.

## 04 PWM과 비동기 동작을 가진 8비트 타이머/카운터 2

타이머/카운터 2는 범용, 단일 채널, 8비트 타이머/카운터 모듈이다. 주요 특징은 다음과 같다.

### 1) 주요 특징

- 단일 채널 카운터
- 자동 재적재(auto reload) : 비교기와 일치하면 타이머를 지움(clear)
- 글리치가 없는 위상보상 펄스폭 변조기
- 주파수 발생기
- 10비트 클럭 프리스케일러
- 외부 이벤트 카운터
- 오버플로우와 비교 일치 인터럽트 소스(TOV2와 OCF2A)
- I/O 클럭에 대하여 독립적인 외부 32kHz 시계 크리스털로부터 계수 가능

### 2) 관련 레지스터

타이머/카운터 2(TCNT2)와 출력 비교 레지스터(OCR2A)는 8비트 레지스터이다. 인터럽트 요구 신호는 타이머 인터럽트 레지스터(TIFR2, Timer Interrupt Register)에서 모두 볼 수 있다. 모든 인터럽트들은 타이머 인터럽트 마스크 레지스터(TIMSK2, Timer Interrupt Mask Register)에서 개별적으로 마스크된다. 8비트 타이머/카운터를 사용하는데 필요한 레지스터의 기능과 각 비트의 명칭은 [표 7-20]과 같다.

[표 7-20] 타이머/카운터 2를 사용하는데 필요한 레지스터의 기능과 초기값

| 레지스터 이름 | 기 능 | 전원 투입시 초기값 |
|---|---|---|
| TCCR2A | 제어 레지스터 | 0000 0000 |
| TCNT2 | 카운터 레지스터 | 0000 0000 |
| OCR2A | 출력 비교 레지스터 | 0000 0000 |
| ASSR | 비동기 상태 레지스터 | 0000 0000 |
| TIMSK2 | 인터럽트 허용 레지스터 | 0000 0000 |
| TIFR2 | 플래그 레지스터 | 0000 0000 |

[표 7-21] 타이머/카운터 2 관련 레지스터의 비트 명칭

| 이름 | 비트 7 | 비트 6 | 비트 5 | 비트 4 | 비트 3 | 비트 2 | 비트 1 | 비트 0 |
|---|---|---|---|---|---|---|---|---|
| TCCR2A | FOC2A | WGM20 | COM2A1 | COM2A0 | WGM21 | CS22 | CS21 | CS20 |
| TCNT2 | | | | | | | | |
| OCR2A | | | | | | | | |
| ASSR | – | – | – | EXCLK | AS2 | TCN2UB | OCR2UB | TCR2UB |
| TIMSK2 | | | | | | | OCIE2 | TOIE2 |
| TIFR2 | | | | | | | OCF2A | TOV2 |

### (1) 타이머/카운터 제어 레지스터 (TCCR2A, Timer/Counter Control Register)

[표 7-22] 타이머/카운터 2의 제어 레지스터 각 비트의 명칭과 초기값

| 이름 | 비트 7 | 비트 6 | 비트 5 | 비트 4 | 비트 3 | 비트 2 | 비트 1 | 비트 0 |
|---|---|---|---|---|---|---|---|---|
| TCCR2A | FOC2A | WGM20 | COM2A1 | COM2A0 | WGM21 | CS22 | CS21 | CS20 |
| 리셋값 | 0 | 0 | 0 | 0 | 0 | 0 | 0 | 0 |
| Read/Write | W | R/W | R/W | R/W | R/W | R/W | R/W | R/W |

- 비트 7(FOC2A, Force Output Compare A)

FOC2A 비트는 WGM00 비트가 PWM 모드를 지정하지 않았을 때만 활성화된다. 그런데, 나중에 나올 상위 버전의 프로세서와 호환을 보장하기 위하여 이 비트는 PWM 모드로 동작하고 TCCR2A가 기록될 때 "0"으로 설정되어야 한다.

FOC2A 비트가 "1"이 기록될 때는 즉시 비교 일치 명령이 파형발생기에 강제로 신호를 보낸다. OC2A 출력은 COM2A[1:0] 비트의 설정에 따라서 바뀐다. FOC0A 비트는 스트로브로써 구현된다. 그렇기 때문에 강제 비교 효과를 결정하는 것은 COM2A[1:0]에 나타나는 값이다.

FOC2A 스트로브는 인터럽트를 발생하지 않고 최고값(Top)으로써 OCR2A를 사용하는 CTC 모드에서 타이머를 지우지도 않는다.

FOC2A 비트는 읽는 비트가 아니지만 읽는다면 항상 "0"이 읽힌다.

- 비트 6, 3(WGM2[1:0], Waveform Generation Mode)

WGM2[1:0] 비트는 카운터의 계수 순서를 제어하고, 최대(TOP) 카운터 값을 위한 소스와 어떤 종류의 파형발생기를 사용할 것인지를 결정한다. [표 7-23]과 같이 타이머/카운터에 의하여 지원되는 동작 모드는 정상 모드, CTC(Clear Timer on Compare match) 모드, 그리고 두 가지의 PWM 모드이다.

[표 7-23] 파형 발생 모드 비트 설명

| 모드 | WGM21 (CTC2) | WGM20 (PWM2) | 타이머/카운터 동작 모드 | 최고값 | OCR2A 갱신 시점 | TOV2 플래그 "1" 설정 시점 |
|---|---|---|---|---|---|---|
| 0 | 0 | 0 | 정상 | 0xFF | 즉시 | 최대값(Max) |
| 1 | 0 | 1 | PWM, 위상보상 | 0xFF | 최고값(TOP) | 최저값(Bottom) |
| 2 | 1 | 0 | CTC | OCR2A | 즉시 | 최대값(Max) |
| 3 | 1 | 1 | 고속 PWM | 0xFF | 최고값(TOP) | 최대값(Max) |

- 비트 5, 4(COM2[1:0], Compare Match Output Mode)

COM2[1:0] 비트는 출력 비교 핀(OC2A, Output Compare)의 신호를 제어한다. COM2A[1:0]의 하나 혹은 두 비트를 "1"로 설정한다면 OC2A 출력은 연결된 I/O 핀의 정상적인 포트 기능을 대신한다. 그러나, OC2A 핀에 대응하는 데이터 방향 레지스터(DDR : Data Direction Register) 비트는 출력 드라이브를 활성화하기 위하여 "1"로 설정되어야만 한다.

OC2A가 특정 핀으로 연결되었을 때 COM2A[1:0]의 기능은 WGM2[1:0] 비트의 설정에 따라서 결정된다.

- 비트 [2:0](CS2[2:0], Clock Select)

3개의 클럭 선택 비트는 타이머/카운터에서 사용되어지는 클럭 소스를 선택한다.

타이머/카운터 2에 대하여 외부 핀 모드가 사용되어진다면, 핀들이 출력으로 설정되어 있다하더라도 T2 핀은 카운터의 클럭으로 동작한다. 이러한 특징은 계수의 소프트웨어 제어가 가능하도록 한다.

[표 7-24] 클럭 선택 비트 설명

| CS22 | CS21 | CS20 | 동작(Description) |
|---|---|---|---|
| 0 | 0 | 0 | 클럭 소스 없음(타이머/카운터 멈춤(stop)) |
| 0 | 0 | 1 | clkI/O (프리스케일링 없음) |
| 0 | 1 | 0 | clkI/O/8(프리스케일링) |
| 0 | 1 | 1 | clkI/O/64(프리스케일링) |
| 1 | 0 | 0 | clkI/O/256(프리스케일링) |
| 1 | 0 | 1 | clkI/O/1024(프리스케일링) |
| 1 | 1 | 0 | 외부 클럭 소스 T2 핀, 하강 에지 클럭 |
| 1 | 1 | 1 | 외부 클럭 소스 T2 핀, 상승 에지 클럭 |

### (2) 타이머/카운터 레지스터(Timer/Counter Register)

타이머/카운터 레지스터는 2진 업-다운(up-down) 카운터로써 읽기/쓰기 동작을 통하여 직접 접근이 가능하다. 카운터가 동작하고 있는 동안에 카운터(TCNT2) 값을 수정하는 것은 TCNT2와 OCR2A 사이의 비교 일치를 하지 못할 위험이 있다.

[표 7-25] 타이머/카운터 2의 타이머/카운터 레지스터 비트 구성

| 이름 | 비트 7 | 비트 6 | 비트 5 | 비트 4 | 비트 3 | 비트 2 | 비트 1 | 비트 0 |
|---|---|---|---|---|---|---|---|---|
| TCNT2 | TCNT2[7:0] | | | | | | | |
| 리셋값 | 0 | 0 | 0 | 0 | 0 | 0 | 0 | 0 |
| Read/Write | R/W | R/W | R/W | R/W | R/W | R/W | R/W | R/W |

### (3) 출력 비교 레지스터(OCR2A, Output Compare Register)

TCNT2 값과 비교할 8비트 값을 저장하고 TCNT2과 일치하면 출력 비교 인터럽트를 발생하거나 OC2A 핀으로 파형생성기를 거쳐서 특정한 파형을 출력한다.

[표 7-26] 타이머/카운터 2의 출력 비교 레지스터 각 비트 구성

| 이름 | 비트 7 | 비트 6 | 비트 5 | 비트 4 | 비트 3 | 비트 2 | 비트 1 | 비트 0 |
|---|---|---|---|---|---|---|---|---|
| OCR2 | OCR2A[7:0] | | | | | | | |
| 리셋값 | 0 | 0 | 0 | 0 | 0 | 0 | 0 | 0 |
| Read/Write | R/W | R/W | R/W | R/W | R/W | R/W | R/W | R/W |

### 3) 타이머/카운터 2의 비동기 동작(Asynchronous Operation)

#### (1) 비동기 상태 레지스터(ASSR, Asynchronous Status Register)

[표 7-27] 타이머/카운터 2의 비동기 상태 레지스터

| 이름 | 비트 7 | 비트 6 | 비트 5 | 비트 4 | 비트 3 | 비트 2 | 비트 1 | 비트 0 |
|---|---|---|---|---|---|---|---|---|
| ASSR | – | – | – | EXCLK | AS2 | TCN2UB | OCR2UB | TCR2UB |
| 리셋값 | 0 | 0 | 0 | 0 | 0 | 0 | 0 | 0 |
| Read/Write | R | R | R | R/W | R/W | R | R | R |

- 비트 [7:5] – 예약된 비트

- 비트 4 – 외부 클럭 입력 가능(EXCLK, Enable External Clock Input)

EXCLK에 "1"이 기록되어 있고 비동기 클럭이 선택되었을 때 외부 클럭 입력 버퍼가 활성화되고 외부 클럭이 32kHz 크리스털 대신 타이머 발진기 1(TOSC1) 핀에 입력되어 진다.

- 비트 3 – 비동기 타이머/카운터 2(AS2, Asynchronous Timer/Counter2)

AS2에 "0"이 기록되었을 때 타이머/카운터 2는 I/O 클럭 clkI/O에 의하여 클럭이 되고 타이머/카운터 2 발진기(TOSC)에 연결된 수정발진기는 실행되지 않는다. AS2에 "1"이 기록되어 있을 때 타이머/카운터 2는 타이머/카운터 2 발진기(TOSC)에 연결된 수정발진기 혹은 EXCLK 설정에 의존하는 TOSC1 외부 클럭에 의하여 클럭된다. AS2의 값이 변할 때 TCNT2, OCR2A 그리고 TCCR2A의 값은 손상될 수 있다.

- 비트 2 – 타이머/카운터 2 갱신 비지(TCN2UB, Timer/Counter 2 Update Busy)

타이머/카운터 2가 비동기 동작을 하고 TCNT2가 기록될 때 이 비트는 "1"로 설정된다. TCNT2 가 임시 저장 레지스터로부터 갱신되었을 때 이 비트는 하드웨어에 의하여 "0"으로 지워진다. 이 비트에서 논리적 "0"은 TCNT2가 새로운 값으로 갱신될 준비가 되었음을 의미한다.

- 비트 1 – 출력 비교 레지스터 2 갱신 비지
  (OCR2UB, Output Compare Register 2 Update Busy)

타이머/카운터 2가 비동기 동작을 하고 OCR2A가 기록될 때 이 비트는 "1"로 설정된다. OCR2A가 임시 저장 레지스터로부터 갱신되었을 때 이 비트는 하드웨어에 의하여

"0"으로 지워진다. 이 비트에서 논리적 "0"은 OCR2A가 새로운 값으로 갱신될 준비가 되었음을 의미한다.

• 비트 0 – 타이머/카운터 제어 레지스터 2 갱신 비지(Timer/Counter Control Register 2 Update Busy)

타이머/카운터 2가 비동기 동작을 하고 TCCR2A가 기록될 때 이 비트는 "1"로 설정된다. TCCR2A가 임시 저장 레지스터로부터 갱신되었을 때 이 비트는 하드웨어에 의하여 "0"으로 지워진다. 이 비트에서 논리적 "0"은 TCCR2A가 새로운 값으로 갱신될 준비가 되었음을 의미한다.

갱신 비지 플래그가 "1"로 설정하는 동안 3개의 타이머/카운터 2 레지스터 중의 하나에 쓰기가 수행된다면 갱신된 값은 손상되거나 의도하지 않은 인터럽트가 발생하는 원인이 된다.

TCNT2, OCR2A 그리고 TCCR2A를 읽는 과정은 다르다. TCNT2를 읽을 때 실제 타이머의 값을 읽는다. OCR2A 혹은 TCCR2A를 읽을 때는 임시저장 레지스터에 저장된 값을 읽는다.

### (2) 타이머/카운터 인터럽트 마스크 레지스터

(TIMSK2, Timer/Counter2 Interrupt Mask Register)

[표 7-28] 타이머/카운터 인터럽트 마스크 레지스터

| 이름 | 비트 7 | 비트 6 | 비트 5 | 비트 4 | 비트 3 | 비트 2 | 비트 1 | 비트 0 |
|---|---|---|---|---|---|---|---|---|
| TIMSK2 | – | – | – | – | – | – | OCIE2A | TOIE2 |
| 리셋값 | 0 | 0 | 0 | 0 | 0 | 0 | 0 | 0 |
| Read/Write | R | R | R | R | R | R | R/W | R/W |

• 비트 1(OCIE2A, Timer/Counter2 Output Compare Match A Interrupt Enable)

OCIE2A 비트에 "1"이 기록되고 상태 레지스터(SREG)의 I비트가 "1"로 설정되었을 때 타이머/카운터 2 비교 일치 A 인터럽트가 가능하다. 타이머/카운터 2에서 비교 일치가 발생하면 즉, 타이머/카운터 2 인터럽트 플래그 레지스터(TIFR2)에서 OCF2A 비트가 "1"로 설정되었을 때 대응하는 인터럽트는 실행된다.

• 비트 0(TOIE2, Timer/Counter2 Output Overflow Interrupt Enable)

TOIE2 비트에 "1"이 기록되고 상태 레지스터(SREG)의 I비트가 "1"로 설정되었을 때 타이머/카운터 2 오버플로우 인터럽트가 가능하다. 타이머/카운터 2에서 오버플로우가 발생하면 즉, 타이머/카운터 2 인터럽트 플래그 레지스터(TIFR2)에서 TOV2 비트가 "1"로 설정되었을 때 대응하는 인터럽트는 실행된다.

### (3) 타이머/카운터 인터럽트 플래그 레지스터 (TIFR2, Timer/Counter2 Interrupt Flag Register)

[표 7-29] 타이머/카운터 인터럽트 플래그 레지스터 비트 명칭

| 이름 | 비트 7 | 비트 6 | 비트 5 | 비트 4 | 비트 3 | 비트 2 | 비트 1 | 비트 0 |
|---|---|---|---|---|---|---|---|---|
| TIFR2 | – | – | – | – | – | – | OCF2A | TOV2 |
| 리셋값 | 0 | 0 | 0 | 0 | 0 | 0 | 0 | 0 |
| Read/Write | R | R | R | R | R | R | R/W | R/W |

• 비트 1(OCF2A, Output Compare Flag 2 A)

타이머/카운터 2와 OCR2A(Output Compare Register 2)에 있는 데이터가 비교 일치하였을 때 OCF2A 비트는 "1"로 설정된다(set). OCF2A는 대응하는 인터럽트 처리 벡터를 실행하고 있을 때 하드웨어에 의하여 "0"으로 지워진다(clear). OCF2A는 플래그에 논리값 "1"을 기록함으로써 지워진다(clear). SREG에 있는 I비트, OCIE2A(Timer/Counter2 Compare match Interrupt Enable), 그리고 OCF2A 레지스터가 "1"로 설정될 때 타이머/카운터 2 비교 일치 인터럽트가 실행된다.

• 비트 0(TOV2, Timer/Counter2 Overflow Flag)

타이머/카운터 2에 오버플로우가 발생하였을 때, TOV2 비트가 "1"로 설정된다. 대응하는 인터럽트 처리 벡터가 실행되고 있을 때는 하드웨어에 의하여 TOV2는 "0"으로 지워진다. 논리 "1"을 플래그에 기록함으로써 TOV2는 지워진다. SREG에 있는 I비트, TOIE2(Timer/Counter2 Overflow Interrupt Enable) 그리고, TOV2가 "1"이 되었을 때 타이머/카운터 2 오버플로우 인터럽트가 실행된다. 위상보상 PWM 모드에서는 타이머/카운터 2가 0x00에서 계수방향이 변경될 때 "1"로 설정된다.

# 05 타이머 / 카운터 실습

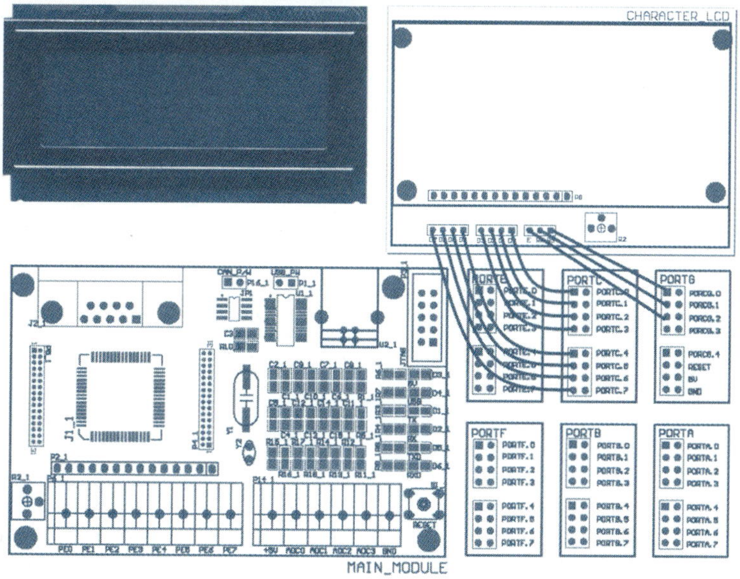


[그림 7-2] 타이머/카운터 실습을 위한 선 연결

[표 7-30] CPU 모듈과 LCD 모듈간의 선 연결

| 문자 LCD | RS | RW | E | D0 | D1 | D2 | D3 | D4 | D5 | D6 | D7 |
|---|---|---|---|---|---|---|---|---|---|---|---|
| Port | PG0 | PG1 | PG2 | PC0 | PC1 | PC2 | PC3 | PC4 | PC5 | PC6 | PC7 |



## 실습 1 타이머를 이용하여 문자 LCD에 보다 정확한 초시계를 표시하는 프로그램

1. [그림 7-2]를 보고 실습장비에 배선을 한다.
2. 작업 표시줄 시작-모든 프로그램에서 Atmel AVR Tools를 찾아 클릭한다.

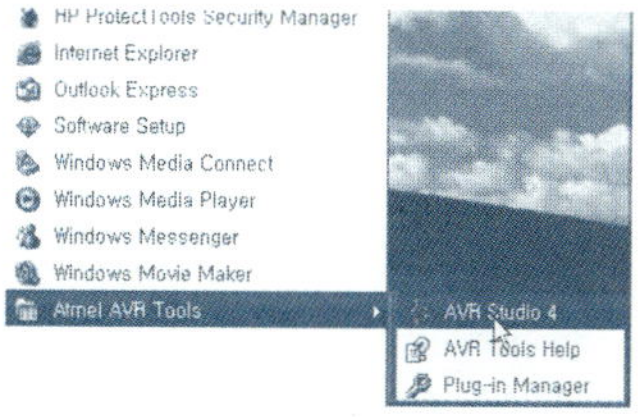


[그림 7-3] Atmel AVR Tools를 찾아 클릭

③ 프로그램을 시작하게 되면 다음과 같은 화면이 나오게 된다. [New Project]를 클릭한다.

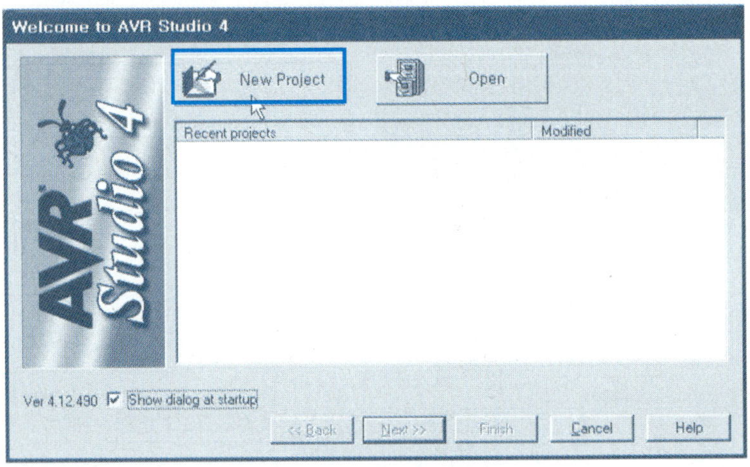


[그림 7-4] [New Project]를 클릭

④ 다음과 같은 화면이 나오면 Project type에서 AVR GCC를 선택하고 Project name에 원하는 이름을 입력한 후 [Next]를 클릭한다.

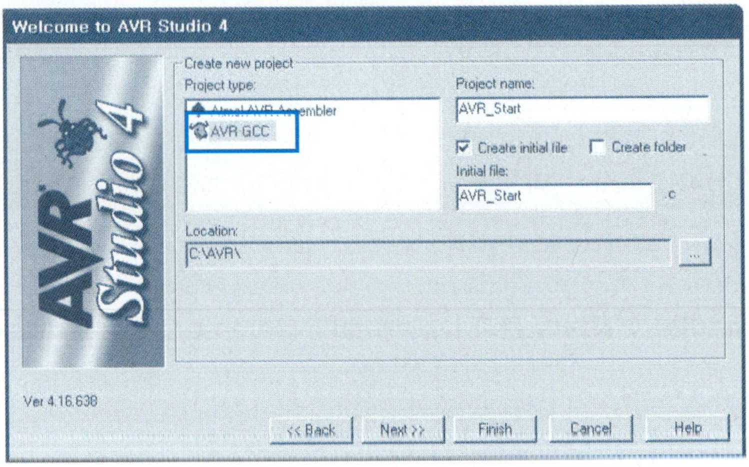


[그림 7-5] Project name에 원하는 이름을 입력한 후 [Next]를 클릭

⑤ Debug platform에서 JTAG ICE를 선택하고 Device는 AT90CAN128을 선택하고 [Finish]를 클릭한다.

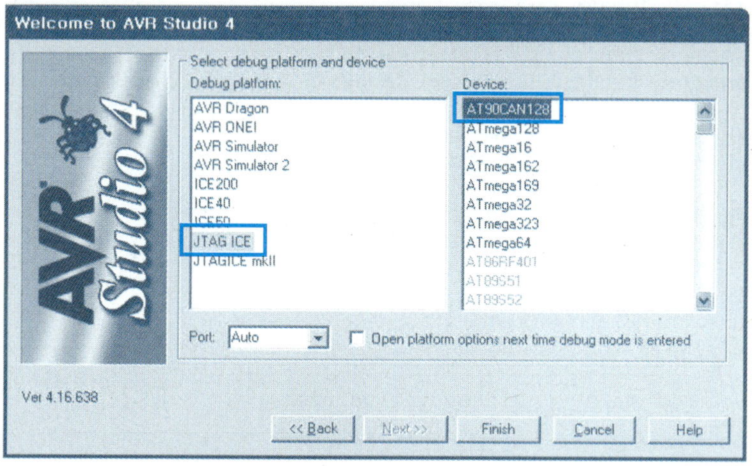


[그림 7-6] Device는 AT90CAN128을 선택하고 [Finish]를 클릭

⑥ [Finish]를 클릭하고 나면 다음과 같은 화면이 나타난다. 화면 중앙에 나타난 창에 다음의 프로그램을 작성한다.

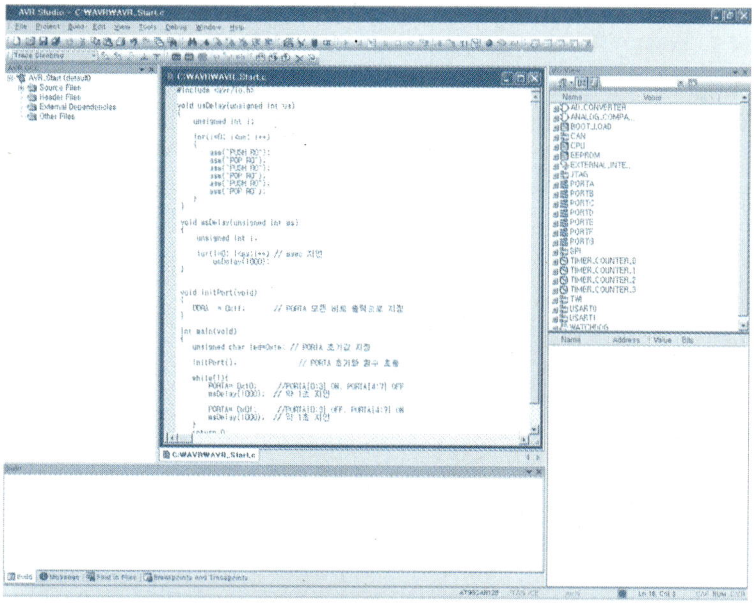

[그림 7-7] 화면 중앙에 나타난 창에 프로그램을 작성

7 Timer를 이용하여 문자 LCD에 보다 정확한 초시계를 표시하는 프로그램이다.

```
#include <avr/io.h>
#include <avr/interrupt.h>

#define LCD_RS_1  (PORTG |= 0x01)
#define LCD_RS_0  (PORTG &= 0xFE)

#define LCD_RW_1  (PORTG |= 0x02)
#define LCD_RW_0  (PORTG &= 0xFD)

#define EN_1      (PORTG |= 0x04)
#define EN_0      (PORTG &= 0xFB)

unsigned short tick = 0;
unsigned long count = 0;
unsigned long count2 = 0;

void us_delay(unsigned int us_time)
{
        unsigned int i;

        for(i=0; i<us_time; i++)
        {
                asm(“PUSH R0”);
                asm(“POP R0”);
                asm(“PUSH R0”);
                asm(“POP R0”);
                asm(“PUSH R0”);
                asm(“POP R0”);
        }
}

void ms_delay(unsigned int ms_time)
{
    unsigned int i;

    for(i=0; i<ms_time;i++)
        us_delay(1000);
}

//====================================
// LCD display
void E_Pulse(void)
{
        EN_1;

        us_delay(100);

        EN_0;
}

void LCD_init(void)
{
        ms_delay(40);

        PORTC = 0x38;   // Function Set
```

```
        E_Pulse();
    us_delay(40);

        PORTC = 0x0c; // DisPlay ON/OFF Control
        us_delay(40);
        E_Pulse();

        PORTC = 0x01; // Display Clear
        ms_delay(2);
        E_Pulse();

        PORTC = 0x06; // Entry Mode Set
        E_Pulse();
}

void Write_Char(unsigned char buf)
{
        LCD_RS_1;
        LCD_RW_0;
        PORTC=buf;
        E_Pulse();
}

void LCD_cmd(unsigned char cmd)
{
        LCD_RS_0;
        LCD_RW_0;
        PORTC=cmd;
        E_Pulse();
 }

 void LCD_Disp(char x,char y)
 {
        LCD_RS_0;
        LCD_RW_0;

        if(y==0) PORTC = x + 0x80;
        else if(y==1) PORTC = x + 0xc0;
        E_Pulse();
  }

  void LCD_Write(char x, char y,char *str)
  {
        LCD_Disp(x,y);
        while(*str)
        Write_Char(*str++);
  }

  void init_TIMER0_COMPA(void)
  {
        TCCR0A |= (1<<WGM01);  // CTC Mode
        TCCR0A |= (1<<CS01);   // clk/8 Prescaler
        TCNT0 = 0;
        OCR0A = 19;            //    1cycle    ->    20us    =
1/(16Mhz/(2*8*(19+1)))
        TIMSK0 = (1<<OCIE0A);  //   T/C0   Output   Compare   Match
```

CHAPTER 07

```
Interrup Enable
        TIFR0 = 0x00;
}

SIGNAL(TIMER0_COMP_vect)
{
        tick++;                         // 20µsec 단위 업 카운트
        count2++;
        if (count2 == 1000) {
                count2 = 0;
                count++;
        }
}

//======================================
// port init
void initPort(void)
{
        DDRC  = 0xff;
        DDRG  = 0xff;
}

int main(void)
{
        unsigned char n10000,n1000,n100,n10,n1;
        unsigned int time;
        initPort();
        LCD_init();

        init_TIMER0_COMPA();

        LCD_cmd(0x01);
        ms_delay(50);

        LCD_Write(0, 0, "Timer Start.");
        LCD_Write(0, 1, "Sec : ");
        LCD_Write(9,1, ".");                    //소수점 출력
        ms_delay(50);

        cli();                          // interrupt clear
        sei();                          // interrupt enable

        while(1)
        {
                time = count;

                n10000  = time / 10000;
                n1000   = time % 10000 / 1000;
                n100    = time % 1000 / 100;
                n10     = time % 100 / 10;
                n1              = time % 10;

                LCD_Disp(6, 1);
                Write_Char(n10000+48);          // 10000자리 출력
                LCD_Disp(7, 1);
                Write_Char(n1000+48); // 1000자리 출력
```

```
            LCD_Disp(8, 1);
            Write_Char(n100+48);   // 100자리 출력
            LCD_Disp(10, 1);
            Write_Char(n10+48);              // 10자리 출력
            LCD_Disp(11, 1);
            Write_Char(n1+48);               // 1자리 출력
        }
        return 0;
}
```

8 프로그램을 다 작성하면 메뉴 중 Build-Build를 클릭하거나 키보드의 [F7] 버튼을 눌러 빌드(Build)한다.

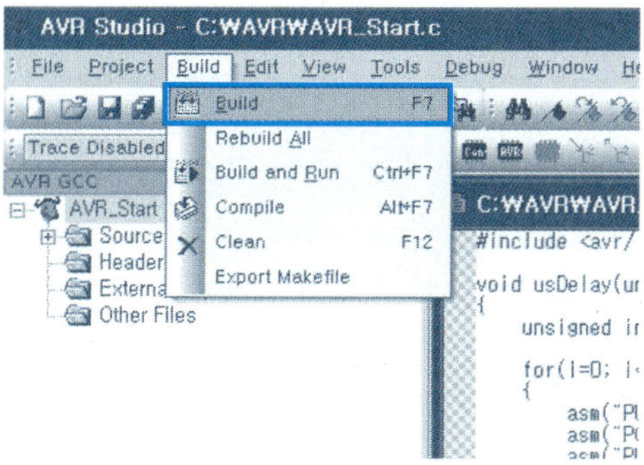


[그림 7-8] 키보드의 [F7] 버튼을 눌러 빌드

9 AVR Studio의 도구모음 중 아래 화면과 같은 버튼을 찾아 클릭한다.

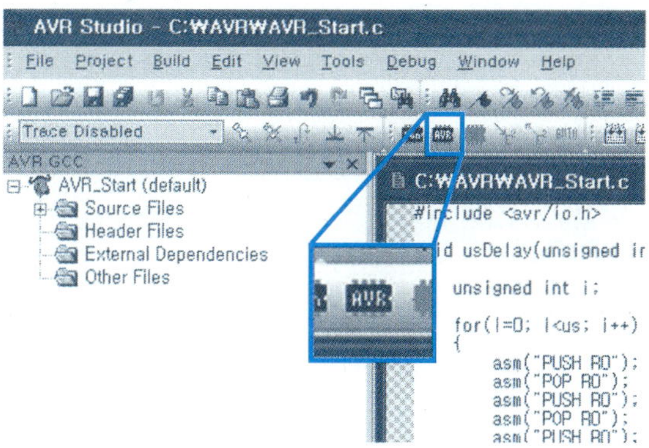


[그림 7-9] 도구모음 중 [AVR] 버튼을 찾아 클릭

⑩ 다음과 같은 화면이 나타나면 Flash 항목의 Input HEX File에 자신이 만든 폴더의 default 폴더에 생성된 hex 파일을 입력하고 [Program]을 클릭한다.

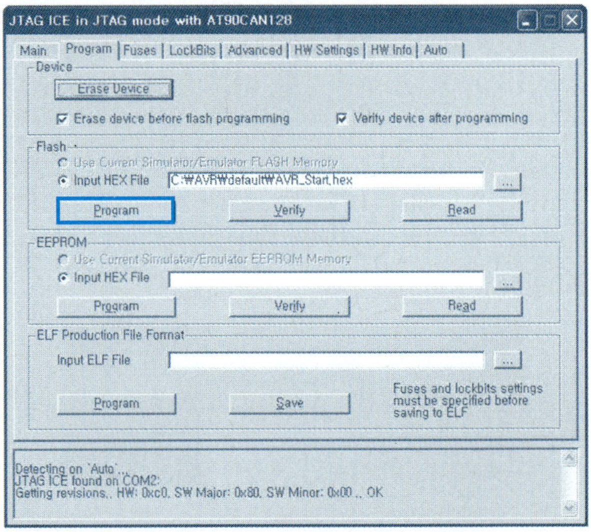


[그림 7-10] default 폴더에 생성된 hex 파일을 입력하고 [Program]을 클릭

⑪ 프로그램이 정상적으로 Flash에 다운로드되면 다음 화면과 같은 메시지를 확인할 수 있으며 프로그램이 실습장비에서 동작하는 것을 확인할 수 있다.

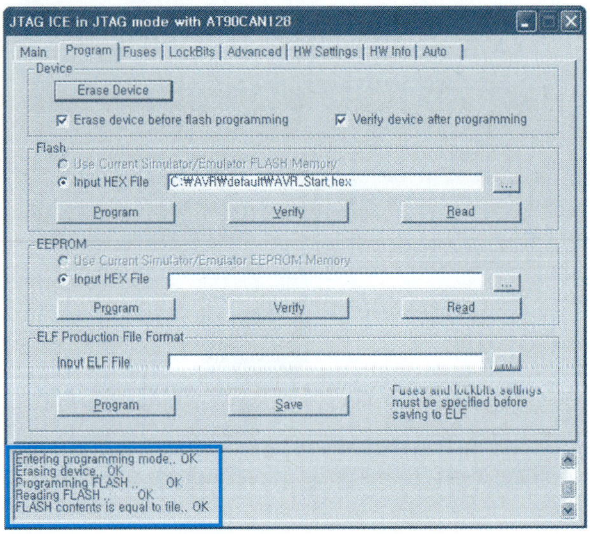


[그림 7-11] 프로그램이 실습장비에서 동작하는 것을 확인

⑫ 실제 실습장비에서 동작중인 프로그램에 의하여 문자 LCD가 동작하는 것을 볼 수 있다.

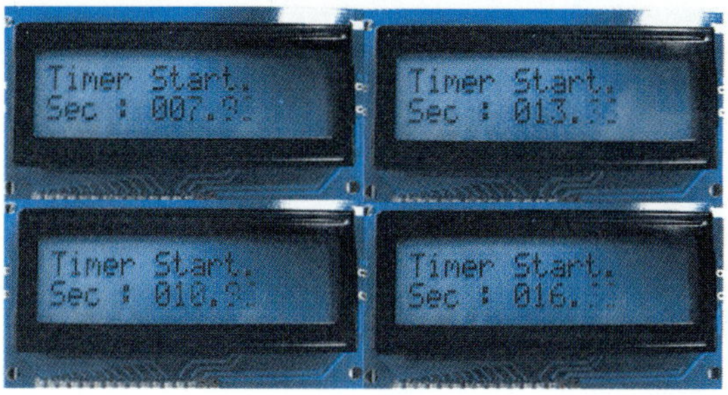


[그림 7-12] 프로그램에 의하여 문자 LCD가 동작

## 실습 2 문자 LCD에 시간을 출력하는 프로그램

① 작업 표시줄 시작-모든 프로그램에서 Atmel AVR Tools를 찾아 클릭한다.

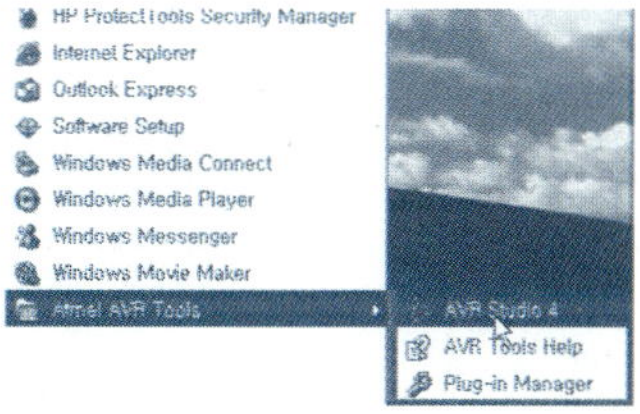


[그림 7-13] Atmel AVR Tools를 찾아 클릭

② 프로그램을 시작하게 되면 다음과 같은 화면이 나오게 된다. [New Project]를 클릭한다.

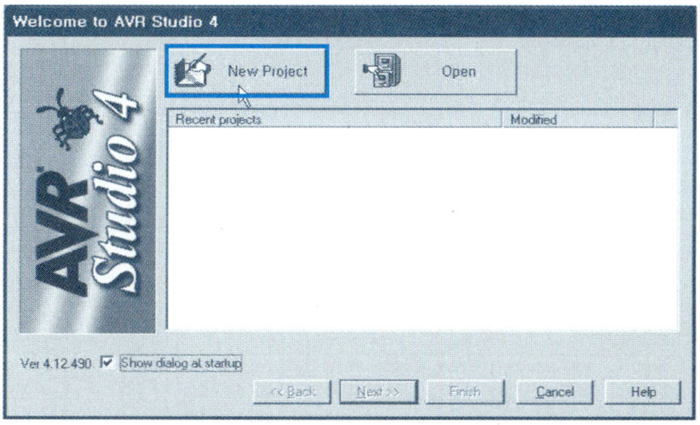


[그림 7-14] [New Project]를 클릭

③ 다음과 같은 화면이 나오면 Project type에서 AVR GCC를 선택하고 Project name에 원하는 이름을 입력한 후 [Next]를 클릭한다.

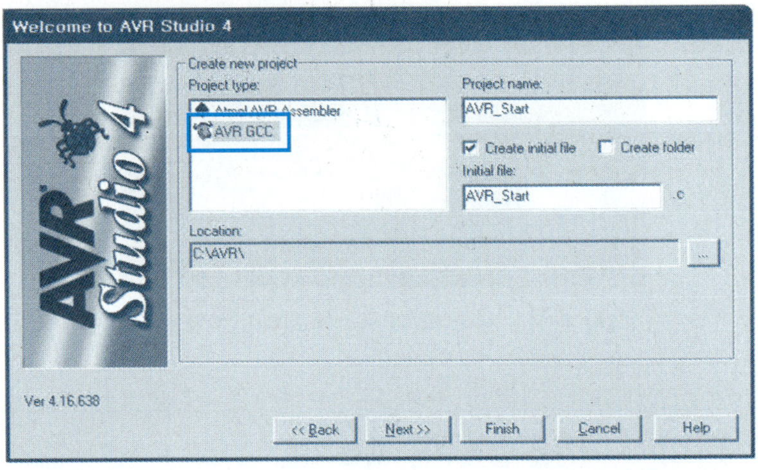


[그림 7-15] Project name에 원하는 이름을 입력한 후 [Next]를 클릭

④ Debug platform에서 JTAG ICE를 선택하고 Device는 AT90CAN128을 선택하고 [Finish]를 클릭한다.

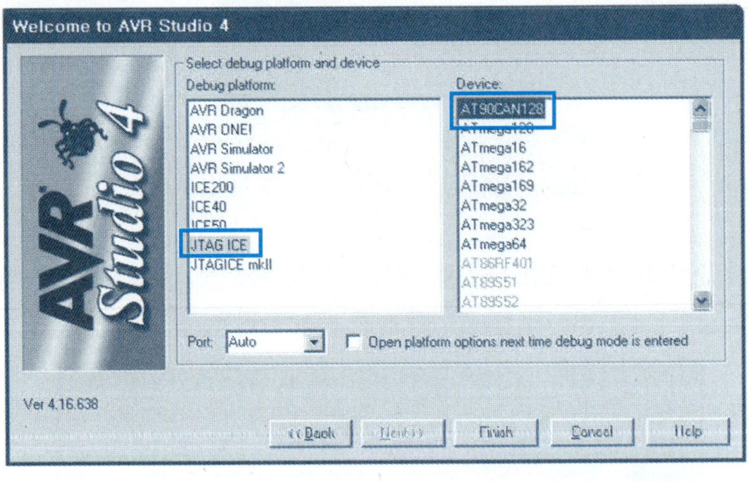


[그림 7-16] Device는 AT90CAN128을 선택하고 [Finish]를 클릭

⑤ [Finish]를 클릭하고 나면 다음과 같은 화면이 나타난다. 화면 중앙에 나타난 창에 다음의 프로그램을 작성한다.

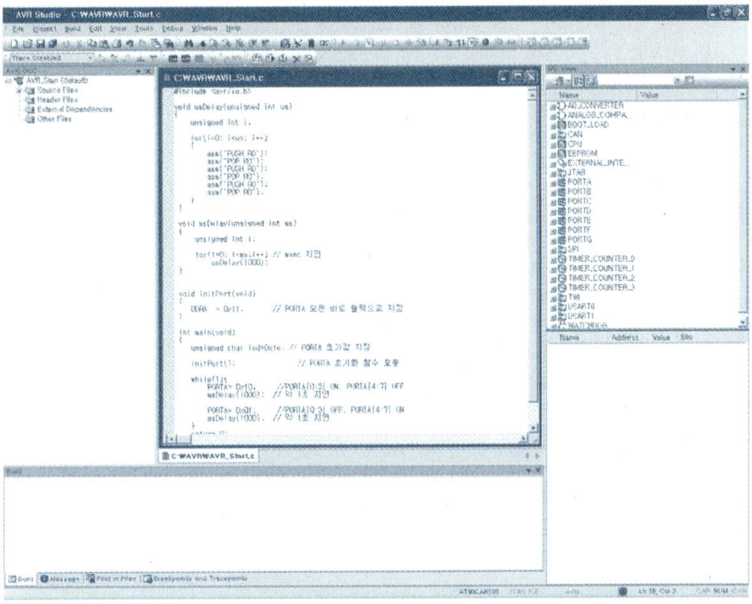

[그림 7-17] 화면 중앙에 나타난 창에 프로그램을 작성

⑥ 키패드를 이용한 인터럽트를 이용하여 7세그먼트에 표시되는 수를 변경하는 프로그램이다.

```
#include <avr/io.h>

#define LCD_RS_1   (PORTG |= 0x01)    // 데이터 입출력
#define LCD_RS_0   (PORTG &= 0xFE)   // 명령 입출력

#define LCD_RW_1   (PORTG |= 0x02)   // 읽기
#define LCD_RW_0   (PORTG &= 0xFD)   // 쓰기

#define EN_1            (PORTG |= 0x04)    // 펄스 1
#define EN_0       (PORTG &= 0xFB)   // 펄스 0

unsigned char hour, min, sec;

void us_delay(unsigned int us_time)
{
        unsigned int i;

        for(i=0; i<us_time; i++) // 4 cycle +
        {
                asm("PUSH R0"); // 2 cycle +
                asm("POP R0"); // 2 cycle +
                asm("PUSH R0");// 2 cycle +
                asm("POP R0"); // 2 cycle + =12 cycle for 11MHz
                asm("PUSH R0");// 2 cycle +
                asm("POP R0"); // 2 cycle = 16 cycle = 1us for
```

```
16MHz
        }
   }

   void ms_delay(unsigned int ms_time)
   {
     unsigned int i;

     for(i=0; i<ms_time;i++)
         us_delay(1000);
   }

   void E_Pulse(void)
   {
          EN_1;

          us_delay(100);  // 약 100usec 지연

          EN_0;
   }

   void LCD_cmd(unsigned char cmd)
   {
          LCD_RS_0;                // 명령
          LCD_RW_0;                // 쓰기
          PORTC=cmd;               // 명령 코드
          E_Pulse();               // 펄스
          ms_delay(1);            // 지연
   }

   void LCD_init(void)
   {
          ms_delay(40);

          PORTC = 0x38; // Function Set
          E_Pulse();
     us_delay(40);

          PORTC = 0x0c; // DisPlay ON/OFF Control
          us_delay(40);
          E_Pulse();

          PORTC = 0x01; // Display Clear
          ms_delay(2);
          E_Pulse();

          PORTC = 0x06; // Entry Mode Set
          E_Pulse();
   }


   void Write_Char(unsigned char buf)
   {
          LCD_RS_1;     // 문자 입출력 모드 설정
          LCD_RW_0;     // 쓰기 모드 설정
          PORTC=buf;    // 문자 출력
          E_Pulse();    // 펄스 생성
   }

   void LCD_Disp(char x,char y)
   {
          LCD_RS_0;     // 명령 모드 설정
          LCD_RW_0;     // 쓰기 모드 설정

          if(y==0)
```

```
                PORTC = x + 0x80; // 첫 번째 행
        else if(y==1)
                PORTC = x + 0xc0; // 두 번째 행
        E_Pulse();
    }

    void LCD_Write(char x, char y,char *str)
    {
        LCD_Disp(x,y);  // x열, y행으로 이동
        while(*str)
        Write_Char(*str++); //문자 출력
    }

    void initPort(void)
    {
        DDRC  = 0xff;   // 데이터/명령 지정
        DDRG  = 0xff;   // RS, RW, E 제어선 지정
    }

    //=====================================
    // 클럭 카운트 함수
    void Clock(void)
    {
        sec++;
        if(sec < 60)
                return;
        sec=0;

        min++;
        if(min<60)
                return;
        min=0;

        hour++;
        if(hour<24)
                return;
        hour=0;
  }

    //======================================
    // LCD에 시간을 표시하기 위한 함수
    void clockLCD(void)
    {
        char H10, H1, M10, M1, S10, S1;

        H10 = (hour /10) | 0x30;         // 시간 10자리 ASCII
        H1  = (hour %10) | 0x30;      // 시간 1자리 ASCII

        M10 = (min /10) | 0x30;// 분의 10자리 ASCII
        M1  = (min %10) | 0x30;// 분의 1자리 ASCII

        S10 = (sec /10) | 0x30;// 초의 10자리
        S1  = (sec %10) | 0x30;// 초의 1자리

        LCD_Disp(0, 0);                  //(0,0)
        Write_Char(H10);          // 시간 10자리
        LCD_Disp(1, 0);                  //(1,0)
        Write_Char(H1);                  // 시간 1자리

        if(sec & 0x01){           // 초가 홀수이면
                LCD_Disp(2, 0);
                Write_Char(':'); // : 출력
        }
        else{
                LCD_Disp(2, 0);  // 초가 짝수이면
```

```
                .Write_Char(' '); // blank 출력
        }

        LCD_Disp(3, 0);
        Write_Char(M10);        // 분 출력
        LCD_Disp(4, 0);
        Write_Char(M1);

        if(sec & 0x01){
                LCD_Disp(5, 0);
                Write_Char(':');
        }
        else{
                LCD_Disp(5, 0);
                Write_Char(' ');
        }
        LCD_Disp(6, 0);
        Write_Char(S10);        // 초 출력
        LCD_Disp(7, 0);
        Write_Char(S1);
}

int main(void)
{
        initPort();                     // 포트 초기화

        LCD_init();                     // LCD 초기화
        LCD_cmd(0x01);          // 화면 지우기
        LCD_Write(0,0,"Hello");                         // (0, 0)에 문자열 쓰기
        LCD_Write(0,1,"Clock Starting."); // (0, 1)에 문자열 쓰기

        ms_delay(1000);
        LCD_cmd(0x01);

        while(1){
                Clock();                        // 클럭 카운트 업
                clockLCD();             // LCD에 시계 표시
                ms_delay(1000);         // 약 1초 지연
        }
        return 0;
}
```

⑦ 프로그램을 다 작성하면 메뉴 중 Build-Build를 클릭하거나 키보드의 [F7] 버튼을 눌러 빌드(Build)한다.

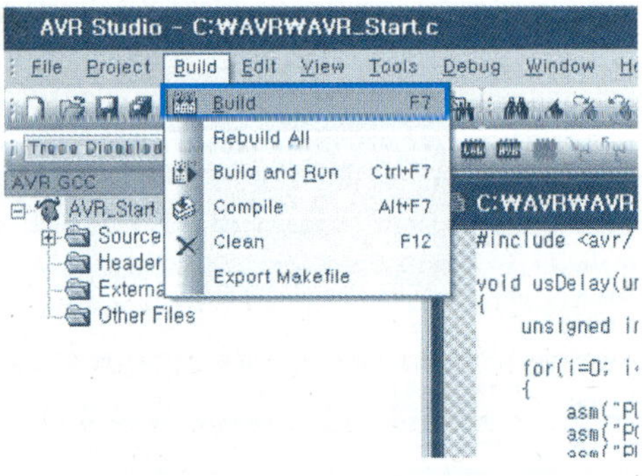


[그림 7-18] 키보드의 [F7] 버튼을 눌러 빌드

⑧ AVR Studio의 도구모음 중 아래 화면과 같은 버튼을 찾아 클릭한다.

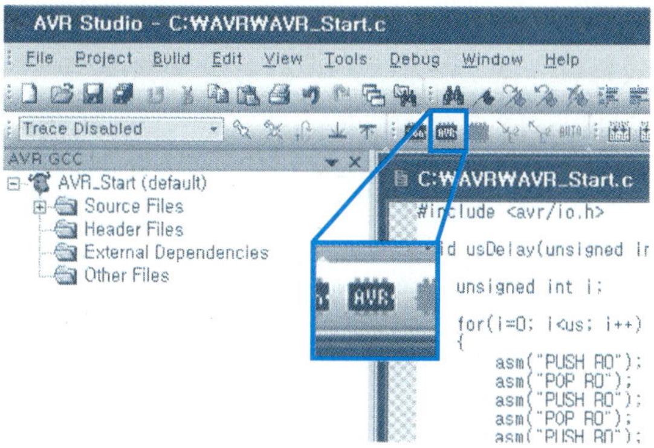


[그림 7-19] 도구모음 중 [AVR] 버튼을 찾아 클릭

⑨ 다음과 같은 화면이 나타나면 Flash 항목의 Input HEX File에 자신이 만든 폴더의 default 폴더에 생성된 hex 파일을 입력하고 [Program]을 클릭한다.

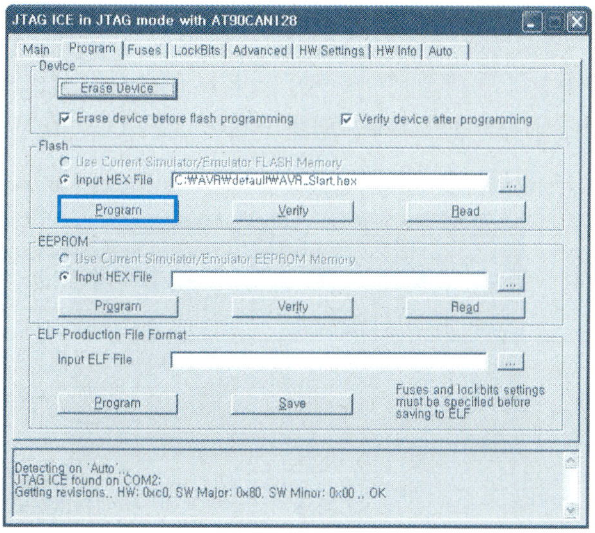


[그림 7-20] default 폴더에 생성된 hex 파일을 입력하고 [Program]을 클릭

⑩ 프로그램이 정상적으로 Flash에 다운로드되면 다음 화면과 같은 메시지를 확인할 수 있으며 프로그램이 실습장비에서 동작하는 것을 확인할 수 있다.

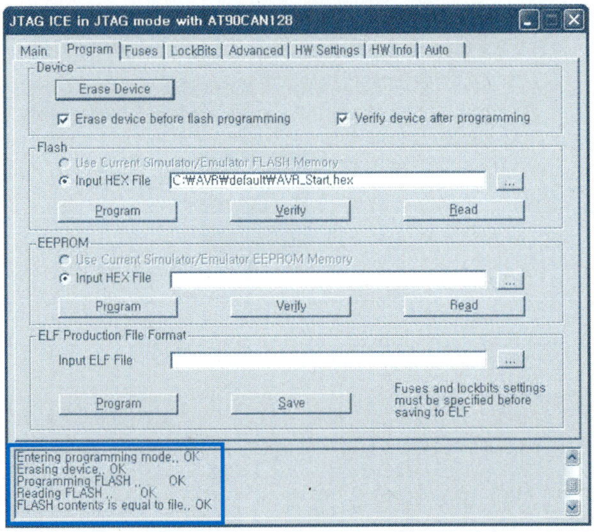


[그림 7-21] 프로그램이 실습장비에서 동작하는 것을 확인

⑪ 실제 실습장비에서 동작중인 프로그램에 의하여 문자 LCD가 시간을 출력하는 동작하는 것을 볼 수 있다.

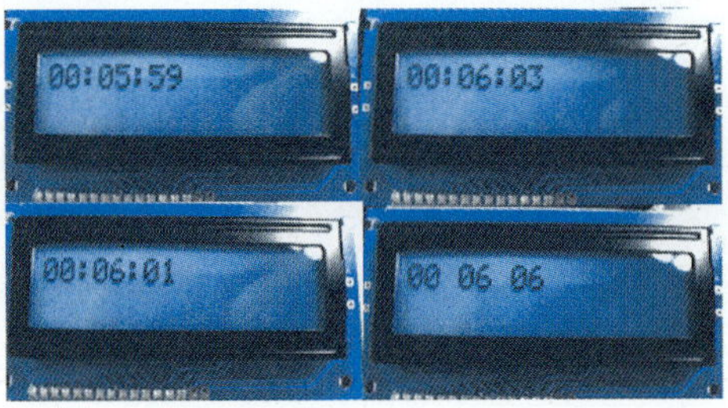


[그림 7-22] 프로그램에 의하여 문자 LCD가 시간을 출력하는 동작

# 08 Chapter 센서와 AD변환 제어

학습목표

- 센서와 AD변환에 대해 이해한다.
- 실습장비의 AD변환기 특징과 활용방법에 대해 이해한다.
- 센서의 전기신호를 AD변환하는 프로그램을 작성해본다.

## 01 광센서

광센서는 빛을 감지하는 센서이다. 빛은 태양의 빛과 같은 자연광과 사람이 만들어낸 빛인 인공광으로 나눌 수 있다. 광센서에는 검출하는 빛의 종류에 따라서 사람이 볼 수 있는 가시광선 영역을 다루는 센서와 볼 수 없는 적외선과 자외선을 다루는 센서들로 분류한다. 그리고 빛을 감지하여 처리하기 용이하도록 대부분은 전기 에너지로 변환한다. 따라서 광전 변환을 하는 형태에 따라서 광기전력 효과(photovoltaic effect), 광도전 효과(photoconductive effect), 광전자 방출(photoemission)형으로 나누기도 한다.

### 1) 광기전력 효과형

- PN 접합에서 N형과 P형 반도체의 경계층에 빛을 조사하면 전자와 정공이 발생하여 전계와 열확산에 의한 PN 접합의 전위장벽을 뛰어넘어 이동하여 기전력을 발생하는 현상이다.
- 광전효과의 일종으로써 PN 접합이나 반도체와 금속의 접합면에 빛이 입사하였을 때 기전력이 발생하는 현상이다.

### 2) 광도전 효과형

- 반도체에 빛을 조사하면 반도체 중 캐리어의 밀도가 증가하여 도전율이 증가하는 현상을 이용한다.
- 빛 에너지에 의하여 가전자대의 자유전자가 전도대로 여기되어 도전성을 나타내는 현상을 이용한다(전기저항이 작아짐).

### 3) 광전자방출 효과형

- 금속이나 금속 산화물 등에 빛이 닿았을 때 일함수보다 큰 에너지를 얻게 되며 원자상의 전자가 금속 표면에서 방출되는 효과로써 이러한 효과를 이용한 수광면을 광전면이라 한다.
- 광전효과의 일종으로써 PN 접합이나 반도체와 금속의 접합면에 빛이 입사하였을 때 기전력이 발생하는 현상이다.

[표 8-1] 광전변환을 하는 형태에 다른 분류

| 분 류 | 센서 종류 | 특 징 | 용 도 |
|---|---|---|---|
| 광기전력 효과형 | 포토다이오드<br>포토트랜지스터<br>포토사이리스터<br>(포토리플랙터, 포토인터럽터)<br>CCD, MOS 이미지 센서 | 소형, 저가,<br>전원 불필요,<br>대출력, 대전류제어 | 카메라 EE 시스템<br>스트로보<br>광전스위치<br>바코드 리더 |
| 광도전 효과형 | 광도전 셀 | 소형, 고감도, 저가 | 카메라 노출계<br>포토 릴레이<br>광제어 |
| 광전자 방출형 | 광전자 증배관,<br>광전관 | 초고감도, 응답속도 빠름,<br>펄스 계측, 미약광 검출,<br>펄스 카운터 | 정밀 광계측기기,<br>극미약 검출 |
| 자외선 센서 | Si 자외선 포토다이오드,<br>UV트론 | 소형, 전원 불필요<br>고감도 | 의료기기, 분석기기 |
| 복합형 | 포토 커플러,<br>포토 인터럽트 | 아날로그 검출 | 무접점 릴레이<br>전자장치 잡음제거<br>광전 스위치 |

## 02 온도 센서

온도를 감지하는 센서로써 일상 생활 주변에서 가장 많이 사용되고 있는 센서 중의 하나이다. 온도는 인간 생활과 밀접한 물리량이기 때문에 다양한 종류의 센서들이 있다. 온도 센서는 대상체와 센서간의 접촉여부에 따라서 접촉식과 비접촉식으로 구분된다.

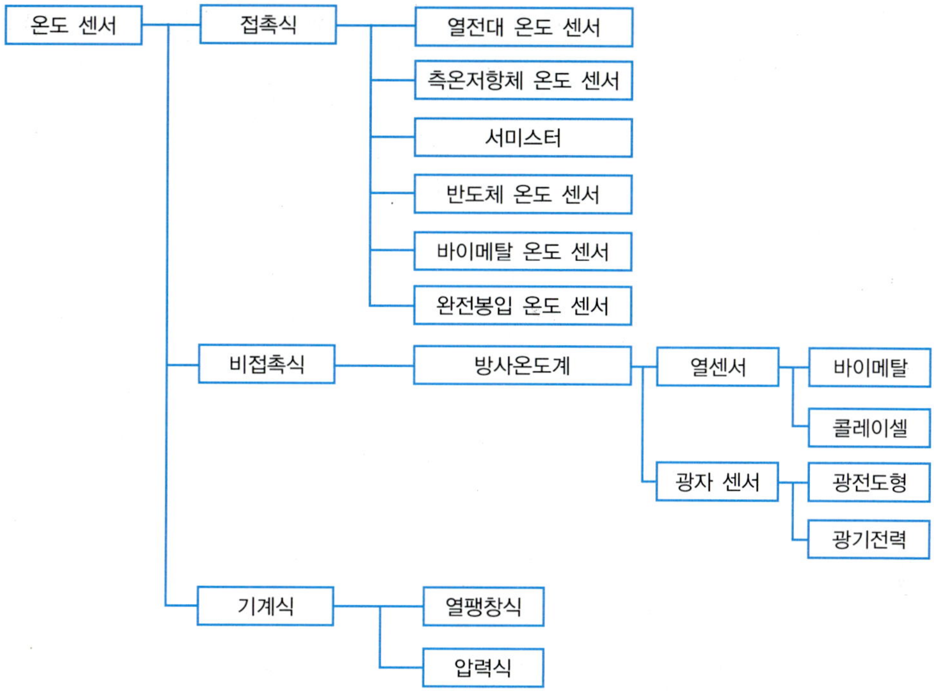


**[그림 8-1]** 온도 센서의 종류

**[표 8-2]** 접촉식과 비접촉식의 특징 비교

| | 접촉방식 | 비접촉방식 |
|---|---|---|
| 필요조건 | • 대상체와 검출소자를 접촉시켜야 하므로 접촉면이 클수록 좋다.<br>• 측정시 센서 접촉에 따른 온도변화가 없어야 한다. | • 대상체의 방사가 충분히 검출소자에 도달하여야 한다.<br>• 대상체의 실효방사율이 명확하게 알려져 있거나 재현 가능하여야 한다. |
| 특징 | • 열용량이 적은 대상체에서는 검출소자의 접촉에 의한 측정량 변화가 생기기 쉽다.<br>• 운동하고 있는 물체의 온도는 측정하기 어렵다.<br>• 측정 위치를 임의로 지정할 수 있다. | • 검출소자의 접촉을 필요하지 않으므로 측정으로 인하여 측정량이 변화하는 일은 거의 없다.<br>• 운동 물체의 온도측정이 가능하다.<br>• 일반적으로 표면 온도측정을 할 수 있다. |
| 온도범위 | 100℃ 이하의 온도측정이 용이 | 고온 측정이 용이 |
| 응답시간 | 느림 | 고속 |

# 03 AD변환

일반적인 제어기들은 온도, 압력 등의 물리량을 전압 혹은 전류의 전기 에너지로 바꾸는 것이 센서이며, 아날로그인 전압 혹은 전류를 디지털로 변환하여 마이크로프로세서 혹은 컨트롤러 시스템의 상태를 확인하고 적절한 처리를 하게 된다.

연속적인 아날로그 신호를 부호화된 디지털 신호로 변환하는 것을 아날로그-디지털 변환(Analog to Digital conversion) 혹은 AD변환이라 하고 AD변환을 하는 장치를 AD변환기(AD converter)라고 한다. AD변환기는 일반적으로 아날로그인 온도, 압력, 밝기 등의 자연계의 신호를 마이크로프로세서 혹은 마이크로컨트롤러가 처리할 수 있는 디지털 신호 혹은 데이터로 변환한다.

AD변환기는 성능 양자화 비트 수와 샘플링 주파수에 의하여 결정된다. 양자화 비트 수가 많을수록 아날로그 신호의 크기에 대한 오차가 작아지며, 샘플링 주파수가 높을수록 아날로그 신호를 충실하게 복원할 수 있다. 아날로그 신호를 충실하게 복원하기 위한 조건으로 입력 아날로그 신호의 최대 주파수를 $f_{max}$라 하고, 샘플링 주파수를 $f_s$라고 하면 샘플링 주파수와 아날로그 신호의 최대 주파수와 관계는 $f_s \geq 2f_{max}$를 만족하여야 한다.

## 1) CAN 프로세서(AT90CAN128) AD변환 특징

CAN 프로세서(AT90CAN128)는 8채널의 10비트 축차형(successive) AD변환기를 내장하고 있다. CAN 프로세서(AT90CAN128) 마이크로컨트롤러의 AD변환 특징은 다음과 같다.

- 10비트 분해능
- 변환 시간 65~260$\mu$sec
- 최대 분해능에서 15kSPS
- 8채널의 단극성 채널 입력
- 7채널의 차동 입력
- 입력전압 범위 : 0~VCC
- 인터럽트 소스 자동 트리거에 의하여 AD변환 시작
- AD변환이 완료되었을 때 인터럽트 발생
- sleep mode 잡음제거기

AD변환기의 구성은 다음과 같다.

- ADC0~ADC7 : 포트 F의 특수 기능으로 8채널 10비트 AD 아날로그 입력 단자
- AD변환 정확도 성능 향상을 위하여 독립 전원을 구성하여야 한다.
  - AVCC : 아날로그 공급 전원은 VCC의 ±0.3V를 유지하여야 한다.
  - AGND : 아날로그 접지는 반드시 GND와 연결되어야 한다.
  - AREF : 아날로그 기준 전압
- 입력전압 범위
  - 일반 모드 입력전압 범위는 0~$V_{ref}$ V이다.
  - 차동 입력 모드 입력전압 범위는 $-V_{ref}$~$V_{ref}$이다.

CAN 프로세서(AT90CAN128)의 특징은 10비트 축차 근사화 AD변환기이다. AD변환은 8채널 아날로그 멀티플렉서에 연결되어 있다.

## 2) AD변환 관련 레지스터

AD변환에 관련된 레지스터는 [표 8-3]과 같이 PORTF, ADMUX, ADCSRA, ADCH, ADCL, ADCSRB, DIDR0이다.

[표 8-3] AD변환에 사용하는 CAN 프로세서(AT90CAN128) 레지스터

| 레지스터 이름 | 기능 | 전원 투입시 리셋값 |
|---|---|---|
| ADMUX | 멀티플렉스 선택 레지스터 | 0000 0000 |
| ADCH | AD변환 상위 레지스터 | 0000 0000 |
| ADCL | AD변환 하위 레지스터 | 0000 0000 |
| ADCSRA | 플래그 레지스터 | 0000 0000 |
| ADCSRB | 인터럽트 허용 레지스터 | 0000 0000 |
| DIDR0 | 비동기 상태 레지스터 | 0000 0000 |

[표 8-4] 변환 관련 레지스터와 각 비트 속성

| 레지스터 | 비트 7 | 비트 6 | 비트 5 | 비트 4 | 비트 3 | 비트 2 | 비트 1 | 비트 0 |
|---|---|---|---|---|---|---|---|---|
| ADMUX | REFS1 | REFS0 | ADLAR | MUX4 | MUX3 | MUX2 | MUX1 | MUX0 |
| ADCSRA | ADEN | ADSC | ADATE | ADIF | ADIE | ADPS2 | ADPS1 | ADPS0 |
| ADCH | ADLAR = 0, 오른쪽 정렬 ADLAR=1, 왼쪽 정렬 | | | | | | | |
| ADCL | ADLAR = 0, 오른쪽 정렬 ADLAR=1, 왼쪽 정렬 | | | | | | | |
| ADCSRB | ADHSM | ACME | – | – | – | ADTS2 | ADTS1 | ADTS0 |
| DIDR0 | ADC7D | ADC6D | ADC5D | ADC4D | ADC3D | ADC2D | ADC1D | ADC0D |

### (1) ADMUX(ADC Multiplexer Selection Register) 레지스터

기준 전압을 선택하고 변환결과 조정을 좌측으로 할 것인지 우측으로 할 것인지를 결정하며 AD변환기의 입력을 선택한다.

[표 8-5] ADMUX 레지스터 각 비트의 속성

| 이름 | 비트 7 | 비트 6 | 비트 5 | 비트 4 | 비트 3 | 비트 2 | 비트 1 | 비트 0 |
|---|---|---|---|---|---|---|---|---|
| ADMUX | REFS1 | REFS0 | ADLAR | MUX4 | MUX3 | MUX2 | MUX1 | MUX0 |
| 리셋값 | 0 | 0 | 0 | 0 | 0 | 0 | 0 | 0 |
| Read/Write | R/W | R/W | R/W | R/W | R/W | R/W | R/W | R/W |

• 비트 7:6(REFS1, REFS0, Reference Selection Bits)

[표 8-5]와 같이 비트 7:6은 AD변환을 기준전압을 선택한다. AD변환 중에 이 비트들이 변한다면 변환이 완료될 때까지는(ADCSRA의 ADIF 비트가 1(set)될 때까지) 영향을 주지 못한다. 외부 기준 전압이 AREF 핀에 공급되고 있다면 내부 기준 전압은 사용되지 않는다.

• 비트 5(ADLAR, ADC Left Adjust Result)

ADLAR 비트는 ADC 데이터 레지스터에 ADC변환 결과의 정렬 방법에 영향을 준다. ADLAR=1이면 왼쪽 정렬을 하게 되고 ADLAR=0이면 오른쪽 정렬을 한다. AD변환 중에 있다하더라도 ADLAR 비트의 변화는 ADC 데이터 레지스터에 즉시 영향을 준다.

• 비트 4:0(MUX4:0, Analog Channel Selection Bits)

MUX4:0의 5 비트는 AD변환기에 연결된 아날로그 입력들 중에서 하나를 선택한다.

차동 채널(differential channel)을 위한 이득을 선택할 수도 있다. 이 비트로 선택할 수 있는 입력 채널과 이득은 [표 8-6]과 같다. 변환 중에 이들 비트가 변한다면, 변환이 완료될 때까지(ADCSRA의 ADIF 비트가 1(set)될 때까지) 비트의 변화가 영향을 주지 못한다.

**[표 8-6]** AD변환 기준 전압 설정

| REFS1 | REFS0 | 기준 전압 선택 |
|---|---|---|
| 0 | 0 | AREF, 내부 $V_{ref}$ 사용하지 않음 |
| 0 | 1 | AREF핀에 외부 커패시터를 가진 AVCC |
| 1 | 0 | 예약 |
| 1 | 1 | AREF핀에 외부 커패시터 가진 내부 2.56V 기준 전압 |

앞에서 언급한 ADMUX 레지스터의 기능을 정리하면 [그림 8-2]와 같다.

| REFS1 | REFS0 | 기준 전압 선택 |
|---|---|---|
| 0 | 0 | AREF, 내부 $V_{ref}$ 사용하지 않음 |
| 0 | 1 | AREF핀에 외부 커패시터를 가진 AVCC |
| 1 | 0 | 예약 |
| 1 | 1 | AREF핀에 외부 커패시터 가진 내부 2.56V 기준 전압 |

ADC 왼쪽 정렬

| 주소 | 이름 | 비트 7 | 비트 6 | 비트 5 | 비트 4 | 비트 3 | 비트 2 | 비트 1 | 비트 0 |
|---|---|---|---|---|---|---|---|---|---|
| $ | ADMUX | REFS1 | REFS0 | ADLAR | MUX4 | MUX3 | MUX2 | MUX1 | MUX0 |
| 리셋값 | | 0 | 0 | 0 | 0 | 0 | 0 | 0 | 0 |
| Read/Write | | R/W | R/W | R/W | R/W | R/W | R/W | R/W | R/W |

AD 입력 선택

**[그림 8-2]** ADMUX 레지스터의 기능

### (2) ADCSRA(ADC Control and Status Register A) 레지스터

AD변환 가능 및 시작 등의 제어와 인터럽트 플래그 및 인터럽트 허용(enable) 및 제어(control)가 가능한 레지스터이다.

[표 8-7] ADCSRA 레지스터의 각 비트 속성

| 이름 | 비트 7 | 비트 6 | 비트 5 | 비트 4 | 비트 3 | 비트 2 | 비트 1 | 비트 0 |
|---|---|---|---|---|---|---|---|---|
| ADCSRA | ADEN | ADSC | ADATE | ADIF | ADIE | ADPS2 | ADPS1 | ADPS0 |
| 리셋값 | 0 | 0 | 0 | 0 | 0 | 0 | 0 | 0 |
| Read/Write | R/W | R/W | R/W | R/W | R/W | R/W | R/W | R/W |

- 비트 7(ADEN, ADC enable)

ADEN 비트에 1을 설정하면 AD변환을 가능하게 한다. 0을 설정하면 AD변환을 하지 않는다. 변환을 하고 있는 동안에 ADEN이 0으로 설정되면 변환이 종료된다.

- 비트 6(ADSC, ADC Start Conversion)

단일 변환 모드(single conversion mode)에서 ADSC 비트에 1을 쓰면 변환이 시작된다. 자유 실행 모드(free running mode) ADSC 비트 1을 쓰면 첫 번째 변환을 시작한다. AD 변환하고 ADSC가 설정된 후 첫 번째 변환이 가능해지거나 AD변환 허용과 동시에 ADSC가 쓰여진다면 일반적인 13클럭 대신 25클럭의 AD변환 클럭이 소요된다.

- 비트 5(ADATE, ADC Auto Trigger Enable)

ADATE 비트가 1이 될 때 AD변환의 자동 트리거 기능이 허용된다. 선택된 트리거 신호의 상승에지(positive edge)에서 AD변환이 시작된다. 트리거 신호는 AD변환 트리거 선택 비트(ADCSRB의 ADTS)의 설정에 의하여 결정된다.

- 비트 4(ADIF, ADC Interrupt Flag)

AD변환이 완료되었을 때 ADIF 비트가 1이 되고 데이터 레지스터가 갱신된다. ADIE 비트와 SREG 레지스터의 I비트가 1이면 AD변환 완료 인터럽트(complete interrupt)가 실행된다. 인터럽트 벡터에 대응하는 인터럽트 서비스 루틴이 실행될 때 ADIF는 하드웨어에 의하여 0으로 설정된다. 플래그에 1을 씀으로써 ADIF는 0(clear)이 된다. ADCSRA에 대하여 읽기-수정하기-쓰기를 한다면 진행중인 인터럽트는 실행되지 않는다(disable). SBI와 CBI 명령으로 ADIF를 수정할 수 있다.

- 비트 3(ADIE, ADC Interrupt Enable)

ADIE 비트가 1이고 SREG 레지스터의 I비트가 1이면 AD변환 완료 인터럽트(ADC complete interrupt)가 활성화된다.

• 비트 2:0(ADPS2:0, ADC Prescaler Select Bits)

이 비트들은 AD변환에 있어 수정발진자(XTAL) 주파수와 입력 클럭의 나누기 값(division factor)이다.

[표 8-8] AD변환 프리스케일 선택

| ADPS2 | ADPS1 | ADPS0 | 나누기 값(Division Factor) |
|---|---|---|---|
| 0 | 0 | 0 | 2 |
| 0 | 0 | 1 | 2 |
| 0 | 1 | 0 | 4 |
| 0 | 1 | 1 | 8 |
| 1 | 0 | 0 | 16 |
| 1 | 0 | 1 | 32 |
| 1 | 1 | 0 | 64 |
| 1 | 1 | 1 | 128 |

그림으로 정리하면 [그림 8-3]과 같다.

ADC 인에이블
ADC변환 시작
ADC 자동 트리거 인에이블

| 주소 | 이름 | 비트 7 | 비트 6 | 비트 5 | 비트 4 | 비트 3 | 비트 2 | 비트 1 | 비트 0 |
|---|---|---|---|---|---|---|---|---|---|
| $ | ADMUX | REFS1 | REFS0 | ADLAR | MUX4 | MUX3 | MUX2 | MUX1 | MUX0 |
| 리셋값 | | 0 | 0 | 0 | 0 | 0 | 0 | 0 | 0 |
| Read/Write | | R/W | R/W | R/W | R/W | R/W | R/W | R/W | R/W |

ADC 인터럽트 플래그
ADC 인터럽트 인에이블

| ADPS2 | ADPS1 | ADPS0 | 프리스케일 나누기 값 |
|---|---|---|---|
| 0 | 0 | 0 | 2 |
| 0 | 0 | 1 | 2 |
| 0 | 1 | 0 | 4 |
| 0 | 1 | 1 | 8 |
| 1 | 0 | 0 | 16 |
| 1 | 0 | 1 | 32 |
| 1 | 1 | 0 | 64 |
| 1 | 1 | 1 | 128 |

[그림 8-3] ADCSRA(ADC Control and Status Register A) 레지스터

### (3) ADCL과 ADCH(The ADC Data Register)

• ADLAR=0일 때

[표 8-9] ADLAR 레지스터의 각 비트 속성

| 이름 | 비트 7 | 비트 6 | 비트 5 | 비트 4 | 비트 3 | 비트 2 | 비트 1 | 비트 0 |
|---|---|---|---|---|---|---|---|---|
| ADCH | – | – | – | – | – | – | ADC9 | ADC8 |
| ADCL | ADC7 | ADC6 | ADC5 | ADC4 | ADC3 | ADC2 | ADC1 | ADC0 |
| 리셋값 | 0 | 0 | 0 | 0 | 0 | 0 | 0 | 0 |
| Read/Write | R | R | R | R | R | R | R | R |

• ADLAR=1일 때

[표 8-10] ADLAR 레지스터의 각 비트 속성

| 주소 | 이름 | 비트 7 | 비트 6 | 비트 5 | 비트 4 | 비트 3 | 비트 2 | 비트 1 | 비트 0 |
|---|---|---|---|---|---|---|---|---|---|
| $ | ADCH | ADC9 | ADC8 | ADC7 | ADC6 | ADC5 | ADC4 | ADC3 | ADC2 |
| $ | ADCL | ADC1 | ADC0 | – | – | – | – | – | – |
| 리셋값 | | 0 | 0 | 0 | 0 | 0 | 0 | 0 | 0 |
| Read/Write | | R | R | R | R | R | R | R | R |

AD변환이 완료되었을 때 이 두 레지스터 AD변환된 결과가 저장된다. 차동 채널이 사용될 때는 결과가 2의 보수 형식으로 표현된다.

• ADC9:0(ADC Conversion Result)

AD변환된 결과값이 저장되는 비트이다.

### (4) ADCSRB(ADC Control and Status Register) 레지스터

[표 8-11] ADCSRB 레지스터의 각 비트 속성

| 이름 | 비트 7 | 비트 6 | 비트 5 | 비트 4 | 비트 3 | 비트 2 | 비트 1 | 비트 0 |
|---|---|---|---|---|---|---|---|---|
| ADCSRB | – | ACME | – | – | – | ADTS2 | ADTS1 | ADTS0 |
| 리셋값 | 0 | 0 | 0 | 0 | 0 | 0 | 0 | 0 |
| Read/Write | R | R/W | R | R | R | R/W | R/W | R/W |

• 비트 7, 5:3(Reserved Bit)

ATMEL 설계자가 미래에 사용하기 위하여 현재 사용하지 않는 비트이다.

• 비트 2:0(ADTS2:0, ADC Auto Trigger Source)

ADCSRB의 ADATE 비트가 1이면 비트 2:0 설정에 의하여 선택된 AD변환 소스에 의하여 트리거된다. ADATE가 0이 되면 ADTS2:0의 설정은 무의미하게 된다. 선택된 인터럽트 플래그의 상승 에지에 의하여 변환이 트리거된다.

[표 8-12] AD변환 자동 트리거 소스 신호 선택

| ADTS2 | ADTS1 | ADTS0 | 트리거 소스(Trigger Source) |
|---|---|---|---|
| 0 | 0 | 0 | 자유 실행 모드<br>(Free Running Mode) |
| 0 | 0 | 1 | 아날로그 비교기 |
| 0 | 1 | 0 | 외부 인터럽트 요구 0 |
| 0 | 1 | 1 | 타이머/카운터 0 비교 정합 |
| 1 | 0 | 0 | 타이머/카운터 0 오버플로우 |
| 1 | 0 | 1 | 타이머/카운터 1 비교 정합 B |
| 1 | 1 | 0 | 타이머/카운터 1 오버플로우 |
| 1 | 1 | 1 | 타이머/카운터 1 캡처 이벤트 |

### (5) DIDR0(Digital Input Data Disable Register) 레지스터

1로 설정된 비트의 아날로그 입력 핀에 대한 디지털 입력을 0으로 처리한다.

• 비트 7:0(Digital Input Disable)

특정 비트가 1로 설정될 때 대응하는 AD변환 핀에 디지털 입력 버퍼 기능은 없어진다. 1로 설정된 비트의 PIN 레지스터의 비트값은 항상 0으로 읽혀진다. 비트 7:0이 아날로그 입력이 사용될 때는 이 핀에 대한 디지털 입력은 필요하지 않기 때문이다. 디지털 입력 버퍼의 전력소모를 줄이기 위해서는 해당 비트를 1로 설정하는 것이 필요하다.

## 04 센서와 AD변환 실습

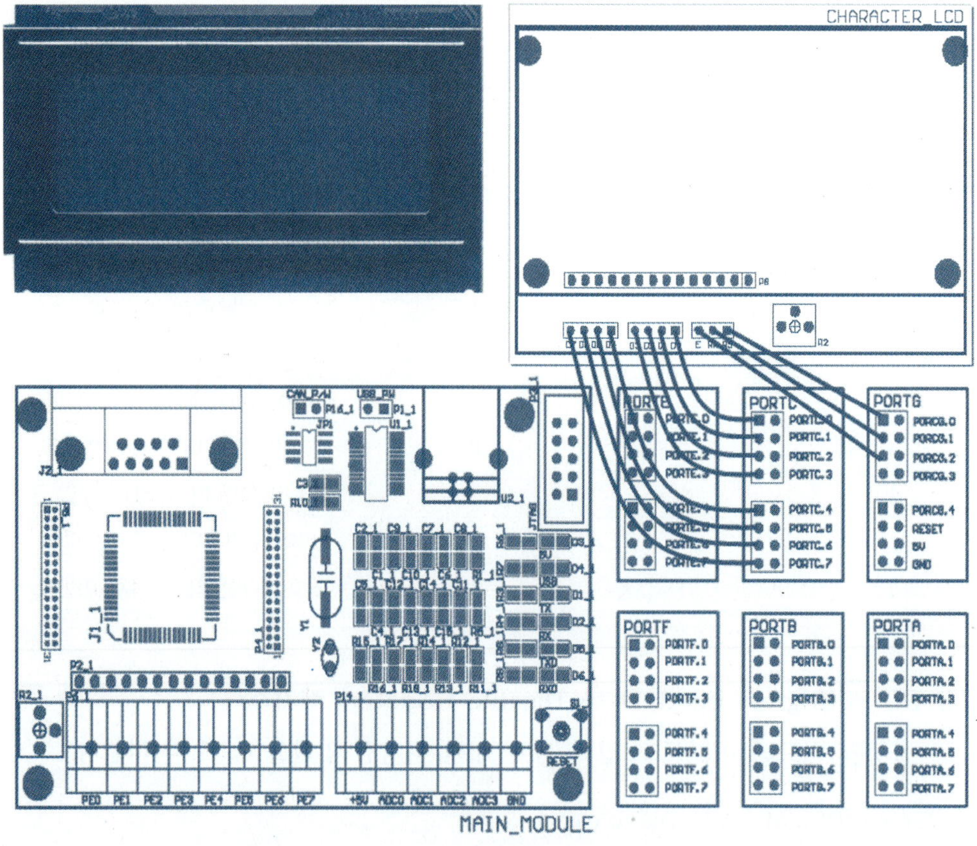

[그림 8-4] 센서와 AD변환 실습을 위한 선 연결

[표 8-13] CPU 모듈과 LCD 모듈간의 선 연결

| 문자 LCD | RS | RW | E | D0 | D1 | D2 | D3 | D4 | D5 | D6 | D7 |
|---|---|---|---|---|---|---|---|---|---|---|---|
| Port | PG0 | PG1 | PG2 | PC0 | PC1 | PC2 | PC3 | PC4 | PC5 | PC6 | PC7 |

[표 8-14] CPU 모듈과 센서 모듈간의 선 연결

| data | VR | Temperature Sensor | CDS |
|---|---|---|---|
| Port | PF0 | PF1 | PF2 |

## 실습 1 각 센서의 아날로그 신호를 디지털 변환한 값을 문자 LCD로 확인하는 프로그램

① [그림 8-4]를 보고 실습장비에 배선을 한다.

② 작업 표시줄 시작-모든 프로그램에서 Atmel AVR Tools를 찾아 클릭한다.

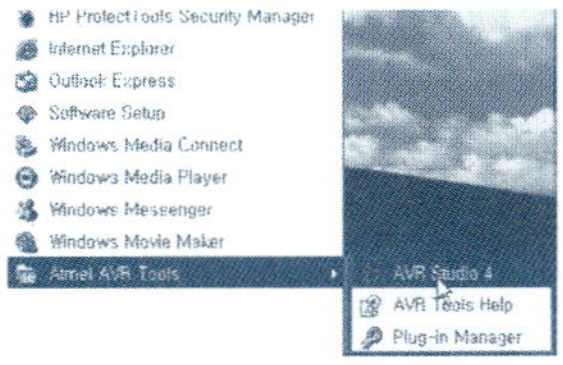


[그림 8-5] Atmel AVR Tools를 찾아 클릭

③ 프로그램을 시작하게 되면 다음과 같은 화면이 나오게 된다. [New Project]를 클릭한다.

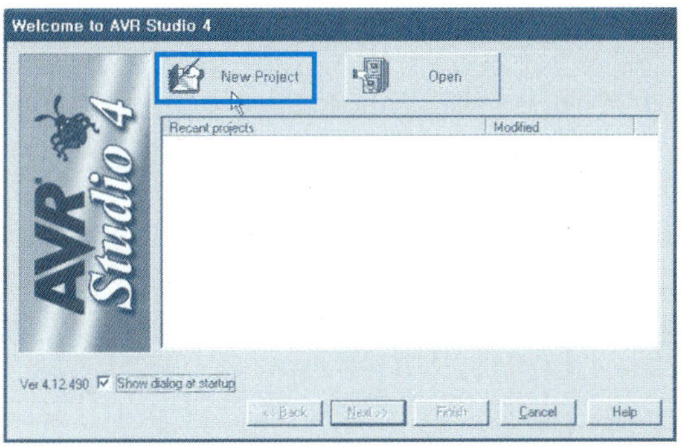


[그림 8-6] [New Project]를 클릭

④ 다음과 같은 화면이 나오면 Project type에서 AVR GCC를 선택하고 Project name에 원하는 이름을 입력한 후 [Next]를 클릭한다.

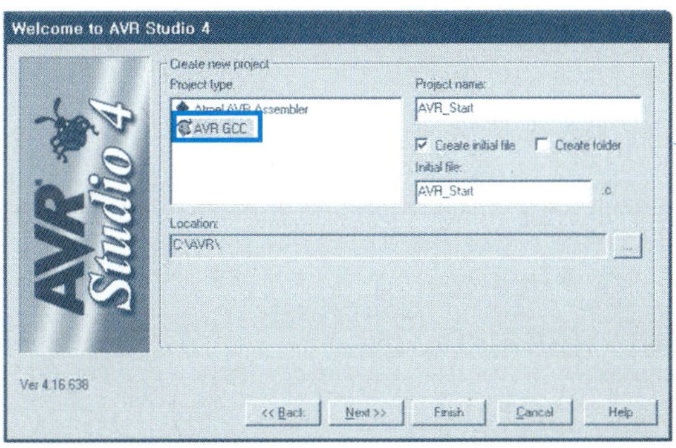


[그림 8-7] 원하는 이름을 입력한 후 [Next]를 클릭

⑤ Debug platform에서 JTAG ICE를 선택하고 Device는 AT90CAN128을 선택하고 [Finish]를 클릭한다.

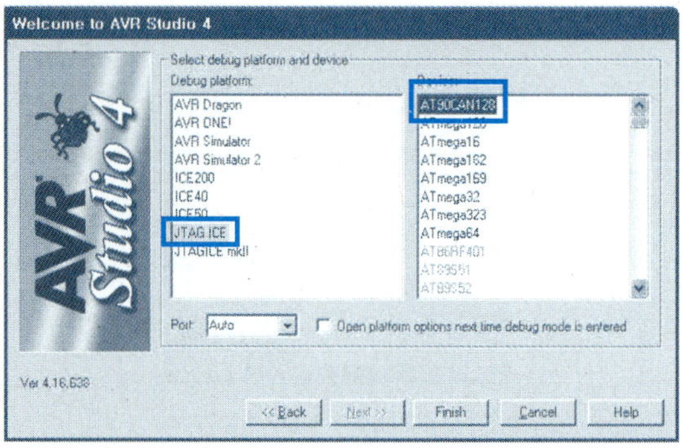


[그림 8-8] Device는 AT90CAN128을 선택하고 [Finish]를 클릭

⑥ [Finish]를 클릭하고 나면 다음과 같은 화면이 나타난다. 화면 중앙에 나타난 창에 다음의 프로그램을 작성한다.

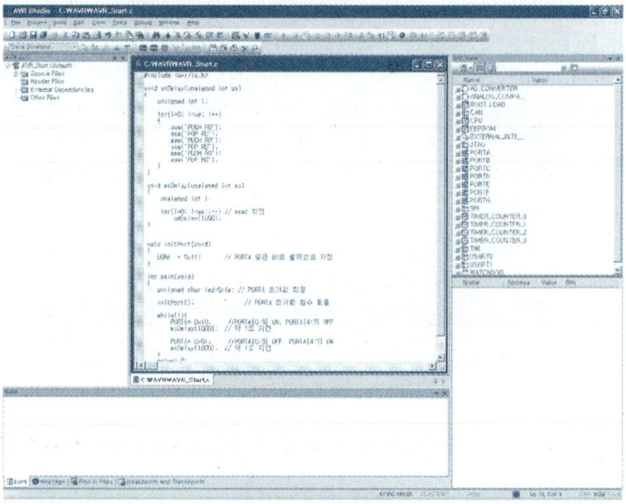

[그림 8-9] 화면 중앙에 나타난 창에 프로그램을 작성한다

⑦ 각 센서의 아날로그 신호를 디지털 변환한 값을 문자 LCD로 확인하는 프로그램이다.

```
/*=========================================================
        program : Analog digital converter
        file : 10adc01.c
        author : Park, Jang Sik
        date : 2006. 10. 08
=========================================================*/
#include <avr/io.h>
```

```
#include <avr/interrupt.h>

unsigned int ADdata;

char table1[15]=”HyBus”;
char table2[11]=”Electronics”;

#define PE4_Clear       (PORTE &= 0xEF)
#define PE4_Set         (PORTE |= 0x10)
#define PE4_IN (DDRE &= 0xEF)
#define PE4_OUT         (DDRE |= 0x10)

#define LCD_RS_1  (PORTG |= 0x01)
#define LCD_RS_0  (PORTG &= 0xFE)

#define LCD_RW_1  (PORTG |= 0x02)
#define LCD_RW_0  (PORTG &= 0xFD)

#define EN_1      (PORTG |= 0x04)
#define EN_0      (PORTG &= 0xFB)

unsigned short tick=0, pulse_check=0, pulse_end=0;

void us_delay(unsigned int us_time)
{
        unsigned int i;

        for(i=0; i<us_time; i++) // 4 cycle +
        {
                asm(“PUSH R0”); // 2 cycle +
                asm(“POP R0”); // 2 cycle +
                asm(“PUSH R0”); // 2 cycle +
                asm(“POP R0”);  // 2 cycle + =12 cycle for 11.0592MHz
                asm(“PUSH R0”); // 2 cycle +
                asm(“POP R0”);  // 2 cycle = 16 cycle = 1us for 16MHz
        }
}

void ms_delay(unsigned int ms_time)
{
    unsigned int i;

    for(i=0; i<ms_time;i++)
        us_delay(1000);
}

//=====================================
// LCD display
void E_Pulse(void)
{
        EN_1;

        us_delay(100);

        EN_0;
}
```

```

void LCD_init(void)
{
        ms_delay(40);

        PORTC = 0x38;   // Function Set
        E_Pulse();
        us_delay(40);

        PORTC = 0x0c; // DisPlay ON/OFF Control
        us_delay(40);
        E_Pulse();

        PORTC = 0x01; // Display Clear
        ms_delay(2);
        E_Pulse();

        PORTC = 0x06; // Entry Mode Set
        E_Pulse();
}

void Write_Char(unsigned char buf)
{
        LCD_RS_1;
        LCD_RW_0;
        PORTC=buf;
        E_Pulse();
}

void LCD_cmd(unsigned char cmd)
{
        LCD_RS_0;
        LCD_RW_0;
        PORTC=cmd;
        E_Pulse();
}

void LCD_Disp(char x,char y)
{
        LCD_RS_0;
        LCD_RW_0;

        if(y==0) PORTC = x + 0x80;
        else if(y==1) PORTC = x + 0xc0;
        E_Pulse();
}

void LCD_Write(char x, char y,char *str)
{
        LCD_Disp(x,y);
        while(*str)
        Write_Char(*str++);
}

//============================================================
// PF0 : ADC0 가변저항
```

```
// PF1 : ADC1 온도
// PF2 : ADC2 CDS
// PF3 : ADC3 -
//===============================================================
void initAdc(void){
        ADMUX = 0x40;   // 기준 전압 외부 커패시터 가진 AVCC 0번 AD 채널
                        // **********************************
                        // 0x40 - 가변저항
                        // 0x41 - 온도 센서
                        // 0x42 - 광센서

        ADCSRA= 0xc8;
        DDRF  = 0xf0;   // PortF[0..3] input
        DIDR0 = 0x0f;   // digital input disable PR[0..4]
}

SIGNAL(ADC_vect){
unsigned char i;
unsigned int sbuff;

        ADCSRA &= ~0x80;

        ADdata=0;
        for(i=0; i<4; i++){
                sbuff= ADCL;                // 하위 바이트 읽기
                sbuff= sbuff + ADCH * 256;  // 상위 바이트 읽기 * 256
                ADdata += sbuff;
        }
        //ADCSRA |= 0x10;                   // ADIF set
        ADCSRA |= ~0x80;
}

void ADcLCD(void)
{
        unsigned char Buff;
        unsigned char AD100, AD10, AD1;

        ADdata >>= 2;
        ADdata = ADdata * 500/1024;

        AD100= (ADdata /100) | 0x30;
        Buff= ADdata % 100;
        AD10= (Buff / 10) | 0x30;
        AD1 = (Buff % 10) | 0x30;

        LCD_Disp(5, 1);
        Write_Char(AD100);

        LCD_Disp(6, 1);
        Write_Char(AD10);

        LCD_Disp(7, 1);
        Write_Char(AD1);


        ADCSRA = 0xc8;
```

```
}

//========================================
// port init
void initPort(void)
{
        DDRC  = 0xff;
        PORTC = 0xff;
        DDRG  = 0xff;
        DDRE  = 0xef;
        PORTE = 0x10;
        DDRF  = 0xf0;
}

int main(void)
{
        initPort();     // 입출력 포트 초기화

   LCD_init();     // LCD 초기화
        initAdc();      // AD변환 초기화

        sei();          // INT enable

        LCD_cmd(0x01);
        ms_delay(50);

        LCD_Write(0,0, table1);
        LCD_Write(0,1, table2);
        ms_delay(1000);

        LCD_cmd(0x01);
        ms_delay(50);

        LCD_Write(0, 0, "ADC ON");
        LCD_Write(0, 1, "VOL:");
        while(1){
                ADcLCD();       // AD변환 표시
        }

 }
```

⑧ 프로그램을 다 작성하면 메뉴 중 Build-Build를 클릭하거나 키보드의 [F7] 버튼을 눌러 빌드(Build)한다.

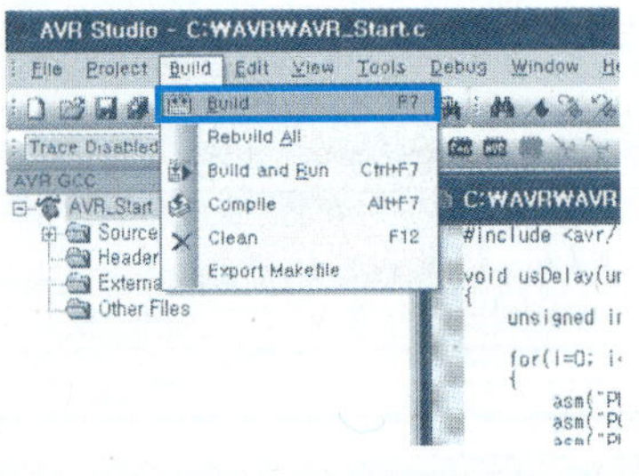


[그림 8-10] 키보드의 [F7] 버튼을 눌러 빌드

⑨ AVR Studio의 도구모음 중 아래 화면과 같은 버튼을 찾아 클릭한다.

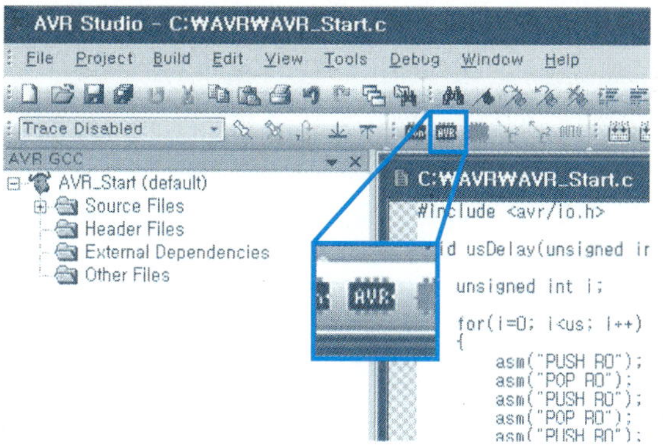


[그림 8-11] 도구모음 중 [AVR] 버튼을 찾아 클릭

⑩ 다음과 같은 화면이 나타나면 Flash 항목의 Input HEX File에 자신이 만든 폴더의 default 폴더에 생성된 hex 파일을 입력하고 [Program]을 클릭한다.

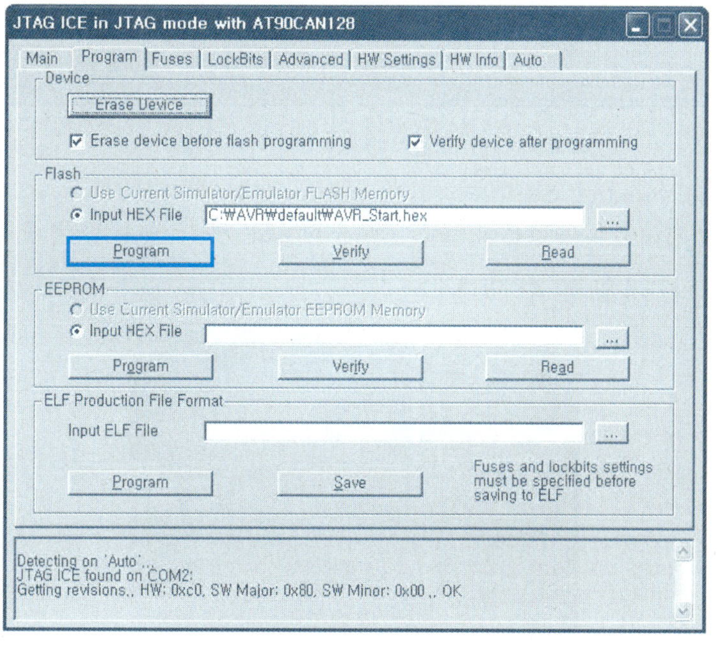


[그림 8-12] default 폴더에 생성된 hex 파일을 입력하고 [Program]을 클릭

⑪ 프로그램이 정상적으로 Flash에 다운로드되면 다음 화면과 같은 메시지를 확인할 수 있으며 프로그램이 실습장비에서 동작하는 것을 확인할 수 있다.

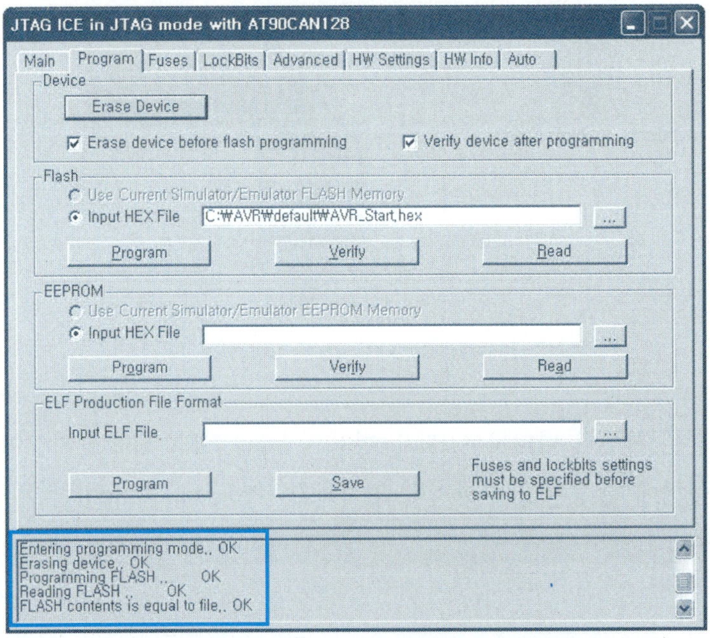


[그림 8-13] 실습장비에서 동작하는 것을 확인

⑫ 실제 실습장비에서 동작중인 프로그램에 의하여 가변저항을 돌려서 조작하면 센서가 동작하는 것을 볼 수 있다.

[그림 8-14] 동작중인 프로그램에 의하여 가변저항을 돌려서 조작하면 센서가 동작확인

⑬ 125번째 줄의 소스를 0×41, 0×42로 차례로 바꾸어가며 실행한다면 온도 센서와 광센서의 동작도 확인할 수 있다.

[그림 8-15] 온도 센서의 값 변화 : 평상시의 온도 센서 수치와 손가락을 대고 측정한 수치

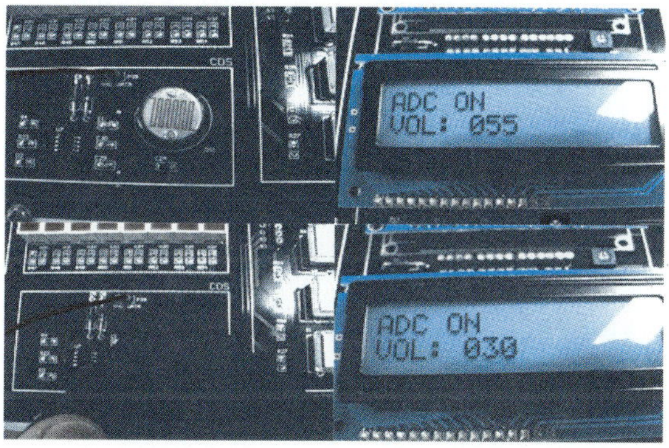


[그림 8-16] 광센서의 값 변화 : 평상시의 광센서 수치와 광센서를 가리고 측정한 수치

# Chapter 09 직렬통신 제어

학습목표

- 직렬통신에 대해 이해한다.
- 초음파 센서를 이용한 측정값을 직렬통신을 통해 확인해 본다.

## 01 직렬통신 개요

### 1) RS-232

직렬통신에 대한 국제규격 RS-232는 1969년 미국전자공업회(EIA : Electronic Industries Association)에서 제정하였다. RS-232는 직렬 인터페이스의 표준규격으로 모뎀, 개인용 컴퓨터의 주변기기 등에 널리 사용되었다.

RS-232는 PC와 음향 커플러, 모뎀 등을 접속하는 직렬 방식의 인터페이스 중의 하나이다. 인터페이스는 포트라고 하여 일반적으로 직렬 포트(serial port)라고 불리기도 한다.

원래의 목적은 터미널 단말기와 모뎀 접속용으로 사용되었다. CCITT(현재 ITU-T)가 V.24, V.28을 권하고 있던 것을 미국 EIA에 의하여 통신용 규격화한 것으로 텔레타이프라이터, PC 등의 데이터 단말장치(DTE : Data Terminal Equipment), 모뎀 등의 데이터 회선 종단 장치(DCE : Data Circuit Terminating Equipment)를 접속하여 데이터를 전송을 하기 위한 전기적, 기계적인 특성을 정의한 것이다.

RS-232는 근본적으로 병렬통신보다 전송속도는 느리고 비평형 회로이기 때문에 전송회로로서 잡음 성능이 나쁘다. 그리고 RS-232 대신 속도가 빠른 USB로 급격하게 대체되고 있지만 아직까지 산업용으로 널리 사용되고 있다. RS-232의 주요 특징은 다음과 같다.

- 전송거리가 짧다 : 15m 이내
- 전송속도가 느리다 : 20kbps 이하
- 잡음에 대하여 취약하다.

## 02 CAN 프로세서(AT90CAN128) 직렬통신 특징

### 1) 직렬통신 특징

USART(Universal Synchronous and Asynchronous serial Receiver and Transmitter)는 대단히 유연성이 높은 시리얼 통신장치이다. AT90CAN128의 USART 주요 특징은 다음과 같다.

- 전이중통신(독립적인 직렬 수신 및 송신 레지스터가 있음)
- 비동기 혹은 동기 동작
- 마스터 혹은 슬레이브의 클럭에 의한 동기
- 고해상도의 보레이트 발생기(baud rate generator)
- 시리얼 프레임은 5, 6, 7, 8 혹은 9 데이터 비트와 1 혹은 2개의 Stop 비트로 구성된다.
- 하드웨어에 의하여 지원되는 홀수 혹은 짝수의 패리티 발생과 패리티 체크 기능
- 데이터 오버런(data overrun) 검출
- 프레이밍 오류 검출
- 잘못된 시작 비트 검출과 디지털 저역통과 필터를 포함하는 잡음 필터링
- 송신 완료, 송신 데이터 엠프티(empty) 수신완료 3가지 분리된 인터럽트
- 다중 프로세서 통신 모드
- 2배속 비동기 통신 모드

CAN 프로세서(AT90CAN128)에는 USART0와 USART1로 된 2개의 USART가 있다. USART0와 1은 다른 I/O 레지스터를 갖는다. 많은 레지스터와 비트 레퍼런스가 이 장에서는 필요하다.

### 2) 직렬통신 구성

CAN 프로세서(AT90CAN128)의 USART 블록 다이어그램은 [그림 9-1]과 같다. 블록 다이어그램에서 n은 USART 번호를 나타내며 0 또는 1이다. 그런데, 프로그램을 하면서 레지스터와 비트 정의를 사용할 때는 정확한 형식으로 사용하여야 한다. 즉, USART0의 입출력 데이터에 접근하기 위해서는 UDR0을 사용하여야 한다.

기본적은 클럭 발생기(clock generator), 송신기(transmitter), 수신기(receiver) 그리고 상태 및 제어 레지스터(status and control register)로 구성되어 있다.

클럭 발생 로직(clock generation logic)은 비동기 슬레이브 동작에 사용되는 외부 클럭 입력에 대한 동기로직(synchronous logic)과 보레이트 발생기(baud rate generator)로 구성된다. XCKn(전송 클럭, transfer Clock) 핀은 동기 전송 모드에서만 사용된다.

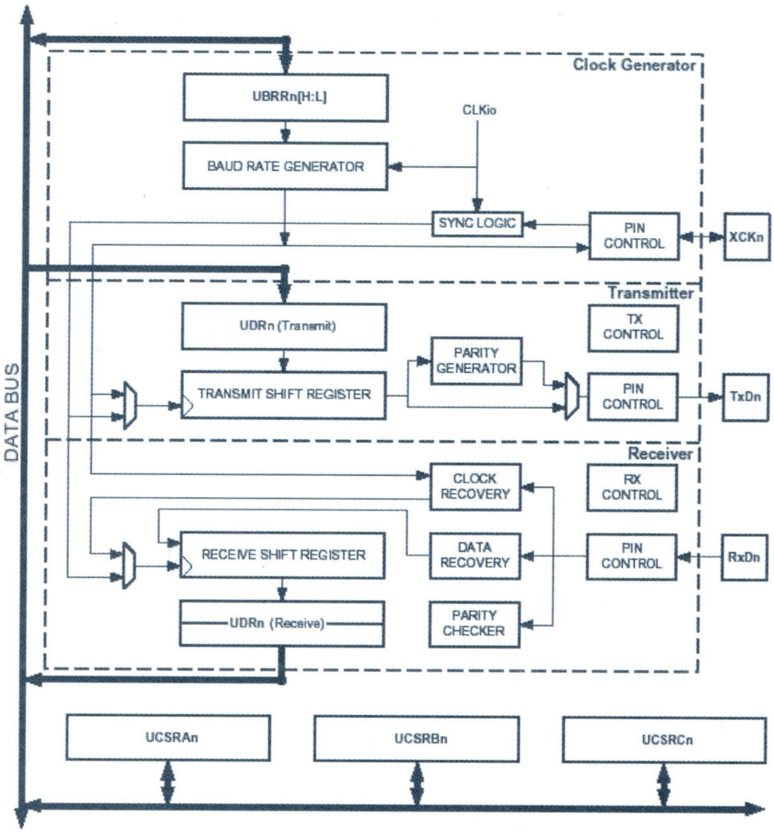


[그림 9-1] CAN 프로세서(AT90CAN128) USART 블록 다이어그램

전송기(transmitter)는 단일 기록 버퍼(single write buffer), 직렬 시프트 레지스터(serial shift register), 패리티 발생기(parity generator)와 다른 직렬 프레임 포맷을 처리하기 위한 제어 로직(control logic)으로 구성된다.

기록 버퍼는 프레임간의 지연없이 연속적인 데이터 전송을 할 수 있도록 한다. 수신기(receiver)는 클럭과 데이터 복원 유닛 때문에 USART 모듈 중에서 가장 복잡한 부분이다. 복원 유닛은 비동기 데이터 수신을 하기 위하여 사용된다.

수신기는 복원 유닛 외에 패리티 검사기, 제어 로직, 시프트 레지스터와 2 레벨의 수신 버퍼(UDRn)를 포함한다. 수신기는 송신기와 같은 프레임 포맷을 지원하고 프레임 오류,

데이터 오버런 그리고 패리티 오류를 검출할 수 있다.

### 3) 직렬 프레임 구성

직렬 프레임은 비동기 비트(시작 비트(start bit), 정지 비트(stop bit))를 1 개의 문자 데이터를 정의하고 오류검사를 위한 패리티 비트가 선택적으로 구성된다.

#### (1) 프레임 포맷

USARTn은 비동기 비트, 데이터 비트 그리고 패리티 비트 설정에 의하여 모두 30가지의 조합이 가능하다.

- 1개의 시작 비트
- 5, 6, 7, 8 혹은 9개의 데이터 비트
- 패리티 없음, 짝수 혹은 홀수 패리티 비트
- 1개 혹은 2개의 정지 비트

직렬 프레임은 LSB(Least Significant data Bit) 비트 다음에 이어지는 시작 비트로부터 시작한다. 그리고 최대 9 비트의 데이터 비트가 연속적으로 연결된다. 패리티 비트를 설정한다면 데이터 비트 다음에 패리티 비트가 들어가고 마지막으로 정지 비트가 연결되어 전송된다.

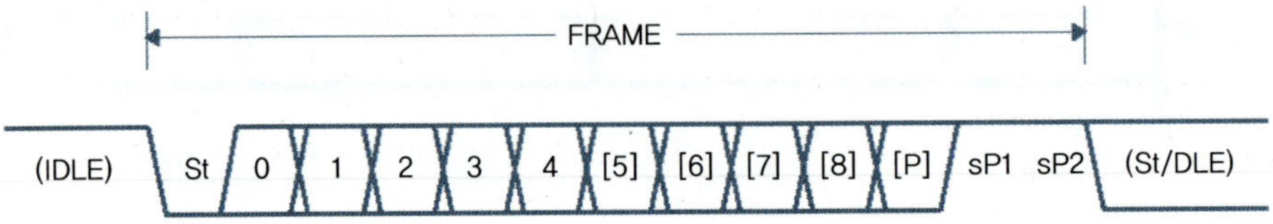


[그림 9-2] 직렬 프레임 포맷

- St : 시작 비트(Start bit), 항상 레벨 "0"이다.
- (n) : 데이터 비트(0~8)
- P : 패리티 비트(parity bit)로써 홀수 혹은 짝수가 될 수 있다.
- Sp : 정지 비트(Stop bit)로써 항상 레벨 "1"이다.
- IDLE : 통신선로(RxDn 혹은 TxDn)에서의 데이터 전송이 없음, IDLE 선로는 "1"상태이다.

USARTn이 사용하는 프레임 포맷은 UCSRnB와 UCSRnC 레지스터 안에 있는 UCSZn[2:], UPMn[1:0] 그리고 USBSn 비트의 설정에 의하여 결정된다. 수신기와 송신기는 같은 설정으로 사용된다. 이들 설정 비트를 설정 변경은 수신기와 송신기에 대한 수행중인 통신이 훼손될 수 있다.

USARTn의 문자 크기(SiZe) 비트, UCSZn[2:0] 비트는 프레임의 데이터 비트 수를 결정한다. USARTn 패리티 모드(UPMn[1:0]) 비트는 패리티 비트 사용과 패리티 비트 형식을 설정한다. 1개 혹은 2개의 정지 비트 설정은 USART 정지 비트 설정을 하는 USBSn 비트로 한다. 수신기는 두 번째 정지 비트를 무시한다. 따라서, FEn(프레임 오류, Frame Error)는 첫 번째 정지 비트가 0인 경우에 검출된다.

### (2) 패리티 비트 계산

패리티 비트는 모든 데이터 비트의 Exclusive-OR를 수행하면 계산된다. 홀수 패리티를 사용한다면 Exclusive-OR 결과의 역수이다. 패리티 비트와 데이터 비트의 관계는 다음과 같다.

$$P_{\mathrm{even}} = d_{n-1} \oplus \cdots \oplus d_3 \oplus d_2 \oplus d_1 \oplus d_0 \oplus 0$$

$$P_{\mathrm{odd}} = d_{n-1} \oplus \cdots \oplus d_3 \oplus d_2 \oplus d_1 \oplus d_0 \oplus 1$$

- $P_{\mathrm{even}}$ : 짝수 패리티에 사용되는 패리티 비트
- $P_{\mathrm{odd}}$ : 홀수 패리티에 사용되는 패티티 비트
- $d_n$ : 문자의 n개 데이터 비트

### (3) 직렬통신 초기화

직렬통신이 일어나기 전에 USART는 초기화되어 있어야만 한다. 초기화 과정은 일반적으로 보레이트 설정, 프레임 포맷 설정 그리고 송신 혹은 수신 가능 설정으로 이루어진다. 인터럽트 기반의 USART 동작에서는 초기화하는 동안에는 전체 인터럽트 플래그가 반드시 "0"으로 지워져 있어야 한다. USART1에 대하여 9600bps, 8비트 데이터 송수신을 위한 설정은 다음과 같다.

```
UBRR1H = 0x00;
UBRR1L = rtx9600;  // 보레이트(초당 비트 전송수) 지정
/*  rtx9600이라고 해서 51을 정의한 것은 보레이트 9600을 만들기 위해서
UBRR1L에 51을 9600의 보율이 나오는 것은 8MHz의 클럭을 사용할 때입니다 */
UCSR1A = 0x00;
UCSR1B |= 0x80;   // SETBIT(UCSR1B,RXCIE1); 수신완료 인터럽트 허용
```

```
UCSR1B |= 0x10;   // SETBIT(UCSR1B,RXEN1); 수신 허용
UCSR1B |= 0x08;   // SETBIT(UCSR1B,TXEN1); 송신 허용
// UCSRC의 UCSZ1, UCSZ0와 함께 송수신 데이터 길이를 결정
UCSR1C = (1<<UCSZ11)|(1<<UCSZ10);
// 이 프로그램에서는 송수신 데이터 길이를 8비트로 초기화
i= UDR1;
```

# 03 직렬통신 레지스터

AT90CAN128에서 직렬통신하는데 필요한 레지스터를 정리하면 다음과 같다.

- UDRn : 데이터 레지스터
- UCSRnA : 제어 및 상태 레지스터, 송수신 완료 등
- UCSRnB : 제어 및 상태 레지스터, 인터럽트 처리
- UCSRnC : 제어 및 상태 레지스터, 전송 데이터 비트 수 설정
- UBRR : 보레이트 설정

## 1) USART 데이터 레지스터(UDR, USART Data Register)

UDR 레지스터는 USART0 I/O 데이터 레지스터로써 데이터를 송신하거나 수신할 때 사용되는 레지스터이다.

[표 9-1]과 같이 송신과 수신용이 실질적으로는 분리되어 있지만 프로그램에서는 UDR 레지스터 하나로 읽기와 쓰기를 동시에 처리한다.

**[표 9-1]** USART 데이터 레지스터

| 이름 | 비트 7 | 비트 6 | 비트 5 | 비트 4 | 비트 3 | 비트 2 | 비트 1 | 비트 0 |
|---|---|---|---|---|---|---|---|---|
| UDR0 | RXB0[7:0] | | | | | | | |
| | TXB0[7:0] | | | | | | | |
| UDR1 | RXB1[7:0] | | | | | | | |
| | TXB1[7:0] | | | | | | | |
| 리셋값 | 0 | 0 | 0 | 0 | 0 | 0 | 0 | 0 |
| Read/Write | R/W | R/W | R/W | R/W | R/W | R/W | R/W | R/W |

USARTn 전송 데이터 버퍼 레지스터와 USARTn 수신 데이터 버퍼 레지스터는 USARTn 데이터 레지스터 혹은 UDRn로 같은 I/O 주소를 공유한다. 전송 데이터 버퍼 레지스터(TXBn)는 전송될 데이터가 쓰여지는 레지스터이다. UDRn 레지스터 읽기는 RXBn의 내용을 가져간다.

### 2) USARTn 제어와 상태 레지스터 A(UCSRnA)

[표 9-2] 상태 레지스터 A(UCSRnA)

| 이름 | 비트 7 | 비트 6 | 비트 5 | 비트 4 | 비트 3 | 비트 2 | 비트 1 | 비트 0 |
|---|---|---|---|---|---|---|---|---|
| UCSR0A | RXC0 | TXC0 | UDRE0 | FE0 | DOR0 | UPE0 | U2X0 | MPCM0 |
| UCSR1A | RXC1 | TXC1 | UDRE1 | FE1 | DOR1 | UPE1 | U2X1 | MPCM1 |
| 리셋값 | 0 | 0 | 0 | 0 | 0 | 0 | 0 | 0 |
| Read/Write | R | R/W | R | R | R | R | R/W | R/W |

- 비트 7(RXCn, USARTn Receive Complete)

수신 버퍼에 읽지 않은 데이터가 있을 때 1로 설정되고 수신 버퍼가 비어 있으면 0이 된다. 수신기가 작동하지 않으면 수신 버퍼는 비게 되고 RXCn 비트는 0이 된다. RXCn 플래그는 수신 완료 인터럽트를 발생시키는데 사용될 수 있다.

전송 시프트 레지스터가 모두 전송되고 전송 버퍼에 새로운 데이터가 입력되지 않으면 TXCn 플래그 비트가 1로 설정된다. TXCn 플래그 비트는 전송 완료 인터럽트가 실행될 때 자동으로 0이 된다.

- 비트 5(UDREn, USARTn Data Register Empty)

전송 버퍼가 새로운 데이터를 받을 준비가 되었다면 UDREn 플래그가 설정된다. UDREn이 1이라면 버퍼는 비어있고 쓸 준비가 된 것이다. UDREn 플래그는 데이터 레지스터가 비었음을 나타내는 인터럽트를 발생시킨다.

- 비트 4(FEn, Frame Error)

데이터를 수신하였을 때 수신 버퍼의 다음 문자로 프레임 오류(Frame Error)가 들어 있다면(수신 버퍼 안에 다음 문자의 첫 번째 중지 비트가 0이면) UDREn 플래그가 1로 설정된다. 수신 버퍼가 읽혀질 때까지 이 비트가 작용한다. 수신 데이터의 중지 비트가 1일 때 FEn 비트는 0이 된다. UCSRnA에 쓸 때 항상 비트를 0으로 설정하여야 한다.

• 비트 3(DORn : Data OverRun)

데이터 폭주 상태(data overrun condition)가 검출되면 이 비트가 1로 설정된다. 수신 버퍼가 차면(2개의 문자가 들어오면) 데이터 폭주가 발생한다.

### 3) USARTn 제어와 상태 레지스터 B(UCSRnB)

[표 9-3] 상태 레지스터 B(UCSRnB)

| 이름 | 비트 7 | 비트 6 | 비트 5 | 비트 4 | 비트 3 | 비트 2 | 비트 1 | 비트 0 |
|---|---|---|---|---|---|---|---|---|
| UCSR0B | RXCIE0 | TXCIE0 | UDRIE0 | RXEN0 | TXEN0 | UCSZ02 | RXB80 | TXB80 |
| UCSR1B | RXCIE1 | TXCIE1 | UDRIE1 | RXEN1 | TXEN1 | UCSZ01 | RXB81 | TXB81 |
| 리셋값 | 0 | 0 | 0 | 0 | 0 | 0 | 0 | 0 |
| Read/Write | R/W | R/W | R/W | R/W | R/W | R/W | R/W | R/W |

• 비트 7(RXCIEn, Rx Complete Interrupt Enable)

이 비트를 "1"로 설정하는 것은 RXCn 플래그에 대하여 인터럽트를 가능하게 한다. USART 수신 완료 인터럽트는 RXCIE 비트에 "1"이 기록되어 있고, SREG에 있는 전체 인터럽트 플래그 "1"이 기록되어 있고, UCSRnA의 RXCn 비트가 "1"인 경우에만 발생한다.

• 비트 6(TXCIEn, TRx Complete Interrupt Enable)

이 비트를 "1"로 설정하는 것은 TXCn 플래그에 대하여 인터럽트를 가능하게 한다. USART 송신 완료 인터럽트는 TXCIE 비트에 "1"이 기록되어 있고, SREG에 있는 전체 인터럽트 플래그 "1"이 기록되어 있고, UCSRnA의 TXCn 비트가 "1"인 경우에만 발생한다.

• 비트 5(UDRIEn, USARTn Data Register Empty Interrupt Enable)

이 비트를 "1"로 설정하는 것은 UDREn 플래그에 대하여 인터럽트를 가능하게 한다. 데이터 레지스터 empty 인터럽트는 UDRIEn 비트에 "1"이 기록되어 있고, SREG 레지스터에 있는 전체 인터럽트 플래그가 "1"로 설정되어 있고 USCRnA 레지스터에 있는 UDREn 비트가 "1"이 기록되어 있을 때만 발생한다.

• 비트 4(RXENn, Receiver Enable)

이 비트에 "1"을 설정하는 것은 USART 수신을 허용한다. 수신 허용이 되었을 때, 수신기는 RxDn 핀에 대한 정상적인 포트의 I/O 동작을 대신하여 수신 단자로 활용된다.

수신 불가로 설정되면 FEn, DORn 그리고 UPEn 플래그를 무의미하게 하며 수신 버퍼를 비우게 된다.

• 비트 3(TXENn, Transmitter Enable)

이 비트에 "1"을 설정하는 것은 USART 송신을 허용한다. 송신 허용이 되었을 때 송신기는 TxDn 핀에 대한 정상적인 포트의 I/O 동작을 대신하여 송신 단자로 활용된다.

• 비트 2(UCSZn2, Character Size)

UCSZn2 비트는 UCSRnC 레지스터의 UCSZn[1:0]과 조합되어 수신기와 송신기를 사용하는데 있어 데이터 비트(문자 크기) 수를 설정한다.

• 비트 1(RXB8n, Receive Data Bit 8)

9개의 데이터 비트를 사용하는 직렬 프레임으로 동작할 때 RXB8n은 수신한 문자의 9번째 데이터 비트이다. UDRn으로부터 낮은 비트를 읽기 전에 반드시 읽어야만 한다.

• 비트 0(TXB8n, Transmit Data Bit 8)

9개의 데이터 비트를 사용하는 직렬 프레임으로 동작할 때 TXB8n은 송신할 문자의 9번째 데이터 비트이다. UDRn에 낮은 비트를 쓰기 전에 반드시 써야만 한다.

## 4) USARTn 제어와 상태 레지스터 C(UCSRnC)

[표 9-4] 상태 레지스터 C(UCSRnC)

| 이름 | 비트 7 | 비트 6 | 비트 5 | 비트 4 | 비트 3 | 비트 2 | 비트 1 | 비트 0 |
|---|---|---|---|---|---|---|---|---|
| UCSR0C | – | UMSEL0 | UPM01 | UPM00 | USBS0 | UCSZ01 | UCSZ00 | UCPOL0 |
| UCSR1C | – | UMSEL1 | UPM11 | UPM10 | USBS1 | UCSZ11 | UCSZ10 | UCPOL1 |
| 리셋값 | 0 | 0 | 0 | 0 | 0 | 0 | 0 | 0 |
| Read/Write | R | R/W | R/W | R/W | R/W | R/W | R/W | R/W |

• 비트 7(Reserved)

• 비트 6(UMSELn, USARTn Mode Select)

이 비트는 비동기와 동기 모드 동작을 선택한다.

[표 9-5] 비동기와 동기 모드 동작을 선택

| UMSELn | Mode |
|---|---|
| 0 | 비동기 동작(Asynchronous operation) |
| 1 | 동기 동작(Synchronous operation) |

- 비트 [5:4](UPMn[1:0], Parity Mode)

이 비트는 패리티 생성과 검사를 허용하고 형식을 설정한다. 패리티 비트 생성 및 검사가 허용되면 송신기는 자동으로 패리티를 생성하고 각 프레임 안에 송신되는 데이터 비트의 패리티 비트를 보낸다. 수신기는 입력된 데이터에 대하여 패리티 값을 생성하고 UPMn0 설정과 비교한다. 일치하지 않는 것이 검출되면 UCSRnA 레지스터의 UPEn 플래그를 "1"로 설정한다.

[표 9-6] 패리티 생성과 검사를 허용하고 형식을 설정

| UPMn1 | UPMn0 | Parity Mode |
|---|---|---|
| 0 | 0 | 허용하지 않음 |
| 0 | 1 | Reserved |
| 1 | 0 | 허용, 짝수 패리티 |
| 1 | 1 | 허용, 홀수 패리티 |

- 비트 3(USBSn, Stop Bit Select)

이 비트는 송신기에 의하여 삽입되는 정지 비트 수를 선택한다. 수신기는 이 설정을 무시한다.

[표 9-7] 송신기에 의하여 삽입되는 정지 비트 수를 선택

| USBSn | Stop Bit(s) |
|---|---|
| 0 | 1 bit |
| 1 | 2-bit |

- 비트 [2:1](UCSZn[1:0], Character Size)

UCSZn[1:0] 비트는 UCSRnB 레지스터의 UCSZn2 비트와 조합하여 수신기와 송신기에 사용하는 프레임의 데이터 비트(문자 크기)의 수를 설정한다.

[표 9-8] 수신기와 송신기에 사용하는 프레임의 데이터 비트(문자 크기)의 수를 설정

| UCSZn2 | UCSZn1 | UCSZn0 | Character Size |
|---|---|---|---|
| 0 | 0 | 0 | 5-bit |
| 0 | 0 | 1 | 6-bit |
| 0 | 1 | 0 | 7-bit |
| 0 | 1 | 1 | 8-bit |
| 1 | 0 | 0 | Reserved |
| 1 | 0 | 1 | Reserved |
| 1 | 1 | 0 | Reserved |
| 1 | 1 | 1 | 9-bit |

- 비트 0(UCPOLn, Clock Polarity)

이 비트는 동기 모드에서만 사용된다. 비동기 모드에 사용될 때는 "0"을 기록하여야 한다. UCPOLn 비트는 데이터 출력 변화와 데이터 입력 샘플 간의 관계와 동기 클럭(XCKn)을 설정한다.

[표 9-9] 데이터 출력변화와 데이터 입력 샘플 간의 관계와 동기 클럭(XCKn)을 설정

| UCPOLn | 송신된 데이터 변경(TcDn 핀의 출력) | 수신된 데이터 샘플(RxDn 핀에 입력) |
|---|---|---|
| 0 | XCK 상승 에지 | XCK 하강 에지 |
| 1 | XCK 하강 에지 | XCK 상승 에지 |

### 5) USART 보레이트 레지스터 UBRR : 보레이트 설정

[표 9-10] USART 보레이트 레지스터

| 이름 | 비트 7 | 비트 6 | 비트 5 | 비트 4 | 비트 3 | 비트 2 | 비트 1 | 비트 0 |
|---|---|---|---|---|---|---|---|---|
| UBRRnL | – | – | – | – | UBRRn[11:8] | | | |
| UBRRnH | UBRRn[7:0] | | | | | | | |
| 리셋값 | 0 | 0 | 0 | 0 | 0 | 0 | 0 | 0 |
| | 0 | 0 | 0 | 0 | 0 | 0 | 0 | 0 |
| Read/Write | R | R | R | R | R/W | R/W | R/W | R/W |
| | R/W | R/W | R/W | R/W | R/W | R/W | R/W | R/W |

- 비트 15:12(Reserved bits)

이들 비트는 미래에 사용될 것이다.

CHAPTER 09

• 비트 11:0(UBRRn[11:0], USARTn Baud Rate Register)

이 12비트의 레지스터는 USARTn 보레이트를 포함한다. UBRRnH는 4개의 MSB (Most Significant Bits)를 포함하고, UBRRnL은 8 개의 LSB 비트를 포함한다(상세한 설정은 AT90CAN128 매뉴얼 참고).

## 04 직렬통신 실습

[표 9-11] 시리얼 통신과 CAN 통신을 위한 연결

| 포트 단자 | USART1 | CAN |
|---|---|---|
| PD2 | RXD1 | – |
| PD3 | TXD1 | – |
| PD5 | – | TXCAN |
| PD6 | – | RXCAN |

[표 9-12] 초음파 센서 모듈과 AT90CAN128 포트 연결

| 초음파 모듈 신호 | GND | Data |
|---|---|---|
| Port | GND | PE4 |

[그림 9-3] 직렬통신 케이블

[그림 9-4] 직렬통신 케이블 연결

직렬통신 케이블의 한 쪽 끝은 CAN 프로세서(AT90CAN128)에 다른 한 쪽 끝은 PC의 후면 직렬통신단자에 연결한다.

## 실습 1 초음파 센서로 측정한 거리를 직렬통신을 이용하여 확인하는 프로그램

1. [그림 9-4]를 보고 실습장비에 배선을 한다.
2. 작업 표시줄 시작-모든 프로그램에서 Atmel AVR Tools를 찾아 클릭한다.

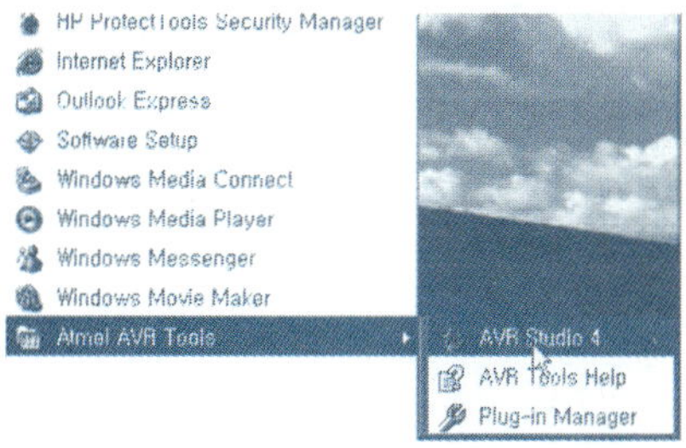


[그림 9-5] Atmel AVR Tools를 찾아 클릭

③ 프로그램을 시작하게 되면 다음과 같은 화면이 나오게 된다. [New Project]를 클릭한다.

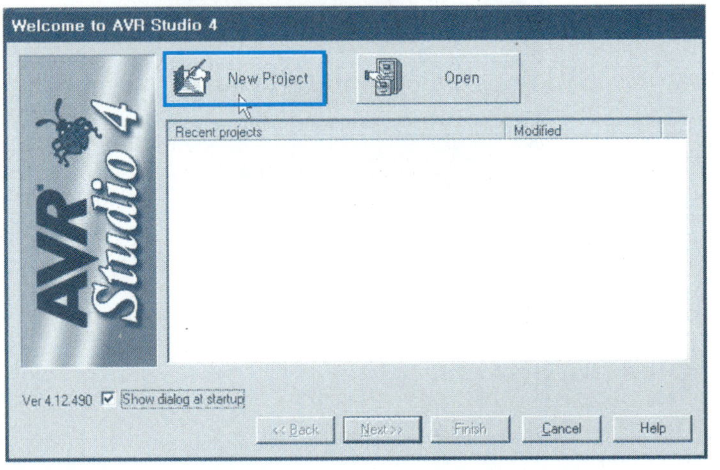


[그림 9-6] [New Project]를 클릭

④ 다음과 같은 화면이 나오면 Project type에서 AVR GCC를 선택하고 Project name에 원하는 이름을 입력한 후 [Next]를 클릭한다.

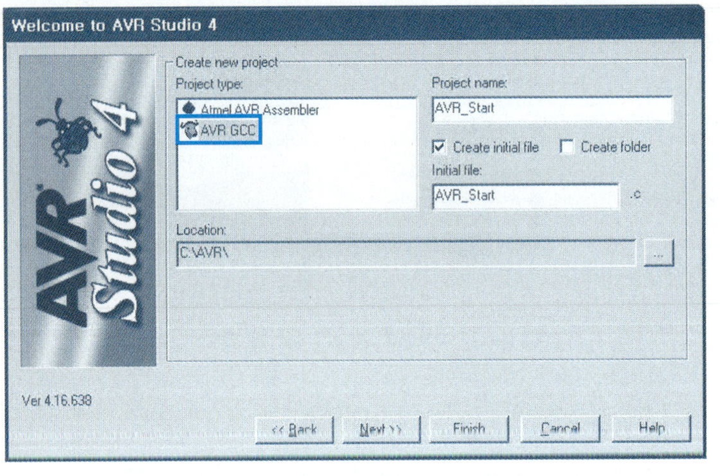


[그림 9-7] 원하는 이름을 입력한 후 [Next]를 클릭

⑤ Debug platform에서 JTAG ICE를 선택하고 Device는 AT90CAN128을 선택하고 [Finish]를 클릭한다.

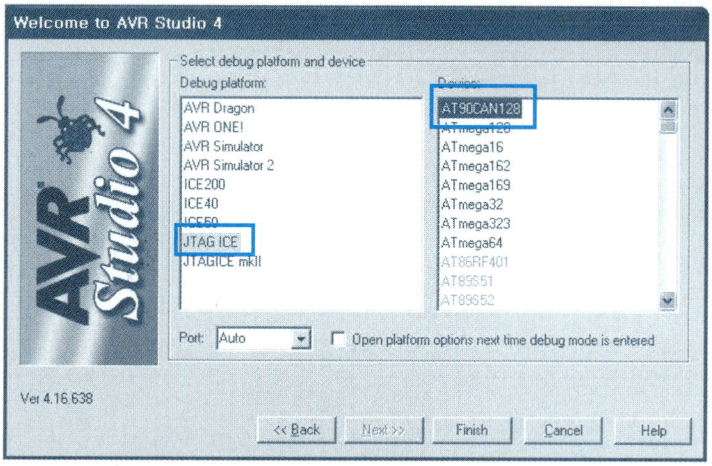


[그림 9-8] Device는 AT90CAN128을 선택하고 [Finish]를 클릭

⑥ [Finish]를 클릭하고 나면 다음과 같은 화면이 나타난다. 화면 중앙에 나타난 창에 다음의 프로그램을 작성한다.

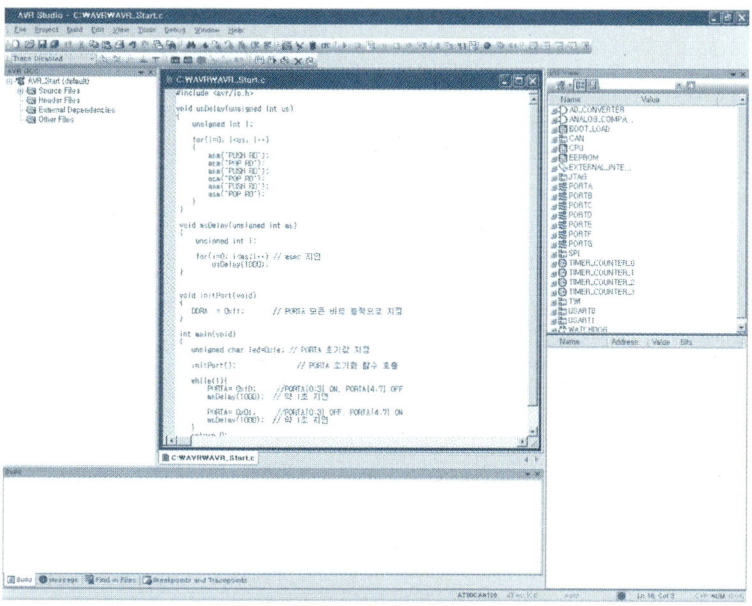

[그림 9-9] 화면 중앙에 나타난 창에 다음의 프로그램을 작성

7 초음파 센서로 측정한 거리를 직렬통신을 이용하여 확인하는 프로그램이다.

```
#include <avr/io.h>
#include <avr/interrupt.h>

#define PE4_Clear      (PORTE &= 0xEF)
#define PE4_Set        (PORTE |= 0x10)
#define PE4_IN (DDRE &= 0xEF)
#define PE4_OUT        (DDRE |= 0x10)

#define LCD_RS_1  (PORTG |= 0x01)
#define LCD_RS_0  (PORTG &= 0xFE)

#define LCD_RW_1  (PORTG |= 0x02)
#define LCD_RW_0  (PORTG &= 0xFD)

#define EN_1  (PORTG |= 0x04)
#define EN_0  (PORTG &= 0xFB)

#define TEMPERATURE 25

unsigned short tick=0, pulse_check=0, pulse_end=0;

void us_delay(unsigned int us_time)
{
        unsigned int i;

        for(i=0; i<us_time; i++) // 4 cycle +
        {
                asm(“PUSH R0”); // 2 cycle +
                asm(“POP R0”); // 2 cycle +
                asm(“PUSH R0”);// 2 cycle +
                asm(“POP R0”);  // 2 cycle + =12 cycle for 11.0592MHz
                asm(“PUSH R0”);// 2 cycle +
                asm(“POP R0”);  // 2 cycle = 16 cycle = 1us for 16MHz
        }
}

void ms_delay(unsigned int ms_time)
{
    unsigned int i;

    for(i=0; i<ms_time;i++)
        us_delay(1000);
}

//======================================
// LCD display
void E_Pulse(void)
{
        EN_1;

        us_delay(100);

        EN_0;
}

```

```
void LCD_init(void)
{
        ms_delay(40);

        PORTC = 0x38;   // Function Set
        E_Pulse();
        us_delay(40);

        PORTC = 0x0c; // DisPlay ON/OFF Control
        us_delay(40);
        E_Pulse();

        PORTC = 0x01; // Display Clear
        ms_delay(2);
        E_Pulse();

        PORTC = 0x06; // Entry Mode Set
        E_Pulse();
}

void Write_Char(unsigned char buf)
{
        LCD_RS_1;
        LCD_RW_0;
        PORTC=buf;
        E_Pulse();
}

void LCD_cmd(unsigned char cmd)
{
        LCD_RS_0;
        LCD_RW_0;
        PORTC=cmd;
        E_Pulse();
}

void LCD_Disp(char x,char y)
{
        LCD_RS_0;
        LCD_RW_0;

        if(y==0) PORTC = x + 0x80;
        else if(y==1) PORTC = x + 0xc0;
        E_Pulse();
}

void LCD_Write(char x, char y,char *str)
{
        LCD_Disp(x,y);
        while(*str)
        Write_Char(*str++);
}


//==============================================
// serial com.
```

```
void usart1_init(void)
{
      UCSR1A=0x00;   // serial states clear
      UCSR1B=0x98;   // 수신완료 INT, 수신, 송신 인에이블
      UCSR1C=0x06;   // stop bit; 0, no parity, 8bits set
      UBRR1H=0x00;   // 16MHz 9600bps set
      UBRR1L=103;    // 16MHz 9600bps set
}

/* Read and write functions */
unsigned char usart1_receive( void )
{
      /* Wait for incomming data */
      while ( !(UCSR1A & (1<<RXC1)) );
      /* Return the data */
      return UDR1;
}

void usart1_transmit( unsigned char data )
{
      /* Wait for empty transmit buffer */
      while ( !(UCSR1A & (1<<UDRE1)) );
      /* Start transmittion */
      UDR1 = data;
}

void usart1_transmit_string(char* p)
{
      while (*p)
            usart1_transmit(*p++);
}

//========================================
// ultra sound
void init_EXT_INT(void)
{
      EIMSK |= (1<<INT4);              // INT4 Interrupt Set
      EICRB |= (1<<ISC41)|(1<<ISC40);//INT4 Rising Edge /INT Set
      EIFR   = 1<<INT4;                // Interrupt Flag
}

void init_TIMER0_COMPA(void)
{
      TCCR0A |= (1<<WGM01);  // CTC Mode
      TCCR0A |= (1<<CS01);   // clk/8 Prescaler
      TCNT0 = 0;
      OCR0A = 19;      // 1cycle -> 20us = 1/(16Mhz/(2*8*(19+1)))
      TIMSK0 = (1<<OCIE0A);  //T/C0 Output Compare Match INT
      TIFR0 = 0x00;
}
```

```
SIGNAL(TIMER0_COMP_vect)
{
       tick++;
}

SIGNAL(INT4_vect)
{
       unsigned short pulse_tick;

       pulse_tick = tick;

       if(EICRB & 0x03)
       {
          EICRB &= 0x00;        //  low state
          tick = 0;
       }
       else
       {
       EICRB |= (1<<ISC41)|(1<<ISC40);// INT4 Rising Edge / INT Set
       pulse_end = pulse_tick;
       }
}

//========================================
// port init
void initPort(void)
{
       DDRC  = 0xff;
       PORTC = 0xff;
       DDRG  = 0xff;
       DDRE  = 0xef;
       PORTE = 0x10;
}

int main(void)
{
       unsigned char thousand, hundred, ten, one;
       float distance;

       initPort();
       init_EXT_INT();
       init_TIMER0_COMPA();
       usart1_init();

       LCD_cmd(0x01);
       ms_delay(50);
       LCD_Write(0, 0, "HyBus  Serial ON");
       LCD_Write(0, 1, "Distance:");
       LCD_Write(14, 1, "mm");
       ms_delay(50);

       while(1)
       {
               cli();                                 // clear interrupt
               PE4_Clear;
               PE4_OUT;                               // PE4 pin is output
```

```
            us_delay(500);

            PE4_Set;                         // output set during 5us
            us_delay(5);

            PE4_Clear;                              // PE4 clear
            us_delay(100);

            PE4_IN;                                 // PE4 pin is input
            us_delay(100);

            sei();                                  // set interrupt

        /* distance = velocity * time */
        distance = (331.5+(0.6*TEMPERATURE))*(pulse_end*0.00001/2)*1000;

        /* distance digit display */
            thousand = distance/1000;
            usart1_transmit(thousand + 48); // ASCII transmit
            distance = distance - (thousand * 1000);

            hundred = distance /100;
            usart1_transmit(hundred + 48);  // ASCII transmit
            distance = distance - (hundred * 100);

            ten = distance/10;
            usart1_transmit(ten + 48);      // ASCII transmit
            distance = distance - (ten * 10);

            one = distance;
            usart1_transmit(one + 48);     // ASCII transmit

            usart1_transmit(109);
            usart1_transmit(109);
            usart1_transmit('\n');
            usart1_transmit('\r');

            LCD_Disp(9, 1);
            Write_Char(thousand+48); // 1000자리 출력
            LCD_Disp(10, 1);
            Write_Char(hundred+48);  // 100자리 출력
            LCD_Disp(11, 1);
            Write_Char(ten+48);    // 10자리 출력
            LCD_Disp(12, 1);
            Write_Char(one+48);    // 1자리 출력

            ms_delay(100);
        }
        return 0;
    }
```

⑧ 프로그램을 다 작성하면 메뉴 중 Build-Build를 클릭하거나 키보드의 [F7] 버튼을 눌러 빌드(Build)한다.

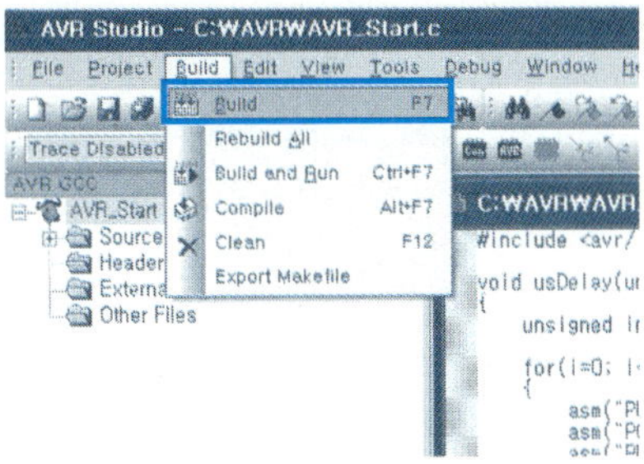

[그림 9-10] 키보드의 [F7] 버튼을 눌러 빌드

⑨ AVR Studio의 도구모음 중 아래 화면과 같은 버튼을 찾아 클릭한다.

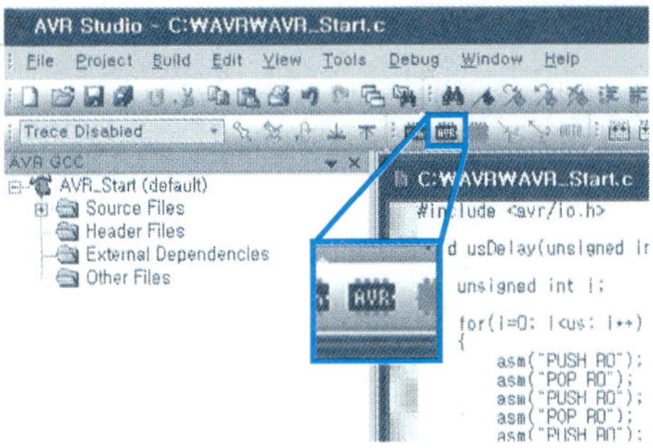

[그림 9-11] 도구모음 중 [AVR] 버튼을 찾아 클릭

⑩ 다음과 같은 화면이 나타나면 Flash 항목의 Input HEX File에 자신이 만든 폴더의 default 폴더에 생성된 hex 파일을 입력하고 [Program]을 클릭한다.

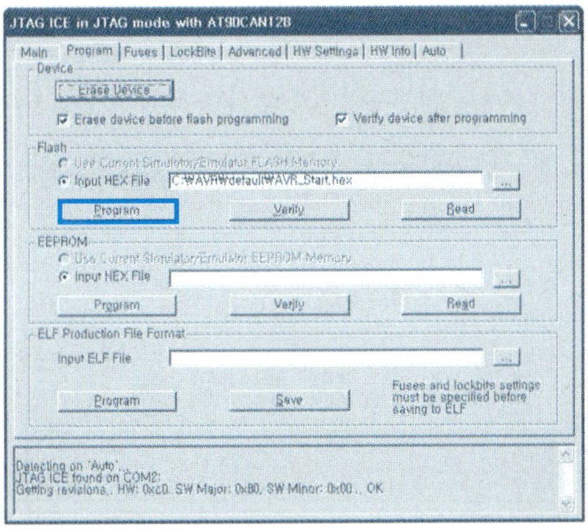

[그림 9-12] default 폴더에 생성된 hex 파일을 입력하고 [Program]을 클릭

⑪ 프로그램이 정상적으로 Flash에 다운로드되면 다음 화면과 같은 메시지를 확인할 수 있다.

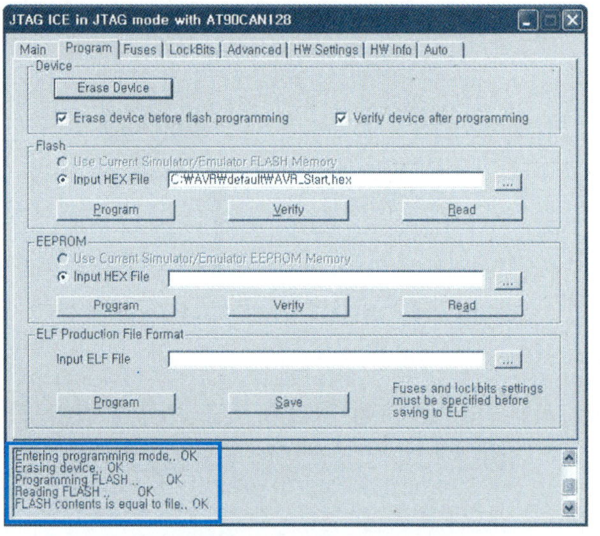

[그림 9-13] 프로그램이 정상적으로 Flash에 다운로드

⑫ 초음파 센서에서 측정된 값을 직렬통신으로 확인하기 위해 하이퍼터미널을 구동한다. 윈도우 시작 메뉴 - 모든 프로그램 - 보조 프로그램 - 통신 - 하이퍼터미널을 클릭한다.

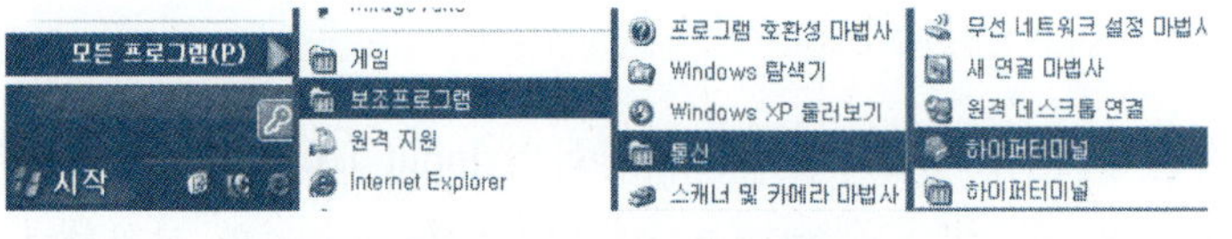

[그림 9-14] 하이퍼터미널을 클릭

⑬ 다음과 같은 화면이 나타나면 이름을 입력하고 [확인] 버튼을 클릭한다.

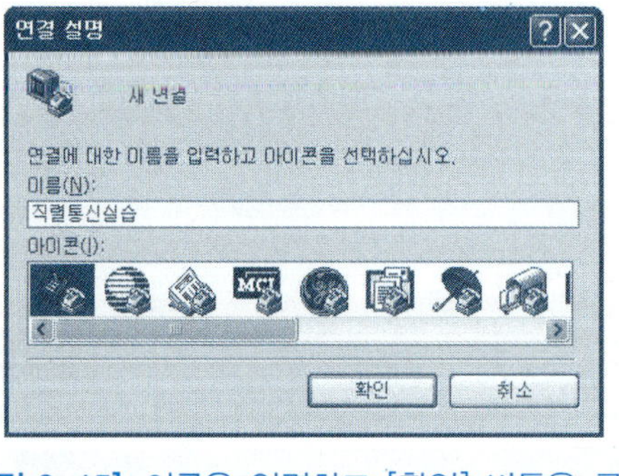

[그림 9-15] 이름을 입력하고 [확인] 버튼을 클릭

⑭ 연결에 사용할 모뎀 항목에서 COM1을 선택하고 [확인] 버튼을 클릭한다.

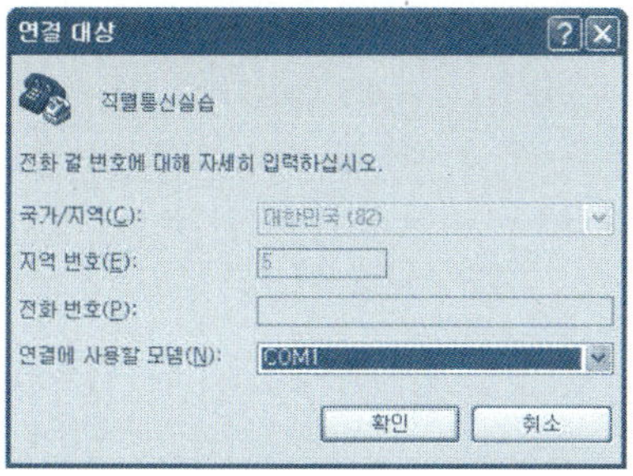


[그림 9-16] COM1를 선택하고 [확인] 버튼을 클릭

⑮ 포트의 각 설정을 확인, 변경한 후 [확인] 버튼을 클릭한다.

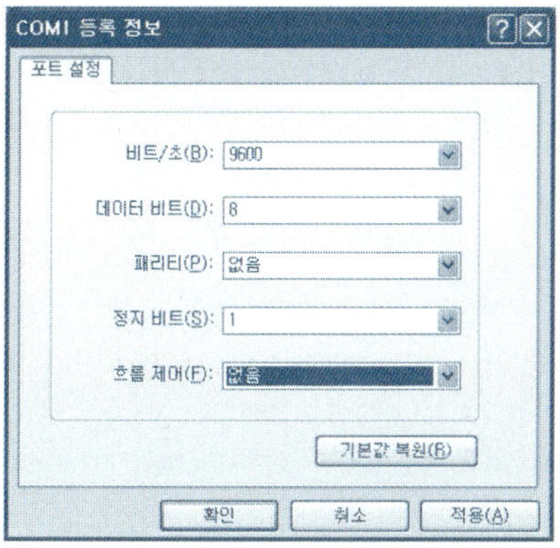


[그림 9-17] 변경한 후 [확인] 버튼을 클릭

⑯ 초음파 센서를 통해 측정된 거리가 직렬통신을 통해 하이퍼터미널에 나타나는 것을 확인할 수 있다.

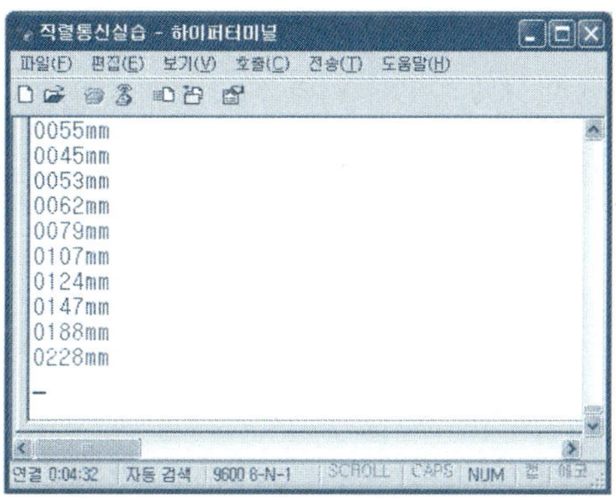


[그림 9-18] 하이퍼터미널에 나타나는 것을 확인

# Chapter 10 모터 제어

학습 목표

- 모터에 대해 이해한다.
- 각 모터의 제어방법에 대해 이해한다.
- 모터를 동작시켜 본다.

## 01 모터 제어의 이해

일반적으로 모터는 다음 [그림 10-1]과 같이 플레밍(Paul Fleming)의 왼손법칙에 따라서 전류(I)와 자속(B)에 비례하는 힘이 전류와 자속에 대하여 직각인 방향으로 작용하는 원리를 이용한다.

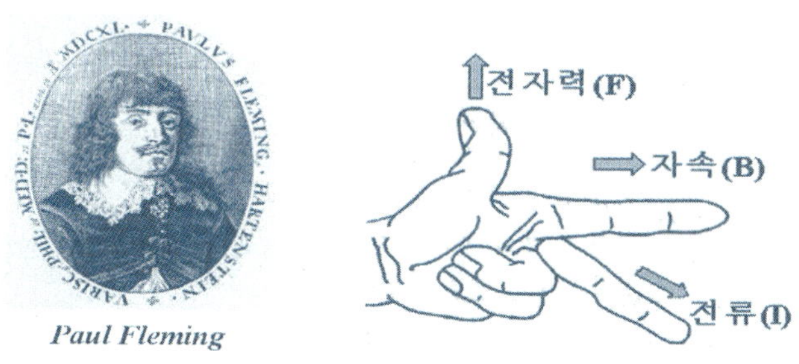


[그림 10-1] 플레밍의 왼손법칙

모터의 정의와 종류를 정리하면 다음과 같다.

- 전기에너지를 기계에너지로 변환하는 장치
- 대부분의 모터는 회전운동의 동력을 만들지만 리니어 모터는 직선운동을 만든다.
- 전원의 종류에 따라서 직류와 교류전동기로 분류된다.
- 교류전동기는 단상과 3상 모터로 구분된다.
- 동작방식에 따라서 DC 모터와 스텝 모터로 구분된다.

# 02 스텝 모터 제어

스텝 모터(step motor)는 스테핑 모터(stepping motor)라고도 한다. 스텝 모터는 디지털 펄스로 제어한다는 점에서 마이크로컨트롤러와 함께 사용하기에 적합한 모터이다. 스텝 모터가 DC 모터나 AC 모터와 크게 다른 점은 모터의 위치를 검출하기 위한 피드백 회로 없이 정해진 각도를 회전하고 상당히 높은 정확도로 정지할 수 있다는 것이다. 회전속도에 있어서도 시간당 펄스 수에 비례하므로 임의대로  제어할 수 있다.

## 1) 스텝 모터 동작

펄스에 의하여 일정한 각도로 제어할 수 있는 모터로써 디지털 신호로 제어하므로 마이크로프로세서에서의 제어가 용이하다.

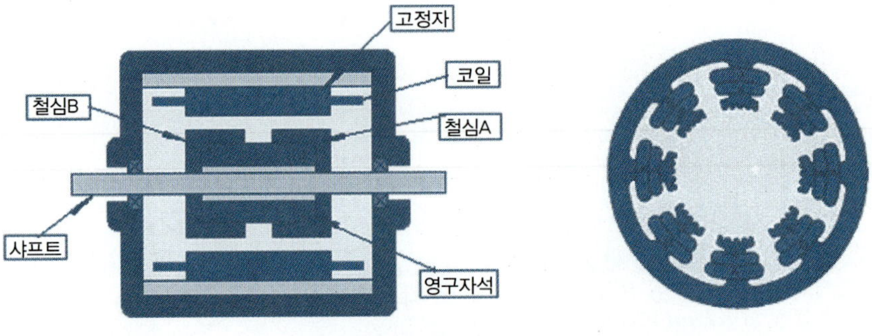


[그림 10-2] 스텝 모터 구성

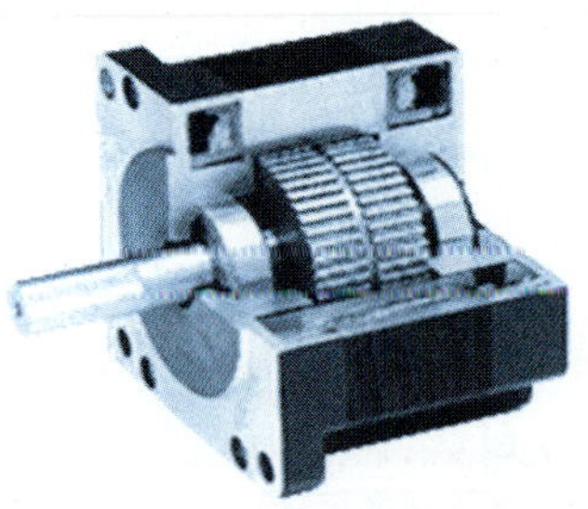

[그림 10-3] 스텝 모터 내부

### (1) 스텝 모터의 장점

- 모터의 회전각은 입력 펄스 수에 비례하고 모터의 회전수는 1초당 입력 펄스 수에 비례한다.
- 회전자의 오차는 스텝마다 누적되지 않는다. 스텝 모터의 위치결정은 모터 내부의 고정자(stator)와 회전자(rotator)의 측이 대면하고 자기 저항이 가장 작아지는 점에서 움직인다.
- 디지털 신호로 개루프 제어(open loop control)를 할 수 있고 시스템이 간단하다. 위치나 속도를 제어하기 위한 궤환 시스템을 사용하지 않고 정밀제어가 가능하다.
- 브러시 교환이 필요하지 않기 때문에 유지 보수가 간단하고 저렴하다.
- 정지할 때 큰 유지 토크를 발생한다.
- 저속 구동시 큰 토크를 시킨다.

### (2) 스텝 모터의 단점

- 고속 구동 시 탈조하기 쉽다.
- 특정한 주파수에서는 진동, 공진현상이 발생하기 쉽고 관성이 있는 부하에 약하다.
- 펄스의 주파수가 상승함에 따라 토크가 저하된다.

### (3) 스텝 모터의 동작

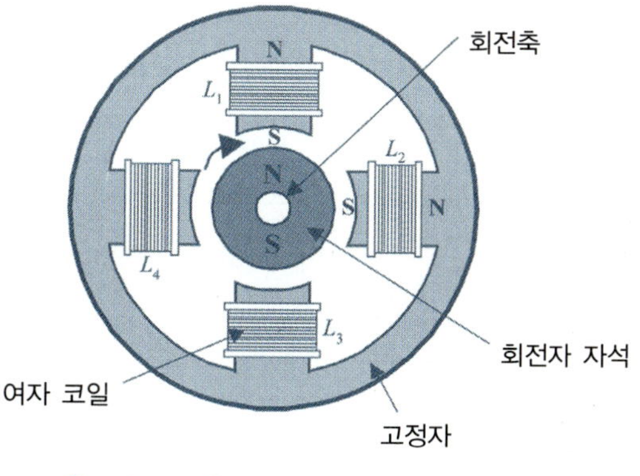


[그림 10-4] 스텝 모터 동작형태

① 고정자 여자코일 $L_1$이 전기적인 펄스에 의해 여자되면 $L_1$은 회전자 쪽이 S극이 되는 전자석이 되어 회전자의 N극이 $L_1$ 밑에 위치하도록 시계방향으로 회전하게 된다.

② 다음 펄스를 이용하여 $L_2$를 여자시키면 회전자의 N극은 $L_2$ 밑에 위치하게 된다.

③ 이러한 과정을 $L_1 \rightarrow L_2 \rightarrow L_3 \rightarrow L_4 \rightarrow L_1$과 같이 순환적으로 여자시키면 회전자는

일정한 각(90도)로써 연속적으로 회전시킬 수 있다. 예를 들어 200개의 단계(펄스)를 거쳐 한 번 회전하는 스텝 모터는 한 단계(펄스)당 1.8° 움직이게 된다(360/200=1.8).

### (4) 스텝 모터의 종류

스텝 모터는 구조에 따라서 VR형(Variable Reluctance Type), PM형(Permanent Type), 복합형(Hybrid Type) 3가지 종류로 분류할 수 있다.

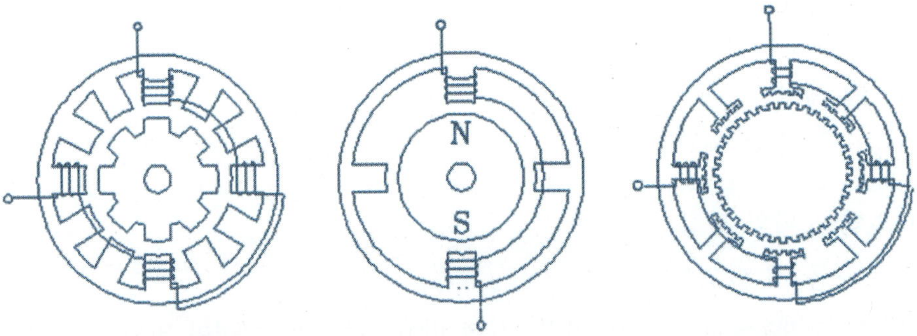


(a) VR형 (b) PM형 (c) 복합형

[그림 10-5] 스텝 모터는 구조에 따른 분류

① VR 형(Variable Reluctance Type)

- 톱니바퀴형 회전자는 연철 또는 성층 강판으로 만들어진다.
- 고정자 권선에서 만들어지는 전자기력으로 끌어 붙여 회전시킨다.
- 무여자일 때는 자력이 발생하지 않으므로 유지 토크가 없다.
- 회전자의 관성이 작고 고속 응답에 필요한 응용에 유용하다.
- 스텝각은 일반적으로 15°이다.

② PM형(Permanent Type)

- 회전자로 영구자석을 사용한다.
- 고정자 권선에서 만들어지는 전자기력으로 회전을 시킨다.
- 영구자석을 사용하기 때문에 무여자시에도 유지 토크가 있다.
- 종류에 따라서 스텝각이 다르다.
- 알리코계 자석 : 90°, 45°
- 페라이트계 자석 : 18°, 15°, 11.25°, 7.5°

③ 복합형(Hybrid Type)

- PM형과 VR형을 복합한 형식이다.
- 회전자 바깥쪽에 축이 만들어져 있다.
- 회전자에는 축방향으로 자화된 영구자석이 끼워져 있다.
- 회전자 바깥쪽에는 축이 있는 2개의 철심으로 구성된다.
- 고정밀, 높은 토크, 적은 스텝의 사용에 유리하다.

### (5) 스텝 모터의 결선

스텝 모터는 DC 모터와 달리 배선수가 많다. 일반적으로 4개 혹은 6개의 선이 있다. 스텝 모터 사양서에 색으로 구분된 선에 대한 설명을 반드시 읽은 후 연결을 하여야 한다. 스텝 모터 내부 결선 종류는 [그림 10-6]과 같이 6선, 5선, 8선 스텝 모터가 있다.

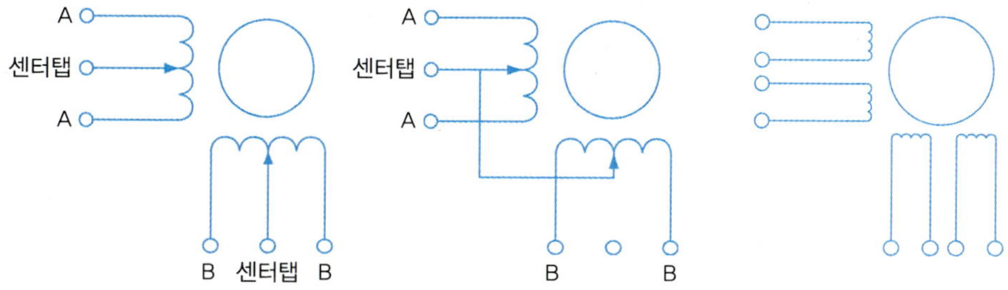


[그림 10-6] 스텝 모터 내부 결선 종류

## 2) 스텝 모터 구동회로

스텝 모터를 구동하는 제어회로에 따라서 단극성 구동방식(uni-polar driving)과 쌍극성 구동방식(bi-polar driving)이 있으며, 여자회로에 의하여 1상 여자방식(Full Step), 2상 여자방식(Full Step), 1-2상 여자방식(Half Step)으로 구분된다.

### (1) 제어회로에 의한 분류

① 단극성 구동방식

- 모터의 내부 코일에 전류를 한 방향으로 흘리는 방식이다.
- 모터 내부에 센터탭이 있으며 스텝 모터 구동시 사용
- 저속에서는 토크가 작다.
- 회로의 구성이 간단하여 저렴하다.
- 에너지 효율이 낮으나 고속 시 탈조 가능성이 낮아 고속 구동에 용이하다.

② 쌍극성 구동방식

- 코일에 전류의 방향을 교대로 바꾸어 흐르게 하는 방식이다.
- 스텝 각을 정밀하게 제어할 수 있다.
- 회로 구성이 복잡하여 비용이 많이 든다.
- 저속에서의 토크가 크다.
- 에너지 효율이 높으나 고속시 탈조 가능성이 높아 저속 구동에 사용한다.

### (2) 여자방식

① 1상 여자

- 1개의 코일만 차례로 여자하는 방식이다.
- 소비전력이 낮고 1스텝당 정밀도가 높다.
- 감쇠진동이 크고 탈조하기 쉽다.

[표 10-1] 1상 여자방식

| 스텝 | A | B | $\bar{A}$ | $\bar{B}$ |
|---|---|---|---|---|
| 0 | ON | | | |
| 1 | | ON | | |
| 2 | | | ON | |
| 3 | | | | ON |

② 2상 여자

- 2개의 코일을 동시에 여자하는 방식이다.
- 1상 여자 구동에 비하여 2배의 전류가 필요하다.
- 토크가 크고 감쇠진동이 작다.
- 주파수 특성이 좋아서 가장 널리 사용되는 방식이다.

[표 10-2] 2상 여자방식

| 스텝 | A | B | $\bar{A}$ | $\bar{B}$ |
|---|---|---|---|---|
| 0 | ON | ON | | |
| 1 | | ON | ON | |
| 2 | | | ON | ON |
| 3 | ON | | | ON |

③ 1-2상 여자

- 1상과 2상에 교대로 여자하는 방식이다.
- 1상 여자 구동에 비하여 1.5배의 전류가 필요하다.
- 1펄스에 대한 스텝각은 1상 여자와 2상 여자에 의한 스텝각의 1/2이다.
- 각도를 정밀하게 제어하는 경우에 사용한다.

**[표 10-3]** 1-2상 교대여자방식

| 스텝 | A | B | $\overline{A}$ | $\overline{B}$ |
|---|---|---|---|---|
| 0 | ON | | | |
| 1 | ON | ON | | |
| 2 | | ON | | |
| 3 | | ON | ON | |
| 4 | | | ON | |
| 5 | | | ON | ON |
| 6 | | | | ON |
| 7 | ON | | | ON |

## 03 정전류 구동 IC

L297 스텝 모터 구동용 IC는 2상 쌍극성과 4상 단극성 스텝 모터를 마이크로컨트롤러로 구동할 수 있도록 4상의 드라이브 신호를 생성한다. 마이크로컨트롤러에서는 클럭, 방향과 모드 입력신호만 제어하면 된다.

### (1) 특징

- Half/Full 스텝모드 지원한다.
- 시계방향/반시계방향 회전 제어한다.
- 리셋(Reset)과 홈(Home) 입력이 있어 모터를 초기 위치를 설정할 수 있다.
- 로드 전류에 대하여 프로그램 가능하다.

### (2) L297 핀 배치

• 활성화(Enable)

－칩 인에이블 입력, Low(비활성화)일 때는 INH1, INH2, A, B, C, D는 Low가 된다.

• 리셋(Reset)′

－리셋 입력, Low(활성화) 펄스 입력되면 홈 위치로 이동한다.(1 상태, ABCD=0101)

• CW/CCW′

－시계방향, 반시계방향의 회전 제어 입력이다.

－High일 때는 시계방향, Low일 때는 반시계방향이다.

－모터의 실질적인 회전방향은 배선연결에 따라 결정된다.

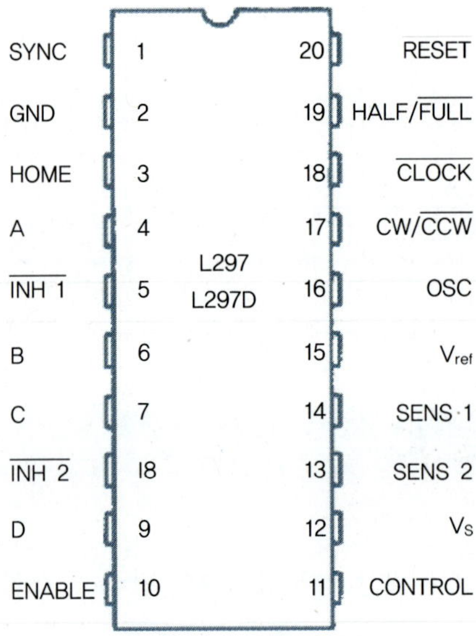


[그림 10-7] L297 핀 배치

• HALF/FULL′

－Half/Full′ 스텝 선택입력

－High일 때는 Half 스텝, Low일 때는 Full 스텝이다.

• A/B/C/D

－전력공급 단계를 위한 모터의 A/B/C/D 상 드라이브 신호이다.

### (3) L297 모드에 따른 상 변환 순서

• Half 모드

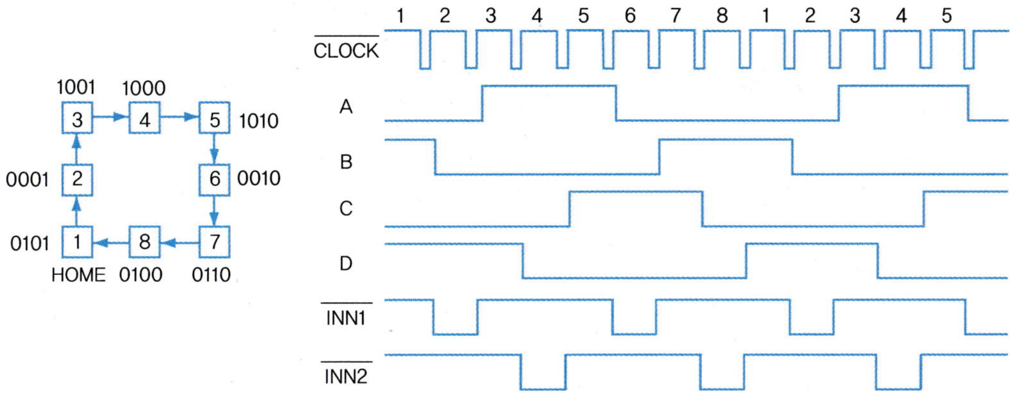


[그림 10-8] Half 모드 상변화

• FULL(Normal) 모드

- 2상 여자방식이다.
- 상의 변화는 홀수로 이동한다. 즉, 0101 → 1001 → 1010 → 0110(1 → 3 → 5 → 7) 변화한다.
- INH1, INH2는 각각 High 상태를 유지한다.

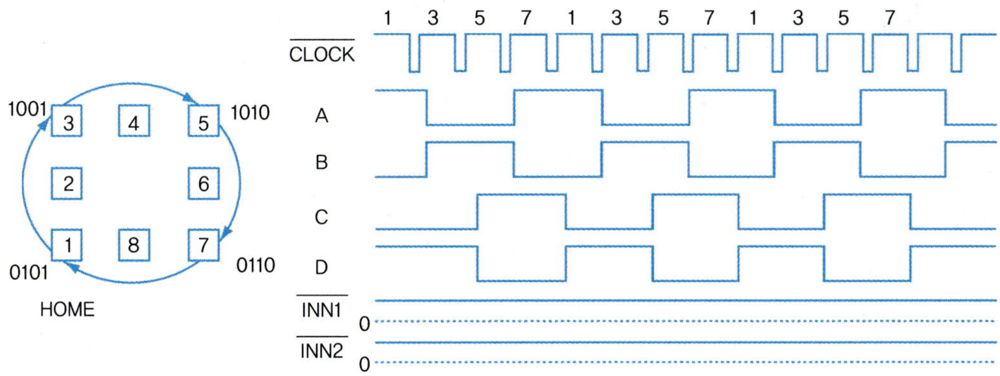


[그림 10-9] FULL(Normal) 모드 상변화

# 04 모터 제어 실습

[표 10-4] 스텝 모터를 제어하기 위한 연결

| 포트 단자 | Stepping Motor |
|---|---|
| PE4 | PUL |
| PE5 | EN |
| PE6 | CW |

[표 10-5] RC 서보 모터를 제어하기 위한 연결

| 포트 단자 | RC-Servo Motor |
|---|---|
| PB5 | PWM |

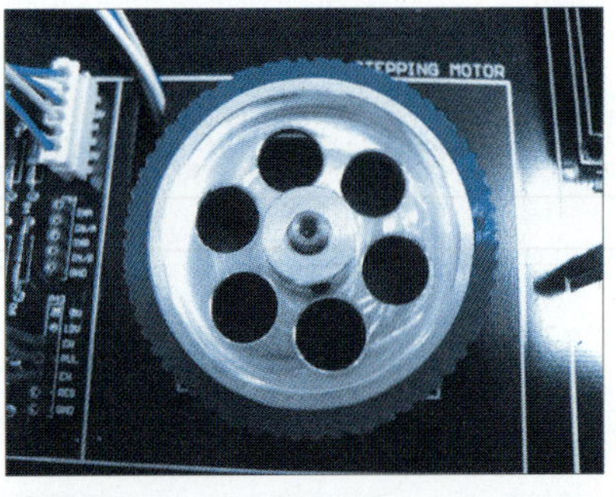


[그림 10-10] 스텝 모터

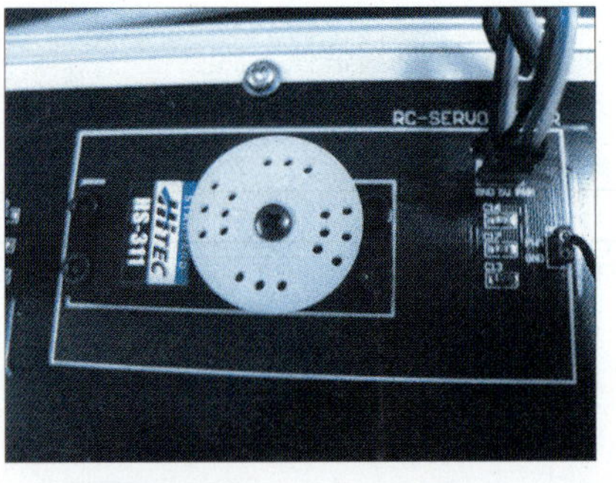


[그림 10-11] RC 서보 모터

## 실습 1 스텝 모터를 동작시키는 프로그램

① [그림 10-10]을 보고 실습장비에 배선을 한다.

② 작업 표시줄 시작-모든 프로그램에서 Atmel AVR Tools를 찾아 클릭한다.

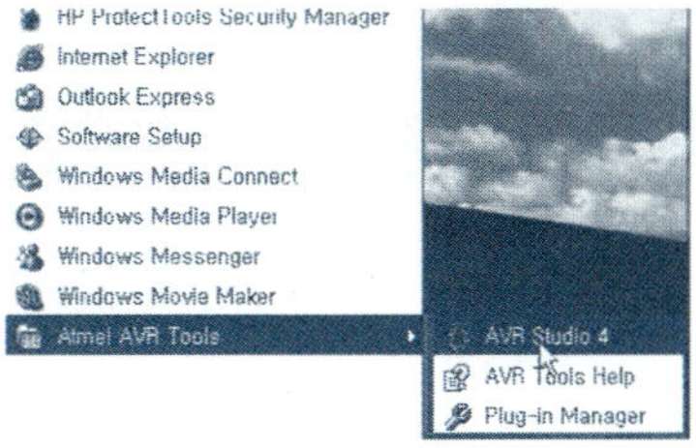


[그림 10-12] Atmel AVR Tools를 찾아 클릭

③ 프로그램을 시작하게 되면 다음과 같은 화면이 나오게 된다. [New Project]를 클릭한다.

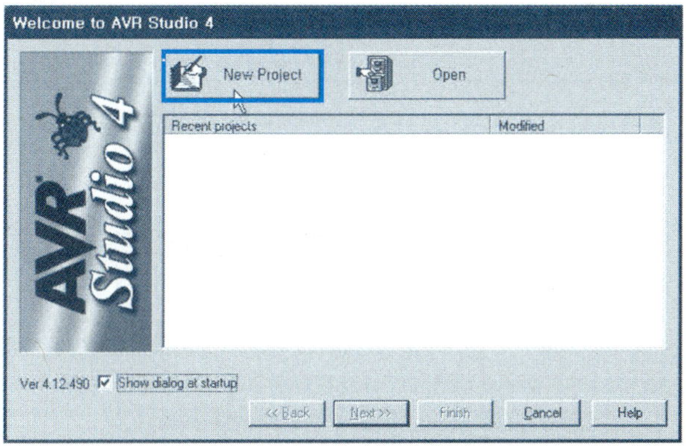


[그림 10-13] [New Project]를 클릭

④ 다음과 같은 화면이 나오면 Project type에서 AVR GCC를 선택하고 Project name에 원하는 이름을 입력한 후 [Next]를 클릭한다.

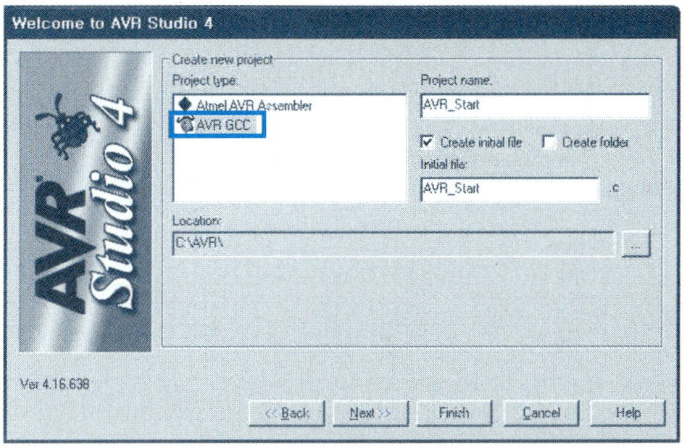


[그림 10-14] 원하는 이름을 입력한 후 [Next]를 클릭

⑤ Debug platform에서 JTAG ICE를 선택하고 Device는 AT90CAN128을 선택하고 [Finish]를 클릭한다.

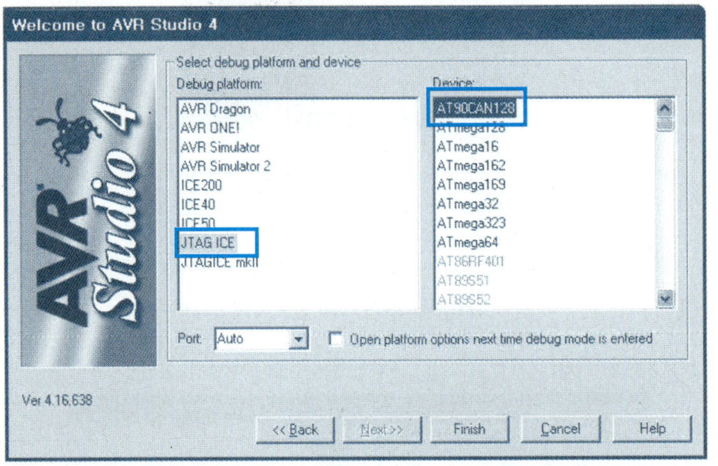


[그림 10-15] Device는 AT90CAN128을 선택하고 [Finish]를 클릭

⑥ [Finish]를 클릭하고 나면 다음과 같은 화면이 나타난다. 화면 중앙에 나타난 창에 다음의 프로그램을 작성한다.

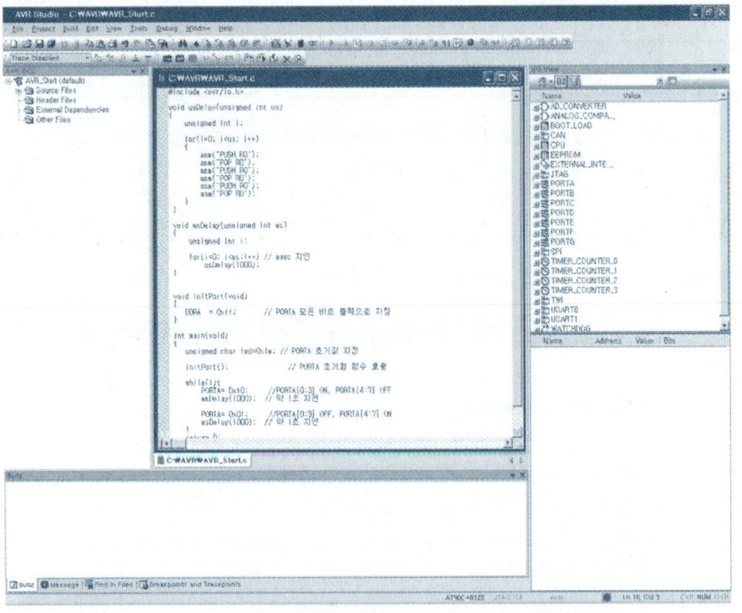

[그림 10-16] 화면 중앙에 나타난 창에 프로그램을 작성

⑦ 스텝 모터를 동작시키는 프로그램

```
#include <avr/io.h>

void us_delay(unsigned int us_time)
{
        unsigned int i;

        for(i=0; i<us_time; i++)
        {
                asm("PUSH R0");
                asm("POP R0");
                asm("PUSH R0");
                asm("POP R0");
                asm("PUSH R0");
                asm("POP R0");
        }
}

void ms_delay(unsigned int ms_time)
{
    unsigned int i;

    for(i=0; i<ms_time;i++)
        us_delay(1000);
}

int main(void)
{
    DDRE=0xFE;

    PORTE=0x00;

    PORTE |= 0x20;   // L297 enable
    PORTE |= 0x40;   // (Dir=1) ---> CW
                     // (Dir=0) ---> CCW
    while(1){
        PORTE |= 0x10;
                us_delay(100);
        PORTE &= 0xEF;
                us_delay(1500);
     }return 0;
}
```

⑧ 프로그램을 다 작성하면 메뉴 중 Build-Build를 클릭하거나 키보드의 [F7] 버튼을 눌러 빌드(Build)한다.

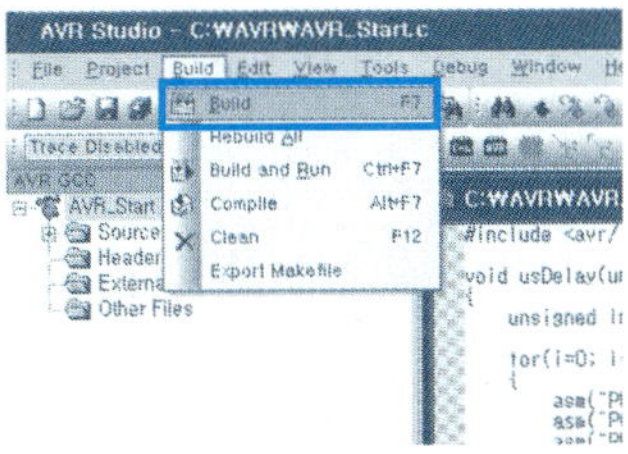


[그림 10-17] 보드의 [F7] 버튼을 눌러 빌드

⑨ AVR Studio의 도구모음 중 아래 화면과 같은 버튼을 찾아 클릭한다.

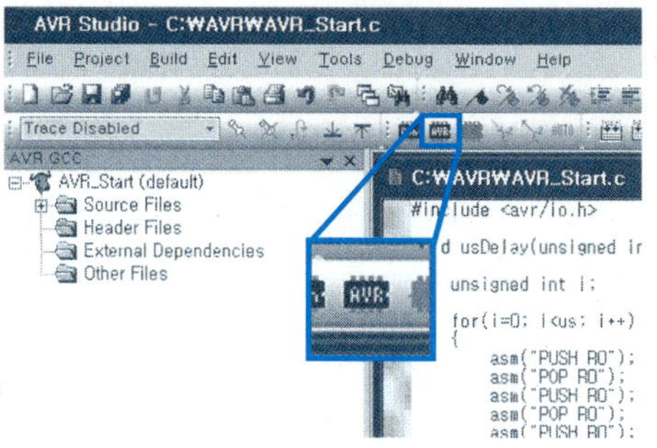

[그림 10-18] 도구모음 중 [AVR] 버튼을 찾아 클릭

⑩ 다음과 같은 화면이 나타나면 Flash 항목의 Input HEX File에 자신이 만든 폴더의 default 폴더에 생성된 hex 파일을 입력하고 [Program]을 클릭한다.

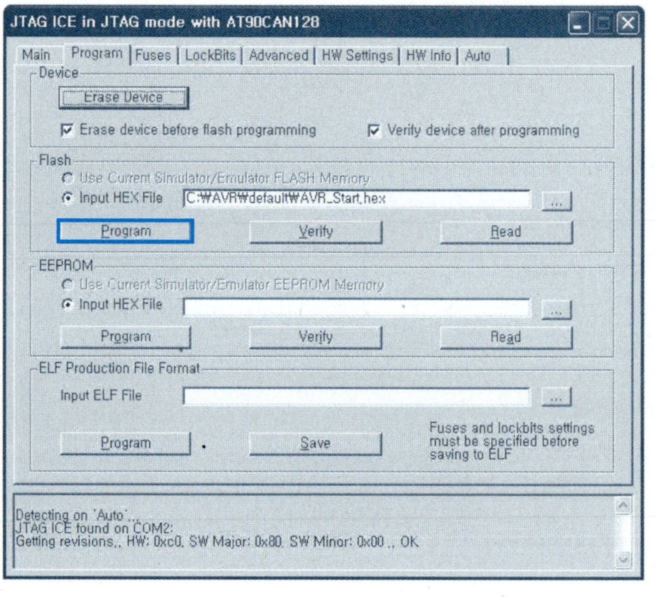

[그림 10-19] default 폴더에 생성된 hex 파일을 입력하고 [Program]을 클릭

⑪ 프로그램이 정상적으로 Flash에 다운로드되면 다음 화면과 같은 메시지를 확인할 수 있다.

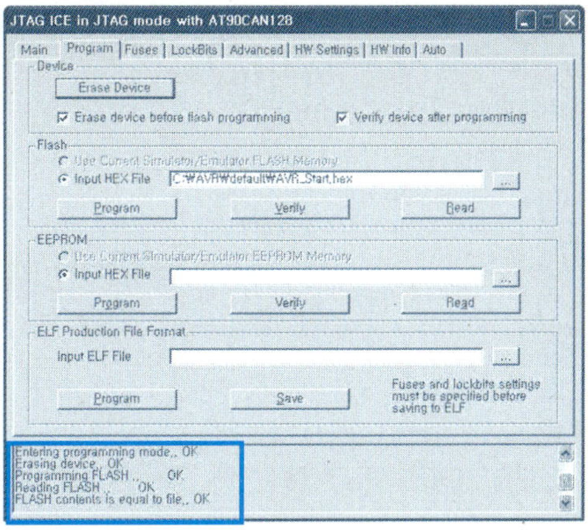

[그림 10-20] 프로그램이 정상적으로 Flash에 다운로드

⑫ 스텝 모터의 동작을 확인한다.

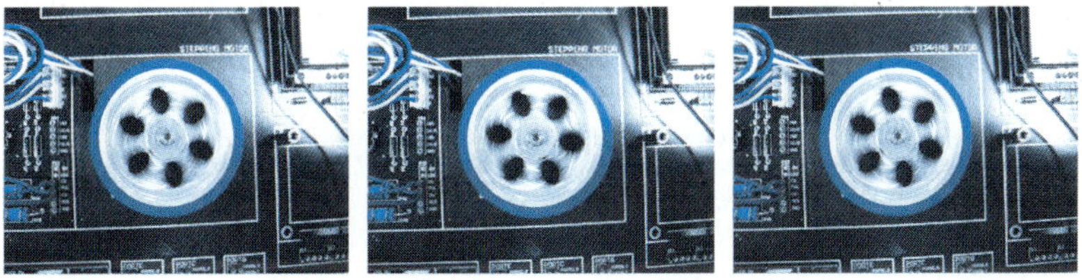

[그림 10-21] 스텝 모터의 동작을 확인

## 실습 2 RC 서보 모터를 제어하는 프로그램

① [그림 10-11]을 보고 실습장비에 배선을 한다.

② 작업 표시줄 시작-모든 프로그램에서 Atmel AVR Tools를 찾아 클릭한다.

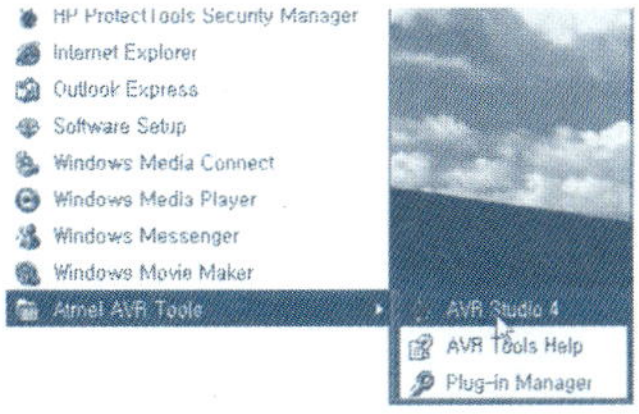

[그림 10-22] Atmel AVR Tools를 찾아 클릭

③ 프로그램을 시작하게 되면 다음과 같은 화면이 나오게 된다. [New Project]를 클릭한다.

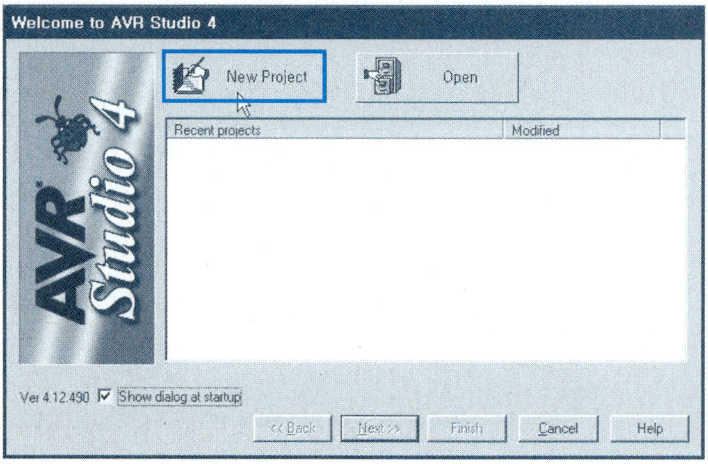


[그림 10-23] [New Project]를 클릭

④ 다음과 같은 화면이 나오면 Project type에서 AVR GCC를 선택하고 Project name에 원하는 이름을 입력한 후 [Next]를 클릭한다.

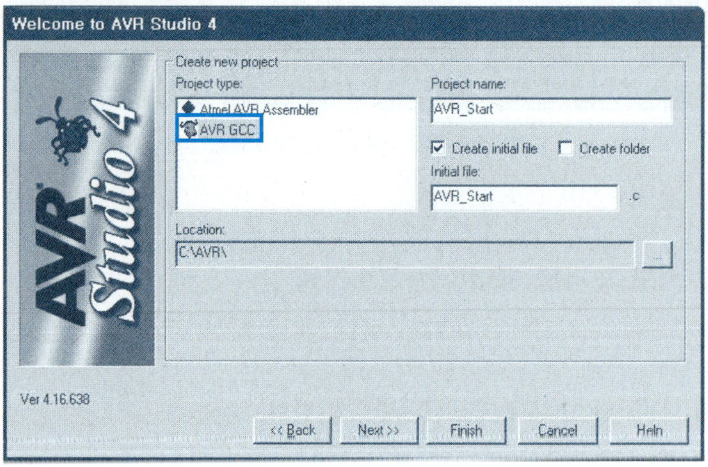


[그림 10-24] 원하는 이름을 입력한 후 [Next]를 클릭

⑤ Debug platform에서 JTAG ICE를 선택하고 Device는 AT90CAN128을 선택하고 [Finish]를 클릭한다.

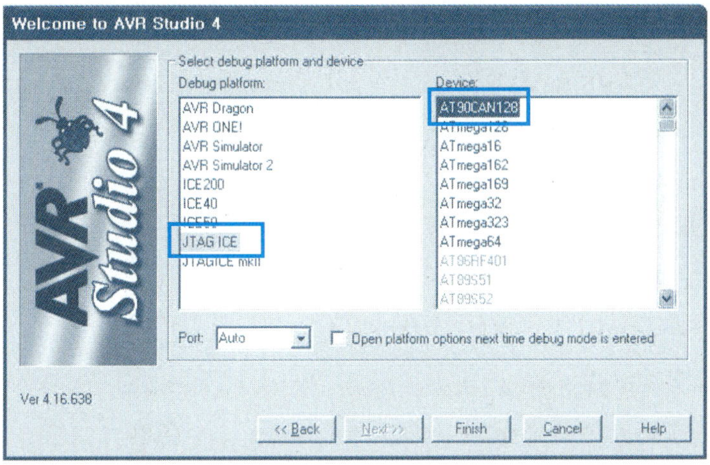


[그림 10-25] Device는 AT90CAN128을 선택하고 [Finish]를 클릭

⑥ [Finish]를 클릭하고 나면 다음과 같은 화면이 나타난다. 화면 중앙에 나타난 창에 다음의 프로그램을 작성한다.

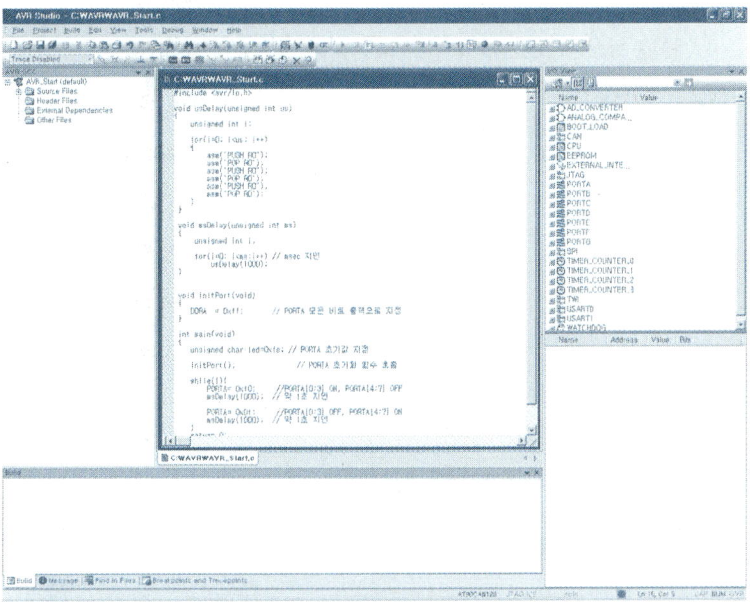

[그림 10-26] 화면 중앙에 나타난 창에 프로그램을 작성

7 스텝 모터를 동작시키는 프로그램이다.

```
#include <avr/io.h>

void us_delay(unsigned int us_time)
{
        unsigned int i;

        for(i=0; i<us_time; i++)
        {
                asm("PUSH R0");
                asm("POP R0");
                asm("PUSH R0");
                asm("POP R0");
                asm("PUSH R0");
                asm("POP R0");
        }
}

void ms_delay(unsigned int ms_time)
{
    unsigned int i;

    for(i=0; i<ms_time;i++)
        us_delay(1000);
}

int main(void)
{
        DDRB = 0xFF;
        DDRE = 0xFF;
        DDRG = 0xFF;

        TCCR1A=0xAA;       //64 Prescaler
        TCCR1B=0x13;       //출력 OC1A, PWM Phase Correct(TOP:ICR1)

        ICR1H=0x03;         //0x20;//0x03;//0x09;//2304
        ICR1L=0x00;         //0x00;//0x07;//0xc4; //196+2304=2500
        while(1)
        {
                //OCR1B=Servo_2_Angle;
                OCR1A=255; //0xbb;
                ms_delay(1000);
                OCR1A=70;  //0xbb;
                ms_delay(1000);
                OCR1A=155; //0xbb;
                ms_delay(1000);
        }
        //Servo_1_Angle==255
        return 0;
}
```

⑧ 프로그램을 다 작성하면 메뉴 중 Build-Build를 클릭하거나 키보드의 [F7] 버튼을 눌러 빌드(Build)한다.

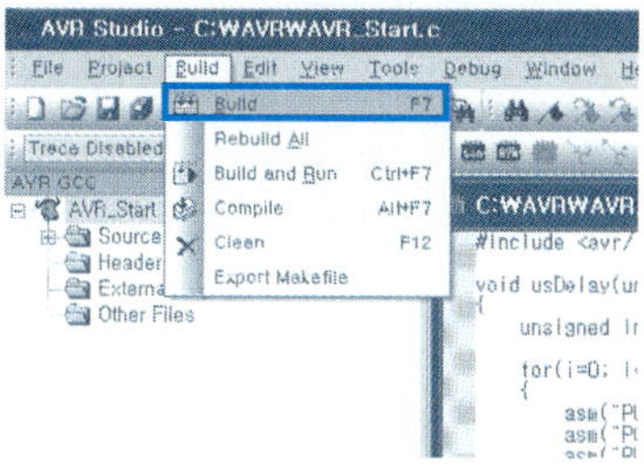


[그림 10-27] 키보드의 [F7] 버튼을 눌러 빌드

⑨ AVR Studio의 도구모음 중 아래 화면과 같은 버튼을 찾아 클릭한다.

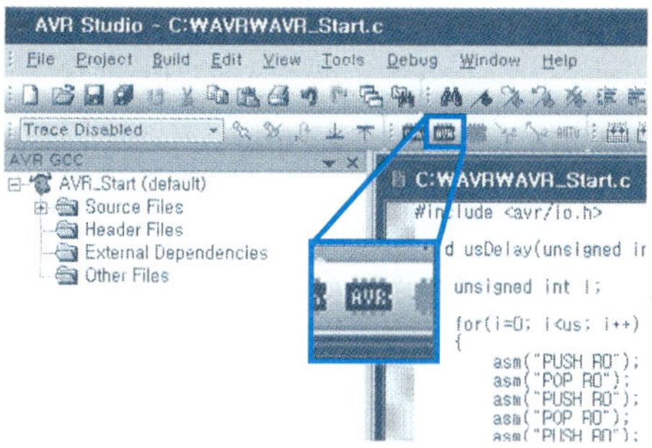


[그림 10-28] 도구모음 중 [AVR] 버튼을 찾아 클릭

⑩ 다음과 같은 화면이 나타나면 Flash 항목의 Input HEX File에 자신이 만든 폴더의 default 폴더에 생성된 hex 파일을 입력하고 [Program]을 클릭한다.

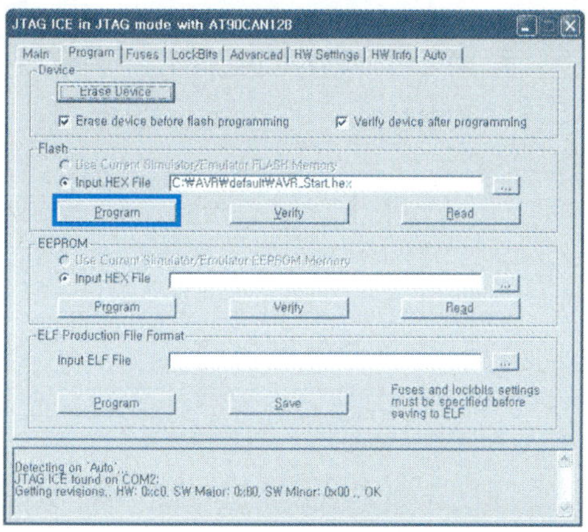


[그림 10-29] default 폴더에 생성된 hex 파일을 입력하고 [Program]을 클릭

⑪ 프로그램이 정상적으로 Flash에 다운로드되면 다음 화면과 같은 메시지를 확인할 수 있다.

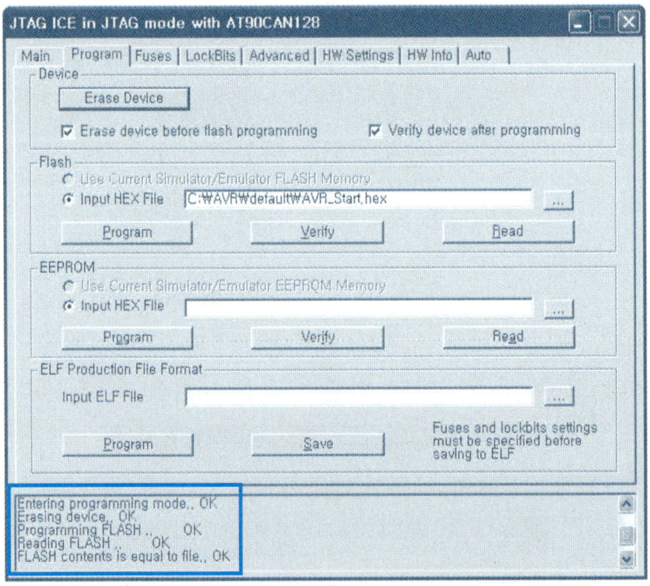


[그림 10-30] 프로그램이 정상적으로 Flash에 다운로드

⑫ RC 서보 모터의 동작을 확인한다.

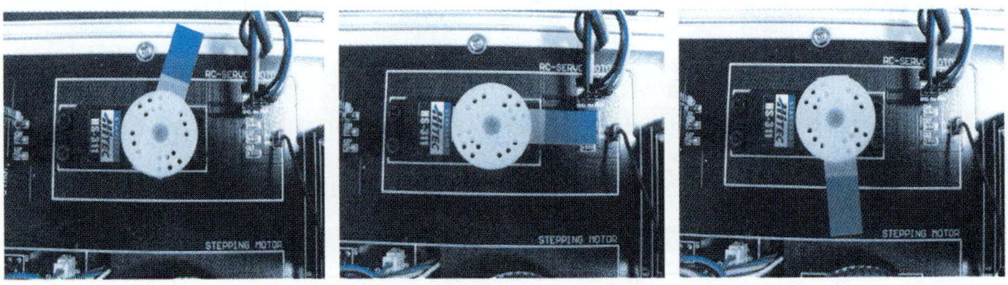

[그림 10-31] RC 서보 모터의 동작을 확인

# 11 Chapter CAN 통신 제어

학습목표

- CAN(Controller Area Network)에 대해서 이해한다.
- CAN통신을 이용해 장비를 조작해 본다.

## 01 CAN 프로세서(AT90CAN128)의 CAN 특징

AT90CAN32/64/128 CAN 제어기는 CAN 규격 2.0 Part A와 Part B에 대하여 완전하게 호환된다. 다음과 같이 ISO/OSI 기준 모델에 따라 CAN버스 프로토콜 구현하였다.

**(1) 데이터 링크 계층**(data link layer)

- 논리적인 연결 제어(LLC : Logical Link Control) 서브 레이어
- 매체 접근 제어(MAC : Medium Access Control) 서브 레이어

**(2) 물리 계층**(physical layer)

- 물리적 신호(PLS : Physical Signalling) 서브 레이어
- 물리적 매체 공격(PMA : Physical Medium Attack)을 지원하지 않음
- 매체 의존적인 인터페이스(MDI : Medium Dependent Interface)를 지원하지 않음

CAN 제어기는 모든 형태의 프레임(데이터, 원격제어, 오류, 오버로드)을 1Mbps의 전송 속도로 처리할 수 있다.

**(3) CAN 프로세서(AT90CAN128)의 CAN 특징을 정리하면 다음과 같다.**

- 완전한 CAN 제어기
- CAN 표준 버전 2.0A와 버전 2.0B 호환
- 15Mob(Message Object)
- CAN 표준 2.0A 버전, 11비트 식별 태그
- CAN 확장 2.0B 버전, 29비트 식별 태그
- 8바이트 데이터 버퍼

－Tx, Tx 프레임 버퍼 혹은 자동 응답 구성
－최대전송속도 : 8MHz에서 1Mbits/sec 전송

## 02 CAN 컨트롤러

AT90CAN32/64128의 CAN 제어기는 CAN 2.0B 능동형이 구현되어 있다. AT90CAN128의 Full CAN(Controller Area Network) 제어기 편리한 수신 필터링과 메시지 관리를 위한 전반적인 하드웨어 환경을 제공한다. 송신 혹은 수신되어야 할 각 메시지에 대하여 CAN 컨트롤러(Controller) 모듈은 메시지에 관련된 모든 정보(ID, 데이터 바이트)를 저장하는 메시지 객체(message object)라는 것을 포함하고 있다.

주변장치를 초기화하는 동안에 응용 프로그램에 의하여 전송 혹은 수신되어야 할 메시지를 정의한다. 초기화 과정 혹은 프로그램에 의하여 메시지 객체가 수신할 수 있는 식별자를 설정한다. CAN 제어기가 프로그램에 의하여 설정된 식별자와 일치하는 식별자를 가진 메시지를 수신하였을 경우에만 메시지가 저장되고 인터럽트를 통하여 응용 프로그램이 동작한다.

CAN 프로토콜은 고수준의 보안 기능을 갖춘 실시간, 직렬, 브로드캐스팅 프로토콜이다. CAN 프로토콜은 고속 전송을 위한 ISO11898과 저속 전송을 위한 ISO11519-2에 정의되어 있는 국제표준이다. CAN은 초기에 자동차에 적용하기 위하여 고안된 직렬 네트워크 통신방식이다. 최근에는 다양한 산업 분야에 폭 넓게 적용되고 있다.

자동차에서의 전자제어의 필요성이 증가하면서 1986년 자동차 내부의 서로 다른 3개의 전자장치(ECU : Electronic Control Unit) 간의 통신을 위한 통신 장치 개발을 자동차 업체 벤츠(Benz)의 요구에 의하여 자동차 부품 업체인 독일의 보쉬(Bosch)에 의하여 최조로 개발되었다. 개발 목표는 자동차에서 고가의 와이어 하네스를 저비용의 네트워크 케이블로 대치하기 위한 것이었다. CAN 프로토콜은 ABS와 에어백 등을 제어하기 위하여 빠른 응답성과 높은 신뢰성을 갖도록 설계되었다.

초기에는 UART 방식을 고려하였으나 UART가 일대일(point to point) 통신이기 때문에 서로 다른 3개의 ECU 간의 통신방식으로 적합하지 않아 다중통신(multi master communication) 방식이 요구되어 CAN 프로토콜을 개발하게 되었다. 최초의 집적화된

CAN 부품은 1987년 인텔(Intel)에 의하여 생산되었다. 최근에는 다양한 반도체 제조사 및 마이크로프로세서 제조사에서 CAN 프로토콜을 채용한 프로세서를 출시하여 다양하게 활용한다.

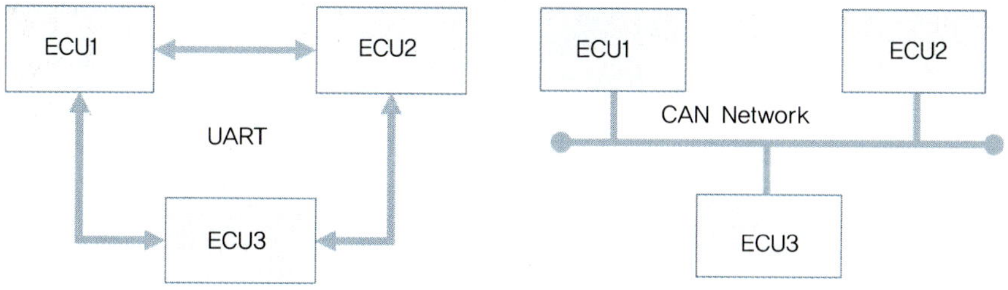


[그림 11-1] point-to-point 방식의 UART 네트워크와 멀티 마스터(Mult-master) 방식의 CAN 네트워크

[그림 11-2]는 자동차의 전자장치간의 일대일 통신 구성과 CAN 통신 구성을 비교한 것이다. 일대일 통신의 경우에는 배선 재료비가 증가할 뿐만 아니라 생산시간이 길어지며 신뢰성이 떨어지는 문제가 발생할 수 있다.

CAN 통신 배선량을 줄여서 비용을 줄이고 생산시간을 단축시키며 신뢰성을 높일 수 있다. 그리고 배선량이 감소되면서 자동차 디자인을 보다 자유롭게 할 수 있다.

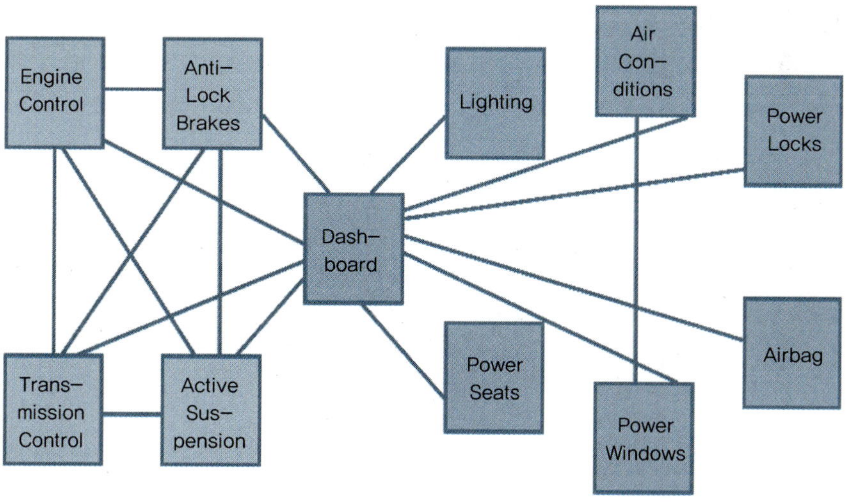


[그림 11-2] point-to point 방식의 자동차 내부 통신망

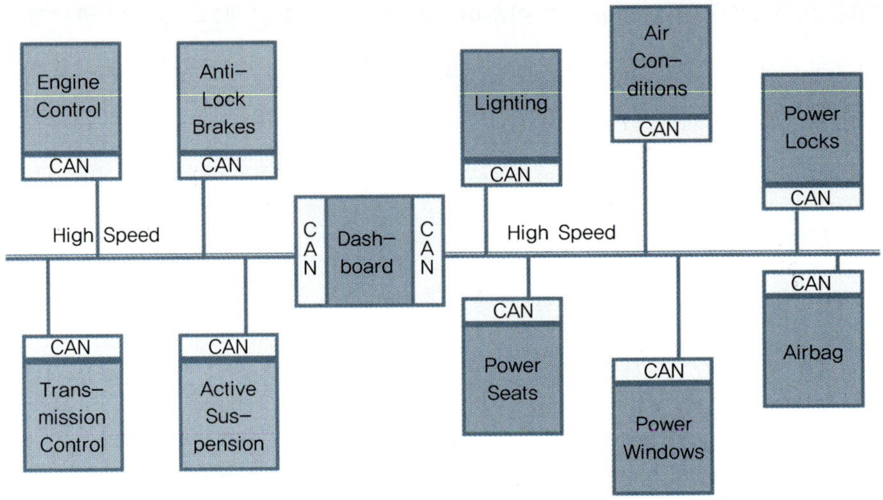


[그림 11-3] CAN 네트워크를 적용한 자동차 내부 통신망

## 1) CAN 컨트롤러의 구성

Full CAN 컨트롤러는 CAN 데이터 버퍼, 메시지 객체, 그리고 CAN 채널로 구성되며 [그림 11-4]에 간략하게 표시한 것과 같다.

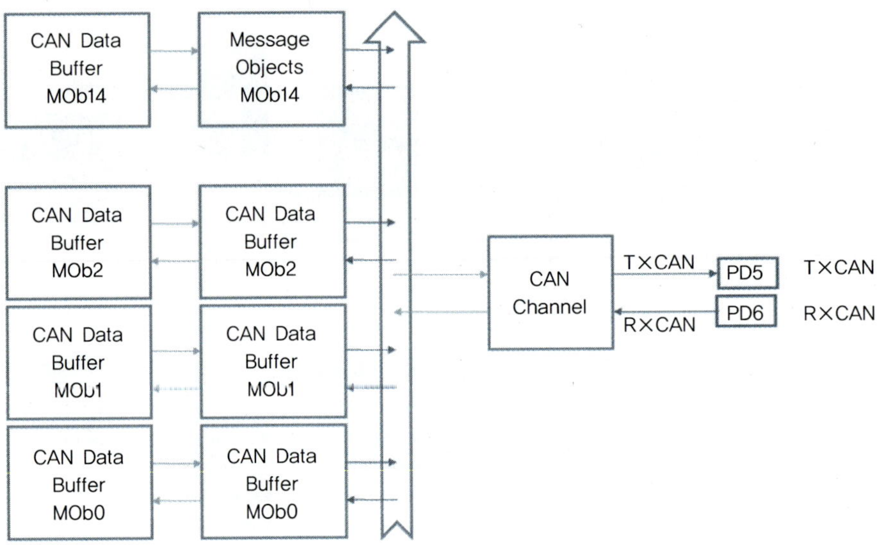


[그림 11-4] 간단하게 표시한 CAN 제어기 구조

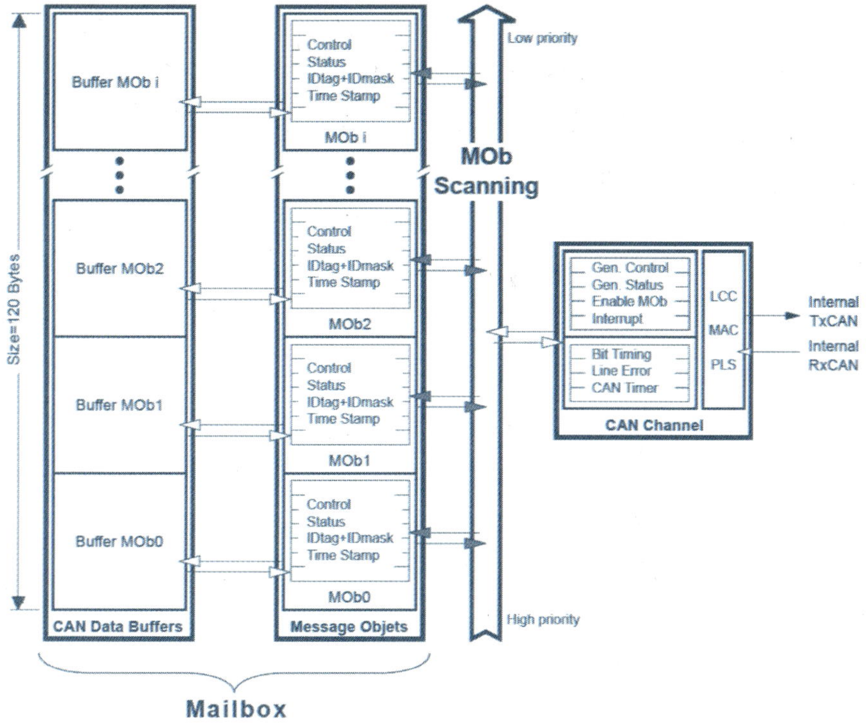


[그림 11-5] CAN 제어기 구조

## 2) CAN 프로토콜

CAN 프로토콜은 고속 통신에 대하여 ISO11898과 저속 통신에 대하여 ISO11519-2로 정의된 국제표준이다. 두 종류의 ISO(International Standard Organization) 규격은 통신 속도의 차이와 물리계층에서의 차이가 있다. 두 ISO 규격의 속도는 다음과 같다.

- ISO11898 : 1Mbps 이상의 고속 통신
- ISO11519 : 125kbps까지의 저속 통신

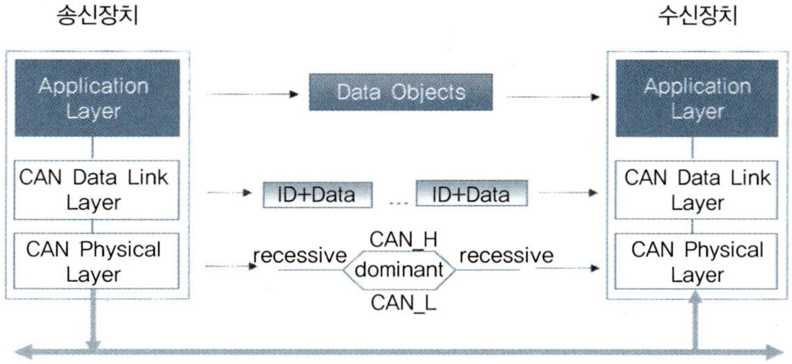


[그림 11-6] OSI 통신계층 간의 데이터와 신호 변환

### (1) 원 리

CAN은 브로드캐스트 메커니즘(broadcast communication mechanism)을 기반으로 한다. 브로드캐스트 통신은 메시지 지향적인 전송 프로토콜(message oriented transmission protocol)을 사용함으로써 실현된다. 이들 메시지는 메시지 식별자(message identifier)에 의하여 식별된다. 전체 네트워크 내에서 메시지 식별자는 유일하고 메시지 내용(content)뿐만 아니라 메시지의 우선권(priority)을 정의한다.

상대적으로 긴급하지 않은 메시지와 비교하여 메시지를 전송하는 우선권은 각 메시지의 식별자(ID, identifier)에 의하여 결정된다. 시스템 설계 단계에서 2진수로 정해진 우선권은 동적으로 변하지 않는다. 가장 낮은 2진수를 갖는 식별자가 가장 높은 우선권을 갖는다.

버스 레벨 비트를 관찰하는 각 노드에 의하여 복잡해진 식별자에 대하여 비트 단위의 중재를 통하여 버스 접근 충돌(bus access conflict) 문제를 해결한다.

### 3) 메시지 포맷

CAN 프로토콜은 식별자의 길이에 의하여 구분되는 두 가지 메시지 프레임 포맷을 지원한다. 식별자의 길이에 따라 다음 두 가지 포맷으로 구분된다.

- 표준 CAN 2.0A : 11비트 식별자를 갖는다.
- 확장 CAN 2.0B : 29비트 식별자를 갖는다.

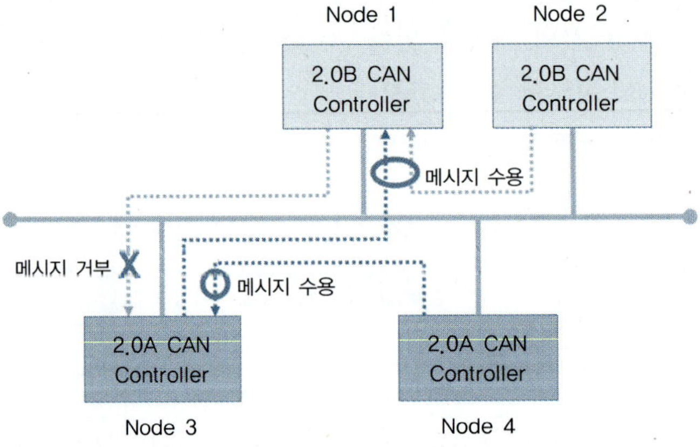


[그림 11-7] CAN 표준간의 메시지 수용 및 거부

CAN 통신에서 데이터는 메시지 프레임을 사용하여 송수신이 이루어진다. 메시지 프레임은 하나 또는 그 이상의 송신 노드로부터 데이터를 수신 노드로 전송한다. 대부분의 CAN 2.0A 제어기는 오직 표준 CAN 방식의 메시지만 전송 및 수신 가능하며 확장 CAN 방식(CAN 2.0B)의 메시지를 수신하더라도 그 데이터를 무시한다. 즉, CAN 2.0A 제어기에서 보내온 메시지 데이터만 유효하지만 CAN 2.0B 제어기는 두 메시지 방식이 송수신 가능하다.

### (1) 표준 CAN 2.0A 메시지 구조

• 데이터 프레임(data frame)

| SOF | 11-bit identifier | RTR | IDE | r0 | 4-bit DLC DLC4..0 | 0-8 Byte | 15-bit CRC | CRC del. | ACK | ACK del. | 7bits | intermission 3bits | Bus idle (indefinite) |
|---|---|---|---|---|---|---|---|---|---|---|---|---|---|
| | Arbitration Field | | Control Field | | | Data Field | CRC Field | | ACK Field | | End of Frame | Interframe Space | |

• 원격 프레임(remote frame)

| SOF | 11-bit identifier IDT28..18 | RTR | r1 | r0 | 4-bit DLC DLC4..0 | 15-bit CRC | CRC del. | ACK | ACK del. | 7bits | intermission 3bits | Bus idle (indefinite) |
|---|---|---|---|---|---|---|---|---|---|---|---|---|
| | Arbitration Field | | Control Field | | | CRC Field | | ACK Field | | End of Frame | Interframe Space | |

- SOF(Start Of Frame) : 메시지 프레임의 시작을 표시한다. 메시지 프레임의 맨 앞에 위치하며 기본값(default)은 "0"이다.
- 중재 필드(arbitration field) : 11비트의 식별자와 원격전송요청(RTR : Remote Transmission Request) 비트로 구성된다. RTR은 기본값으로 "0"을 가지며 "0"일 때 CAN 메시지가 데이터 프레임을 의미한다. RTR이 "1"이면 CAN 메시지가 원격전송요청임을 의미한다. 즉, CAN 메시지가 데이터 프레임이 아닌 원격 프레임 상태임을 나타낸다. 원격 프레임은 데이터 버스상의 어떤 노드에서 다른 노드로 데이터를 전송하여 줄 것을 요청할 때 사용한다. 데이터를 전송하기 전에 사용되는 메시지 프레임이기 때문에 데이터 필드가 없다.
- 제어 필드(control field) : IDE(IDentifier Extension) 비트와 데이터 길이 코드(DLC: Data Length Code)로 구성된다. DLC는 데이터 필드의 바이트 수를 나타낸다. 원격 프레임에서 DLC는 요청 데이터의 바이트 수를 의미한다.

–데이터 필드(data field) : 특정한 노드에서 다른 노드로 전송하는 데이터를 포함한다. 0~8바이트로 구성된다.

–CRC 필드(Cyclic Redundancy Check) : 15비트의 CRC 코드를 가지며 데이터 필드의 끝을 알리는 “1” 값을 비트가 이어진다.

–ACK 필드(ACKnowledge) : 2비트로 구성되며 첫 번째 비트는 “0”을 가지는 슬롯 비트이며, 두 번째 비트는 “1” 값을 갖는다.

–프레임 종료(end of frame) : 7비트로 구성되어 있으며 모두 “1” 값을 갖는다. EOF 뒤이어 “1” 값을 갖는 3비트의 프레임 중단 필드(INTermission Field)가 이어진다. 이 3비트 이후에는 CAN 버스라인은 자유 상태로 인식된다.

## (2) 확장 CAN 2.0B 메시지 구조

• 데이터 프레임(data frame)

| SOF | 11-bit ID IDT28..18 | SRR | IDE | 18-bit ID EXT IDT17..0 | RTR | r1 | r0 | 4-bit DLC DLC4..0 | 0-8 Byte | 15-bit CRC | CRC del. | ACK | ACK del. | 7bits | intermission 3bits | Bus idle (indefinite) |
|---|---|---|---|---|---|---|---|---|---|---|---|---|---|---|---|---|
| | Arbitration Field | | | | Control Field | | | | Data Field | CRC Field | | ACK Field | | End of Frame | Interframe Space | |

• 원격 프레임(remote frame)

| SOF | 11-bit ID IDT28..18 | SRR | IDE | 18-bit ID EXT IDT17..0 | RTR | r1 | r0 | 4-bit DLC DLC4..0 | 15-bit CRC | CRC del. | ACK | ACK del. | 7bits | intermission 3bits | Bus idle (indefinite) |
|---|---|---|---|---|---|---|---|---|---|---|---|---|---|---|---|
| | Arbitration Field | | | | Control Field | | | | CRC Field | | ACK Field | | End of Frame | Interframe Space | |

–확장 CAN 프레임 포맷은 기본적으로 표준 CAN 프레임 포맷과 일치한다. 사용하는 식별자의 길이만 다르다.

–11비트인 식별자는 표준 CAN2.0A와 호환할 수 있으며 이어서 확장 18비트의 식별자가 있다.

–두 개의 식별자 사이에 IDE(IDentifier Extension)이 있어 두 개의 ID 필드를 구분한다.

–SRR(Substitute Remote Request) : 이 비트는 중재 필드에 포함되어 있으며 표준 데이터 프레임과 확장 데이터 프레임을 중재하여야 하는 경우를 대비하여 항상 “1”의 값을 전송한다. 표준 데이터 프레임과 확장 데이터 프레임이 같은 기본 ID(11비트)를 갖게 되면 표준 데이터 프레임이 우선 순위가 높다. 2.0B 메시지 프레임에 있는 다른

필드들은 표준 메시지 포맷으로 식별된다.

### 4) CAN 커넥터

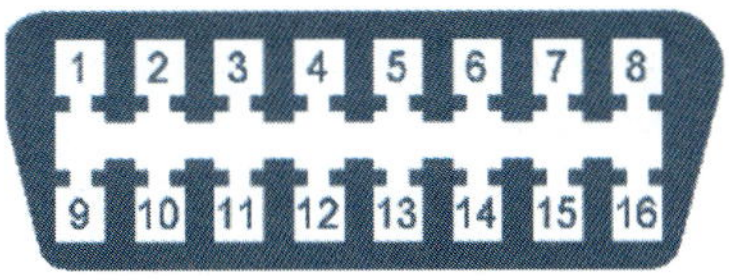


- Pin 2 - J1850 Bus+
- Pin 4 - Chassis Ground
- Pin 5 - Signal Ground
- Pin 6 - CAN High (J-2284)
- Pin 7 - ISO 9141-2 K Line
- Pin 10 - J1850 Bus
- Pin 14 - CAN Low (J-2284)
- Pin 15 - ISO 9141-2 L Line
- Pin 16 - Battery Power

[그림 11-8] ODB-II 커넥터와 핀 설명

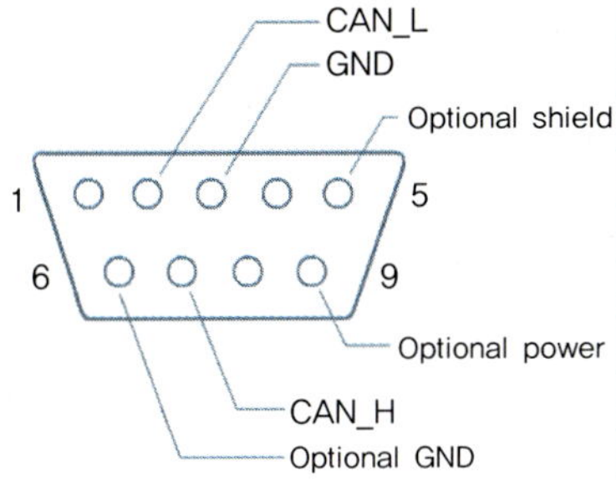


| Pin | Function | Description |
|---|---|---|
| 1 | - | Reserved |
| 2 | CAN_L | CAN_L bus line (dominant low) |
| 3 | CAN_GND | CAN Ground |
| 4 | - | Reserved |
| 5 | (CAN_SHLD) | **Optional** CAN shield |
| 6 | (GND) | **Optional** CAN ground |
| 7 | CAN_H | CAN_H bus line (dominant high) |
| 8 | - | Reserved (error line) |
| 9 | CAN_V+ | **Optional** power |

[그림 11-9] 9핀 커넥터와 핀의 기능

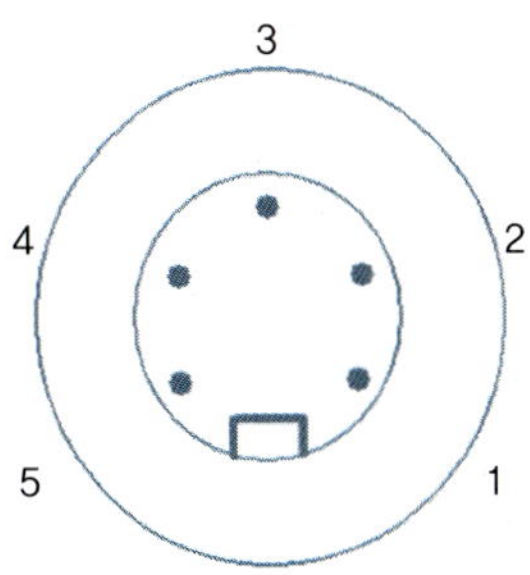


| Pin | Function | DeviceNet Color |
|---|---|---|
| 1 | Drain | Bare |
| 2 | V+ | Red |
| 3 | V- | Black |
| 4 | CAN_H | White |
| 5 | CAN_L | Blue |

Male (pins)

[그림 11-10] 5핀 미니C(mini-c) 커넥터와 기능

## 03 CAN 채널

AT90CAN128의 CAN 채널(Channel) 모드는 다음과 같다.

- 허용 모드(enabled mode)
  - CAN 채널(내부 TxCAN과 RxCAN)이 허용된다.
  - 입력 클럭이 가능하다.

- 대기 모드(standby mode)
  - 송신기가 지속적으로 낮은 레벨을 공급하고 수신기를 사용할 수 없다.
  - 입력 클럭은 가능하다.
  - 레지스터와 페이지는 접근가능하다.

- Listening 모드
  - 내부 RxCAN에 대하여 내부 TxCAN 하드웨어 루프백이 가능하다.
  - TXCAN 출력 핀에 낮은 레벨을 제공한다.
  - RXCAN 입력 핀을 사용못하게 할 수 없다.
  - TEC와 REC 오류 카운터를 발생시키지 않는다.

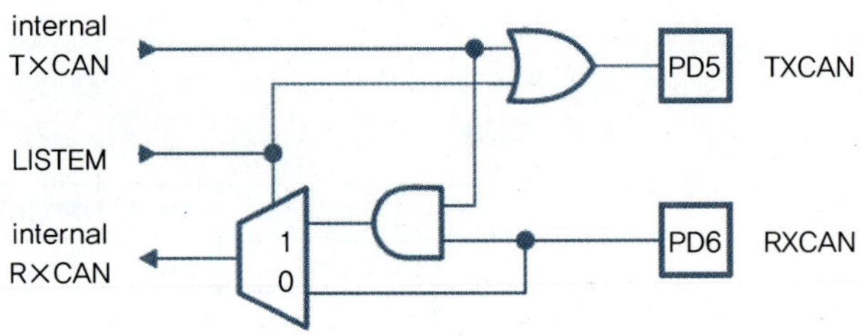


[그림 11-11] Listening 모드

# 04 메시지 객체

MOb는 CAN 프레임의 서술자(descriptor)이다. MOb는 CAN 프레임을 처리하기 위한 모든 정보를 포함한다.

CAN 메시지를 하나의 객체(object)처럼 서술할 수 있도록 허용한다. MOb 세트는 mailbox의 전단에 있다.

- 불가 모드(disable mode)
- 송신 모드(transmit mode)
- 수신 모드(receiver mode)
- 자동응답 모드(automatic reply)
- 프레임 버퍼 수신 모드(frame buffer receive mode)

## 1) 동작 모드(Operating Modes)

모든 MOb들은 각각 동작 모드를 결정하는 필드에 의하여 설정된다. MOb 동작 모드는 CONMOB 레지스터에 의하여 결정된다.

[표 11-1] MOb 구성

| MOb 설정 | | 유효 응답 | RTR 태그 | 동작 모드 |
|---|---|---|---|---|
| 0 | 0 | X | X | disable(비활성화) |
| 0 | 1 | X | 0 | Tx 데이터 프레임 |
| | | X | 1 | Tx 원격 프레임 |
| 1 | 0 | X | 0 | Rx 데이터 프레임 |
| | | 0 | 1 | Rx 원격 프레임 |
| | | 1 | | Rx 원격 프레임, Tx 데이터 프레임 |
| 1 | 1 | X | X | 프레임 버퍼 수신모드 |

### (1) 비활성화 모드

이 모드에서는 MOb가 의미가 없는 상태로써 특별한 동작을 하지 않는다.

### (2) 데이터 및 원격 프레임 전송 모드

① 전송 전에 다음의 필드들이 초기화되어야 한다.

- IDT(identifier tag) : 식별자 태그
- IDE(identifier extension) : 확장 식별자
- RTRTAG(remote transmission request) : 원격 전송요청
- DLC(data length code) : 데이터 길이 코드
- RBnTAG(Reserved bits tag) : 예약된 비트 태그
- MSG(Data byte of message) : 메시지 데이터

② MOb 설정이 완료될 때(CONMOB) MOb는 데이터 혹은 원격 프레임을 전송할 준비가 된 것이다.

③ CAN 채널은 송신 설정된 모든 MOb들을 스캔하고, 최고 높은 우선권을 가진 MOb를 찾아서 전송할 준비를 한다.

④ 전송이 완료될 때 TXOK 플래그가 "1"로 설정된다.

⑤ 새로운 초기화가 될 때까지 모든 파라미터와 데이터는 사용할 수 있다.

### (3) 데이터 및 원격 프레임 수신 모드

① 수신 전에 다음의 필드들이 초기화되어야 한다.

- IDT(identifier tag) : 식별자 태그
- IDMSK(identifier mask) : 식별자 마스크
- IDE(identifier extension) : 확장 식별자
- IDEMSK(identifier extension mask) : 확장 식별자 마스크
- RTRTAG(remote transmission request) : 원격 전송요청
- RTRMSK(remote transmission request mask) : 원격 전송요청 마스크
- DLC(data length code) : 데이터 길이 코드
- RBnTAG(Reserved bits tag) : 예약된 비트 태그

② MOb 설정이 완료될 때(CONMOB) MOb는 데이터 혹은 원격 프레임을 수신할 준비가 된 것이다.

③ 프레임 식별자가 CAN 네트워크상에서 수신될 때 CAN 채널은 수신 모드에 있는 모든 MOb들을 스캔하고 일치하는 최고 높은 우선권을 가진 MOb를 찾고자 한다.

④ 일치하는 MOb가 있으면 일치하는 MOb의 IDT, IDE, DLC 값을 수신된 값으로 갱신한다.

⑤ 수신이 한번 완료되면 수신 메시지의 데이터 바이트가 일치하는 MOb의 데이터 버퍼에 저장되고 RXOK 플래그가 “1”로 설정된다. 원격 프레임에 대해서는 적용되지 않는다.

⑥ 새로운 초기화가 될 때까지 모든 파라미터와 데이터는 사용할 수 있다.

#### (4) 자동응답 모드

예상되는 원격 프레임의 수신 뒤에 원격 프레임에 대한 응답(데이터 프레임)을 자동으로 보낸다.

① 원격 프레임을 수신하기 전에 몇 가지 필드가 초기화되어야만 한다. 초기화되어야 하는 필드는 데이터 및 원격 프레임 수신 모드와 같은 것이다.

② 원격 프레임이 일치할 때 RTRTAG와 응답유효 비트(RPLV, reply valid bit)는 자동으로 리셋되고 이 기간 동안에는 플래그(혹은 인터럽트)는 “1”로 설정되지 않는다. CAN 데이터버퍼는 입력되는 원격 프레임에 의하여 사용되지 않기 때문에 Mob는 다른 설정없이 전송 모드가 될 준비를 한다. IDT, IDE 및 다른 태그와 수신된 원격 프레임의 DLC는 응답을 위하여 사용된다.

③ 응답전송이 완료될 때 TXOK 플래그가 “1”로 설정된다(인터럽트).

④ 새로운 초기화가 될 때까지 모든 파라미터와 데이터는 사용할 수 있다.

#### (5) 프레임 버퍼 수신 모드

프레임 버퍼 수신 모드는 다중 프레임을 수신하는데 유용하다. MOb들의 우선권이 입력되어 들어오는 프레임을 관리하는데 사용된다. MOb들이 프레임 버퍼 수신 모드로 설정되면 비연속 MOb들을 포함한 MOb 집합이 생성된다. 모드 설정 때문에 단 하나의 집합으로만 설정이 가능하다. MOb 집합의 모든 MOb들이 dedicated CAN 프레임을 수신할 때 프레임 버퍼 완료 플래그(혹은 인터럽트), BXOK가 “1”로 설정된다.

① 프레임 버퍼 수신 모드로 설정된 MOb들은 표준 수신 모드에서 MOb로 초기화되어야 한다.

② CONMOB 설정이 되었을 때 MOb들은 데이터(혹은 원격) 프레임을 수신할 준비를 한다.

③ 프레임 식별자가 CAN 네트워크를 통하여 수신될 때 수신 모드에서 CAN 채널은 모든 MOb들을 훑어보고 일치하는 강조 우선권이 높은 MOb를 찾는다.

④ 일치하는 MOb의 IDT, IDE 그리고 DLC는 수신된 프레임 값으로 갱신된다.

⑤ 집합의 마지막 MOb에서 수신이 완료될 때 프레임 버퍼 완료 BXOK 플래그(인터럽트)가 "1"로 설정된다. 집합의 모든 CONMOB 필드가 재기록이 된 경우에만 BXOK 플래그는 "0"이 된다.

⑥ 새로운 초기화가 될 때까지 모든 파라미터와 데이터는 MOb에서 유용하다.

### 2) 수용 필터(Acceptance filter)

수신 히트(즉, 수신된 ID + RTR + RBn + IDE와 비교 마스크를 고려하여 설정한 IDT+ RTRTAG + RBnTAG + IDE가 일치)가 되면 수신한 IDT + RTRTAG + RBnTAG + IDE가 MOb에서 갱신된다.

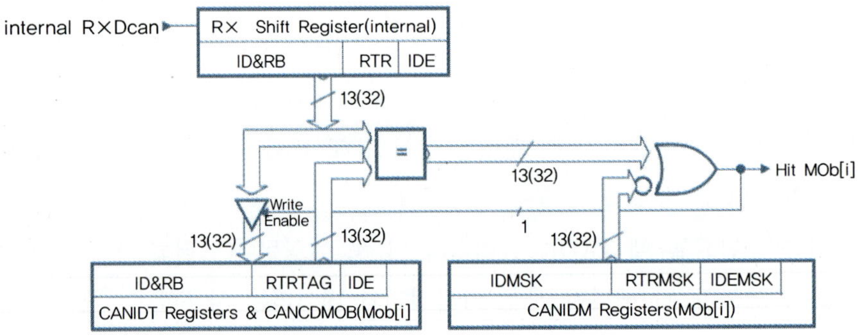


[그림 11-12] CAN 필터링 과정

#### (1) 수용 필터 예

- 전체 필터링 : CAN 표준 프레임에서 ID=0×317만 수용한다.
  - ID MSK = 111 1111 1111
  - ID TAG = 011 0001 0111
- 부분 필터링 : CAN 표준 프레임에서 ID 0×310부터 0×317까지 수용한다.
  - ID MSK = 111 1111 1000
  - ID TAG = 011 0001 0xxx
- 필터링 없음 : CAN 표준 프레임에서 ID 0×000부터 0×7FF까지 모두 수용한다.
  - ID MSK = 000 0000 0000
  - ID TAG = xxx xxxx xxxx

### 3) MOb 페이지

모든 MOb는 공간을 확보하기 위하여 페이지로 맵핑된다. 페이지 번호는 MOb 번호이다. 페이지 번호는 CANPAGE 레지스터에서 설정한다. 15번은 생산과정에서 테스트를 위하여 사용한다.

CANHPMOB 레지스터는 CANSIT(CAN State Interrupt) 레지스터에 가장 높은 우선권을 가진 MOb를 제공한다. CANPAGE 레지스터를 위한 직접 엔트리를 제공하기 위하여 포맷된다. CANPHMOB는 CANSIT 레지스터을 부호화하기 때문에 대응하는 비트(ENRX, ENTX, ENERR)가 가능하게 될 경우에만 갱신된다.

### 4) CAN 데이터 버퍼

레지스터 할당을 유지하기 위하여 CAN 데이터 버퍼는 FIFO로 보여진다. 제어되지 않은 접근의 위험을 감소시킬 수 있다.

MOb마다 하나의 FIFO가 할당된다. CAN 메시지 레지스터를 이용하여 FIFO는 MOb 페이지로 접근할 수 있다.

데이터 인덱스(INDX)는 필요한 데이터 바이트의 주소 포인터이다. 데이터 바이트는 읽고 쓰기가 가능하다. AINC 비트가 '0'으로 설정되어 있다면 데이터 인덱스는 접근할 때마다 자동으로 증가한다. 데이터 인덱스 7 뒤에는 데이터 인덱스가 0으로 되는 롤 오버(roll-over)가 구현되어 있다.

## 05 인터럽트

### 1) 인터럽트 구성

AT90CAN128의 CAN 관련 인터럽트 종류는 다음과 같다.

- 수신완료 인터럽트
- 송신완료 인터럽트
- 오류 인터럽트(비트 오류, 자료 오류(stuff error), CRC 오류, 형식 오류, 수신확인 오류)
- 프레임 버퍼 풀(full) 인터럽트
- Bus off 설정 인터럽트
- CAN 타이머 오버런 인터럽트

일반적인 인터럽트들은 ENIT 설정에 의하여 활성화된다. CAN 타이머 오버런을 활성화하는 특정 인터럽트는 ENORVT 비트에 의하여 설정된다.

### 2) 인터럽트 동작

인터럽트가 발생하였을 때 인터럽트 플래그 비트가 MOb-CANSTMOB 레지스터 혹은 일반적인 CANGIT 레지스터에서 대응하는 비트가 '1'로 설정된다.

MOb 인터럽트를 인식하기 위하여 CANSTMOB 레지스터(RXOK, TXOK, ...)에 대응하는 비트가 반드시 소프트웨어 응용 프로그램에 의하여 지워져야만 하는 것은 아니다. 이 동작은 읽기-수정-쓰기의 소프트웨어 루틴이 필요하다.

인터럽트를 인식하기 위해서는 CANGIT 레지스터(BXOK, BOF-FIT, ...)에 대응하는 비트가 반드시 소프트웨어 응용 프로그램에 의하여 지워져야만 하는 것은 아니다. 이 동작은 인터럽트 플래그에 논리 '1'을 기록함으로써 처리된다.

OVRTIM 인터럽트 플래그는 CANGIT 레지스터의 인터럽트 소스로써 리셋이고 전용 인터럽트 핸들러로 들어가는 리셋이기도 하다.

CAN 노드가 송신중이고 프레임에서 형식 오류를 검출하였을 때 비트 오류가 발생하게 될 것이다. 같은 오류 때문에 결과적으로 2개의 연속된 인터럽트가 발생할 수 있다.

MOb 오류가 발생하거나 CANSTMOB 레지스터에 '1'을 설정할 때 일반적인 오류가 CANGIT 레지스터에서 '1'로 설정된다.

## 06 CAN 레지스터

### 1) CANGCON 레지스터 (CAN General Control Register, CAN 일반 제어레지스터)

[표 11-2] CANGCON 레지스터

| Bit | 7 | 6 | 5 | 4 | 3 | 2 | 1 | 0 |
|---|---|---|---|---|---|---|---|---|
| CANGCON | ABRQ | OVRQ | TTC | SYNTTC | LISTEN | TEST | ENA/STB | SWRES |
| R/W | R/W | R/W | R/W | R/W | R/W | R/W | R/W | R/W |
| 초기값 | 0 | 0 | 0 | 0 | 0 | 0 | 0 | 0 |

• 비트 7 – ABRQ(요청 취소, Abort Request)

이 비트는 자동으로 리셋이 가능한 비트가 아니다.

–0 : 요청하지 않는다.

–1 : 요청 취소, CANEN1과 CANEN2 레지스터의 리셋이 수행되었다. 통신중인 것을 즉시 취소하고 진행중인 것을 정상적으로 종료한다.

• 비트 6 – OVRA(오버로드 프레임 요청, Overload Frame Request)

이 비트는 자동으로 리셋이 가능한 비트가 아니다.

–0 : 요청하지 않는다.

–1 : 오버로드 프레임 요청, 다음 수신 프레임 뒤에 오버로드 프레임을 보낸다. 오버로드 프레임은 CANSTA 레지스터의 OVFG를 관찰함으로써 추적할 수 있다.

• 비트 5 – TTC(시간 트리거 통신, Time Trigger Communication)

–0 : TTC 모드를 설정하지 않는다.

–1 : TTC 모드를 설정한다.

• 비트 4 – SYNTTC(TTC의 동기, Synchronization of TTC)

이 비트는 TTC 모드에서만 사용된다.

–0 : TTC 타이머가 SOF에서 시작한다.

–1 : TTC 타이머가 EOF이 마지막 비트에서 시작한다.

• 비트 3 – LISTEN(청취 모드, Listening Mode)

–0 : 청취 모드를 설정하지 않는다.

–1 : 청취 모드를 설정한다.

• 비트 2 – TEST(시험 모드, Test Mode)

–0 : 시험 모드 설정하지 않는다.

–1 : 시험 모드 설정함 : 생산과정에서의 테스트를 위한 것이고 사용자가 사용하는 것은 아니다(이 비트가 '1'로 설정되어 있으면 CAN은 잘못된 동작을 할 것이다).

• 비트 1 – ENA/STB(가능/대기 모드, Enable/Standby Mode)

이 비트는 하나의 명령이며 즉시 유효한 것이 아니기 때문에 CANGSTA 레지스터의 ENFG 비트가 선택된 모드의 TRUE 상태를 제공한다.

–0 : 대기 모드, 진행중인 통신이 정상적으로 종료되고 CAN 채널은 멈추게 된다(모든

MOb의 CONMOB 비트는 변하지 않는다). 송신기는 연속적으로 열성 레벨을 제공한다. 이 모드에서 수신기는 활성화되지 않고 모든 레지스터와 메일 박스는 CPU에서 접근 가능한 상태에 있게 된다.

−1 : 활성 모드, 처음 11개의 열성 비트를 읽고 CAN 채널이 활성 모드가 된다.

• 비트 0 – SWRES(소프트웨어 리셋 요청, Software Reset Request)

자동 리셋 가능한 비트로써 CAN 제어기에 의해서만 리셋이 된다.

−0 : 리셋 아니다.

−1 : 리셋, 이 리셋은 하드웨어 리셋과 함께 논리적인 “OR”로 처리된다.

### 2) CANGSTA 레지스터 (CAN 일반 상태 레지스터, CAN General Status Register)

[표 11-3] CAN 일반 상태 레지스터

| Bit | 7 | 6 | 5 | 4 | 3 | 2 | 1 | 0 |
|---|---|---|---|---|---|---|---|---|
| CANGSTA | – | OVFG | – | TXBSY | RXBSY | ENFG | BOFF | ERRP |
| R/W | – | R | – | R | R | R | R | R |
| 초기값 | – | 0 | – | 0 | 0 | 0 | 0 | 0 |

• 비트 7 – 예약된 비트

이 비트는 다음에 사용하기 위하여 비워둔 비트이다.

• 비트 6 – OVFG(오버로드 프레임 플래그, Overload Frame Flag)

이 플래그는 인터럽트를 발생하지 않는다.

−0 : 오버로드 프레임이 아니다.

−1 : 오버로드 프레임, 생성된 오버로드 프레임이 보내지고 있는 동안 하드웨어에 의하여 ‘1’로 설정된다.

• 비트 5 – 예약된 비트

이 비트는 다음에 사용하기 위하여 비워둔 비트이다.

• 비트 4 – TXBSY(송신기 동작중, Transmitter Busy)

이 플래그는 인터럽트를 발생하지 않는다.

−0 : 송신을 하지 않고 있다.

−1 : 송신중임, 프레임(데이터, 원격, 오버로드 혹은 오류 프레임) 혹은 ACK 필드가 전송되고 있는 동안 하드웨어에 의하여 '1' 설정된다. 프레임공간이 보내질 때에도 '1'로 설정된다.

- 비트 3 – RXBSY(수신기 동작 중, Receiver Busy)

이 플래그는 인터럽트를 발생하지 않는다.

−0 : 수신을 하지 않고 있다.

−1 : 수신중임, 프레임이 수신되거나 모니터링되고 있는 동안에 하드웨어에 의하여 '1'로 설정된다.

- 비트 2 – ENFG(활성 플래그, Enable Flag)

이 플래그는 인터럽트를 발생하지 않는다.

−0 : CAN 제어기 비활성화, enable/standby 명령이 즉시 유효하지 않기 때문에 이 상태는 선택된 모드의 TRUE 상태를 나타낸다.

−1 : CAN 제어기 활성화이다.

- 비트 1 – BOFF(Bus Off Mode)

BOFF는 CAN 채널의 상태 정보를 제공한다. bus off 모드로 들어갈 때만 BOFFIT 인터럽트를 발생한다.

−0 : bus off 모드가 아니다.

−1 : bus off 모드이다.

- 비트 0 – ERRP(오류 수동 모드, Error Passive Mode)

ERRP는 CAN 채널의 상태 정보를 제공한다. 이 플래그는 인터럽트를 발생하지 않는다.

−0 : 오류 능동 모드 아니다.

−1 : 오류 능동 모드이다.

### 3) CANGIT 레지스터(CAN General Interrupt Register, CAN 일반 인터럽트)

[표 11–4] CAN 일반 인터럽트

| Bit | 7 | 6 | 5 | 4 | 3 | 2 | 1 | 0 |
|---|---|---|---|---|---|---|---|---|
| CANGIT | CANIT | BOFFIT | OVRTIM | BXOK | SREG | CERG | FERG | AERG |
| R/W | R | R/W | R/W | R/W | R/W | R/W | R/W | R/W |
| 초기값 | 0 | 0 | 0 | 0 | 0 | 0 | 0 | 0 |

**• 비트 7 – CANIT(일반 인터럽트 플래그, General Interrupt Flag)**

이 비트는 읽기만 가능한 비트이다.

– 0 : 인터럽트 없다.

– 1 : CAN 인터럽트, OVRTIM 인터럽트를 제외한 CAN 제어기의 모든 인터럽트 이미지이다. 이 비트는 폴링 방법(polling method)을 위하여 사용될 수 있다.

**• 비트 6 – BOFFIT(bus off 인터럽트 플래그, Bus Off Interrupt Flag)**

논리 '1'을 쓰는 것이 인터럽트 플래그를 리셋하는 것이다. BOFFIT 플래그는 CAN이 bus off 모드(오류 수동 모드로부터 생김)로 들어갈 때만 '1'로 설정된다.

– 0 : 인터럽트 없다.

– 1 : CAN이 bus off 모드로 들어갈 때 bus off 인터럽트 발생한다.

**• 비트 5 – OVRTIM(오버런 CAN 타이머, Overrun CAN Timer)**

논리 '1'을 쓰는 것이 인터럽트 플래그를 리셋하는 것이다. CAN 타이머 오버런 인터럽트 핸들러에 들어가면 인터럽트 플래그를 리셋한다.

– 0 : 인터럽트 없다.

– 1 : CAN 타이머 오버런 인터럽트, CAN 타이머가 0xFFFF에서 0으로 바뀔 때 '1'로 설정된다.

**• 비트 4 – BXOK(프레임 버프 수신 인터럽트, Frame Buffer Receive Interrupt)**

논리 '1'을 쓰는 것이 인터럽트 플래그를 리셋하는 것이다. BXOK 플래그는 모든 CONMOB 필드의 MOb 버퍼가 재기록이 되기 전일 때만 BXOK 플래그가 '0'으로 설정된다.

– 0 : 인터럽트 없다.

– 1 : 버스트(burst) 수신 인터럽트, 프레임 버퍼 수신이 완료될 때 '1'로 설정된다.

**• 비트 3 – SERG(내용 오류 일반, Stuff Error General)**

논리 '1'을 쓰는 것이 인터럽트 플래그를 리셋하는 것이다.

– 0 : 인터럽트 없다.

– 1 : 내용 오류 인터럽트, 같은 극성을 가진 5개의 연속된 비트가 검출될 때 인터럽트를 발생한다.

**• 비트 2 – CERG(CRC 오류 일반, CRC Error General)**

논리 '1'을 쓰는 것이 인터럽트 플래그를 리셋하는 것이다.

−0 : 인터럽트 없다.

−1 : CRC 오류 인터럽트, 분리된 메시지의 CRC 점검 결과가 CRC 필드와 일치하지 않는 경우에 인터럽트를 발생한다.

• 비트 1 – FERG(형식 오류 일반, Form Error General)

논리 '1'을 쓰는 것이 인터럽트 플래그를 리셋하는 것이다.

−0 : 인터럽트 없다.

−1 : 형식 오류 인터럽트, CRC 구분문자, 수신확인 구분문자 혹은 EOF에서 한 개 이상의 고정된 형식의 오류가 발생하였을 때 인터럽트를 발생한다.

• 비트 0 – AERG(수신확인 오류 일반, Acknowledgment Error General)

논리 '1'을 쓰는 것이 인터럽트 플래그를 리셋하는 것이다.

−0 : 인터럽트 없다.

−1 : 수신확인 오류 인터럽트, 수신확인 슬롯에서 우성 비트가 검출되지 않을 때 인터럽트를 발생한다.

### 4) CANGIE 레지스터 (CAN General Interrupt Enable Register, CAN 일반 인터럽트 활성화)

[표 11-5] CAN 일반 인터럽트 활성화

| Bit | 7 | 6 | 5 | 4 | 3 | 2 | 1 | 0 |
|---|---|---|---|---|---|---|---|---|
| CANGIE | ENIT | ENBOFF | ENRX | ENTX | ENERR | ENBX | ENERG | ENOVRT |
| R/W | R/W | R/W | R/W | R/W | R/W | R/W | R/W | R/W |
| 초기값 | 0 | 0 | 0 | 0 | 0 | 0 | 0 | 0 |

• 비트 7 – ENIT(모든 인터럽트 활성화, Enable all Interrupt)

CAN 타이머 오버런 인터럽트를 제외한 모든 CAN 인터럽트를 활성화한다.

−0 : 인터럽트 비활성화

−1 : CANIT 인터럽트 활성화

• 비트 6 – ENBOFF(Bus Off 인터럽트 활성화, Enable Bus Off Interrupt)

−0 : 인터럽트 비활성화

−1 : bus off 인터럽트 활성화

- 비트 5 – ENRX(수신 인터럽트 활성화, Enable Receive Interrupt)

–0 : 인터럽트 비활성화

–1 : 수신 인터럽트 활성화

- 비트 4 – ENTX(송신 인터럽트 활성화, Enable Transmit Interrupt)

–0 : 인터럽트 비활성화

–1 : 송신 인터럽트 활성화

- 비트 3 – ENERR(MOb 오류 인터럽트 활성화, Enable MOb Error Interrupt)

–0 : 인터럽트 비활성화

–1 : NOb 오류 인터럽트 활성화

- 비트 2 – ENBX(프레임 버퍼 인터럽트 활성화, Enable Frame Buffer Interrupt)

–0 : 인터럽트 비활성화

–1 : 프레임 버퍼 인터럽트 활성화

- 비트 1 – ENERG(일반 오류 인터럽트 활성화, Enable General Errors Interrupt)

–0 : 인터럽트 비활성화

–1 : 일반 오류 인터럽트 활성화

- 비트 0 – ENOVRT(CAN 타이머 오버런 인터럽트 활성화, Enable CAN Timer Overrun Interrupt)

–0 : 인터럽트 비활성화

–1 : CAN 타이머 오버런 인터럽트 활성화

### 5) CANEN2와 CANEN1 레지스터 (CAN Enable MOb Register, CAN MOb 활성화)

[표 11-6] CAN MOb 활성화 레지스터

| Bit | 7 | 6 | 5 | 4 | 3 | 2 | 1 | 0 |
|---|---|---|---|---|---|---|---|---|
| CANEN2 | ENMOB7 | ENMOB6 | ENMOB5 | ENMOB4 | ENMOB3 | ENMOB2 | ENMOB1 | ENMOB0 |
| CANEN1 | – | ENMOB14 | ENMOB13 | ENMOB12 | ENMOB11 | ENMOB10 | ENMOB9 | ENMOB8 |
| R/W | R | R | R | R | R | R | R | R |
| 초기값 | 0 | 0 | 0 | 0 | 0 | 0 | 0 | 0 |
| R/W | – | R | R | R | R | R | R | R |
| 초기값 | – | 0 | 0 | 0 | 0 | 0 | 0 | 0 |

- 비트 14:0 – ENMOB14:0(MOb 활성화)

이 비트들은 MOb의 활용 가능성을 나타낸다.

MOb가 활성화될 때 '1'로 설정된다. TXOK 혹은 RXOK가 한 번 '1'로 설정되면 대응하는 ENMOB가 리셋된다. 사용불가 모드로 MOb를 설정하기 위하여 ENMOB는 '0'으로 설정한다.

–0 : 메시지 객체 비활성화, 새로운 송신 혹은 수신을 위하여 MOb 사용 가능

–1 : 메시지 객체 활성화, 사용되고 있는 MOb

- 비트 15 – 예약된 비트

이 비트는 다음에 사용하기 위하여 비워둔 비트이다.

## 6) CANIE2와 CANIE1 레지스터(CAN Enable Interrupt MOb Register, CAN 인터럽트 MOb 활성화)

[표 11-7] CAN 인터럽트 MOb 활성화 레지스터

| Bit | 7 | 6 | 5 | 4 | 3 | 2 | 1 | 0 |
|---|---|---|---|---|---|---|---|---|
| CANIE2 | IEMOB7 | IEMOB6 | IEMOB5 | IEMOB4 | IEMOB3 | IEMOB2 | IEMOB1 | IEMOB0 |
| CANIE1 | – | IEMOB14 | IEMOB13 | IEMOB12 | IEMOB11 | IEMOB10 | IEMOB9 | IEMOB8 |
| R/W | R/W | R/W | R/W | R/W | R/W | R/W | R/W | R/W |
| 초기값 | 0 | 0 | 0 | 0 | 0 | 0 | 0 | 0 |
| R/W | – | R/W | R/W | R/W | R/W | R/W | R/W | R/W |
| 초기값 | – | 0 | 0 | 0 | 0 | 0 | 0 | 0 |

- 비트 14:0–IEMOB14:0(MOb에 의한 인터럽트 활성화, Interrupt Enable by MOb)

–0 : 인터럽트 비활성화

–1 : MOb 인터럽트 활성화

예 CANIE2= 0000 1100 ; MOb 2와 3에 의한 인터럽트를 허용한다.

- 비트 15–예약된 비트

이 비트는 다음에 사용하기 위하여 비워둔 비트, 나중에 출시될 장치와의 호환성을 유지하기 위하여 CANIE1은 '0'이 기록되어 있어야 한다.

### 7) CANSIT2와 CANSIT1 레지스터 (CAN Status Interrupt MOb Register, CAN MOb 인터럽트 상태)

[표 11-8] CAN MOb 인터럽트 상태 레지스터

| Bit | 7 | 6 | 5 | 4 | 3 | 2 | 1 | 0 |
|---|---|---|---|---|---|---|---|---|
| CANSIT2 | SIT7 | SIT6 | SIT5 | SIT4 | SIT3 | SIT2 | SIT1 | SIT0 |
| CANSIT1 | – | SIT14 | SIT13 | SIT12 | SIT11 | SIT10 | SIT9 | SIT8 |
| R/W | R | R | R | R | R | R | R | R |
| 초기값 | 0 | 0 | 0 | 0 | 0 | 0 | 0 | 0 |
| R/W | – | R | R | R | R | R | R | R |
| 초기값 | – | 0 | 0 | 0 | 0 | 0 | 0 | 0 |

- 비트 14:0 – SIT14:0(MOb에 의한 인터럽트 상태, Status of Interrupt by MOb)

–0 : 인터럽트 없다.

–1 : MOb 인터럽트이다.

예 CANSIT2= 0010 0001 ; MOb 0와 5에 의한 인터럽트 발생

- 비트 15 – 예약된 비트

이 비트는 다음에 사용하기 위하여 비워둔 비트

### 8) CANBT1 레지스터(CAN Bit Timing Register 1, CAN 비트 타이밍 레지스터)

[표 11-9] CAN 비트 타이밍 레지스터 1

| Bit | 7 | 6 | 5 | 4 | 3 | 2 | 1 | 0 |
|---|---|---|---|---|---|---|---|---|
| CANBT1 | – | BRP5 | BRP4 | BRP3 | BRP2 | BRP1 | BRP0 | – |
| R/W | – | R/W | R/W | R/W | R/W | R/W | R/W | – |
| 초기값 | – | 0 | 0 | 0 | 0 | 0 | 0 | – |

- 비트 7 – 예약된 비트

이 비트는 다음에 사용하기 위하여 비워둔 비트, 나중에 출시될 장치와의 호환성을 유지하기 위하여 CANBT1은 '0'이 기록되어 있어야 한다.

• 비트 6:1 – BPR5:0(보레이트 프리스케일러, Baud Rate Prescaler)

CAN 제어기 시스템 클럭 Tscl의 주기는 프로그램 가능하고 개별 비트 타이밍을 결정한다.

$$Tscl = \frac{BRP[5:0]+1}{clk_{IO} \quad frequency}$$

• 비트 0 – 예약된 비트

이 비트는 다음에 사용하기 위하여 비워둔 비트, 나중에 출시될 장치와의 호환성을 유지하기 위하여 CANBT1은 '0'이 기록되어 있어야 한다.

## 9) CANBT2 레지스터(CAN Bit Timing Register 2, CAN 비트 타이밍 레지스터)

[표 11-10] CAN 비트 타이밍 레지스터 2

| Bit | 7 | 6 | 5 | 4 | 3 | 2 | 1 | 0 |
|---|---|---|---|---|---|---|---|---|
| CANBT2 | – | SJW1 | SJW2 | – | PRS2 | PRS1 | PRS0 | – |
| R/W | – | R/W | R/W | – | R/W | R/W | R/W | – |
| 초기값 | – | 0 | 0 | – | 0 | 0 | 0 | – |

• 비트 7 – 예약된 비트

이 비트는 다음에 사용하기 위하여 비워둔 비트, 나중에 출시될 장치와의 호환성을 유지하기 위하여 CANBT2에 쓸 때는 '0'이 기록되어 있어야 한다.

• 비트 6:5 – SJW1:0(점프폭 재동기화, Re-Synchronization Jump Width)

다른 버스 제어기의 클럭 진동자간의 위상이동을 보상하기 위하여 제어기는 지금 전송하는 관련된 특정한 신호의 에지에 재동기를 맞추어야만 한다.

점프폭 동기는 클럭 사이클의 최대값을 정의한다. 재동기화에 의하여 비트 주기가 짧아지거나 길어질 것이다.

$$T_{sjw} = T_{scl} \times (SJW[1:0]+1)$$

• 비트 4 – 예약된 비트

이 비트는 다음에 사용하기 위하여 비워둔 비트, 나중에 출시될 장치와의 호환성을 유지하기 위하여 CANBT2에 쓸 때는 '0'이 기록되어 있어야 한다.

• 비트 3:1 – PRS2:0(전달시간 세그먼트, Propagation Time Segment)

비트 시간 부분은 네트워크 내에서 물리적인 시간 지연을 보상하기 위하여 사용된다. 버스 라인, 입력 비교기 지연과 출력 드라이브 지연에 의한 신호 전달 시간 합의 두 배이다.

$$T_{prs} = T_{scl} \times (PRS[2:0]+1)$$

• 비트 0 – 예약된 비트

이 비트는 다음에 사용하기 위하여 비워둔 비트, 나중에 출시될 장치와의 호환성을 유지하기 위하여 CANBT2에 쓸 때는 '0'이 기록되어 있어야 한다.

## 10) CANBT3 레지스터(CAN Bit Timing Register 3, CAN 비트 타이밍 레지스터)

[표 11-11] CAN 비트 타이밍 레지스터 3

| Bit | 7 | 6 | 5 | 4 | 3 | 2 | 1 | 0 |
|---|---|---|---|---|---|---|---|---|
| CANBT3 | – | PHS22 | PHS21 | PHS20 | PHS12 | PHS11 | PHS0 | SMP– |
| R/W | – | R/W | R/W | R/W | R/W | R/W | R/W | R/W |
| 초기값 | – | 0 | 0 | 0 | 0 | 0 | 0 | 0 |

• 비트 7 – 예약된 비트

이 비트는 다음에 사용하기 위하여 비워둔 비트, 나중에 출시될 장치와의 호환성을 유지하기 위하여 CANBT3에 쓸 때는 '0'이 기록되어 있어야 한다.

• 비트 6:4 – PHS22:20(위상 세그먼트 2, Phase Segment 2)

이 세그먼트는 위상 에지 오류를 보상하기 위한 것이다. 이 세그먼트는 점프폭 재동기화에 의하여 짧아질 수 있다. PHS2[2:0]은 ≥ 1과 ≤PHS1[2:0]이 되어야 한다.

$$T_{phs2} = T_{scl} \times (PHS2[2:0]+1)$$

• 비트 3:1 – PHS12:10(위상 세그먼트, Phase Segment 1)

이 세그먼트는 위상 에지 오류를 보상하기 위한 것이다. 이 세그먼트는 점프폭 재동기화에 의하여 길어질 수 있다.

$$T_{phs1} = T_{scl} \times (PHS1[2:0]+1)$$

• 비트 0–SMP(샘플 포인트, Sample Point)

–0 : 한 번, 샘플 포인트에서 1회

–1 : 3회, 버스의 3배 샘플링은 샘플 포인트와 Tscl의 1/2 주기의 거리에 대하여 2배이다.

## 11) CANTCON 레지스터(CAN Timer Control Register, CAN 타이머 제어)

[표 11–12] CAN 타이머 제어 레지스터

| Bit | 7 | 6 | 5 | 4 | 3 | 2 | 1 | 0 |
|---|---|---|---|---|---|---|---|---|
| CANTCON | TPRSC7 | TPRSC6 | TPRSC5 | TPRSC4 | TPRSC3 | TPRSC2 | TPRSC1 | TPRSC0 |
| R/W | R/W | R/W | R/W | R/W | R/W | R/W | R/W | R/W |
| 초기값 | 0 | 0 | 0 | 0 | 0 | 0 | 0 | 0 |

• 비트 7:0 – TPRSC7:0(CAN 타이머 프리스케일러, CAN Timer Prescaler)

0에서 255까지 범위의 CAN 타이머 상위 카운터를 위한 프리스케일러이다. CAN 제어기가 활성화되면 CAN 타이머에 클럭을 제공한다.

$$Tclk_{CANTIM} = Tclk_{IO} \times 8 \times (CANTCON[7:0] + 1)$$

## 12) CANTIML과 CANTIMHL 레지스터(CAN Timer Register, CAN 타이머)

[표 11–13] CAN 타이머 레지스터

| Bit | 7 | 6 | 5 | 4 | 3 | 2 | 1 | 0 |
|---|---|---|---|---|---|---|---|---|
| CANTIML | CANTIM7 | CANTIM6 | CANTIM5 | CANTIM4 | CANTIM3 | CANTIM2 | CANTIM1 | CANTIM0 |
| CANTIMH | CANTIM15 | CANTIM14 | CANTIM13 | CANTIM12 | CANTIM11 | CANTIM10 | CANTIM9 | CANTIM8 |
| R/W | R | R | R | R | R | R | R | R |
| 초기값 | 0 | 0 | 0 | 0 | 0 | 0 | 0 | 0 |

• 비트 15:0 – CANTIM15:0(CAN 타이머 카운터, CAN Timer Count)

CAN 타이머 카운터 범위 : 0에서 65,535

## 13) CANTTCL과 CANTTCH 레지스터 (CAN TTC Timer Register, CAN TTC 타이머)

[표 11-14] CAN TTC 타이머 레지스터

| Bit | 7 | 6 | 5 | 4 | 3 | 2 | 1 | 0 |
|---|---|---|---|---|---|---|---|---|
| TIMTTCL | TIMTTC7 | TIMTTC6 | TIMTTC5 | TIMTTC4 | TIMTTC3 | TIMTTC2 | TIMTTC1 | TIMTTC0 |
| TIMTTCH | TIMTTC15 | TIMTTC14 | TIMTTC13 | TIMTTC12 | TIMTTC11 | TIMTTC10 | TIMTTC9 | TIMTTC8 |
| R/W | R | R | R | R | R | R | R | R |
| 초기값 | 0 | 0 | 0 | 0 | 0 | 0 | 0 | 0 |

- 비트 15:0 – TIMTTC15:0(TTC 타이머 카운트, CAN Timer Count)

CAN TTC 타이머 카운터 범위 : 0에서 65,535

## 14) CANTEC 레지스터 (CAN Transit Error Counter Register, CAN 송신 오류 카운터)

[표 11-15] CAN 송신 오류 카운터 레지스터

| Bit | 7 | 6 | 5 | 4 | 3 | 2 | 1 | 0 |
|---|---|---|---|---|---|---|---|---|
| CANTEC | TEC7 | TEC6 | TEC5 | TEC4 | TEC3 | TEC2 | TEC1 | TEC0 |
| R/W | R | R | R | R | R | R | R | R |
| 초기값 | 0 | 0 | 0 | 0 | 0 | 0 | 0 | 0 |

- 비트 7:0 – TEC7:0(송신 오류 카운트, Transmit Error Count)

CAN 송신 오류 카운터 범위 : 0에서 255

## 15) CANREC 레지스터 (CAN Receive Error Counter Register, CAN 수신 오류 카운터)

[표 11-16] CAN 수신 오류 카운터 레지스터

| Bit | 7 | 6 | 5 | 4 | 3 | 2 | 1 | 0 |
|---|---|---|---|---|---|---|---|---|
| CANREC | REC7 | REC6 | REC5 | REC4 | REC3 | REC2 | REC1 | REC0 |
| R/W | R | R | R | R | R | R | R | R |
| 초기값 | 0 | 0 | 0 | 0 | 0 | 0 | 0 | 0 |

• 비트 7:0 – REC7:0(수신 오류 카운트, Receive Error Count)

CAN 수신 오류 카운터 범위 : 0에서 255

## 16) CANHPMOB 레지스터 (CAN Highest Priority MOb Register, CAN 최고 우선권 MOb)

[표 11-17] AN 최고 우선권 MOb 레지스터

| Bit | 7 | 6 | 5 | 4 | 3 | 2 | 1 | 0 |
|---|---|---|---|---|---|---|---|---|
| CANHPMOB | HPMOB3 | HPMOB2 | HPMOB1 | HPMOB0 | CGP3 | CGP2 | CGP1 | CGP0 |
| R/W | R | R | R | R | R/W | R/W | R/W | R/W |
| 초기값 | 1 | 1 | 1 | 1 | 0 | 0 | 0 | 0 |

• 비트 7:4 – HPMOB3:0(최고 우선권을 가진 MOB의 번호, Highest Priority MOb Number)

CANSIT 레지스터에서 가장 높은 우선권을 가지고 있는 MOb 번호를 나타낸다.

CANSIT=0(MOb가 없으면)이면, 리턴값은 0xF이다.

주의 : MOb 우선권과 메시지 ID 우선권을 혼동하지 말 것

• 비트 3:0 – CGP3:0(CAN 일반 목적 비트, CAN General Purpose Bits)

이 비트들은 CANPAGE 레지스터에 대하여 원하는 설정과 일치하도록 사전 프로그램을 할 수 있다(즉, $\overline{\text{AINC}}$와 INDX2:0 설정).

## 17) CANPAGE 레지스터(CAN Page MOb Register, CAN 페이지 MOb)

[표 11-18] CAN 페이지 MOb 레지스터

| Bit | 7 | 6 | 5 | 4 | 3 | 2 | 1 | 0 |
|---|---|---|---|---|---|---|---|---|
| CANPAGE | MOBNB3 | MOBNB2 | MOBNB1 | MOBNB0 | $\overline{\text{AINC}}$ | INDX2 | INDX1 | INDX0 |
| R/W | R/W | R/W | R/W | R/W | R/W | R/W | R/W | R/W |
| 초기값 | 0 | 0 | 0 | 0 | 0 | 0 | 0 | 0 |

• 비트 7:4 – MOBNB3:0(MOb 번호, MOb Number)

• 비트 3 – $\overline{AINC}$(FIFO CAN 데이터 버퍼 인덱스의 자동 증가(0 활성화), Auto Increment of the FIFO CAN Data Buffer Index(Active Low)

–0 : 인덱스의 자동 증가(기본값)

–1 : 인덱스 자동 증가하지 않는다.

• 비트 2:0 – INDX2:0(FIFO CAN 데이터 버퍼 인덱스, FIFO CAN Data Buffer Index)

정의된 MOb를 위하여 CAN 데이터 바이트의 바이트 위치를 FIFO에 할당한다.

## 07 MOb 레지스터

### 1) CANSTMOB(CAN MOb Status Register, CAN MOb 상태)

MOb 레지스터는 리셋이 된 뒤에 초기값(기본값, default)을 가지지 않는다.

[표 11-19] CAN MOb 상태 레지스터

| Bit | 7 | 6 | 5 | 4 | 3 | 2 | 1 | 0 |
|---|---|---|---|---|---|---|---|---|
| CANSTMOB | DLCW | TXOK | RXOK | BERR | SERR | CERR | FERR | AERR |
| R/W | R/W | R/W | R/W | R/W | R/W | R/W | R/W | R/W |
| 초기값 | – | – | – | – | – | – | – | – |

• 비트 7 – DLCW(Data Length Code Warning, 데이터 길이 코드 경고)

입력되어 들어오는 메시지는 예측할 수 있는 DLC를 갖고 있지 않다. 어떤 형태의 프레임이라도 CANCDMOB 레지스터의 DLC 필드는 수신된 DLC에 의하여 갱신된다.

• 비트 6 – TXOK(Transmit OK, 송신 완료)

이 플래그는 인터럽트에 의하여 생성된다. CANSTMOB 레지스터의 모든 내용은 읽기-수정-쓰기 소프트웨어 루틴을 사용하여 지워져야('0')만 한다. 송신에 의하여 활성화된 통신이 완료된다. TxOK는 EOF 필드의 마지막에 설정된다. 제어기가 프레임을 전송할 준비가 되었을 때 2개 이상의 메시지 객체가 송신을 위하여 활성화되면 낮은 MOb 인덱스(0에서 14까지)를 가진 MOb가 먼저 전송한다.

• 비트 5 – RXOK(Receive OK, 수신 완료)

이 플래그는 인터럽트에 의하여 생성된다. CANSTMOB 레지스터의 모든 내용은 읽기-수정-쓰기 소프트웨어 루틴을 사용하여 지워져야('0')만 한다.

수신에 의하여 활성화된 통신이 완료된다. RxOK는 EOF 필드의 6번째 비트에서 설정된다. 2개 이상의 메시지 객체 수신을 하게 되는 경우에는 낮은 MOb 인덱스(0에서 14까지)를 가진 MOb가 먼저 갱신된다.

• 비트 4 – BERR(Bit Error, 비트 오류(송신에만 적용됨)

이 플래그는 인터럽트에 의하여 생성된다. CANSTMOB 레지스터의 모든 내용은 읽기-수정-쓰기 소프트웨어 루틴을 사용하여 지워져야('0')만 한다. 모니터링된 비트 값과 송신한 비트 값이 다른 경우 비트 오류를 발생한다.

예외로 중재 필드의 버스 접근 중에서 우성 비트로 전송되었으나 열성 비트가 나타나는 경우와 오류 프레임을 전송하는 동안에 수신확인 슬롯에서 우성 비트가 나타나는 경우가 있다.

• 비트 3 – SERR(Stuff Error, 채우기 오류)

이 플래그는 인터럽트에 의하여 생성된다. CANSTMOB 레지스터의 모든 내용은 읽기-수정-쓰기 소프트웨어 루틴을 사용하여 지워져야('0')만 한다. 같은 극을 가진 5개 이상의 연속 비트가 검출되면 오류가 발생한다. 이 플래그는 인터럽트를 발생할 수 있다.

• 비트 2 – CERR(CRC Error, CRC 오류)

이 플래그는 인터럽트에 의하여 생성된다. CANSTMOB 레지스터의 모든 내용은 읽기-수정-쓰기 소프트웨어 루틴을 사용하여 지워져야('0')만 한다. 수신기는 프레임 시작에서부터 데이터 필드까지 모든 수신 메시지에 대하여 CRC 점검을 수행한다. CRC 필드와 계산한 CRC가 일치하지 않으면 CRC 오류가 발생하고 CERR가 '1'로 설정된다.

• 비트 1 – FERR(Form Error, 형식 오류)

이 플래그는 인터럽트에 의하여 생성된다. CANSTMOB 레지스터의 모든 내용은 읽기-수정-쓰기 소프트웨어 루틴을 사용하여 지워져야('0')만 한다. 다음의 비트 필드 중에서 고정된 형식에 대한 하나 이상의 규칙이 맞지 않을 때 형식 오류를 발생한다.

– CRC 구분기호
– 수신확인 구분기호
– EOF

• 비트 0 – AERR(Acknowledgement Error, 수신확인 오류)

이 플래그는 인터럽트에 의하여 생성된다. CANSTMOB 레지스터의 모든 내용은 읽기-수정-쓰기 소프트웨어 루틴을 사용하여 지워져야('0')만 한다. 수신 확인 슬롯에서 우성 비트가 검출되지 않은 경우에 이 오류를 발생한다.

## 2) CANCDMOB (CAN MOb Control and DLC Register, CAN MOb 제어와 DLC)

[표 11-20] CAN MOb 제어와 DLC 레지스터

| Bit | 7 | 6 | 5 | 4 | 3 | 2 | 1 | 0 |
|---|---|---|---|---|---|---|---|---|
| CANCDMOB | CONMOB1 | CONMOB0 | RPLV | IDE | DLC3 | DLC2 | DLC1 | DLC0 |
| R/W | R/W | R/W | R/W | R/W | R/W | R/W | R/W | R/W |
| 초기값 | – | – | – | – | – | – | – | – |

• 비트 7:6 – CONMOB1:0(Configuration of Message Object, 메시지 객체의 설정)

이 비트는 수행할 통신모드를 설정한다(RESET 뒤에는 초기값은 없음).

– 00 : 비활성화(통신 불가)

– 01 : 송신 활성화

– 10 : 수신 활성화

– 11 : 프레임 버퍼 수신 활성화

통신이 한 번 수행되면 이 비트들은 지워지지('0') 않는다. 사용자는 새로운 통신을 활성화하기 위해서는 다시 설정하여야 한다.

– 이 동작은 BXOK 플래그를 리셋하기 위하여 필요하다.

– 이 동작은 CANEN 레지스터에 대응하는 비트를 '1'로 설정한다.

• 비트 5 – RPLV(Reply Valid, 회신 가능)

원격 프레임을 수신한 후 자동 응답 모드를 적용할 때 사용한다.

– 0 : 응답이 준비되지 않는다.

– 1 : 응답이 준비되어 있고 가능하다.

• 비트 4 – IDE(Identifier Extension, 식별자 확장)

보낼 원격 혹은 데이터 프레임의 IDE 비트를 설정한다. 이 비트는 수신한 원격 혹은 데이터 프레임에 대응하는 값으로 갱신된다.

－0 : CAN 표준 버전 2.0A(식별자 길이=11비트)

－1 : CAN 표준 버전 2.0B(식별자 길이=29비트)

• 비트 3:0 – DLC3:0(Data Length Code, 데이터 길이 코드)

메시지의 데이터 필드에서 바이트 수를 지정한다. 전송할 원격 혹은 데이터 프레임의 DLC 필드이다. DLC의 범위는 0에서 8까지이다. DLC 필드>8이면, 실제 DLC=8이다.

이 필드는 수신한 원격 혹은 데이터 프레임의 값에 대응하는 값으로 갱신된다. 예상되는 DLC는 수신되어 들어온 DLC가 다르다면 DLC 경고가 CANSTMOB 레지스터에 나타난다.

### 3) CANIDT1, CANIDT2, CANIDT3, CANIDT4 (CAN Identifier Tag Register, CAN 식별자 태그)

[표 11-21] CAN 식별자 태그 레지스터(버전 2.0 A)

| Bit | 7 | 6 | 5 | 4 | 3 | 2 | 1 | 0 |
|---|---|---|---|---|---|---|---|---|
| CANIDT4 | – | – | – | – | – | RTRTAG | – | RB0TAG |
| CANIDT3 | – | – | – | – | – | – | – | – |
| CANIDT2 | IDT2 | IDT1 | IDT1 | – | – | – | – | – |
| CANIDT1 | IDT10 | IDT9 | IDT8 | IDT7 | IDT6 | IDT5 | IDT4 | IDT3 |
| R/W | R/W | R/W | R/W | R/W | R/W | R/W | R/W | R/W |
| 초기값 | – | – | – | – | – | – | – | – |

[표 11-22] CAN 식별자 태그 레지스터(버전 2.0B)

| Bit | 7 | 6 | 5 | 4 | 3 | 2 | 1 | 0 |
|---|---|---|---|---|---|---|---|---|
| CANIDT4 | IDT4 | IDT3 | IDT2 | IDT1 | IDT0 | RTRTAG | RB1TAG | RB0TAG |
| CANIDT3 | IDT12 | IDT11 | IDT10 | IDT9 | IDT8 | IDT7 | IDT6 | IDT5 |
| CANIDT2 | IDT20 | IDT19 | IDT18 | IDT17 | IDT16 | IDT15 | IDT14 | IDT13 |
| CANIDT1 | IDT28 | IDT27 | IDT26 | IDT25 | IDT24 | IDT23 | IDT22 | IDT21 |
| R/W | R/W | R/W | R/W | R/W | R/W | R/W | R/W | R/W |
| 초기값 | – | – | – | – | – | – | – | – |

### (1) 버전 2.0A

• 비트 31:21 – IDT10:0(Identifier Tag, 식별자 태그)

원격 프레임을 수신한 후 자동응답 모드를 적용할 때 사용한다.

수신된 원격 혹은 데이터 프레임의 대응하는 값으로 갱신된다.

• 비트 20:3 – 예약된 비트

이 비트들은 향후 사용될 계획이다. 향후 생산될 장치와 호환을 위하여 CANIDTn에 기록할 때는 '0'이 기록하여야만 한다. 원격 혹은 데이터 프레임을 수신하였을 때 이 비트들은 비교 동작을 하지 않고 예상할 수 없는 값으로 갱신된다.

• 비트 2 – RTRTAG(Remote Transmission Request Tag, 원격 송신 요청 태그)

송신할 원격 혹은 데이터 프레임의 RTR 비트이고, 수신된 원격 혹은 데이터 프레임의 대응하는 값으로 갱신된다. 자동응답 모드에서 이 비트 응답을 보내기 전에 자동으로 리셋된다.

• 비트 1 – 예약된 비트

이 비트는 향후 사용될 계획이다. 향후 생산될 장치와 호환을 위하여 CANIDTn에 기록할 때는 '0'이 기록하여야만 한다. 원격 혹은 데이터 프레임을 수신하였을 때 이 비트들은 비교 동작을 하지 않고 예상할 수 없는 값으로 갱신된다.

• 비트 0 – RB0TAG(Reserved Bit 0 Tag, 예약된 비트 0 태그)

송신할 원격 혹은 데이터 프레임의 RB0 비트이고, 수신된 원격 혹은 데이터 프레임의 대응하는 값으로 갱신된다.

### (2) 버전 2.0B

• 비트 31:3 – IDT28:0(Identifier Tag, 식별자 태그)

송신할 원격 혹은 데이터 프레임의 식별자 필드이다. 수신된 원격 혹은 데이터 프레임의 대응하는 값으로 갱신된다.

• 비트 2 – RTRTAG(Remote Transmission Request Tag, 원격 송신 요청 태그)

송신할 원격 혹은 데이터 프레임의 RTR 비트를 설정한다.

수신된 원격 혹은 데이터 프레임의 대응하는 값으로 갱신된다. 자동응답 모드에서 이 비트 응답을 보내기 전에 자동으로 리셋된다.

• 비트 1 – RB1TAG(Reserved Bit 1 Tag, 예약된 비트 1 태그)

송신할 원격 혹은 데이터 프레임의 RB1 비트이고, 수신된 원격 혹은 데이터 프레임의 대응하는 값으로 갱신된다.

• 비트 0 – RB0TAG(Reserved Bit 0 Tag, 예약된 비트 0 태그)

송신할 원격 혹은 데이터 프레임의 RB0 비트이고, 수신된 원격 혹은 데이터 프레임의 대응하는 값으로 갱신된다.

### 4) CANIDM1, CANIDM2, CANIDM3, CANIDM4 (CAN Identifier Mask Register, CAN 식별자 마스크)

[표 11-23] CAN 식별자 마스크 레지스터(버전 2.0A)

| Bit | 7 | 6 | 5 | 4 | 3 | 2 | 1 | 0 |
|---|---|---|---|---|---|---|---|---|
| CANIDM4 | – | – | – | – | – | RTRMSK | – | IDEMSK |
| CANIDM3 | – | – | – | – | – | – | – | – |
| CANIDM2 | IDMSK2 | IDMSK1 | IDMSK1 | – | – | – | – | – |
| CANIDM1 | IDMSK10 | IDMSK9 | IDMSK8 | IDMSK7 | IDMSK6 | IDMSK5 | IDMSK4 | IDMSK3 |
| R/W | R/W | R/W | R/W | R/W | R/W | R/W | R/W | R/W |
| 초기값 | – | – | – | – | – | – | – | – |

[표 11-24] CAN 식별자 마스크 레지스터(버전 2.0B)

| Bit | 7 | 6 | 5 | 4 | 3 | 2 | 1 | 0 |
|---|---|---|---|---|---|---|---|---|
| CANIDM4 | IDMSK4 | IDMSK3 | IDMSK2 | IDMSK1 | IDMSK0 | RTRMSK | – | IDEMSK |
| CANIDM3 | IDMSK12 | IDMSK11 | IDMSK10 | IDMSK9 | IDMSK8 | IDMSK7 | IDMSK6 | IDMSK5 |
| CANIDM2 | IDMSK20 | IDMSK19 | IDMSK18 | IDMSK17 | IDMSK16 | IDMSK15 | IDMSK14 | IDMSK13 |
| CANIDM1 | IDMSK28 | IDMSK27 | IDMSK26 | IDMSK25 | IDMSK24 | IDMSK23 | IDMSK22 | IDMSK21 |
| R/W | R/W | R/W | R/W | R/W | R/W | R/W | R/W | R/W |
| 초기값 | – | – | – | – | – | – | – | – |

### (1) 버전 2.0A

• 비트 31:21 – IDMSK10:0(Identifier Mask, 식별자 마스크)

–0 : 비교시 강제 '1(TRUE)' 처리

–1 : 비트 비교 활성화

• 비트 20:3 – 예약된 비트

이 비트들은 향후 사용될 계획이다. 향후 생산될 장치와 호환을 위하여 CANIDMn에 기록할 때는 '0'이 기록하여야만 한다.

• 비트 2 – RTRMSK(Remote Transmission Request Mask, 원격송신 요청 마스크)

–0 : 비교시 강제 '1(TRUE)' 처리

–1 : 비트 비교 활성화

• 비트 1 – 예약된 비트

이 비트는 향후 사용될 계획이다. 향후 생산될 장치와 호환을 위하여 CANIDMn에 기록할 때는 '0'이 기록하여야만 한다.

• 비트 0 – IDEMSK(Identifier Extension Mask, 확장 식별자 마스크)

–0 : 비교시 강제 '1(TRUE)' 처리

–1 : 비트 비교 활성화

### (2) 버전 2.0B

• 비트 31:3 – IDMSK28:0(Identifier Mask, 식별자 마스크)

–0 : 비교시 강제 '1(TRUE)' 처리

–1 : 비트 비교 활성화

• 비트 2 – RTRMSK(Remote Transmission Request Mask, 원격송신 요청 마스크)

–0 : 비교시 강제 '1(TRUE)' 처리

–1 : 비트 비교 활성화

• 비트 1 – 예약된 비트

이 비트에 '0'을 쓰는 것을 권고한다.

• 비트 0 – IDEMSK(Identifier Extension Mask, 확장 식별자 마스크)

–0 : 비교시 강제 '1(TRUE)' 처리

–1 : 비트 비교 활성화

## 5) CANSTML과 CANSTMH(CAN Time Stamp Register, CAN 시간 스탬프)

[표 11-25] CAN 시간 스탬프 레지스터

| Bit | 7 | 6 | 5 | 4 | 3 | 2 | 1 | 0 |
|---|---|---|---|---|---|---|---|---|
| CANSTML | TIMSTM7 | TIMSTM6 | TIMSTM5 | TIMSTM4 | TIMSTM3 | TIMSTM2 | TIMSTM1 | TIMSTM0 |
| CANSTMH | TIMSTM15 | TIMSTM14 | TIMSTM13 | TIMSTM12 | TIMSTM11 | TIMSTM10 | TIMSTM9 | TIMSTM8 |
| R/W | R | R | R | R | R | R | R | R |
| 초기값 | – | – | – | – | – | – | – | – |

- 비트 15:0 – TIMSTM15:0(Time Stamp Count, 시간 스탬프 카운트)

CAN 시간 스탬프 카운터 범위는 0에서 65,535까지이다.

## 6) CANMSG(CAN Data Message Register, CAN 데이터 메시지)

[표 11-26] CAN 데이터 메시지 레지스터

| Bit | 7 | 6 | 5 | 4 | 3 | 2 | 1 | 0 |
|---|---|---|---|---|---|---|---|---|
| CANMSG | MSG7 | MSG6 | MSG5 | MSG4 | MSG3 | MSG2 | MSG1 | MSG0 |
| R/W | R/W | R/W | R/W | R/W | R/W | R/W | R/W | R/W |
| 초기값 | – | – | – | – | – | – | – | – |

- 비트 7:0 – MSG7:0(Message Data, 메시지 데이터)

페이지 MOb 레지스터에서 지정하는 이 레지스터는 CAN 데이터 바이트를 포함한다.

페이지 MOb 레지스터에 기록한 후 이 바이트는 (사전 정의 식별자 + 인덱스)가 지정하는 특정한 메시지 위치와 같다.

자동 증가가 설정되어 있다면 데이터 레지스터 쓰기와 읽기 사이클의 마지막 인덱스는 자동으로 증가한다. 카운트 범위는 루프의 끝이 없는 8이다(즉, 0, 1, 2, ... 7, 0, 1, ...).

## 08 CAN 제어기 초기화

AT90CAN128의 CAN 제어기를 초기화하는 과정을 [표 11-27]에 의사코드(pseudo code)로 나타내었다. 초기화 순서가 반드시 정해진 것은 아니다.

CAN 제어기를 CANGCON 레지스터에 설정을 통하여 리셋하고 CANBTn 레지스터에 원하는 보레이트에 대응하는 값을 대입하여 보레이트를 설정한다. 그리고 모든 MOb를 상태 및 제어 레지스터를 '0'으로 설정하고 ID와 마스크 그리고 메시지를 '0'으로 리셋시킨다. 마지막으로 CAN 통신을 활성화함으로써 초기화 과정을 완료된다.

[표 11-27] CAN 통신 초기화 과정에 대한 의사코드(pseudo code)

```
① 일반 레지스터(General Register) 설정
 - 리셋(Reset)
   CANGCON=0x03
        Bit 1- ENA/STB : Enable / Standby Mode
                  0- standby mode
                  1- enable mode
        Bit 0- SWRES : Software Reset Request
                  0- no reset
                  1- reset : reset logical "ORed" with hardware reset
 - 보레이트 설정
   CANBT1=0x06
        Bit6:1- baud rate pre-scaler
   CANBT2=0x0c
        Bit3:1- propagation time segment
   CANBT3=0x37
        Bit6:4- phase segment 2
        Bit3:1- phase segment 1
        Bit 0- sample point
        Baud rate - 8MHz, 125kbps
```

```
② MOb 레지스터(MOb Register) 설정
- CAN Page MOb 설정
        CANPAGE = i << 4 //MOB 선택
        CANSTMOB=0      //상태 레지스터 초기화
        CANCDMOB=0      //제어 레지스터 초기화
        CANIDTn=0       //ID 초기화
        CANIDMn=0       //Mask 초기화
        CANMSG=0        //Message 초기화
```

```
③ CAN 활성화(CAN enable)
- CANGCON=1<<ENA/STB // CAN 인에이블
```

# 09 CAN 통신 실습

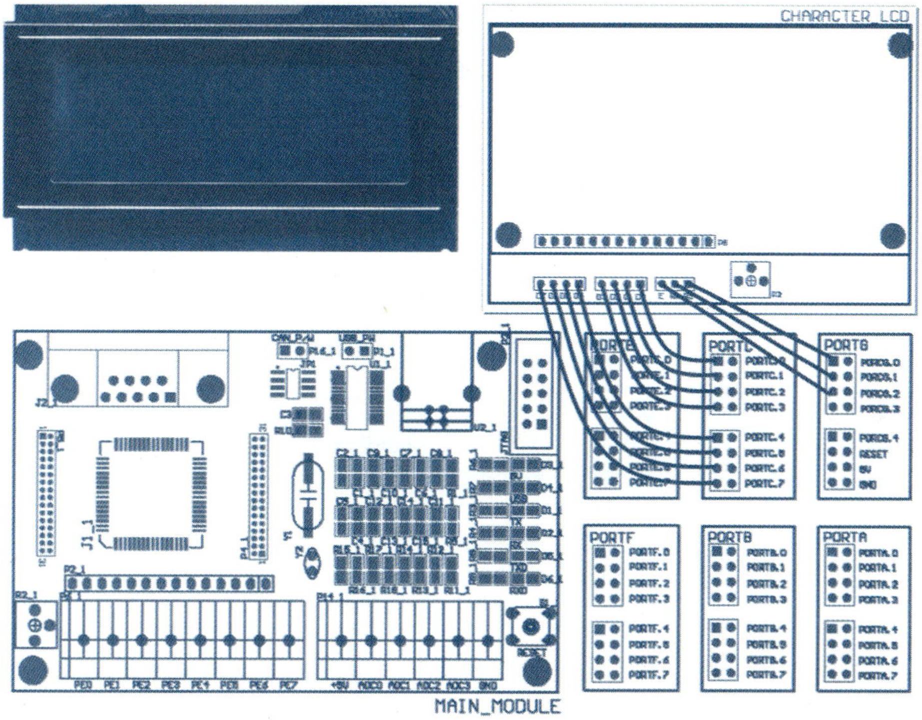


[그림 11-13] CAN 통신 실습을 위한 선 연결(송수신 공통)

[표 11-28] CPU 모듈과 LCD 모듈간의 선 연결(송수신 공통)

| 문자 LCD | RS | RW | E | D0 | D1 | D2 | D3 | D4 | D5 | D6 | D7 |
|---|---|---|---|---|---|---|---|---|---|---|---|
| Port | PG0 | PG1 | PG2 | PC0 | PC1 | PC2 | PC3 | PC4 | PC5 | PC6 | PC7 |

[표 11-29] 초음파 센서 모듈과 AT90CAN128 포트 연결(송신)

| 초음파 센서 모듈 신호 | GND | Data |
|---|---|---|
| Port | GND | PE4 |

[표 11-30] BUZZER와 AT90CAN128 포트 연결(수신)

| BUZZER | data |
|---|---|
| Port | PE5 |

CAN 통신 실습은 두 대의 장비가 필요로 되며, 한 쪽은 송신을 담당하게 되고 다른 한쪽은 수신을 담당하게 된다. 이에 유의하여 다음 실습을 진행한다.

## 실습 1 단순 데이터 전송 및 수신처리 프로그램

① [그림 11-13]을 보고 실습장비에 배선을 한다.

② 작업 표시줄 시작-모든 프로그램에서 Atmel AVR Tools를 찾아 클릭한다.

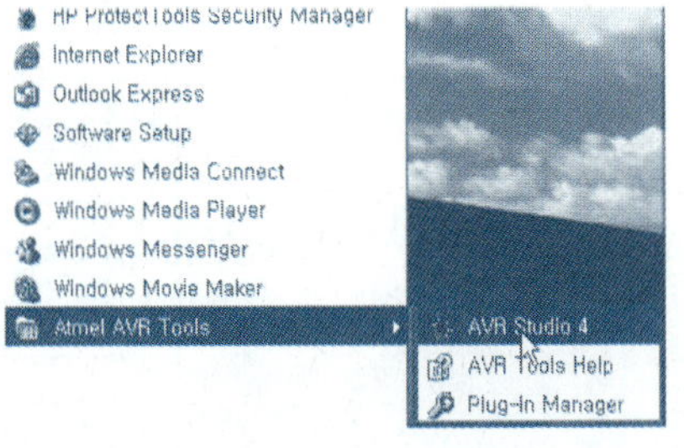


[그림 11-14] tmel AVR Tools를 찾아 클릭

③ 프로그램을 시작하게 되면 다음과 같은 화면이 나오게 된다. [New Project]를 클릭한다.

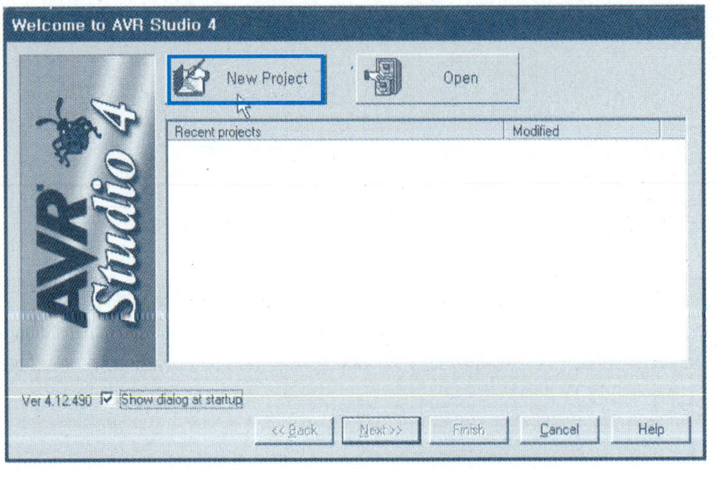


[그림 11-15] [New Project]를 클릭

④ 다음과 같은 화면이 나오면 Project type에서 AVR GCC를 선택하고 Project name에 원하는 이름을 입력한 후 [Next]를 클릭한다.

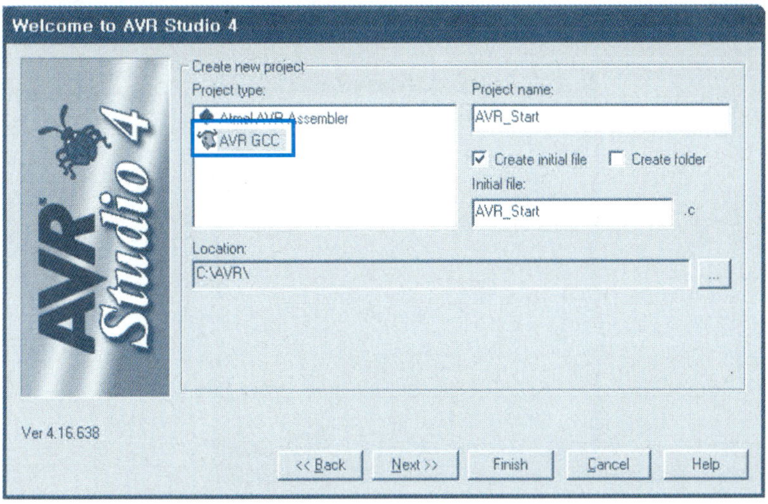


[그림 11-16] 원하는 이름을 입력한 후 [Next]를 클릭

⑤ Debug platform에서 JTAG ICE를 선택하고 Device는 AT90CAN128을 선택하고 [Finish]를 클릭한다.

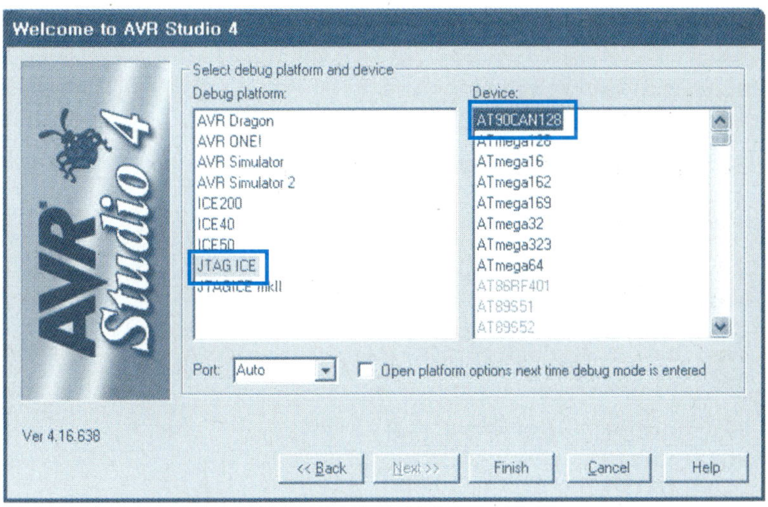


[그림 11-17] Device는 AT90CAN128을 선택하고 [Finish]를 클릭

⑥ [Finish]를 클릭하고 나면 다음과 같은 화면이 나타난다. 화면 중앙에 나타난 창에 다음의 프로그램을 작성한다.

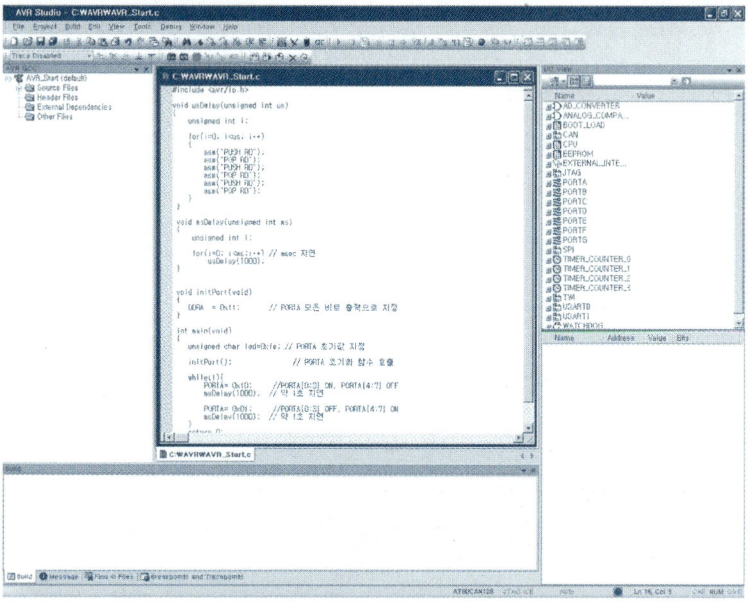

[그림 11-18] 화면 중앙에 나타난 창에 프로그램을 작성

⑦ 단순 데이터 전송 및 수신처리(송신 프로그램)이다.

```
#include <avr/io.h>
#include <stdio.h>

// CAN 프레임과 통신 상태 확인을 위한 변수 매크로 정의
#define STD               0x00
#define EXT               0x01

#define _SEND_FAIL        0
#define _SEND_OK          1

#define _RECE_FAIL        0
#define _RECE_OK          1

// CAN 보레이드 실정 매크로 정의
#define b1M               1
#define b500k   2
#define b250k   3
#define b200k   4
#define b125k   5
#define b100k   6

//LCD 제어를 위한 포트 매크로 정의
#define LCD_RS_1  (PORTG |= 0x01)
#define LCD_RS_0  (PORTG &= 0xFE)
```

```

#define LCD_RW_1  (PORTG |= 0x02)
#define LCD_RW_0  (PORTG &= 0xFD)

#define EN_1      (PORTG |= 0x04)
#define EN_0      (PORTG &= 0xFB)

// MOb 구조체 선언
struct MOb
{        unsigned long id;
         unsigned char std_ext;
         unsigned char dlc;
         unsigned char data[8];
};

// 전송할 메시지
struct MOb msg1={0x78, EXT, 8, {0x31,0x32,0x33,0x34,0x35,0x36,0x37,0x38}};    //
                                                                              //0x78
                                                                              //EXT
                                                                              //8
                                                                              //12345678


//  µsec 단위 지연 함수
void us_delay(unsigned int us_time)
{
         unsigned int i;

         for(i=0; i<us_time; i++)
         {
                  asm("PUSH R0");
                  asm("POP R0");
                  asm("PUSH R0");
                  asm("POP R0");
                  asm("PUSH R0");
                  asm("POP R0");
         }
}

// msec 단위 지연 함수
void ms_delay(unsigned int ms_time)
{
    unsigned int i;

    for(i=0; i<ms_time;i++)
        us_delay(1000);
}

// 포트 입출력 초기화 함수
void initPort()
{
         DDRA= 0xff;
         PORTA = 0x00;
         DDRC= 0xff;
         DDRG= 0xff;
}
```

```

//LCD 제어 함수
void E_Pulse(unsigned int delay)
{
        EN_1;

        us_delay(delay);

        EN_0;
}

// LCD 출력 위치(x, y) 지정 함수
void LCD_Disp(char x,char y)
{
        LCD_RS_0;     // 명령 모드 설정
        LCD_RW_0;     // 쓰기 모드 설정

        if(y==0)
                PORTC = x + 0x80; // 첫 번째 행
        else if(y==1)
                PORTC = x + 0xc0; // 두 번째 행
        E_Pulse(580);

}

// LCD 초기화 함수
void LCD_init(void)
{
        LCD_RS_0;

        ms_delay(40);

        PORTC = 0x01; // Display Clear
        ms_delay(20);
        E_Pulse(2000);

        PORTC = 0x38; // Function Set
        ms_delay(20);
        E_Pulse(40);

        PORTC = 0x0c; // DisPlay ON/OFF Control
        ms_delay(20);
        E_Pulse(40);

        PORTC = 0x06; // Entry Mode Set
        ms_delay(20);
        E_Pulse(40);

        //LCD_Disp(0,0);
}


// 문자 출력 함수
void Write_Char(unsigned char buf)
{
        LCD_RS_1;
```

```
        LCD_RW_0;
        PORTC=buf;
        E_Pulse(40);
}

// (x,y)부터 문자열 출력 함수
void LCD_Write(char x, char y,char *str)
{
        LCD_Disp(x,y);
        while(*str)
                        Write_Char(*str++);
}

// (x,y)위치에 문자 출력 함수
void LCD_Write_char(char x, char y, unsigned char ch)
{
        LCD_Disp(x,y);
        Write_Char(ch);
}

/*********************************************************/
/*      CAN 초기화                                           */
/*********************************************************/
void can_init (char baudRate)         // CAN Initialize
{
        unsigned char i, j;
        CANGCON |= (1<<SWRES); // CAN General Control Register
                                       // CAN Controler Reset
        for(i=0; i<15; i++)                     // Reset all MObs
        {
                CANPAGE = (i<<4);      // MOBNB3~0
                                       // MOb Number Select(0~14)
                CANCDMOB = 0;          // ALL Disable MOb
                CANSTMOB = 0;          // Clear status
                CANIDT1 = 0;           // Clear ID
                CANIDT2 = 0;           // Clear ID
                CANIDT3 = 0;           // Clear ID
                CANIDT4 = 0;           // Clear ID
                CANIDM1 = 0;           // Clear mask
                CANIDM2 = 0;           // Clear mask
                CANIDM3 = 0;           // Clear mask
                CANIDM4 = 0;           // Clear mask
                for(j=0; j<8; j++)
                        CANMSG = 0;    // CAN Data Message Register
                                       // Clear data
        }
// ====================================
// Set Baud Rate
// CAN baud rate set
// bit timing : datasheet 264 (check table)
//=====================================
        switch(baudRate){
                case b1M:
                        CANBT1= 0x00;
                        CANBT2= 0x0c;
                        CANBT3= 0x37;
```

```
                        break;
                case b500k:
                        CANBT1= 0x02;
                        CANBT2= 0x0c;
                        CANBT3= 0x37;
                        break;
                case b250k:
                        CANBT1= 0x06;   //CAN baud rate set
                        CANBT2= 0x0c;   //bit   timing : datasheet 264 (check table)
                        CANBT3= 0x37;   //250kbps 16MHz CPU Clock (0.250usec)
                        break;
                case b200k:
                        CANBT1= 0x08;
                        CANBT2= 0x0c;
                        CANBT3= 0x37;
                        break;
                case b125k:
                        CANBT1= 0x0E;
                        CANBT2= 0x0c;
                        CANBT3= 0x37;
                        break;
                case b100k:
                        CANBT1= 0x12;
                        CANBT2= 0x0c;
                        CANBT3= 0x37;
                        break;
        }
        // Clear CAN interrupt registers
        CANGIE = 0;     // CAN General Interrupt Enable Register
                        // None Interrupts
        CANIE1 = 0;     // CAN Enable INT MOb Registers 1
                        // None Interrupts on MObs
        CANIE2 = 0;     // CAN Enable INT MOb Registers 2
                        // None Interrupts on MObs
        CANSIT1 = 0;    // CAN Status INT MOb Registers 1
                        // None Interrupts on MObs
        CANSIT2 = 0;    // CAN Status INT MOb Registers 2
                        // None Interrupts on MObs
        CANGCON = (1<<ENASTB); // CAN General Control Register
                               // Enable Mode (11 Recessive Bits has Been read)
        // Start CAN interface
        while(!(CANGSTA   &   (1<<ENFG)));   //General   Status Register(Enable Flag)
        // Wait until module ready
}

/*********************************************************/
/*      CAN reception evia mailbox 0 (polling)           */
/*********************************************************/
char can_rx(unsigned char obj, struct MOb *msg)    // CAN reception
{
        char rece_result = _RECE_FAIL;
        unsigned char i;
```

```
        unsigned long can_id= 0;
                CANHPMOB=0;
                //select MOb0
        CANPAGE = (obj<<4);                         //select MOb0

        // wait until reception is complete
        while(!(CANSTMOB&(1<<RXOK)));
        // get CANIDT and CANCDMOB and CANMSg

        rece_result = _RECE_OK;

        // select ID which can be receive
        if((CANCDMOB & 0x10) == 0x00){                         //      IDE
standard ?
                msg->std_ext= STD;
                can_id  = ((unsigned long)CANIDT1)<<8;
                can_id |= ((unsigned long)CANIDT2);
                can_id>>=5;
        }
        else{
                msg->std_ext= EXT;
                can_id  = ((unsigned long)CANIDT1)<<24;
                can_id |= ((unsigned long)CANIDT2)<<16;
                can_id |= ((unsigned long)CANIDT3)<<8;
                can_id |= ((unsigned long)CANIDT4);
                can_id>>=3;
        }
        msg->id= can_id;

        msg->dlc= CANCDMOB & 0x0f;

        // get data
        for(i=0; i<(CANCDMOB&0xf); i++){
                msg->data[i] = CANMSG;
        }

        // rx init
        CANSTMOB = 0x00;

        // enable reception mode
        CANCDMOB=(1<<CONMOB1);

        // reset flag
        CANSTMOB &= ~(1<<RXOK);
        //

        return(rece_result);
}
/*************************************************************/
/*                   CAN receive setting (polling)          */
/*************************************************************/
void can_rx_set(char obj, char std_ext, unsigned long id, unsigned long mask)
{
        CANPAGE = obj<<4;        // set MOb number

        CANSTMOB = 0x00;         // clear status
```

```
        if(std_ext== STD)       // standard
        {
                CANCDMOB &= ~0x10;// clear IDE =0, standard 11 bits
                CANIDT1= (unsigned char)(id>>3);
                CANIDT2= (unsigned char)(id<<5);

                CANIDM1= (unsigned char)(mask>>3);
                CANIDM2= (unsigned char)(mask<<5);
                CANIDM4=0;
        }
        else                                    // extended
        {
                CANCDMOB |= 0x10;// set IDE =1, extended 29 bits
                CANIDT1= (unsigned char)(id>>21);
                CANIDT2= (unsigned char)(id>>13);
                CANIDT3= (unsigned char)(id>>5);
                CANIDT4= (unsigned char)(id<<3);

                CANIDM1= (unsigned char)(mask>>21);
                CANIDM2= (unsigned char)(mask>>13);
                CANIDM3= (unsigned char)(mask>>5);
                CANIDM4= (unsigned char)(mask<<3);

        }

        // when initializing, it is clear.
        CANIDT4 &= ~0x04;       //RTRTAG= 1/0 receive data frame
        CANIDM4 &= ~0x04;       //RTRMSK= 1/0 enable comparison
(Data receive)
        CANIDM4 &= ~0x02;       // recommended
        CANIDM4 &= ~0x01;       // IDEMSK= 1/0 enable comparison
(IDE receive)

        CANCDMOB |= 0x88;       // receive enable and dlc = 8
}

/**********************************************************/
/*      CAN transmission via mailbox 1 (polling)          */
/**********************************************************/
char can_tx (unsigned char obj, struct MOb *msg)    // CAN transmission
{
        char send_result = _SEND_FAIL;
        unsigned char i;
        unsigned long can_id= msg->id;

        // Enable MOb1, auto increment index, start with index = 0
        CANPAGE = (obj<<4);     // CAN Page MOb Register
                                // MOb Number Select
        CANSTMOB = 0x00;
        CANCDMOB = 0x00;
        CANCDMOB |= (msg->dlc<<DLC0);               // set data length
        if(msg->std_ext== 0x00){
                CANIDT1= (unsigned char)(can_id>>3);
                CANIDT2= (unsigned char)(can_id<<5);
        }
```

```
        else{
                CANIDT1= (unsigned char)(can_id>>21);
                CANIDT2= (unsigned char)(can_id>>13);
                CANIDT3= (unsigned char)(can_id>>5);
                CANIDT4= (unsigned char)(can_id<<3);

                CANCDMOB |= 0x10;         // Set IDE bit 2.0B 29bit
        }
        //put data in mailbox
        for(i=0; i<8; i++)
                CANMSG = msg->data[i]; // full message


        //enable transmission
        CANCDMOB |= (1<<CONMOB0);

        while (!(CANSTMOB & (1<<TXOK)));       // check tx ok
        send_result= _SEND_OK;

        //reset flag
        CANSTMOB &= ~(1<<TXOK);

        return(send_result);
}

int main(void)
{
        char buf[18] = {0};
        char msg[9]="Can test";
        unsigned int i = 0;
        unsigned int count = 0;

        initPort();     //포트 초기화
        LCD_init();

        // CAN 초기화
        can_init(b250k);

        //보낼 메시지 데이터 설정
        for (i = 0 ; i < 8 ; i++) msg1.data[i] = msg[i];
        msg[8] = '\0';

        while(1)
        {
                sprintf(buf,"SEND : %d",count++);
                LCD_Write(0,0,buf);
                (PORTA & 0x01) ? (PORTA &= ~0x01) : (PORTA |= 0x01);
                LCD_Write(0,1,msg);
                ms_delay(1000);
                can_tx(1, &msg1);
        }
        return 0;
}
```

⑧ 프로그램을 다 작성하면 메뉴 중 Build-Build를 클릭하거나 키보드의 [F7] 버튼을 눌러 빌드(Build)한다.

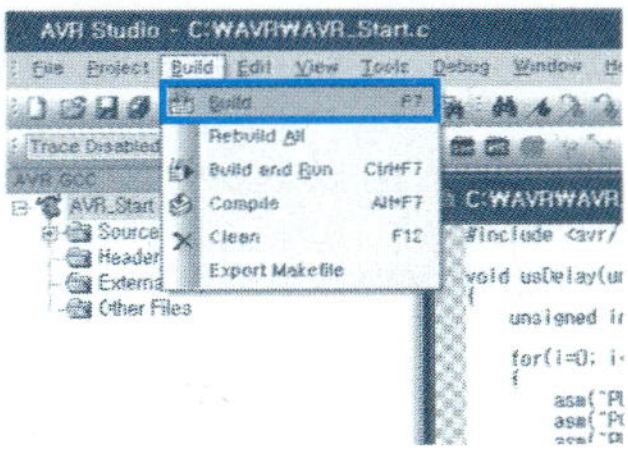

[그림 11-19] 키보드의 [F7] 버튼을 눌러 빌드

⑨ AVR Studio의 도구모음 중 아래 화면과 같은 버튼을 찾아 클릭한다.

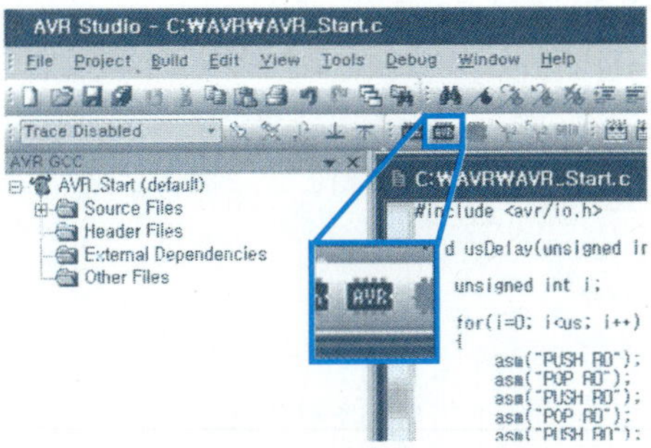

[그림 11-20] 도구모음 중 [AVR] 버튼을 찾아 클릭

⑩ 다음과 같은 화면이 나타나면 Flash 항목의 Input HEX File에 자신이 만든 폴더의 default 폴더에 생성된 hex 파일을 입력하고 [Program]을 클릭한다.

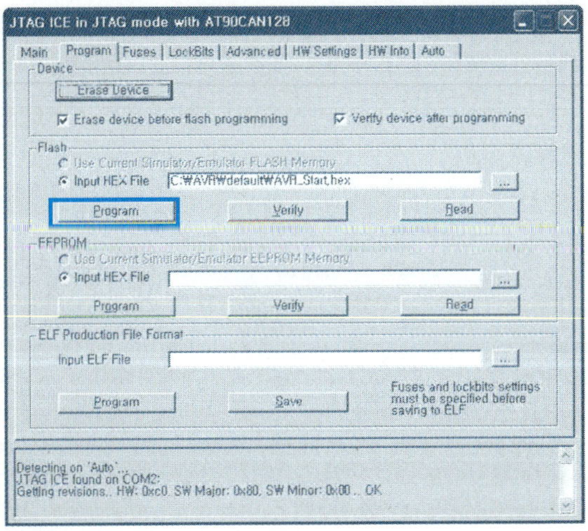

[그림 11-21] default 폴더에 생성된 hex 파일을 입력하고 [Program]을 클릭

⑪ 프로그램이 정상적으로 송신측 장비의 Flash에 다운로드되면 다음 화면과 같은 메시지를 확인할 수 있다.

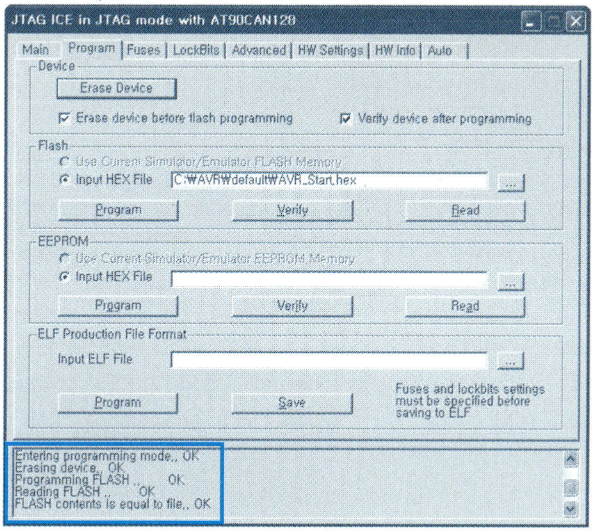


[그림 11-22] 프로그램이 정상적으로 송신측 장비의 Flash에 다운로드

⑫ ①~⑥ 과정을 거쳐 수신측 장비의 프로그램을 작성할 준비를 한다.

⑬ 단순 데이터 전송 및 수신처리(수신 프로그램)이다.

```
#include <avr/io.h>
#include <stdio.h>

// CAN 프레임과 통신상태 확인을 위한 변수 매크로 정의
#define STD             0x00
#define EXT             0x01

#define _SEND_FAIL      0
#define _SEND_OK        1

#define _RECE_FAIL      0
#define _RECE_OK        1

// CAN 보레이트 설정 매크로 정의
#define b1M             1
#define b500k  2
#define b250k  3
#define b200k  4
#define b125k  5
#define b100k  6

//LCD 제어를 위한 포트 매크로 정의
#define LCD_RS_1  (PORTG |= 0x01)
```

```
#define LCD_RS_0  (PORTG &= 0xFE)

#define LCD_RW_1  (PORTG |= 0x02)
#define LCD_RW_0  (PORTG &= 0xFD)

#define EN_1      (PORTG |= 0x04)
#define EN_0      (PORTG &= 0xFB)

// MOb 구조체 선언
struct MOb
{        unsigned long id;
         unsigned char std_ext;
         unsigned char dlc;
         unsigned char data[8];
};

// 전송할 메시지
struct MOb msg1={0x78, EXT, 8, {0x31,0x32,0x33,0x34,0x35,0x36,0x37,0x38}};    //
                                                  //0x78
                                                  //EXT
                                                  //8
                                                  //12345678


//  usec 단위 지연 함수
void us_delay(unsigned int us_time)
{
         unsigned int i;

         for(i=0; i<us_time; i++)
         {
                  asm("PUSH R0");
                  asm("POP R0");
                  asm("PUSH R0");
                  asm("POP R0");
                  asm("PUSH R0");
                  asm("POP R0");
         }
}

// msec 단위 지연 함수
void ms_delay(unsigned int ms_time)
{
    unsigned int i;

    for(i=0; i<ms_time;i++)
        us_delay(1000);
}

// 포트 입출력 초기화 함수
void initPort()
{
         DDRC= 0xff;
         DDRG= 0xff;
}

```

```
//LCD 제어 함수
void E_Pulse(unsigned int delay)
{
        EN_1;

        us_delay(delay);

        EN_0;
}

// LCD 출력 위치(x, y) 지정 함수
void LCD_Disp(char x,char y)
{
        LCD_RS_0;      // 명령 모드 설정
        LCD_RW_0;      // 쓰기 모드 설정

        if(y==0)
                PORTC = x + 0x80; // 첫 번째 행
        else if(y==1)
                PORTC = x + 0xc0; // 두 번째 행
        E_Pulse(580);

}

// LCD 초기화 함수
void LCD_init(void)
{
        LCD_RS_0;

        ms_delay(40);

        PORTC = 0x01; // Display Clear
        ms_delay(20);
        E_Pulse(2000);

        PORTC = 0x38; // Function Set
        ms_delay(20);
        E_Pulse(40);

        PORTC = 0x0c; // DisPlay ON/OFF Control
        ms_delay(20);
        E_Pulse(40);

        PORTC = 0x06; // Entry Mode Set
        ms_delay(20);
        E_Pulse(40);
}


// 문자 출력 함수
void Write_Char(unsigned char buf)
{
        LCD_RS_1;
        LCD_RW_0;
        PORTC=buf;
        E_Pulse(40);
```

```
}

// (x,y)부터 문자열 출력 함수
void LCD_Write(char x, char y,char *str)
{
        LCD_Disp(x,y);
        while(*str)
                        Write_Char(*str++);
}

// (x,y) 위치에 문자 출력 함수
void LCD_Write_char(char x, char y, unsigned char ch)
{
        LCD_Disp(x,y);
        Write_Char(ch);
}

/*****************************************************/
/*      CAN 초기화                                     */
/*****************************************************/
void can_init (char baudRate)           // CAN Initialize
{
        unsigned char i, j;
        CANGCON |= (1<<SWRES); // CAN General Control Register
                                        // CAN Controler Reset
        for(i=0; i<15; i++)                     // Reset all MObs
        {
                CANPAGE = (i<<4);       // MOBNB3~0
                                        // MOb Number Select(0~14)
                CANCDMOB = 0;           // ALL Disable MOb
                CANSTMOB = 0;           // Clear status
                CANIDT1 = 0;            // Clear ID
                CANIDT2 = 0;            // Clear ID
                CANIDT3 = 0;            // Clear ID
                CANIDT4 = 0;            // Clear ID
                CANIDM1 = 0;            // Clear mask
                CANIDM2 = 0;            // Clear mask
                CANIDM3 = 0;            // Clear mask
                CANIDM4 = 0;            // Clear mask
                for(j=0; j<8; j++)
                        CANMSG = 0;     // CAN Data Message Register
                                        // Clear data
        }
// ===================================
// Set Baud Rate
// CAN baud rate set
// bit timing : datasheet 264 (check table)
//===================================
        switch(baudRate){
                case b1M:
                        CANBT1= 0x00;
                        CANBT2= 0x0c;
                        CANBT3= 0x37;
                        break;
                case b500k:
                        CANBT1= 0x02;
```

```
                        CANBT2= 0x0c;
                        CANBT3= 0x37;
                        break;
                case b250k:
                        CANBT1= 0x06;  //CAN baud rate set
                        CANBT2= 0x0c;  //bit   timing : datasheet
264 (check table)
                        CANBT3= 0x37;  //250kbps   16   MHz   CPU
Clock(0.250usec)
                        break;
                case b200k:
                        CANBT1= 0x08;
                        CANBT2= 0x0c;
                        CANBT3= 0x37;
                        break;
                case b125k:
                        CANBT1= 0x0E;
                        CANBT2= 0x0c;
                        CANBT3= 0x37;
                        break;
                case b100k:
                        CANBT1= 0x12;
                        CANBT2= 0x0c;
                        CANBT3= 0x37;
                        break;
        }
        // Clear CAN interrupt registers
        CANGIE = 0;     // CAN General Interrupt Enable Register
                        // None Interrupts
        CANIE1 = 0;     // CAN Enable INT MOb Registers 1
                        // None Interrupts on MObs
        CANIE2 = 0;     // CAN Enable INT MOb Registers 2
                        // None Interrupts on MObs
        CANSIT1 = 0;    // CAN Status INT MOb Registers 1
                        // None Interrupts on MObs
        CANSIT2 = 0;    // CAN Status INT MOb Registers 2
                        // None Interrupts on MObs
        CANGCON = (1<<ENASTB); // CAN General Control Register
                               // Enable Mode (11 Recessive Bits
has Been read)
        // Start CAN interface
        while(!(CANGSTA   &   (1<<ENFG)));   //General   Status
Register(Enable Flag)
        // Wait until module ready
}

/*********************************************************/
/*      CAN reception evia mailbox 0 (polling)          */
/*********************************************************/
char can_rx(unsigned char obj, struct MOb *msg)   // CAN reception
{
        char rece_result = _RECE_FAIL;
        unsigned char i;
        unsigned long can_id= 0;
              CANHPMOB=0;
              //select MOb0
```

CHAPTER 11

```
        CANPAGE = (obj<<4);                        //select MOb0

        // wait until reception is complete
        while(!(CANSTMOB&(1<<RXOK)));
        // get CANIDT and CANCDMOB and CANMSg

        rece_result = _RECE_OK;

        // select ID which can be receive
        if((CANCDMOB & 0x10) == 0x00){             // IDE standard ?
                msg->std_ext= STD;
                can_id  = ((unsigned long)CANIDT1)<<8;
                can_id |= ((unsigned long)CANIDT2);
                can_id>>=5;
        }
        else{
                msg->std_ext= EXT;
                can_id  = ((unsigned long)CANIDT1)<<24;
                can_id |= ((unsigned long)CANIDT2)<<16;
                can_id |= ((unsigned long)CANIDT3)<<8;
                can_id |= ((unsigned long)CANIDT4);
                can_id>>=3;
        }
        msg->id= can_id;

        msg->dlc= CANCDMOB & 0x0f;

        // get data
        for(i=0; i<(CANCDMOB&0xf); i++){
                msg->data[i] = CANMSG;
        }

        // rx init
        CANSTMOB = 0x00;

        // enable reception mode
        CANCDMOB=(1<<CONMOB1);

        // reset flag
        CANSTMOB &= ~(1<<RXOK);
        //

        return(rece_result);
}
/************************************************************/
/*                     CAN receive setting (polling)        */
/************************************************************/
void can_rx_set(char obj, char std_ext, unsigned long id,
unsigned long mask)
{
        CANPAGE = obj<<4;         // set MOb number

        CANSTMOB = 0x00;          // clear status

        if(std_ext== STD)         // standard
        {
```

```
                CANCDMOB &= ~0x10;// clear IDE =0, standard 11 bits
                CANIDT1= (unsigned char)(id>>3);
                CANIDT2= (unsigned char)(id<<5);

                CANIDM1= (unsigned char)(mask>>3);
                CANIDM2= (unsigned char)(mask<<5);
                CANIDM4=0;
        }
        else                                    // extended
        {
                CANCDMOB |= 0x10; // set IDE =1, extended 29 bits
                CANIDT1= (unsigned char)(id>>21);
                CANIDT2= (unsigned char)(id>>13);
                CANIDT3= (unsigned char)(id>>5);
                CANIDT4= (unsigned char)(id<<3);

                CANIDM1= (unsigned char)(mask>>21);
                CANIDM2= (unsigned char)(mask>>13);
                CANIDM3= (unsigned char)(mask>>5);
                CANIDM4= (unsigned char)(mask<<3);

        }

        // when initializing, it is clear.
        CANIDT4 &= ~0x04;       //RTRTAG= 1/0 receive data frame
        CANIDM4 &= ~0x04;       //RTRMSK= 1/0 enable comparison
(Data receive)
        CANIDM4 &= ~0x02;       // recommended
        CANIDM4 &= ~0x01;       // IDEMSK= 1/0 enable comparison
(IDE receive)

        CANCDMOB |= 0x88;       // receive enable and dlc = 8
}

/*******************************************************/
/*      CAN transmission via mailbox 1 (polling)       */
/*******************************************************/
char can_tx (unsigned char obj, struct MOb *msg)    // CAN transmission
{
        char send_result = _SEND_FAIL;
        unsigned char i;
        unsigned long can_id= msg->id;

        // Enable MOb1, auto increment index, start with index = 0
        CANPAGE = (obj<<4);     // CAN Page MOb Register
                                // MOb Number Select
        CANSTMOB = 0x00;
        CANCDMOB = 0x00;
        CANCDMOB |= (msg->dlc<<DLC0);           // set data length
        if(msg->std_ext== 0x00){
                CANIDT1= (unsigned char)(can_id>>3);
                CANIDT2= (unsigned char)(can_id<<5);
        }
        else{
                CANIDT1= (unsigned char)(can_id>>21);
                CANIDT2= (unsigned char)(can_id>>13);
```

```
                CANIDT3= (unsigned char)(can_id>>5);
                CANIDT4= (unsigned char)(can_id<<3);

                CANCDMOB |= 0x10;           // Set IDE bit 2.0B 29bit
        }
        //put data in mailbox
        for(i=0; i<8; i++)
                CANMSG = msg->data[i]; // full message


        //enable transmission
        CANCDMOB |= (1<<CONMOB0);

        while (!(CANSTMOB & (1<<TXOK)));        // check tx ok
        send_result= _SEND_OK;

        //reset flag
        CANSTMOB &= ~(1<<TXOK);

        return(send_result);
}

int main(void)
{
        char buf[18] = {0};
        unsigned int count = 0;

        initPort();     //포트 초기화
        LCD_init();

        // CAN 초기화
        can_init(b250k);
        can_rx_set(1, EXT, 0x0078, 0xffff);

        while(1)
        {
                sprintf(buf,"RECEIVE : %d",count++);
                LCD_Write(0,0,buf);
                can_rx(1, &msg1);

sprintf(buf,"%c%c%c%c%c%c%c%c",msg1.data[0],msg1.data[1],msg1
.data[2],msg1.data[3]

,msg1.data[4],msg1.data[5],msg1.data[6],msg1.data[7]);
                LCD_Write(0,1,buf);
                ms_delay(1000);
        }
        return 0;
}
```

⑭ ⑧~⑪ 과정을 거쳐 수신측 장비의 FLASH에 프로그램을 다운로드한다.

⑮ 수신측 장비와 송신측 장비의 CAN 포트를 CAN 접속 케이블로 연결한다.
(CAN 포트는 둘 중 어느 것을 사용해도 무방함.)

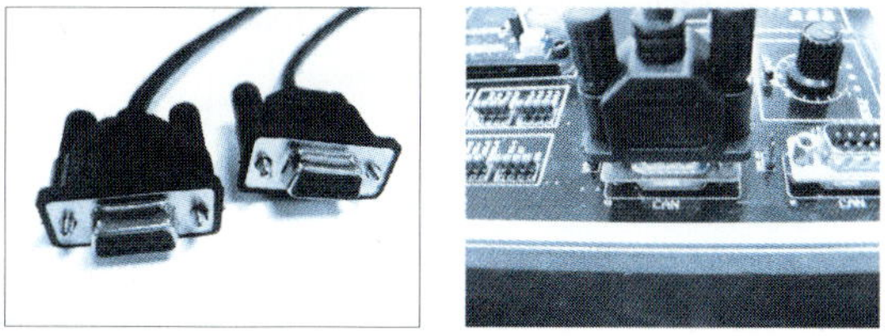

[그림 11-23] CAN 포트를 CAN 접속 케이블로 연결

⑯ 양쪽 장비의 LCD를 통해 통신이 이루어지고 있음을 확인한다.

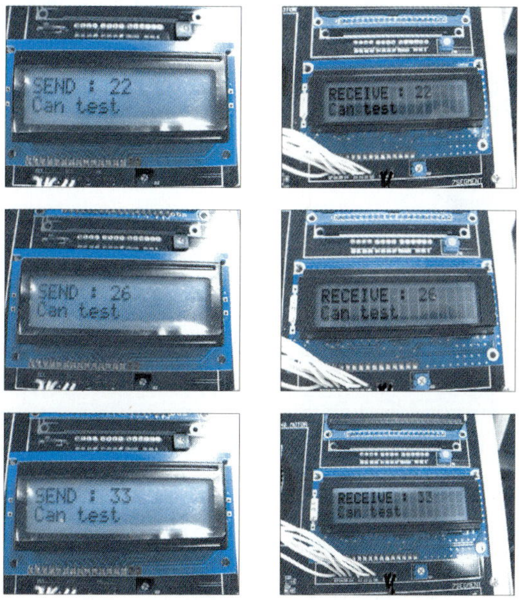


[그림 11-24] LCD를 통해 통신 확인

이때, CAN 통신 케이블을 해제해 봄으로써 양측간의 통신이 제대로 이루어지고 있는지 확인해본다.

## 실습 2 초음파 센서를 이용한 거리인식 프로그램

① [그림 11-24]를 보고 실습장비에 배선을 한다.

② 작업 표시줄 시작-모든 프로그램에서 Atmel AVR Tools를 찾아 클릭한다.

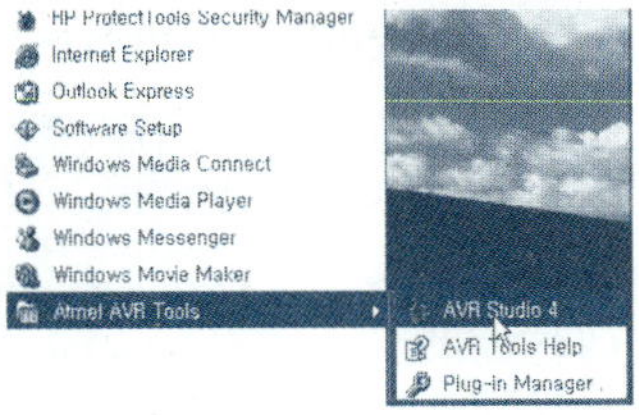


[그림 11-25] Atmel AVR Tools를 찾아 클릭

③ 프로그램을 시작하게 되면 다음과 같은 화면이 나오게 된다. [New Project]를 클릭한다.

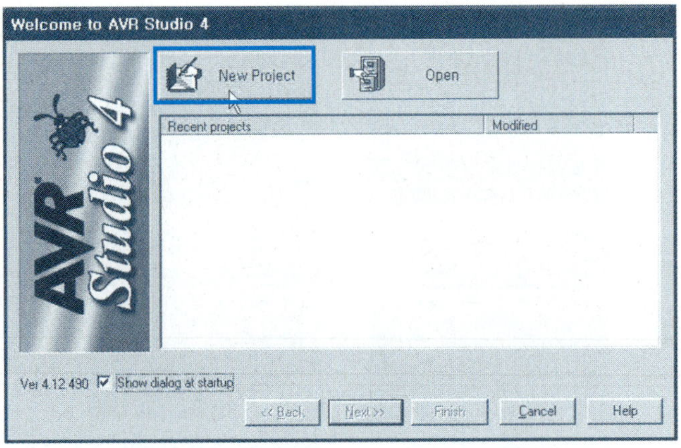


[그림 11-26] [New Project]를 클릭

④ 다음과 같은 화면이 나오면 Project type에서 AVR GCC를 선택하고 Project name에 원하는 이름을 입력한 후 [Next]를 클릭한다.

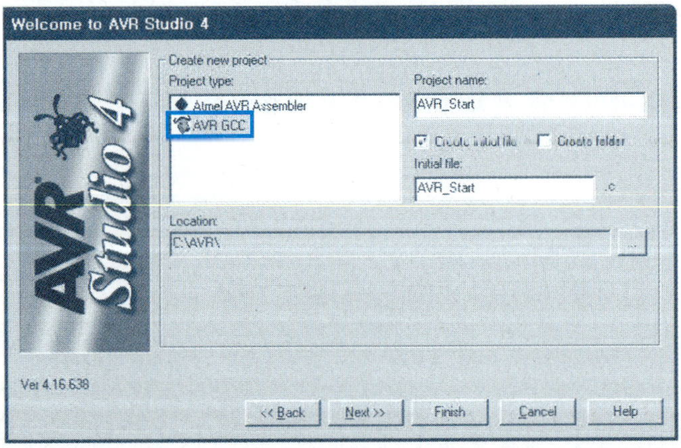


[그림 11-27] 원하는 이름을 입력한 후 [Next]를 클릭

⑤ Debug platform에서 JTAG ICE를 선택하고 Device는 AT90CAN128을 선택하고 [Finish]를 클릭한다.

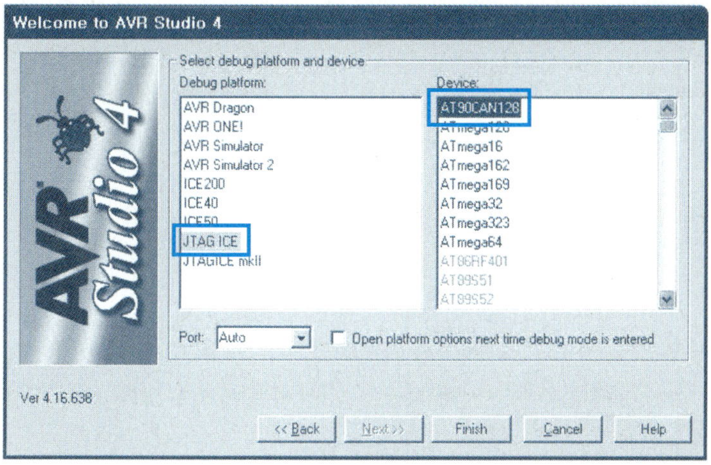


[그림 11-28] Device는 AT90CAN128을 선택하고 [Finish]를 클릭

⑥ [Finish]를 클릭하고 나면 다음과 같은 화면이 나타난다. 화면 중앙에 나타난 창에 다음의 프로그램을 작성한다.

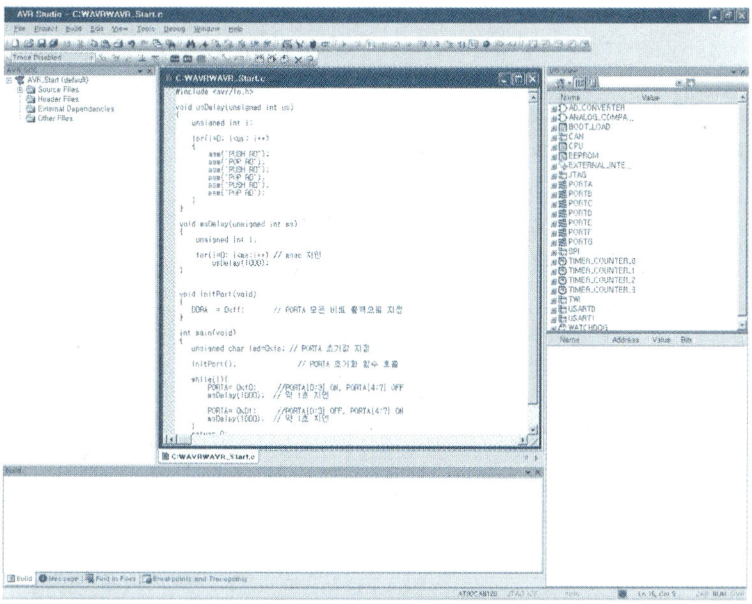

[그림 11-29] 화면 중앙에 나타난 창에 프로그램을 작성

CHAPTER 11

7 초음파 센서를 이용한 거리인식 프로그램(송신 프로그램)이다.

```
#include <avr/io.h>
#include <avr/interrupt.h>
#include <stdio.h>



//초음파 센서 관련.
#define PE4_Clear       (PORTE &= 0xEF)
#define PE4_Set         (PORTE |= 0x10)
#define PE4_IN (DDRE &= 0xEF)
#define PE4_OUT         (DDRE |= 0x10)

#define TEMPERATURE 25

unsigned short tick = 0, pulse_end=0;

// CAN 프레임과 통신 상태 확인을 위한 변수 매크로 정의
#define STD             0x00
#define EXT             0x01

#define _SEND_FAIL      0
#define _SEND_OK        1

#define _RECE_FAIL      0
#define _RECE_OK        1

// CAN 보레이트 설정 매크로 정의
#define b1M             1
#define b500k   2
#define b250k   3
#define b200k   4
#define b125k   5
#define b100k   6

//LCD 제어를 위한 포트 매크로 정의
#define LCD_RS_1  (PORTG |= 0x01)
#define LCD_RS_0  (PORTG &= 0xFE)

#define LCD_RW_1  (PORTG |= 0x02)
#define LCD_RW_0  (PORTG &= 0xFD)

#define EN_1     (PORTG |= 0x04)
#define EN_0     (PORTG &= 0xFB)

// MOb 구조체 선언
struct MOb
{       unsigned long id;
unsigned char std_ext;
unsigned char dlc;
unsigned char data[8];
};

// 전송할 메시지
struct MOb msg1={0x78, EXT, 8, {0x31,0x32,0x33,0x34,0x35,0x36,0x37,0x38}};     //
//0x78
```

```
//EXT
//8
//12345678

void init_EXT_INT(void)
{
        EIMSK |= (1<<INT4);              // INT4 Interrupt Set
        EICRB |= (1<<ISC41)|(1<<ISC40);//INT4 Rising Edge /INT Set
        EIFR   = 1<<INT4;                // Interrupt Flag
}

void init_TIMER0_COMPA(void)
{
        TCCR0A |= (1<<WGM01);  // CTC Mode
        TCCR0A |= (1<<CS01);   // clk/8 Prescaler
        TCNT0 = 0;
        OCR0A = 19;      // 1cycle -> 20us = 1/(16Mhz/(2*8*(19+1)))
        TIMSK0 = (1<<OCIE0A);  //T/C0 Output Compare Match INT
        TIFR0 = 0x00;
}

SIGNAL(TIMER0_COMP_vect)
{
        tick++;
}

SIGNAL(INT4_vect)
{
        unsigned short pulse_tick;

        pulse_tick = tick;

        if(EICRB & 0x03)
        {
                EICRB &= 0x00; //  low state
                tick = 0;
        }
        else
        {
                EICRB |= (1<<ISC41)|(1<<ISC40);// INT4 Rising Edge / INT Set
                pulse_end = pulse_tick;
        }
}

//  μsec 단위 지연 함수
void us_delay(unsigned int us_time)
{
        unsigned int i;

        for(i=0; i<us_time; i++)
        {
                asm("PUSH R0");
```

```
                asm("POP R0");
                asm("PUSH R0");
                asm("POP R0");
                asm("PUSH R0");
                asm("POP R0");
        }
}

// msec 단위 지연 함수
void ms_delay(unsigned int ms_time)
{
    unsigned int i;

    for(i=0; i<ms_time;i++)
        us_delay(1000);
}

// 포트 입출력 초기화 함수
void initPort()
{
        DDRC= 0xff;
        DDRG= 0xff;
        DDRE  = 0xef;
        PORTE = 0x30;
}

//LCD 제어 함수
void E_Pulse(unsigned int delay)
{
        EN_1;

        us_delay(delay);

        EN_0;
}

// LCD 출력 위치(x, y) 지정 함수
void LCD_Disp(char x,char y)
{
        LCD_RS_0;      // 명령 모드 설정
        LCD_RW_0;      // 쓰기 모드 설정

        if(y==0)
                PORTC = x + 0x80; // 첫 번째 행
        else if(y==1)
                PORTC = x + 0xc0; // 두 번째 행
        E_Pulse(580);

}

// LCD 초기화 함수
void LCD_init(void)
{
        LCD_RS_0;

        ms_delay(40);
```

```
        PORTC = 0x01; // Display Clear
        ms_delay(20);
        E_Pulse(2000);

        PORTC = 0x38; // Function Set
        ms_delay(20);
        E_Pulse(40);

        PORTC = 0x0c; // DisPlay ON/OFF Control
        ms_delay(20);
        E_Pulse(40);

        PORTC = 0x06; // Entry Mode Set
        ms_delay(20);
        E_Pulse(40);
}


// 문자 출력 함수
void Write_Char(unsigned char buf)
{
        LCD_RS_1;
        LCD_RW_0;
        PORTC=buf;
        E_Pulse(40);
}

// (x,y)부터 문자열 출력 함수
void LCD_Write(char x, char y,char *str)
{
        LCD_Disp(x,y);
        while(*str)
                Write_Char(*str++);
}

// (x,y)위치에 문자 출력 함수
void LCD_Write_char(char x, char y, unsigned char ch)
{
        LCD_Disp(x,y);
        Write_Char(ch);
}

/**********************************************************/
/*      CAN 초기화                                         */
/**********************************************************/
void can_init (char baudRate)          // CAN Initialize
{
        unsigned char i, j;
        CANGCON |= (1<<SWRES); // CAN General Control Register
        // CAN Controler Reset
        for(i=0; i<15; i++)                    // Reset all MObs
        {
                CANPAGE = (i<<4);       // MOBNB3~0
                // MOb Number Select(0~14)
                CANCDMOB = 0;           // ALL Disable MOb
```

```
                CANSTMOB = 0;              // Clear status
                CANIDT1 = 0;               // Clear ID
                CANIDT2 = 0;               // Clear ID
                CANIDT3 = 0;               // Clear ID
                CANIDT4 = 0;               // Clear ID
                CANIDM1 = 0;               // Clear mask
                CANIDM2 = 0;               // Clear mask
                CANIDM3 = 0;               // Clear mask
                CANIDM4 = 0;               // Clear mask
                for(j=0; j<8; j++)
                        CANMSG = 0;        // CAN Data Message Register
                // Clear data
        }
        // ===================================
        // Set Baud Rate
        // CAN baud rate set
        // bit timing : datasheet 264 (check table)
        //====================================
        switch(baudRate){
        case b1M:
                CANBT1= 0x00;
                CANBT2= 0x0c;
                CANBT3= 0x37;
                break;
        case b500k:
                CANBT1= 0x02;
                CANBT2= 0x0c;
                CANBT3= 0x37;
                break;
        case b250k:
                CANBT1= 0x06;    //CAN baud rate set
                CANBT2= 0x0c;    //bit timing : datasheet 264 (check table)
                CANBT3= 0x37;    //250kbps 16 MHz CPU Clock(0.250usec)
                break;
        case b200k:
                CANBT1= 0x08;
                CANBT2= 0x0c;
                CANBT3= 0x37;
                break;
        case b125k:
                CANBT1= 0x0E;
                CANBT2= 0x0c;
                CANBT3= 0x37;
                break;
        case b100k:
                CANBT1= 0x12;
                CANBT2= 0x0c;
                CANBT3= 0x37;
                break;
        }
        // Clear CAN interrupt registers
        CANGIE = 0;     // CAN General Interrupt Enable Register
        // None Interrupts
        CANIE1 = 0;     // CAN Enable INT MOb Registers 1
        // None Interrupts on MObs
        CANIE2 = 0;     // CAN Enable INT MOb Registers 2
```

```
        // None Interrupts on MObs
        CANSIT1 = 0;    // CAN Status INT MOb Registers 1
        // None Interrupts on MObs
        CANSIT2 = 0;    // CAN Status INT MOb Registers 2
        // None Interrupts on MObs
        CANGCON = (1<<ENASTB); // CAN General Control Register
                               // Enable Mode (11 Recessive Bits
has Been read)
        // Start CAN interface
        while(!(CANGSTA   &   (1<<ENFG)));   //General   Status
Register(Enable Flag)
        // Wait until module ready
}

/*******************************************************/
/*      CAN reception evia mailbox 0 (polling)         */
/*******************************************************/
char can_rx(unsigned char obj, struct MOb *msg) // CAN reception
{
        char rece_result = _RECE_FAIL;
        unsigned char i;
        unsigned long can_id= 0;
        CANHPMOB=0;
        //select MOb0
        CANPAGE = (obj<<4);                        //select MOb0

        // wait until reception is complete
        while(!(CANSTMOB&(1<<RXOK)));
        // get CANIDT and CANCDMOB and CANMSg

        rece_result = _RECE_OK;

        // select ID which can be receive
        if((CANCDMOB & 0x10) == 0x00){          // IDE standard ?
                msg->std_ext= STD;
                can_id  = ((unsigned long)CANIDT1)<<8;
                can_id |= ((unsigned long)CANIDT2);
                can_id>>=5;
        }
        else{
                msg->std_ext= EXT;
                can_id  = ((unsigned long)CANIDT1)<<24;
                can_id |= ((unsigned long)CANIDT2)<<16;
                can_id |= ((unsigned long)CANIDT3)<<8;
                can_id |= ((unsigned long)CANIDT4);
                can_id>>=3;
        }
        msg->id= can_id;

        msg->dlc= CANCDMOB & 0x0f;

        // get data
        for(i=0; i<(CANCDMOB&0xf); i++){
                msg->data[i] = CANMSG;
        }

```

```
        // rx init
        CANSTMOB = 0x00;

        // enable reception mode
        CANCDMOB=(1<<CONMOB1);

        // reset flag
        CANSTMOB &= ~(1<<RXOK);
        //

        return(rece_result);
}
/****************************************************************/
/*      CAN receive setting (polling)          */
/****************************************************************/
void can_rx_set(char obj, char std_ext, unsigned long id, unsigned long mask)
{
        CANPAGE = obj<<4;       // set MOb number

        CANSTMOB = 0x00;        // clear status

        if(std_ext== STD)       // standard
        {
                CANCDMOB &= ~0x10;// clear IDE =0, standard 11 bits
                CANIDT1= (unsigned char)(id>>3);
                CANIDT2= (unsigned char)(id<<5);

                CANIDM1= (unsigned char)(mask>>3);
                CANIDM2= (unsigned char)(mask<<5);
                CANIDM4=0;
        }
        else                                    // extended
        {
                CANCDMOB |= 0x10;// set IDE =1, extended 29 bits
                CANIDT1= (unsigned char)(id>>21);
                CANIDT2= (unsigned char)(id>>13);
                CANIDT3= (unsigned char)(id>>5);
                CANIDT4= (unsigned char)(id<<3);

                CANIDM1= (unsigned char)(mask>>21);
                CANIDM2= (unsigned char)(mask>>13);
                CANIDM3= (unsigned char)(mask>>5);
                CANIDM4= (unsigned char)(mask<<3);

        }

        // when initializing, it is clear.
        CANIDT4 &= ~0x04;       //RTRTAG= 1/0 receive data frame
        CANIDM4 &= ~0x04;       //RTRMSK= 1/0 enable comparison
(Data receive)
        CANIDM4 &= ~0x02;       // recommended
        CANIDM4 &= ~0x01;       // IDEMSK= 1/0 enable comparison
(IDE receive)

        CANCDMOB |= 0x88;       // receive enable and dlc = 8
}
```

```

/********************************************************/
/*      CAN transmission via mailbox 1 (polling)  */
/********************************************************/
char can_tx (unsigned char obj, struct MOb *msg) // CAN transmission
{
        char send_result = _SEND_FAIL;
        unsigned char i;
        unsigned long can_id= msg->id;

        // Enable MOb1, auto increment index, start with index = 0
        CANPAGE = (obj<<4);     // CAN Page MOb Register
                                // MOb Number Select
        CANSTMOB = 0x00;
        CANCDMOB = 0x00;
        CANCDMOB |= (msg->dlc<<DLC0);           // set data length
        if(msg->std_ext== 0x00){
                CANIDT1= (unsigned char)(can_id>>3);
                CANIDT2= (unsigned char)(can_id<<5);
        }
        else{
                CANIDT1= (unsigned char)(can_id>>21);
                CANIDT2= (unsigned char)(can_id>>13);
                CANIDT3= (unsigned char)(can_id>>5);
                CANIDT4= (unsigned char)(can_id<<3);

                CANCDMOB |= 0x10;       // Set IDE bit 2.0B 29bit
        }
        //put data in mailbox
        for(i=0; i<8; i++)
                CANMSG = msg->data[i]; // full message


        //enable transmission
        CANCDMOB |= (1<<CONMOB0);

        while (!(CANSTMOB & (1<<TXOK)));        // check tx ok
        send_result= _SEND_OK;

        //reset flag
        CANSTMOB &= ~(1<<TXOK);

        return(send_result);
}

int main(void)
{
        char buf[18] = {0};

        unsigned char thousand, hundred, ten;
        float distance;
        //int dist=0,beep_cnt=0;

        initPort();     //포트 초기화
        init_EXT_INT();
        init_TIMER0_COMPA();
```

```
        LCD_init();

        // CAN 초기화
        can_init(b250k);
        can_rx_set(1, EXT, 0x0078, 0xffff);

        // 초음파 관련 인터럽트


        while(1)
        {
                cli();                                  // clear interrupt
                PE4_Clear;
                PE4_OUT;                                // PE4 pin is output
                us_delay(500);

                PE4_Set;                        // output set ding 5us
                us_delay(5);

                PE4_Clear;                              // PE4 clear
                us_delay(100);

                PE4_IN;                                 // PE4 pin is input
                us_delay(100);

                sei();                                  // set interrupt

                /* distance = velocity * time */
                distance= (331.5+(0.6*TEMPERATURE))*(pulse_end*0.00001/2)*1000;

                thousand = distance/1000;
                distance = distance - (thousand * 1000);

                hundred = distance /100;
                distance = distance - (hundred * 100);

                ten = distance/10;
                distance = distance - (ten * 10);


                LCD_Write(0,0,"DISTANCE");

                LCD_Disp(9, 1);
                Write_Char(thousand+48); // 1000자리 출력
                LCD_Disp(10, 1);
                Write_Char(hundred+48);  // 100자리 출력
                LCD_Disp(11, 1);
                Write_Char(ten+48);    // 10자리 출력
                LCD_Write(12,1,"Cm");

                msg1.data[0] = thousand;
                msg1.data[1] = hundred;
                msg1.data[2] = ten;
                can_tx(1,&msg1);
        }
        return 0;
}
```

⑧ 프로그램을 다 작성하면 메뉴 중 Build-Build를 클릭하거나 키보드의 [F7] 버튼을 눌러 빌드(Build)한다.

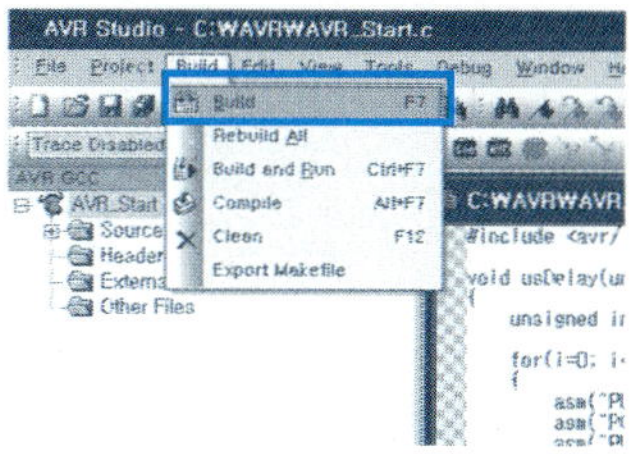


[그림 11-30] 키보드의 [F7] 버튼을 눌러 빌드

⑨ AVR Studio의 도구모음 중 아래 화면과 같은 버튼을 찾아 클릭한다.

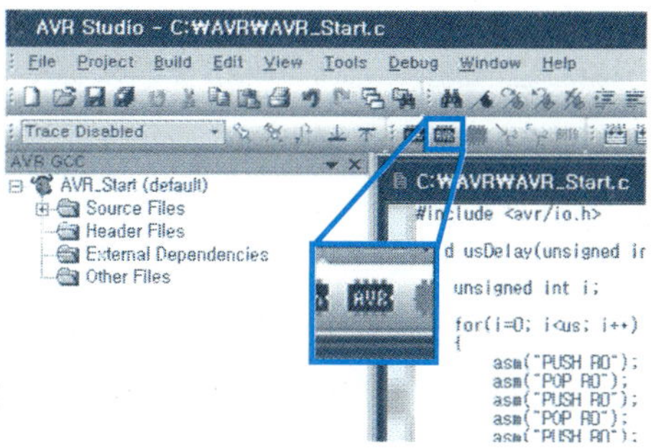


[그림 11-31] 도구모음 중 [AVR] 버튼을 찾아 클릭

⑩ 다음과 같은 화면이 나타나면 Flash 항목의 Input HEX File에 자신이 만든 폴더의 default 폴더에 생성된 hex 파일을 입력하고 [Program]을 클릭한다.

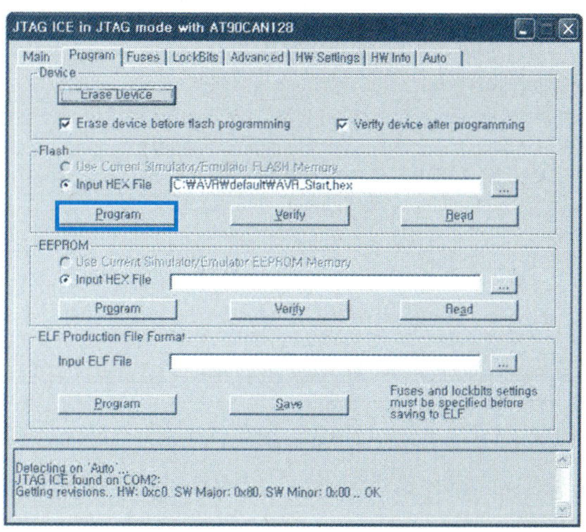


[그림 11-32] default 폴더에 생성된 hex 파일을 입력하고 [Program]을 클릭

⑪ 프로그램이 정상적으로 송신측 장비의 Flash에 다운로드되면 다음 화면과 같은 메시지를 확인할 수 있다.

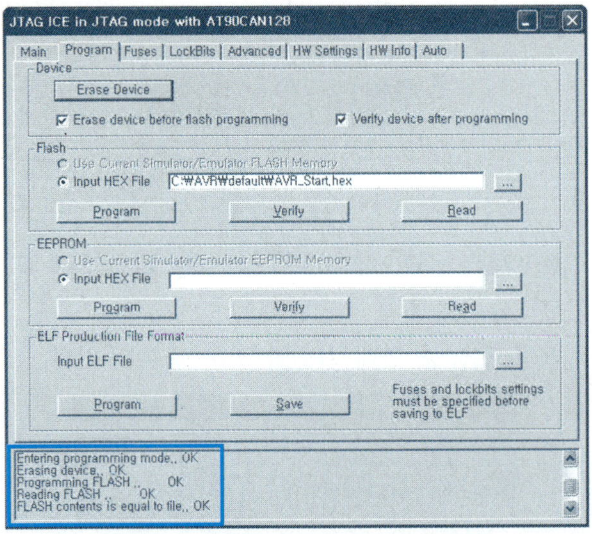


[그림 11-33] 프로그램이 정상적으로 송신측 장비의 Flash에 다운로드

⑫ ①~⑥ 과정을 거쳐 수신측 장비의 프로그램을 작성할 준비를 한다.

⑬ 초음파 센서를 이용한 거리인식 프로그램(수신 프로그램)이다.

```
#include <avr/io.h>
#include <avr/interrupt.h>
#include <stdio.h>



//초음파 센서 관련
#define PE4_Clear       (PORTE &= 0xEF)
#define PE4_Set         (PORTE |= 0x10)
#define PE4_IN (DDRE &= 0xEF)
#define PE4_OUT         (DDRE |= 0x10)

#define TEMPERATURE 25

unsigned short tick = 0, pulse_end=0;

// CAN 프레임과 통신 상태 확인을 위한 변수 매크로 정의
#define STD             0x00
#define EXT             0x01

#define _SEND_FAIL      0
#define _SEND_OK        1

```

```
#define _RECE_FAIL     0
#define _RECE_OK       1

// CAN 보레이트 설정 매크로 정의
#define b1M            1
#define b500k  2
#define b250k  3
#define b200k  4
#define b125k  5
#define b100k  6

//LCD 제어를 위한 포트 매크로 정의
#define LCD_RS_1  (PORTG |= 0x01)
#define LCD_RS_0  (PORTG &= 0xFE)

#define LCD_RW_1  (PORTG |= 0x02)
#define LCD_RW_0  (PORTG &= 0xFD)

#define EN_1      (PORTG |= 0x04)
#define EN_0      (PORTG &= 0xFB)

// MOb 구조체 선언
struct MOb
{       unsigned long id;
unsigned char std_ext;
unsigned char dlc;
unsigned char data[8];
};

// 전송할 메시지
struct MOb msg1={0x78, EXT, 8, {0x31,0x32,0x33,0x34,0x35,0x36,0x37,0x38}}; //
//0x78
//EXT
//8
//12345678




void init_EXT_INT(void)
{
        EIMSK |= (1<<INT4);                 // INT4 Interrupt Set
        EICRB |= (1<<ISC41)|(1<<ISC40);//INT4 Rising Edge /INT Set
        EIFR   = 1<<INT4;                   // Interrupt Flag
}

void init_TIMER0_COMPA(void)
{
        TCCR0A |= (1<<WGM01);  // CTC Mode
        TCCR0A |= (1<<CS01);   // clk/8 Prescaler
        TCNT0 = 0;
        OCR0A = 19;      // 1cycle -> 20us = 1/(16Mhz/(2*8*(19+1)))
        TIMSK0 = (1<<OCIE0A);  //T/C0 Output Compare Match INT
        TIFR0 = 0x00;
}

```

```
SIGNAL(TIMER0_COMP_vect)
{
        tick++;
}

SIGNAL(INT4_vect)
{
        unsigned short pulse_tick;

        pulse_tick = tick;

        if(EICRB & 0x03)
        {
                EICRB &= 0x00; //  low state
                tick = 0;
        }
        else
        {
                EICRB |= (1<<ISC41)|(1<<ISC40);// INT4 Rising Edge / INT Set
                pulse_end = pulse_tick;
        }
}


//  μsec 단위 지연 함수
void us_delay(unsigned int us_time)
{
        unsigned int i;

        for(i=0; i<us_time; i++)
        {
                asm(“PUSH R0”);
                asm(“POP R0”);
                asm(“PUSH R0”);
                asm(“POP R0”);
                asm(“PUSH R0”);
                asm(“POP R0”);
        }
}

// msec 단위 지연 함수
void ms_delay(unsigned int ms_time)
{
    unsigned int i;

    for(i=0; i<ms_time;i++)
        us_delay(1000);
}

// 포트 입출력 초기화 함수
void initPort()
{
        DDRC= 0xff;
        DDRG= 0xff;
        DDRE  = 0xef;
        PORTE = 0x30;
```

```
}

//LCD 제어 함수
void E_Pulse(unsigned int delay)
{
        EN_1;

        us_delay(delay);

        EN_0;
}

// LCD 출력 위치(x, y) 지정 함수
void LCD_Disp(char x,char y)
{
        LCD_RS_0;      // 명령 모드 설정
        LCD_RW_0;      // 쓰기 모드 설정

        if(y==0)
                PORTC = x + 0x80; // 첫 번째 행
        else if(y==1)
                PORTC = x + 0xc0; // 두 번째 행
        E_Pulse(580);

}

// LCD 초기화 함수
void LCD_init(void)
{
        LCD_RS_0;

        ms_delay(40);

        PORTC = 0x01; // Display Clear
        ms_delay(20);
        E_Pulse(2000);

        PORTC = 0x38; // Function Set
        ms_delay(20);
        E_Pulse(40);

        PORTC = 0x0c; // DisPlay ON/OFF Control
        ms_delay(20);
        E_Pulse(40);

        PORTC = 0x06; // Entry Mode Set
        ms_delay(20);
        E_Pulse(40);
}


// 문자 출력 함수
void Write_Char(unsigned char buf)
{
        LCD_RS_1;
        LCD_RW_0;
```

```
        PORTC=buf;
        E_Pulse(40);
}

// (x,y)부터 문자열 출력 함수
void LCD_Write(char x, char y,char *str)
{
        LCD_Disp(x,y);
        while(*str)
                Write_Char(*str++);
}

// (x,y)위치에 문자 출력 함수
void LCD_Write_char(char x, char y, unsigned char ch)
{
        LCD_Disp(x,y);
        Write_Char(ch);
}

/************************************************************/
/*      CAN 초기화                                          */
/************************************************************/
void can_init (char baudRate)          // CAN Initialize
{
        unsigned char i, j;
        CANGCON |= (1<<SWRES); // CAN General Control Register
        // CAN Controler Reset
        for(i=0; i<15; i++)                    // Reset all MObs
        {
                CANPAGE = (i<<4);       // MOBNB3~0
                // MOb Number Select(0~14)
                CANCDMOB = 0;           // ALL Disable MOb
                CANSTMOB = 0;           // Clear status
                CANIDT1 = 0;            // Clear ID
                CANIDT2 = 0;            // Clear ID
                CANIDT3 = 0;            // Clear ID
                CANIDT4 = 0;            // Clear ID
                CANIDM1 = 0;            // Clear mask
                CANIDM2 = 0;            // Clear mask
                CANIDM3 = 0;            // Clear mask
                CANIDM4 = 0;            // Clear mask
                for(j=0; j<8; j++)
                        CANMSG = 0;     // CAN Data Message Register
                // Clear data
        }
        // ===================================
        // Set Baud Rate
        // CAN baud rate set
        // bit timing : datasheet 264 (check table)
        //====================================
        switch(baudRate){
        case b1M:
                CANBT1= 0x00;
                CANBT2= 0x0c;
                CANBT3= 0x37;
                break;
```

```
        case b500k:
                CANBT1= 0x02;
                CANBT2= 0x0c;
                CANBT3= 0x37;
                break;
        case b250k:
                CANBT1= 0x06;   //CAN baud rate set
                CANBT2= 0x0c;   //bit timing : datasheet 264 (check table)
                CANBT3= 0x37;   //250kbps 16 MHz CPU Clock(0.250usec)
                break;
        case b200k:
                CANBT1= 0x08;
                CANBT2= 0x0c;
                CANBT3= 0x37;
                break;
        case b125k:
                CANBT1= 0x0E;
                CANBT2= 0x0c;
                CANBT3= 0x37;
                break;
        case b100k:
                CANBT1= 0x12;
                CANBT2= 0x0c;
                CANBT3= 0x37;
                break;
        }
        // Clear CAN interrupt registers
        CANGIE = 0;     // CAN General Interrupt Enable Register
        // None Interrupts
        CANIE1 = 0;     // CAN Enable INT MOb Registers 1
        // None Interrupts on MObs
        CANIE2 = 0;     // CAN Enable INT MOb Registers 2
        // None Interrupts on MObs
        CANSIT1 = 0;    // CAN Status INT MOb Registers 1
        // None Interrupts on MObs
        CANSIT2 = 0;    // CAN Status INT MOb Registers 2
        // None Interrupts on MObs
        CANGCON = (1<<ENASTB); // CAN General Control Register
                                // Enable Mode (11 Recessive Bits
has Been read)
        // Start CAN interface
        while(!(CANGSTA & (1<<ENFG))); //General Status Register(Enable Flag)
        // Wait until module ready
}

/*******************************************************************/
/*      CAN reception evia mailbox 0 (polling)                     */
/*******************************************************************/
char can_rx(unsigned char obj, struct MOb *msg)  // CAN reception
{
        char rece_result = _RECE_FAIL;
        unsigned char i;
        unsigned long can_id= 0;
        CANHPMOB=0;
        //select MOb0
        CANPAGE = (obj<<4);                     //select MOb0
```

```

    // wait until reception is complete
    while(!(CANSTMOB&(1<<RXOK)));
    // get CANIDT and CANCDMOB and CANMSg

    rece_result = _RECE_OK;

    // select ID which can be receive
    if((CANCDMOB & 0x10) == 0x00){          // IDE standard ?
            msg->std_ext= STD;
            can_id  = ((unsigned long)CANIDT1)<<8;
            can_id |= ((unsigned long)CANIDT2);
            can_id>>=5;
    }
    else{
            msg->std_ext= EXT;
            can_id  = ((unsigned long)CANIDT1)<<24;
            can_id |= ((unsigned long)CANIDT2)<<16;
            can_id |= ((unsigned long)CANIDT3)<<8;
            can_id |= ((unsigned long)CANIDT4);
            can_id>>=3;
    }
    msg->id= can_id;

    msg->dlc= CANCDMOB & 0x0f;

    // get data
    for(i=0; i<(CANCDMOB&0xf); i++){
            msg->data[i] = CANMSG;
    }

    // rx init
    CANSTMOB = 0x00;

    // enable reception mode
    CANCDMOB=(1<<CONMOB1);

    // reset flag
    CANSTMOB &= ~(1<<RXOK);
    //

    return(rece_result);
}
/****************************************************************/
/*                 CAN receive setting (polling)               */
/****************************************************************/
void can_rx_set(char obj, char std_ext, unsigned long id, unsigned long mask)
{
    CANPAGE = obj<<4;         // set MOb number

    CANSTMOB = 0x00;          // clear status

    if(std_ext== STD)         // standard
    {
            CANCDMOB &= ~0x10; // clear IDE =0, standard 11 bits
            CANIDT1= (unsigned char)(id>>3);
```

```
                CANIDT2= (unsigned char)(id<<5);

                CANIDM1= (unsigned char)(mask>>3);
                CANIDM2= (unsigned char)(mask<<5);
                CANIDM4=0;
        }
        else                                    // extended
        {
                CANCDMOB |= 0x10; // set IDE =1, extended 29 bits
                CANIDT1= (unsigned char)(id>>21);
                CANIDT2= (unsigned char)(id>>13);
                CANIDT3= (unsigned char)(id>>5);
                CANIDT4= (unsigned char)(id<<3);

                CANIDM1= (unsigned char)(mask>>21);
                CANIDM2= (unsigned char)(mask>>13);
                CANIDM3= (unsigned char)(mask>>5);
                CANIDM4= (unsigned char)(mask<<3);

        }

        // when initializing, it is clear.
        CANIDT4 &= ~0x04;       //RTRTAG= 1/0 receive data frame
        CANIDM4 &= ~0x04;       //RTRMSK= 1/0 enable comparison
(Data receive)
        CANIDM4 &= ~0x02;       // recommended
        CANIDM4 &= ~0x01;       // IDEMSK= 1/0 enable comparison
(IDE receive)

        CANCDMOB |= 0x88;       // receive enable and dlc = 8
}

/*************************************************************/
/*      CAN transmission via mailbox 1 (polling)             */
/*************************************************************/
char can_tx (unsigned char obj, struct MOb *msg)    // CAN transmission
{
        char send_result = _SEND_FAIL;
        unsigned char i;
        unsigned long can_id= msg->id;

        // Enable MOb1, auto increment index, start with index = 0
        CANPAGE = (obj<<4);     // CAN Page MOb Register
                                // MOb Number Select
        CANSTMOB = 0x00;
        CANCDMOB = 0x00;
        CANCDMOB |= (msg->dlc<<DLC0);           // set data length
        if(msg->std_ext== 0x00){
                CANIDT1= (unsigned char)(can_id>>3);
                CANIDT2= (unsigned char)(can_id<<5);
        }
        else{
                CANIDT1= (unsigned char)(can_id>>21);
                CANIDT2= (unsigned char)(can_id>>13);
                CANIDT3= (unsigned char)(can_id>>5);
                CANIDT4= (unsigned char)(can_id<<3);
```

CHAPTER 11

```

                CANCDMOB |= 0x10;          // Set IDE bit 2.0B 29bit
        }
        //put data in mailbox
        for(i=0; i<8; i++)
                CANMSG = msg->data[i]; // full message


        //enable transmission
        CANCDMOB |= (1<<CONMOB0);

        while (!(CANSTMOB & (1<<TXOK)));          // check tx ok
        send_result= _SEND_OK;

        //reset flag
        CANSTMOB &= ~(1<<TXOK);

        return(send_result);
}

int main(void)
{
        unsigned char thousand, hundred, ten;
        int dist=0,beep_cnt=0;

        initPort();     //포트 초기화
        LCD_init();

        // CAN 초기화
        can_init(b250k);
        can_rx_set(1, EXT, 0x0078, 0xffff);

        while(1){
                can_rx(1,&msg1);

                thousand = msg1.data[0];
                hundred = msg1.data[1];
                ten = msg1.data[2];

                LCD_Write(0,0,"DISTANCE");

                LCD_Disp(9, 1);
                Write_Char(thousand+48); // 1000자리 출력
                LCD_Disp(10, 1);
                Write_Char(hundred+48);  // 100자리 출력
                LCD_Disp(11, 1);
                Write_Char(ten+48);     // 10자리 출력
                LCD_Write(12,1,"Cm");

                dist = thousand*100 + hundred*10 + ten;
                if (dist < 150) {
                        if (beep_cnt != 0) beep_cnt--;
                        else {
                                PORTE &= ~0x20;
                                ms_delay(50);
                                PORTE |= 0x20;
```

```
                            if (dist<20) beep_cnt = 0;
                            else beep_cnt = dist * 2;
                        }
                    }
                    else ms_delay(100);
            }
            return 0;
    }
```

⑭ ⑧~⑪ 과정을 거쳐 수신측 장비의 FLASH에 프로그램을 다운로드한다.

⑮ 수신측 장비와 송신측 장비의 CAN 포트를 CAN 접속 케이블로 연결한다. (CAN 포트는 둘 중 어느 것을 사용해도 무방함.)

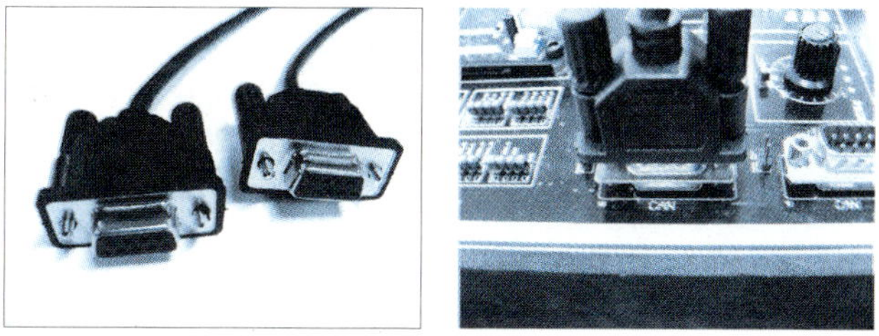

[그림 11-34] CAN 포트를 CAN 접속 케이블로 연결

⑯ 초음파 센서를 통해 거리가 측정되면서 가까워질수록 경고음이 더 빠르게 울리는 것을 확인할 수 있다.

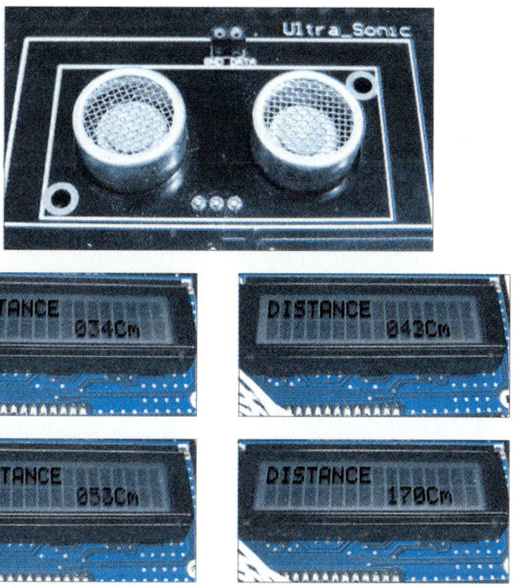


[그림 11-35] 가까워질수록 경고음이 더 빠르게 울리는 것을 확인

# 찾아보기

## 저자 약력


■ 남 상 엽

- 공학박사
- 삼성종합기술원 정보시스템연구소 근무
- 모토로라 반도체통신(주) 기술연구소 근무
- (현) 국제대학 IT계열 교수

■ 하이버스(주) 기술연구소



**마이크로프로세서의 응용**

2010년 6월 30일 1판 1쇄 발행

저 자 남 상 엽
하이버스(주) 기술연구소
발행인 남 승 우

발행처 도서출판 상尙 학學 당堂

서울시 동작구 조홍1길 4(사당3동 220-43)
TEL : 02) 595-1692~4
FAX : 02) 595-1394
E-mail : namdoo6@unitel.co.kr
신고 : 2-155호 (1968. 11. 29)

(CD 포함) **정가 25,000원**

ISBN 978-89-93383-82-9 93560